智能环境下的创新教学丛书

核心素养导向的 STEM 教育

杜娟 石雪飞 邹丽娜 编著

清华大学出版社
北京

内 容 简 介

本书是中国教育科学研究院《中国未来学校创新计划2.0》立项课题"核心素养导向下的STEM教育实践研究"(2020CFS007)的研究成果。

本书共分4篇10章，其观念篇中包含核心素养时代的教育改革、STEM教育对接核心素养发展两部分；理论篇中介绍了STEM教育的内涵与发展、STEM教育的实施模型两部分；实践篇中讲述STEM理念下的学与教设计、STEM教育的途径与方法、STEM教育中的技术及STEM教育的管理学四个方面；案例篇介绍国内外STEM教育优秀项目和案例，本书理论联系实际，既重视中国学生发展核心素养背景下的教育理论，又与国内外中小学STEM教育发展实践相结合。

本书可作为高等学校教育类专业本科生、教育硕士生相关课程的教材或参考书，也可供中小学在职教师及从事各学科教育学、教育信息化管理以及教育实践的人员阅读。

本书封面贴有清华大学出版社防伪标签，无标签者不得销售。
版权所有，侵权必究。举报: 010-62782989, beiqinquan@tup.tsinghua.edu.cn。

图书在版编目(CIP)数据

核心素养导向的STEM教育/杜娟，石雪飞，邹丽娜编著. 一北京: 清华大学出版社，2021.8(2024.10重印)
(智能环境下的创新教学丛书)
ISBN 978-7-302-58749-1

Ⅰ. ①核… Ⅱ. ①杜… ②石… ③邹… Ⅲ. ①科学教育学－研究 Ⅳ. ①G40-05

中国版本图书馆CIP数据核字(2021)第146853号

责任编辑: 夏毓彦
封面设计: 王 翔
责任校对: 闫秀华
责任印制: 宋 林

出版发行: 清华大学出版社
网　　址: https://www.tup.com.cn, https://www.wqxuetang.com
地　　址: 北京清华大学学研大厦A座　　　邮　编: 100084
社 总 机: 010-83470000　　　邮　购: 010-62786544
投稿与读者服务: 010-62776969, c-service@tup.tsinghua.edu.cn
质量反馈: 010-62772015, zhiliang@tup.tsinghua.edu.cn
印 装 者: 三河市龙大印装有限公司
经　　销: 全国新华书店
开　　本: 190mm×260mm　　印　张: 20.5　　字　数: 558千字
版　　次: 2021年10月第1版　　印　次: 2024年10月第4次印刷
定　　价: 79.00元

产品编号: 086195-01

丛书序

教育具有鲜明的发展性、时代性特征，高质量发展是教育改革的根本方向与根本规律。互联网、大数据、人工智能等信息技术深刻改变着人类的思维、生产、生活、学习方式，推动教育理念更新、模式变革、体系重构，为教育创新提供了强大的基础和应用环境，为推进教育现代化、建设教育强国、办好人民满意的教育提供了新的契机，为新时代教育发展提供了条件和保障。

新世纪以来，信息技术对教育改革发展的推动作用越发明显，人工智能、大数据、虚拟现实等技术与教育加速融合，推动教育组织形式和管理模式的变革创新，以信息化推进教育现代化已经成为世界共识。目前，世界主要国家和国际组织将信息技术作为教育系统变革的内生变量，建立新制度、建设新环境、开发新产品，推进新技术支持下的教育教学创新，加快推动人才培养模式改革，积极探索教育的未来形式以及可持续发展的路径。技术赋能教育是时代发展和教育发展的必然要求。

从教育事业改革与发展的经验上看，技术赋能教育的过程既是技术融入教育的过程，更是教育系统改革与发展的过程，这不仅仅要关注技术，更要关注"人"，注意"教"和"育"的协同发展。深入探讨智能时代教育发展问题，需要以全面落实立德树人根本任务、培养德智体美劳全面发展的人的教育规律为指导，强调基于全局、全要素的"系统性改革"。建设技术赋能教育的新思路、新方法以及可能的新局面，需要坚持信息技术与教育教学深度融合的核心理念，进一步加强教师队伍建设，强化教育改革的社会支撑，推进教育改革的社会协同，以应用驱动和机制创新建设更加开放、更加人本、更加平等、更加可持续的教育体系，以生成智能社会教育新形态。

创新型人才培养，关键在教师，信息技术应用能力是新时代高素质教师的核心素养。信息技术的广泛应用及教育发展需求导致知识获取方式和传授方式发生了较大的变化，对教师能力和水平提出了新的更高的要求。面向新的教育发展需求，信息技术将深度融入教育全过程，信息技术应用从融合应用向创新发展的高阶应用演进，形成以学习者为中心的教学新局面，需要进一步推动教师更新观念、重塑角色、提升素养、增强能力。针对教师信息化教学创新能力不足，信息技术与学科教学融合深度不够等问题，教育部 2019 年印发了《教育部关于实施全国中小学教师信息技术应用能力提升工程 2.0 的意见》，明确提出显著提升校长信息化领导力、教师信息化教学能力、培训团队信息化指导能力的要求，鼓励教师探索跨学科教学、智能化教育等教育教学新模式，为全面促进信息技术与教育教学融合提供了基础，为教师教学创新发展提供了方向，为创新型人才培养提供了保障。

提升教育服务能力，途径是创新教育服务业态，强化教育改革的社会支撑是新时代教育事业发展的重要举措。构建以智能技术为基础的教育新形态、新模式、新业态，形成引领教育改革发展的新机制，需要整合高校、研究机构的优质资源，建立便捷高效的教育信息化技术服务支撑机制。充分发挥师范大学的优势，深入研究教育信息化发展策略、发展路径及相关政策，研究制定相关技术标准、服务规范，总结信息技术支持教学改革的新理念、新方法，构建职前培养与职后培训一体化实践教学模式是区域教育事业发展的重要保障。

本套丛书由沈阳师范大学基础教育信息化研究中心的研究人员编写。沈阳师范大学基础教育信息化研究中心是"辽宁省高等学校新型智库"，先后承担了教育领域多个项目的政策文件、整体方案设计、行动计划、标准的起草工作，培育了多类别的教育信息化典型案例，为辽宁省教育信息化建设提供重要的理论依据和实践指导。在丛书编写过程中，围绕"智能环境下的教学创新"主题，借鉴大量研究者的成果，分析了智能技术对教育发展提出的新挑战，阐述了智能技术支持教学创新的机制和方法，结合大量一线教师的案例总结了信息技术支持教学改革的模式与策略，具有一定的理论和实践价值。在编写过程中，由于编写者的能力及研究取向上的差异，仍有部分问题没有深入研究或缺乏有效总结，有待后续研究改进。

沈阳师范大学校长

2021 年 9 月

前　言

习近平总书记指出："抓创新就是抓发展，谋创新就是谋未来。" 改革创新是时代发展的不竭动力，更是教育发展的时代主题。2016 年发布的《中国学生发展核心素养》总体框架以培养"全面发展的人"为核心，勾画了中国新时代新型人才的形象，规约学校教育活动的方向、内容与方法，有力地回应了新时代的呼唤，也为深化课程改革和教学改革提供了方向。核心素养的一个突出特征就是强调"跨学科"的综合能力，这与全球教育倡导的 STEM 教育理念不谋而合。

STEM 是科学（Science）、技术（Technology）、工程（Engineering）、数学（Mathematics）四门学科英文首字母的缩写组合。从表象上看 STEM 是数学、技术、工程、数学学科的融合，其内涵实则旨在利用跨学科的学习方法，消除传统分科教育的障碍，强调学科之间的内在联系，将多学科融合到现实世界中，为学生提供综合学习经验的教育。它摆脱了传统纸质的课本，强调面向现实中的有意义问题，形成解决问题的思路和过程；它使教学评价不在指向单一的纸笔测试，更强调知识的创新和多元评估……这些都与核心素养培养要求一一呼应，可以说 STEM 教育与中国学生发展核心素养在教育理念、外在形式、内在特质等方面具有天然的共通之处；同时，全球化和信息化社会发展的要求、科技人文融合发展等要求也促使两者对接成为必然。

本书以中国学生发展核心素养目标为导向，厘清了 STEM 教育与核心素养的关系，系统介绍了 STEM 教育起源和发展，深刻剖析了 STEM 教育的要素与内涵，重点阐述了 STEM 教育的实施模型、学与教设计、途径与方法、技术工具及管理方法，并提供了国内优秀的教学案例及国外优秀的教学项目示例。

本书特点

（1）紧扣核心素养。本书在对各国（组织）核心素养要求梳理的基础上，详细解读中国学生发展核心素养的框架及要求，内容的组织和 STEM 案例选择紧紧围绕核心素养目标导向，具有较强的针对性、实用性、指导性。

（2）理论联系实际。本书编者在认真阅读课程标准及文献基础上，多次研究、讨论，使每个专题的教学目标具体化、精细化，使之具有可操作性、可评价性。本书内容既有关于核心素养、STEM 教育的相关理念阐述，又结合案例解读说明指导实践。

（3）启发指导活动。本书采用启发指导式体例，通过节前思考和活动建议。建议读者带着思考问题阅读相关内容。在依据本书开展教学时，建议采用小组合作学习、基于项目学习、基于设计的学习等新型学习方式,教师除必要的引导、指导和总结外,可以组织学生(学员)以小组形式开展协作学习,并展开同伴互助、集体分享等活动,最终实现学习目标。

本书作者

本书的编者是长期从事教育技术教学研究的高校教师和基础教育信息化的教研人员。各章编写人员分别是:杜娟(第1、2、3、5、7、9章)、石雪飞(第4、6、10章)、邹丽娜(第2、6、8章),韩涛、耿克飞、吴潼进行校对。全书由杜娟策划并统稿。本书在编写过程中参考了大量文献,吴雅萱等同学、徐杨、张晓丹、郭廷宫、徐敏、王鹏、刘美辰老师提供了优秀的案例,在此向这些文献和案例的作者表示感谢。

由于编者能力有限,错误之处在所难免,恳请广大读者批评指正。

作者简介

杜娟,沈阳师范大学副教授,辽宁省电教馆规划部主任。主要从事基础教育信息化、中小学数字化学习相关研究,主持国家级项目4项,省级课题7项,发表论文10余篇,出版图书3部。曾策划组织省级中小学信息化创新教学活动,担任国家级、省级中小学创客教育活动评审专家。

石雪飞,沈阳师范大学讲师,教育技术学硕士。主要从事教育资源建设、STEM教育方面研究,主持省级课题3项,发表论文10余篇,主编教材4部。省级高等教育教学成果奖成员,教育部-乐高"创新人才培养计划"种子教师。

邹丽娜,沈阳师范大学副教授,从事计算机基础教学工作,在STEM教育方面有较深入的研究与实践,在教学过程中融入创新方法教学理念,以设计思维的视角进行教学内容及教学过程的改革。曾被授予"教育部在线教育研究中心智慧教学之星"、"全国计算机设计大赛优秀指导教师"等荣誉称号。

编 者

2021年6月

目 录

第一篇 观念篇

第1章 核心素养时代的教育改革 ················ 3
- 1.1 核心素养的产生：从知识传授到全面育人 ················ 3
  - 1.1.1 时代背景下核心素养的提出 ················ 4
  - 1.1.2 不同组织提出核心素养内容 ················ 5
  - 1.1.3 各类核心素养框架结构特点 ················ 16
  - 1.1.4 中国特色核心素养的诞生 ················ 20
  - 小结 ················ 22
  - 活动建议 ················ 23
- 1.2 核心素养的分解：从总体框架到学科素养 ················ 23
  - 1.2.1 中国学生发展核心素养的框架 ················ 23
  - 1.2.2 学科核心素养含义与结构系统 ················ 27
  - 1.2.3 学科核心素养要点与课标关系 ················ 29
  - 小结 ················ 31
  - 活动建议 ················ 32
- 1.3 核心素养的落地：从能力培养到素养形成 ················ 32
  - 1.3.1 目标：从三维目标到核心素养 ················ 32
  - 1.3.2 教学：从分科教学到跨科融合 ················ 36
  - 1.3.3 教师：从规范教书到课程自觉 ················ 37
  - 小结 ················ 39
  - 活动建议 ················ 39

第2章 STEM教育对接核心素养发展 ················ 40
- 2.1 STEM教育的起源与形成：培养复合型竞争人才 ················ 40
  - 2.1.1 STEM教育的起源 ················ 41
  - 2.1.2 一个优秀案例展示 ················ 42

2.1.3　STEM教育的特点 46
　　2.1.4　STEM的相关概念 50
　　小结 52
　　活动建议 53
2.2　STEM教育对接核心素养：素养导向的必然选择 53
　　2.2.1　STEM教育与核心素养对接的必然性 53
　　2.2.2　STEM教育与核心素养对接的可能性 55
　　2.2.3　STEM教育与核心素养对接的现实性 57
　　小结 62
　　活动建议 62

第二篇　理论篇

第3章　STEM教育的内涵与发展 65

3.1　STEM教育的要素与内涵：真实情境跨学科教育 66
　　3.1.1　STEM教育的学科要素 66
　　3.1.2　STEM教育的内涵解读 70
　　小结 75
　　活动建议 76
3.2　STEM教育的现状与发展：培育国家创新人才 76
　　3.2.1　各国STEM教育发展现状 76
　　3.2.2　STEM教育未来推动方向 79
　　3.2.3　中国STEM教育面临挑战 83
　　小结 84
　　活动建议 84
3.3　STEM课程本土化开发实施：素养提升的重要载体 84
　　3.3.1　STEM课程开发的特殊性 84
　　3.3.2　STEM课程开发的经验 85
　　3.3.3　STEM课程的开发重构 90
　　3.3.4　STEM课程开发的思考 94
　　小结 95
　　活动建议 95
3.4　STEM教育生态系统构建：多机构协同关联发展 95

        3.4.1　STEM 教育生态系统构建及要点 ……………………………………… 95
        3.4.2　构建 STEM 教育生态系统的途径 …………………………………… 98
    小结 …………………………………………………………………………………… 99
    活动建议 ……………………………………………………………………………… 99

第 4 章　STEM 教育的实施模型 …………………………………………………… 100
    4.1　基于项目学习模型：以完成项目为主线 ……………………………………… 101
        4.1.1　基于项目学习的概念核心 ……………………………………………… 101
        4.1.2　基于项目学习的教学设计 ……………………………………………… 104
        4.1.3　基于项目学习的实施应用 ……………………………………………… 105
        小结 ……………………………………………………………………………… 107
        活动建议 ………………………………………………………………………… 107
    4.2　问题导向学习模型：以问题解决为依托 ……………………………………… 108
        4.2.1　问题导向学习的概念核心 ……………………………………………… 109
        4.2.2　问题导向学习的教学设计 ……………………………………………… 111
        4.2.3　问题与项目之间的异与同 ……………………………………………… 112
        小结 ……………………………………………………………………………… 115
        活动建议 ………………………………………………………………………… 116
    4.3　基于设计思维模型：以设计建模为目标 ……………………………………… 116
        4.3.1　设计思维模型的概念核心 ……………………………………………… 116
        4.3.2　几种典型的设计思维模型 ……………………………………………… 118
        小结 ……………………………………………………………………………… 121
        活动建议 ………………………………………………………………………… 121
    4.4　乐高教育 4C 模型：四个环节形成闭环 ……………………………………… 122
        4.4.1　乐高教育 4C 模型的要素及理念 ……………………………………… 122
        4.4.2　基于乐高教育 4C 模型设计案例 ……………………………………… 124
        小结 ……………………………………………………………………………… 126
        活动建议 ………………………………………………………………………… 127

第三篇　实践篇

第 5 章　STEM 理念下的学与教设计 ……………………………………………… 131
    5.1　核心素养导向的学习设计：项目驱动的高阶学习 …………………………… 131

5.1.1 核心素养视角下基于项目学习框架 132
5.1.2 核心素养导向的 STEM 项目学习设计 135
5.1.3 教师在设计 STEM 项目需要注意事项 138
小结 140
活动建议 140

5.2 分科教学现状下的 STEM：多学科整合教学设计 140
5.2.1 STEM 教育跨学科的横纵整合模式 140
5.2.2 STEM 教育跨学科整合的教学方式 142
5.2.3 STEM 理念的多学科整合教学设计 143
小结 149
活动建议 150

第 6 章 STEM 教育的途径与方法 151

6.1 工程设计主导，融合其他学科 152
6.1.1 以工程设计促进 STEM 学科整合 152
6.1.2 基于工程设计的 STEM 课程形式 154
6.1.3 基于工程设计的 STEM 教学过程 154
小结 156
活动建议 156

6.2 关注现实问题，注重情境学习 157
6.2.1 问题情境的概念界定 157
6.2.2 STEM 问题情境特征 158
6.2.3 问题情境的设计模式 159
小结 164
活动建议 164

6.3 以学生为中心，关注主动实践 165
6.3.1 以学生为中心教育的理念体现 165
6.3.2 以学生为中心 STEM 教学策略 166
小结 170
活动建议 170

6.4 注重启发思考，促进思维发展 171
6.4.1 启发式教学的目的与内涵 171
6.4.2 STEM 教学中的启发策略 173

  6.4.3 启发式教学中存在的问题 ……………………………………………178
  小结 …………………………………………………………………………179
  活动建议 ……………………………………………………………………179
 6.5 实施协作学习，形成共享调节 ……………………………………………180
  6.5.1 协作学习中的调节 ……………………………………………………181
  6.5.2 协作中的共享调节 ……………………………………………………182
  6.5.3 共享调节实践框架 ……………………………………………………183
  小结 …………………………………………………………………………186
  活动建议 ……………………………………………………………………186
 6.6 形成多元结果，开放互动评价 ……………………………………………186
  6.6.1 STEM 项目学习中的过程性评价 ……………………………………187
  6.6.2 STEM 项目学习中的真实性评价 ……………………………………189
  6.6.3 STEM 项目的学生能力评价指标 ……………………………………190
  6.6.4 基于 STEM 项目学习的量表形成 ……………………………………193
  小结 …………………………………………………………………………199
  活动建议 ……………………………………………………………………199

第 7 章 STEM 教育中的技术 ………………………………………………200

 7.1 解读 STEM 教育中的"T"：知识方法和技巧 …………………………200
  7.1.1 技术及技术素养的概念与内涵 ………………………………………201
  7.1.2 STEM 教育中 T 与其他要素关系 ……………………………………205
  7.1.3 STEM 教育中技术发挥的作用 ………………………………………210
  小结 …………………………………………………………………………211
  活动建议 ……………………………………………………………………211
 7.2 ICT 支持 STEM 教育的学与教：从九个维度促进 ……………………211
  7.2.1 信息与通信技术成为学习工具 ………………………………………212
  7.2.2 信息技术如何促进 STEM 学习 ………………………………………213
  7.2.3 案例一：利用"人人通"网络学习空间开展 STEM 项目式学习 ……216
  7.2.4 案例二：利用数学建模工具促进 STEM 教育深度学习 ……………219
  7.2.5 案例三：TI 技术在 STEM 教育中的应用 …………………………221
  7.2.6 案例四：教学系统软件支持 STEM 教学 ……………………………224
  小结 …………………………………………………………………………228
  活动建议 ……………………………………………………………………228

第8章　STEM教育的管理学 ··· 229

8.1　概念与流程：项目管理的学问 ··· 229
8.1.1　管理概念 ··· 230
8.1.2　管理范围 ··· 230
8.1.3　管理流程 ··· 232
小结 ··· 237
活动建议 ··· 237

8.2　工具与方法：高效管理的保障 ··· 238
8.2.1　项目管理工具分类 ··· 238
8.2.2　系统化分析工具 ··· 239
8.2.3　项目进度管理工具 ··· 244
8.2.4　创新思维与创新方法 ··· 249
小结 ··· 255
活动建议 ··· 256

第四篇　案例篇

第9章　国内STEM教育的优秀案例 ··· 259

9.1　国内STEM学习的优秀案例 ··· 259
9.1.1　案例一：移动智能公交阅览室模型 ··· 259
9.1.2　案例二：仰卧起坐训练器 ··· 270
9.1.3　案例三：疫情期间做好食物保鲜，减少出门 ··· 275

9.2　STEM理念下的学科教学案例 ··· 282
9.2.1　案例一：地理学科——《太阳高度角》 ··· 282
9.2.2　案例二：科学学科——《热空气的特点》 ··· 285
9.2.3　案例三：科学学科——《气动纸火箭》 ··· 289
9.2.4　案例四：通用技术——《汽车与人的需要》 ··· 293

第10章　国外STEM教育的优秀项目 ··· 298

10.1　新加坡STEM应用学习计划 ··· 298
10.2　英国"STEM大使"项目 ··· 303
10.3　澳大利亚ELSA项目 ··· 308

参考文献 ··· 311

第一篇
观念篇

第一篇

观念篇

第1章

核心素养时代的教育改革

📦 本章要点

2014年3月30日，教育部以教基二〔2014〕4号印发《关于全面深化课程改革落实立德树人根本任务的意见》文件中首次出现了"核心素养"一词，至此中国教育课程改革围绕"核心素养"的要求拉开了新的帷幕。何为核心素养？为何提出核心素养？对于课程改革有哪些要求？教师要面临哪些挑战？本章针对以上问题进行回答。

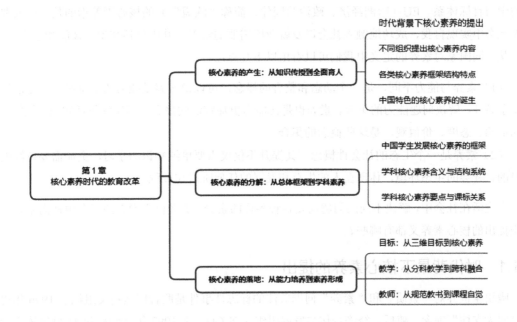

1.1 核心素养的产生：从知识传授到全面育人

☕ 节前思考

1. 素养是什么？是人应该具备的基本能力，还是一种素质体现？核心素养是否为各种素养最重要、最核心的部分？

2. 在什么时代背景下提出了核心素养的概念？又是怎样发展的？为什么会提出核心素养的概念？

3. 世界各教育组织都提出了哪些核心素养？它们之间的观点有哪些联系和异同？

时代变革推动着社会发展，各行各业也不断地被挑战和变革。教育也是如此，当工业时代向知识经济时代转变时，教育的目的被重新审视，世界各国深刻反省自身国家培养人才的教育目标。人们开始意识到：工业时代"统一规格"的产业工人，以及专业化的"知识劳动者"将不能适应未来社会的需求。面对知识大爆炸的时代，必须培养适应新形势的人才。在这样的背景下，各国政府及国际组织纷纷将教育目标转向对"素养"的培养。

从"素养"概念的英语表述来看，不同国家和国际组织使用的"素养"一词是不一致的。OECD（经济合作与发展组织，简称"经合组织"）在1997年启动的"素养的界定和遴选"项目中提出"literacy"一词，其基本含义是"知能"，有学者将其译为"素养"，指的是"有关学生在主要学科领域运用知识和技能的能力，分析、推理和有效交流的能力，以及在不同情境中解决问题和解释问题的能力"。UNESCO（联合国教育、科学及文化组织，简称"联合国教科文组织"）并没有明确指出素养用的是哪个单词，不过从相关研究的表述中可以发现，其中既有"literacy"（知能）、"competence"（素养），还有"skill"（技能），UNESCO构建了一个基础教育阶段学生应该达成的学习目标体系。EU（欧洲经济、政治共同体，简称"欧盟"）的核心素养指的是一个人要在知识社会中实现自我、成功地融入社会以及就业所需要的素养，其中包括知识、技能和态度。[1]

从不同国家对素养的定义中我们可以看出以下几点：

（1）素养与能力不同，是一个动态和整合的概念，可以说素养是能力的上位概念，是能够应对复杂条件，解决问题能力的集合。素养也是比能力更加宽泛的概念，不仅仅包括知识、技能，还包括情感、态度、价值观，是这些概念的集合。

（2）素养是一个生态的社会性概念。其提升不仅仅需要单纯知识的学习，更加需要持续的、终身的、社会的生态环境，体现在人的生存和发展的任何阶段和过程。

人生活在社会中，解决不同的问题需要各种各样的素养，那么核心素养的概念由何而来？不同组织提出的核心素养又都有哪些？

1.1.1 时代背景下核心素养的提出

吸引全世界对"素质"和"素养"问题关注的标志性事件是联合国教科文组织于1996年提出的"四大支柱"理念。随后，经济合作与发展组织（OECD）于1997年开始启动21世纪核心素养框架的研究工作，在报告《素养的界定与遴选》(Definition and Selection of Competencies:Theoretical and Conceptual Foundations，简称 DeSeCo）中率先提出了"核心素养"理论框架，如图1-1所示。

---

[1] 乔鹤,徐晓丽.国际组织全球教育治理的路径比较研究——基于核心素养框架的分析[J].比较教育研究,2019, 41(08): 52-58.

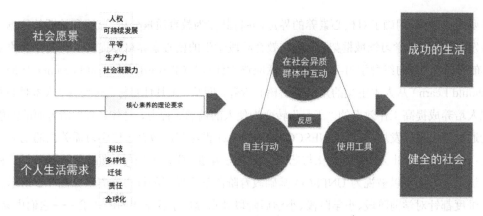

图 1-1 DeSeCo 提出的核心素养理论框架[1]

从图中可以看出,核心素养提出的背景是源于社会愿景和个人生活需求的,单纯从经济视角来看,核心素养的培养能够提高劳动生产率和市场竞争力,培养合格的劳动力,建立在全球竞争中处于世界主导地位的环境基础。从更广阔的社会视角来看,聚焦于 21 世纪培养的学生应该具备哪些最核心的知识、能力与情感态度,才能成功地融入未来社会,才能在满足个人自我实现需要的同时推动社会发展。可见,核心素养概念的提出不仅是儿童即将成为有责任感的成年人和成功生活的需要,同时也是公民在现代社会中必备的素质,素养的构成也回应了当前和未来技术变革和全球化的挑战。

1.1.2 不同组织提出核心素养内容

美国、欧盟等发达国家经济发展模式更早进入转型期,也较早提出"核心素养"的概念,提出的框架体系也各有特色。这既体现了国际组织和不同国家对"核心素养"同等的重视,也体现了国际组织和不同国家对未来全球发展趋势及人才培养目标的不同认知和不同的应对策略。

1. 联合国教科文组织(UNESCO)核心素养的产生及内容

UNESCO 作为联合国系统内最大的专业性机构,拥有独立国际公约缔约权。由于组织自身的特点,UNESCO 更关注与伦理、道德、价值等人类普适性教育目标,并据此开展教育活动。早在 1996 年,联合国教科文组织国际(UNESCO)21 世纪教育委员会出版的《教育——财富蕴藏其中》,在"终身学习"思想指导下,给出了"界定了 21 世纪社会公民必备的基本素质",该报告首次提出了教育的四大支柱"学会认知"(Learning to know)、"学会做事"(Learning to do)、"学会共处"(Learning to live together)以及"学会做人"(Learning to be),为 21 世纪需要培养什么样的人才指明了方向。后来又提出了"学会改变"(Learning to Change)的主张,并将其视为终身学习的第五支柱。

2010 年,UNESCO 启动了基础教育质量分析框架项目,简称 GEQAF,该框架将素养作为其

---

[1] 张娜.DeSeCo 项目关于核心素养的研究及启示[J].教育科学研究,2013(10):39-45.

中的重要组成部分,明确了对核心素养的界定,并将其作为教育质量分析、监测和诊断的依据。[1] 2013年2月发布的《全球学习领域框架》为基础教育阶段学生的核心素养培养提供了一套详细的参考指标。发布的报告《走向终身学习——每位儿童应该学什么》（Toward Universal Learning: What Every Child should Learn）从人本主义的角度提出核心素养,即从"工具性目标"转变为"人本性目标",即从把人培养成提高工作效率的"工具"转变为使人的情感、智力、身体、心理诸方面的潜能和素质都能通过学习得以发展。因此,UNESCO提出面向21世纪基础教育阶段学习需关注的七大领域,分别是：身体健康、社会情绪、文化与艺术、文字与沟通、学习方法与认知、数字与数学、科学与技术,这七大方面可以被视为UNESCO基础教育阶段学生发展的核心素养,如图1-2所示。图中的七个维度都针对学前阶段、小学阶段、小学后阶段儿童提出了各不相同的要求——它们由易到难、由简单到复杂,凸显了不同年龄段发展的不同特征和学习重点。总体上来说,学前教育阶段重点关注意识、观念,以养成良好的生活习惯和认知方式；小学阶段则将重点放在系统了解各领域的基础知识和概念,并逐步培养学生运用知识的能力；中学及以后阶段则不光要掌握系统的学科知识,更要学会探究的方法、思维的方式以及知识的实践运用,帮助学生对自我、对他人、对社会有正确的认识。

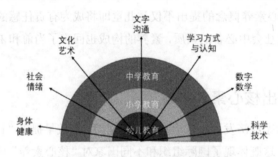

图1-2 UNESCO的核心素养体系

2014年,UNESCO明确指出："教育不仅应帮助学生掌握基础知识,还需培养学生作为全球公民所必需的可迁移技能,如批判性思维、沟通能力、问题解决和冲突解决的能力等。"可见,核心素养的培养已经成为世界教育领域共同关注的话题。

2. 经合组织（OECD）对核心素养的界定和要求

经合组织（OECD）其主要使命在于增进世界人民的经济和社会福祉。在教育领域,基于为未来就业做准备的需要,确保各个年龄段的人们都能具备符合未来需要的劳动技能和素质,从而为未来培养适合的人力资本。OECD的核心素养框架坚持终身学习的理念,以培养完整的人为价值取向,以个体的成功生活和社会的和谐发展为基本目标,具有显著的功能性特点,其引领的教育改革以"思维"为核心展开。"互动地使用语言、符号和文本""互动地使用知识和信息""互动地使用（新）技术""在复杂的大环境中行动""形成并执行个人计划或生活规划""保护及维护权利、利益、

---

[1] 张娜.联合国教科文组织的核心素养研究及其启示[J].教育导刊,2015(07):93-96.

限制与需求""与他人建立良好的关系""团队合作""管理与解决冲突"共九项指标,组成了核心素养概念参照框架,对其后续的核心素养概念的提出以及于 2000 年开始的国际学生评估项目(Programme for International Student Assessment,简称 PISA)具有直接影响[1]。

2003 年,OECD 出版最终研究报告《核心素养促进成功的生活和健全的社会》时,使用了"核心素养"一词。2005 年,OECD 又发布了《核心素养的界定与遴选:行动纲要》,以增强核心素养应用于教育实践的可操作性。OECD 分别于 2009 年、2013 年与 2015 年开展了针对核心素养发展状况的后续研究,并且每年研究的侧重点有所不同,如图 1-3 所示。如 OECD 在 2009 年度与 2013 年度报告中强调信息通信技术(ICT)的发展对于社会及个人的影响,并指出信息交流技术的发展要求个人具备与之相适应的新素养。[2]虽然这些研究的侧重点各有不同,但是它们都紧随时代变化,关注社会中的热点问题,强调 21 世纪的教育系统应该帮助学生发展与社会进步相适应的技能和素养。

图 1-3 OECD 对核心素养发展状况的研究进展

OECD 主导的 PISA 测试既是其核心素养的主要实现途径,又具有显著的全球教育治理特征。PISA 由 OECD 发起和统筹,从 2000 年起每三年进行一次测评,每次都有阅读、数学和科学三个领域,但其主要的测试领域是轮换的。除了这个主要的测试领域外,PISA 对于突破传统的认知能力越来越关注。例如,2003 年,PISA 增加了问题解决测评,当时仅限于纸笔测试。2009 年开始引入数字化测试,增加了信息通信技术熟悉度的背景问卷调查。2015 年,PISA 中的问题解决又深化为协作问题解决,主要用来测评合作能力,并增加了财经素养和 ICT 问卷的选项。2018 年,PISA 增加了全球胜任力的问卷调查及认知测试,其中包括幸福感问卷。2021 年,PISA 增加了创造性思维的评价。

从 PISA 的整个发展趋势来看,第一,关注的问题突破了传统的阅读、数学和科学等认知能力的范畴,重视创新思维、问题解决、合作能力、信息素养、财经素养的测评。第二,关注到重要的非认知能力,例如全球胜任力、幸福感,这些都是采用问卷调查的方式进行测评的。第三,注重信息与通信技术能力,从 2015 年开始,全部采用计算机化的测评,没有纸笔测试了。

为了让大家直观地看到 PISA 对素养的测试,我们以 PISA 公开的一些题目为例,描述阅读素养、数学素养和科学素养的测试方法和过程。

---

[1] 乔鹤,徐晓丽.国际组织全球教育治理的路径比较研究——基于核心素养框架的分析[J].比较教育研究,2019,41(08):52-58.
[2] 贺阳.PISA 核心素养的价值逻辑研究[D].广州大学,2019.

（1）对阅读素养的测试

PISA 将阅读素养定义为："理解、使用、评估、反思和参与文本，从而实现目标、形成知识和潜能、参与社会生活。"[1]PISA2018 对阅读素养测试维度确定为阅读情境（reading situation）、阅读文本（text）和阅读策略（reading processes）。其中阅读文本包括文本单位、文本结构和导航、文本形式和文本类型；阅读策略涵盖文本处理策略、任务管理策略两个方面。测试如图 1-4 所示。

测试内容：养鸡场（译文）[2]

你去探望最近刚刚搬到农场养鸡的亲戚，并询问自己的姑姑："你知道如何养鸡吗？"

她说："我们和很多养鸡的人聊过。而且，网络上也有很多信息。例如，有一个我经常去看的小鸡健康论坛。最近我有一只母鸡伤了脚，这个论坛帮了我很多。我给你看聊天记录。"

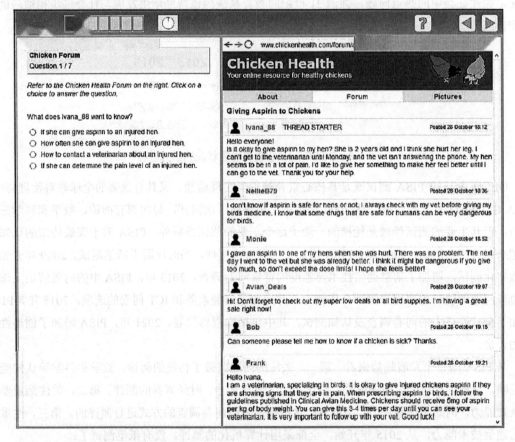

图 1-4　2018 年公开的语文素养测试论坛内容原文截图

论坛内容翻译如下：

---

[1] 王蕾.能力考查:PISA 命题对高考命题的启示[J].清华大学教育研究，2005(11).
[2] PISA 如何测试阅读素养? 内含 2018 年最新公开测试题 https://card.weibo.com/article/m/show/id/2309404384924470748470.

第1章 核心素养时代的教育改革

> **楼主：Ivana_88 10月28日 18:12**
> 大家好！
> 可以给我的母鸡吃阿司匹林吗？它今年2岁，我想它应该伤了腿。我周一才能找到兽医看病，而且现在兽医也不接电话。但是我看它好像很痛苦，所以我想在带它去看兽医前，做点什么让它感觉好一点。谢谢大家的帮助。
>
> **NellieB79 10月28日 18:36**
> 我不知道母鸡吃阿司匹林是不是安全。在给我的小鸟吃药之前，我都会和兽医确认一下。我知道一些药对人很安全，但是对鸟类却很危险。
>
> **Monie 10月28日 18:52**
> 我的一只母鸡也受伤了，我给它吃了阿司匹林，没有任何问题。第二天，我们去看了兽医，但是它已经好多了。我想如果你给它吃了太多的话，就会很危险，所以别超量。希望它会感觉好一点！
>
> **Avian_Deals 10月28日 19:07**
> 你好！记得看我为大家提供的超低价格鸟类用品。现在正在大甩卖！
>
> **Bob 10月28日 19:15**
> 有人可以告诉我如何判断一只鸡是否生病了吗？感谢！
>
> **Frank 10月28日 19:21**
> 你好，Ivana。
> 我是一名专门治疗鸟类的兽医。如果小鸡已经表现出某些信号说它受伤了，可以给它们吃阿司匹林。当给鸟类开阿司匹林处方的时候，我遵循临床禽类用药标准给出的剂量指导，1kg重的鸡可以吃5mg的阿司匹林。在你去看兽医之前，一天可以给它喂3~4次阿司匹林。记得随时与你的兽医保持联系。祝你好运！

请参考小鸡健康论坛的内容，回答下列问题。

Q1：Ivana_88希望要了解什么？

1. 她是否可以给她受伤的母鸡吃阿司匹林？
2. 她给受伤的母鸡喂药的频率是什么样的？
3. 母鸡受伤了，如何联络兽医？
4. 她是否可以判断母鸡的伤情如何？

在这个测试项目中，学生必须思考Ivana_88的发文，并理解文本的字面含义。学生回答这道题的认知过程是：描绘文字信息（理解句子或短文的字面意义，将问题中信息的直接或近似释义与段落中的信息相匹配）。

Q2：为什么Ivana_88决定将问题发在网络论坛上？

1. 因为她不知道如何找到兽医。
2. 因为她认为母鸡的问题不是很严重。
3. 因为她想要尽快帮助母鸡。
4. 因为她没钱去看兽医。

在该测试项目中，相比前一道题，学生必须超越文本的字面意思和文本的完整背景，从更深层次理解 Ivana_88 的发文，以确定正确答案。学生回答这道题的认知过程是：整合和生成推论（通过整合句子甚至整个段落中的信息，扩展文本中信息的字面意义。要求学生创建主要想法，或者为段落生成摘要或标题的任务被分类为"整合和生成推论"项）。

Q3：论坛中有些帖子和话题相关，有些帖子和话题无关。请在表 1-1 中选择"是"或"否"来判断是否与 Ivana_88 的问题相关。

表 1-1　关于帖子内容的问题

帖子的内容是否与 Ivana_88 的问题相关	是	否
NellieB79		
Monie		
Avian_Deals		
Bob		
Frank		

在该测试项目中，学生必须通过选择"是"或"否"填写表格回答问题。该问题要求学生判断是否论坛中的每个帖子都与该主题相关。学生回答这道题的认知过程是：反思内容和形式（评估写作形式，以确定作者如何表达其目的和/或观点。这些项目通常要求学生通过反思自己的经验和知识，比较、对比或设想不同的观点）。

Q6：谁发了最令人信任的回答？并给出理由。

1. NellieB79
2. Monie
3. Avian_Deals
4. Frank

该项目要求学生思考 NellieB79、Monie、Avian_Deals 和 Frank 的帖子质量和可信度。学生回答这道题的认知过程是：评估质量和可信度（评估文本中的信息是否有效、及时、准确、无偏见、可靠等。读者必须识别和考虑信息的来源并考虑文本的内容和形式，或作者如何呈现信息）。

Q7：为什么 Frank 不能告诉 Ivana_88 具体的药量？

学生回答这道题的认知过程是：从多种信息源整合和生成推论（通过整合句子甚至整个段落中

的信息，扩展文本中信息的字面意义。要求学生创建主要想法，或者为段落生成摘要或标题的任务被分类为"整合和生成推论"项）。

这组题目的设置适合大部分学生的能力。虽然文本很短，但是它包含多种内容，里面有很多观点需要仔细思考，同时发帖内容和来源需要仔细评估才能决定它是否可信。

由此可见，PISA2018 阅读素养体现了三层含义：一是阅读目的不仅是"增长知识，发挥潜能"，而且还要"实现个人目标，并参与社会"；二是阅读不仅仅是对阅读材料的"理解、运用和反思"，同时更要"评价"并参与到阅读活动中；三是阅读材料不局限于传统的纸质文本，而是涵盖一切可读、可视、可听的文本。这三层含义实际上和 PISA 阅读素养测试的三个维度相对应。

（2）对数学素养的测试

PISA2021 的数学素养定义为：数学素养是个人在不同真实世界情境下进行数学推理并表示、使用和解释数学来解决问题的能力。它包括使用数学概念、过程、事实和工具来描述、解释和预测现象的能力。PISA2021 数学素养测评框架如图 1-5 所示。

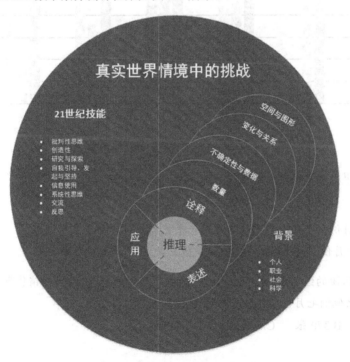

图 1-5　PISA2021 数学素养测评框架[1]

可以看到，这个框架延续了 PISA2012 对数学素养的"更为关注学生作为问题解决者的身份；强调情境和问题之间的有机关联；更为关注包括信息技术在内的数学工具的重要作用"，同时也有一些变化：突出了"解决问题"这一根本目的，淡化技能测试，突出"数学建模过程"，强调数学

---

[1] 董连春，吴立宝，王立东.PISA2021 数学素养测评框架评介[J].数学教育学报，2019，28(04)：6-11+60.

推理,加强情境的"真实性"的特点。

强调情境的真实性:情境维度即问题情境,指 15 岁学生可能面临的各种问题,具体包括个人生活的、职业的、社会性的、科学性的四种情境;在内容方面测试了包括变化和关系、空间和图形、数量、不确定性四大领域。

测试内容: 唱片销量图[1]

一月份,银河乐团和动力袋鼠乐团发行了新唱片。二月份,小甜心乐团和铁甲威龙乐团也发行了新唱片。图 1-6 显示的是这些乐团一月至六月的唱片销售量。

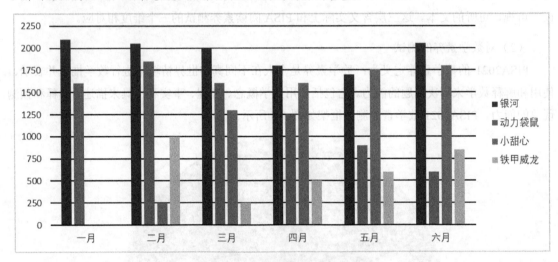

图 1-6 一月至六月的唱片销售量

1. 四月份铁甲威龙卖出多少张唱片?(   )
   A.250　　　B.500　　　C.1000　　　D.1270

2. 在哪一个月份,小甜心乐团的唱片销售量首次超过动力袋鼠乐团?(   )
   A.没有任何月份　　B.三月　　C.四月　　D.五月

3. 动力袋鼠乐团的经理感到担心,因为他们二月份到六月份的唱片销售量下降。如果这个下降趋势持续,那么他们七月份的销售量估计是多少?(   )
   A.70 张　　　B.370 张　　　C.670 张　　　D.1340 张

分析:

这些题目主要是考查学生读图提取信息的能力,从公开的音乐杂志或音乐排行榜中读取条形图提取相关信息,进行数据资料分析,是本年测试里最容易的题目之一。

第一题的数学过程侧重考查表述过程,从数学基本能力考查来看,题目信息明确,对 15 岁学生而言,完成这道题的交流能力、设计问题解决策略能力、表述能力、读取图表信息技术能力、推

---

[1] 綦春霞,周慧.基于 PISA2012 数学素养测试分析框架的例题分析与思考[J].教育科学研究,2015(10):46-51.

理论证能力要求很低。

第二题的问题解决策略则要求略高,需要将两个乐队数据进行比较,数学化过程同样需要将销售情况与图表建立直接关联,需要进行简单的推理论证。

第三题需要学生很好地理解图表中的数学关系,抓住关系本质,估算该乐团从二月份开始每月唱片销售量平均下降的数量,并预测下一个月唱片的销售量。本题数学过程侧重于运用,即运用图表数据进行推理分析,作出判断。设计问题解决策略方面的要求比前两题要高得多。数学化则要求从给定情境提取信息,读取多个数据,并计算出逐月下降的常量;表述能力方面使用给定图表销售量的既定趋势预测,需要有一些推理能力。对"下降趋势持续"和"七月份销售量的估计"的理解,也考查学生从图中提取信息能力和推理能力。

可见,PISA 在数学素养测试的过程中,重视对数学过程考查、重视对真实情境问题"数学化",重视学生运用数学知识、技能去解决生活中的实际问题的能力,重视学生读图、提取信息能力的培养,重视学生基于计算机的数学能力考查。对 PISA 测试的研究,也给我国数学素养评价、数学教学提供了诸多启示,对于数学教学的改进、学生数学素养的提升都有重要的价值。

(3) 对科学素养的测试

2015 年,PISA 对于科学素养的定义:个体能够科学地解释现象、设计与评估科学探究实验、科学地解释数据和证据。具体体现在三个方面:一是能对自然现象、科学技术和技术产品以及它们对社会的影响做出解释和原因说明;二是使用科学知识和对科学探究的理解,确定可以用科学探究回答的问题,明确是否已经使用合适的步骤,并提出可能解决该问题的方法;三是科学地解释和评估数据与证据,并对结论是否正确进行评估。[1]科学素养是 2006 年、2015 年 PISA 测评的核心领域。主要围绕情境、知识、能力和态度四个相互关联的方面构建科学素养测评框架。

我们以"科学地解释现象"为例,在 2015 年 PISA 测试中,给考生一定的情境,应用适当的科学知识来识别现象的特征,并对现象加以合理描述和说明,有时候还需要根据已有信息预测变化。

温室效应:事实还是假象[2]

生物生存需要能量。地球上生物维持生命的能量来自太阳。太阳温度非常高,其能量辐射到太空,其中少部分能量抵达地球。

地球大气层像一个保护层覆盖在星球表面,预防真空宇宙中温度的极端变化。

太阳辐射能大部分穿过地球大气层,这些能量一部分被地球吸收,一部分被地球表面反射回去;而反射回去的一部分能量被大气层吸收。因此,地球表面的平均气温比没有大气层覆盖的情况下要高。地球大气层与温室有相同的功能,因此,称之为"温室效应"。

温室效应在 20 世纪变得更加明显,一个事实是地球大气层平均气温在上升。报刊、杂志上,通常认为 20 世纪气温上升的主要原因在于二氧化碳排放量不断增加。

---

[1] 文静.基于 PISA 2015 科学框架的中考科学试题分析研究[D].宁波大学,2015.
[2] 许世红,徐勇.从 PISA2015 科学素养测评看数学素养的重要性[J].中国考试,2016(03):38-43.

一个名叫安德鲁的学生对地球大气层平均气温与地球上二氧化碳排放量之间可能存在的关系很感兴趣。在图书馆，安德鲁发现了下面2张图（见图1、图2）。根据这2张图，安德鲁得出结论：地球大气层平均气温的上升是由于地球上二氧化碳排放量增加所导致的。

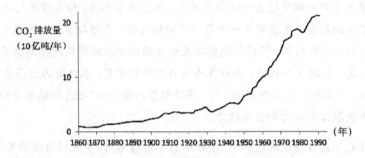

图1 CO_2排放量随着年代的变化

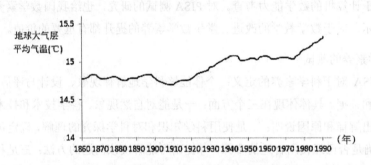

图2 地球大气层平均气温随着年代的变化

问题1：图中哪些信息支持安德鲁的结论？

问题2：另一个名叫珍妮的学生不同意安德鲁的结论。珍妮对比2张图后，认为图中部分信息不支持他的结论。请给出图中不支持安德鲁结论的一个信息，并解释你的答案。

问题3：安德鲁坚持他的结论，认为地球大气层平均气温的上升是由于地球上二氧化碳排放量增加导致的。但珍妮认为他的结论不成熟。她说："在得出这个结论之前，必须确保影响温室效应的其他因素是恒定的。"请给出珍妮所指其他因素中的一个。

分析：单元"温室效应：事实还是假象"中的问题1、2、3考查学生的科学素养均属于"科学地解释现象"这个能力范畴，需要考生根据给出的科学证据——两张函数图像，推断地球大气层气温的上升与地球排放量之间到底有没有关系。

问题1考查的是如何运用科学证据得出一个结论；正确回答该题，需要考生发现图1和图2的曲线整体是上升趋势，即从1860年至1990年，随着时间的推移，排放量、地球大气层气温总体上同时在增大，因此，二者之间可能存在因果关系。

问题2考查的是如何运用科学证据反驳一个结论；正确回答该题，需要考生发现图1的曲线波动和图2的曲线波动规律不完全一致，例如，从1860年至1900年，排放量持续增加，但地球大气层气温在 14.7~14.8℃波动,未显示出持续增加的信息;从 1800 年至 1910 年,排放量持续增加,但地球大气层气温却在下降;因此,不能仅凭两张图就得出地球大气层气温的上升是由地球排放量增加导致的结论。

问题 3 考查的是如何看待科学研究中涉及的控制变量。正确回答该题,需要考生跳出图 1 和图 2,从环境、地球等领域更全面地思考科学现象形成的原因。

解答问题 1 和问题 2 的关键在于读懂图 1 和图 2,要求考生既能整体把握两个函数图像的走势特征,又能觉察两个函数图像变化的局部差异;然后根据问题的侧重,提取适当的信息作为归纳或演绎推理的证据;因此,数学中函数思想方法在此发挥了重要作用。另外,研究两个变量之间属于因果关系还是相关关系,涉及统计知识的学习,目前也属于数学中的核心内容。

可以看出,PISA 对科学素养的测试很大程度上与数学素养有关,要解决试题中的科学问题,离不开数学的建模与逻辑分析。往往试题中的真实情境蕴含着多学科融合,测试用现象与话题在数学、科学、信息学等学科之间构架其利用知识认识世界的桥梁,为学生综合运用多学科知识解决问题提供了路径。

至此,PISA 测试成功地将"核心素养"变成全球话题,阅读素养、数学素养、科学素养、问题解决素养和财经素养这五大素养也成为世界多个国家教育改革的主流趋势。针对五大素养的评价结果,已经成为世界各国学力比拼与教育政策调整的重要依据,对其改革产生了直接影响,很多国家和地区将核心素养的实践与课程、教学及评价改革相融合。

3. 欧盟组织对核心素养的界定与修改

2006 年,欧盟正式出台了《欧洲终身学习核心素养建议框架 2006》(Recommendation of the European Parliament and the Council of 18 December 2006 on Key Competences for Lifelong Learning 2006,简称"2006 框架")。[1] 2018 年,欧盟对 2006 版核心素养框架进行了重新修订,更新了核心素养的表述。新框架确定了 8 种需要掌握的核心素养,强调核心素养发展的支持体系,使得核心素养发展趋于纵深化,由"教育的欧洲维度"向"欧洲教育领域"嬗变。如表 1-2 所示。

表 1-2 "2006 框架"和"2018 框架"的核心素养表述

序号	2006 框架	2018 框架
1	母语沟通交流	读写素养
2	外语沟通交流	多语素养
3	数学素养和科学技术基本素养	数学素养和科学、技术、工程素养
4	数字素养	数字素养
5	学会学习	个人、社会和学会学习素养
6	社会和公民素养	公民素养
7	主动性和创业	创新创业素养
8	文化认识和表达	文化认识和表达素养

---

[1] 常飒飒. 基于核心素养发展的欧盟创业教育研究[D].东北师范大学,2019.

从表 1-2 可以看出，无论是 2006 框架还是 2018 框架，都包含数字素养，2018 框架中"数学素养和科学、技术、工程素养"替代了 2016 框架"数学素养和科学技术基本素养"。新的表述更加接近国际"科学、技术、工程、数学"（Science, Technology, Engineering and Mathematics，简称 STEM）的常用叫法。

另外，欧盟在新版框架中更加强调核心素养发展的"落地"，即如何将核心素养框架进一步融入到实践中去。"2018 框架"明确指出"学习方法和环境的多样性""对教育工作者的支持"和"素养发展评价与评估"是核心素养框架发展的重要支持因素。在"学习方法和环境多样性"方面，重点强调了积极的学习环境以及多样化的学习方法对核心素养的促进作用。指出探究性学习、基于项目学习、混合式学习、艺术和游戏式学习方式都可以激发学生的学习动机，提高参与度。与此同时，在 STEM 领域经常使用的实验方法、实习和科学研究方法也可以促进素养的发展。"2018 框架"还鼓励学习者、教育工作者和教育提供方使用数字技术。强调正规学习、非正规学习以及非正式学习中教育与当地社区其他参与方的合作等。

1.1.3 各类核心素养框架结构特点[1]

很多国家（地区）在借鉴国际组织核心素养框架的基础上都建立了完整的核心素养结构，但由于研制核心素养的背景不同，对核心素养界定和分类不同，以及所处的经济社会发展阶段及文化特征的差异，因此搭建的核心素养结构框架各不相同。整体而言，主要分为以下三种。

1. 并列交互式框架结构

经合组织的"素养的界定与遴选"从社会心理学角度出发，以实现人与社会成功健全发展为目标，建立了"人与自己、人与工具、人与社会"三维并列的关系。虽然这三大维度各自有其核心内容，但素养本身的社会复杂性使三者以相互依存、彼此关联的并列交互原则构成。由于经合组织的核心素养架构是早期建立的学生核心素养模型之一，影响很广，很多地区以此模型构建本土化的核心素养。

2. 整体系统式框架结构

美国"21 世纪核心素养"的构建就是本着整体系统的原则，其核心素养包括学习与创新素养、信息媒介与技术素养、生活与职业素养三大方面。各素养间无严格的逻辑关系，相互影响依存，辐射到教育的各个环节。特别是依赖英语、阅读和语言艺术、数学、科学等核心学科落地与实践，无缝融入到整合学习体系中，并由标准和评价、课程和指导、专业发展和学习环境形成支撑系统[2]，如图 1-7 所示。

与美国类似的原则还有联合国教科文组织、欧盟、英国、法国等。以法国为例，法国《共同基础法令》提出的学生核心素养包括法语素养、数学和科学文化素养、人文文化素养、外语素养、信息通信素养、社会交往与公民素养、独立自主和主动进取精神，这七大素养共同作用于学生个体，

---

[1] 王俊民.核心素养视域下国际大规模科学学业评估框架与试题研究[D].西南大学，2018.
[2] 辛涛，姜宇.全球视域下学生核心素养模型的构建[J].人民教育，2015(9)：54-58.

同时《共同基础法令》将这七大核心素养与义务教育已有的课程内容、教学方式、评价方式等进行了整合，将核心素养与整个学习系统无缝对接。

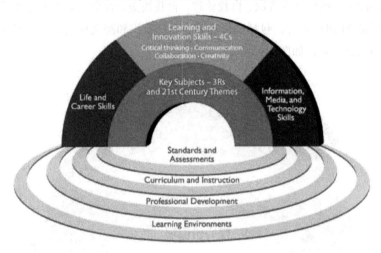

图 1-7　美国 21 世纪学习伙伴（2007）：1+3 类 11 项技能

澳大利亚从 20 世纪 80 年代以来，启动有史以来规模最大的课程改革。2008 年发布的《墨尔本宣言》为澳大利亚未来教育的发展提供了战略性的思路和发展方向总体目标，概括出了所必须具有的包括读写、计算、信息和通用技术、批判性和创造性思维、道德行为、个人和社会能力及跨文化理解在内的七项通用能力和三大跨学科主题（土著居民和托雷斯海峡岛民的历史和文化、亚洲文化及澳大利亚与亚洲的啮合和可持续发展）。2012 年澳大利亚墨尔本大学的六国团队进行了 21 世纪技能的评量与教学计划，分为 4 类十项技能，如图 1-8 所示。

图 1-8　墨尔本大学（2009）：4 类 10 项技能[1]

---

[1] 许营营.澳大利亚"核心素养"的发展历程及培育路径[D].华东师范大学，2020.

3. 核心扩散式框架结构

新加坡学生核心素养遵循的是以核心价值观为核心建立同心圆的原则,以该原则搭建的核心素养框架由内到外共包含三层:核心价值处于框架图的中心,是素养框架中的核心与决定性因素;第二层是社交及情商能力,包括自我意识、自我管理、自我决策、社会意识和人际关系管理等社交及情商能力;第三层是21世纪素养,包括公民素养、全球意识和跨文化素养、批判性与创新性思维以及交流、合作与信息素养,如图1-9所示。

图1-9 新加坡学生核心素养[1]

日本"21世纪型能力"核心素养的构建原则是以思维能力为核心,以基础能力做支撑,以实践能力做引导作为构建原则。其内核是基础能力(语言技能、数量关系技能、信息技能),中层为思维能力(发现和解决问题能力、创造力、逻辑思维能力、批判思维能力、元认知、适应力),最外层是实践能力(自律、人际关系、社会参与力、可持续发展的责任),如图1-10所示。其中"实践能力"限定了思维能力的使用方法。

---

[1] 李阳,韩芳.指向核心素养培育的新加坡ALP——以群立中学为例[J].中小学教师培训,2020(02):73-78

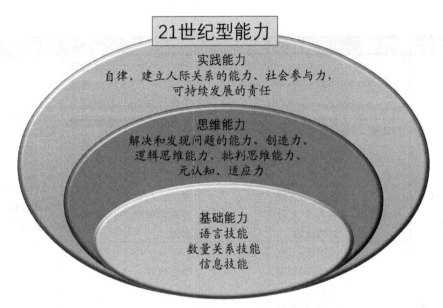

图 1-10　日本"21世纪型能力"核心素养[1]

尽管各个国家（地区）以及国际组织在界定核心素养的价值取向上存在一定差异,但他们所提出的核心素养指标,在内容维度上则表现出一定的共同性。因此,有学者选取有代表性的国际组织、国家和地区的核心素养指标内容维度予以总结,见表 1-3。

表 1-3　核心素养指标维度的国际对比[2]

	UNESO	OECD	欧盟	美国	日本	新加坡	新西兰
与文化知识有关的素养	文字沟通 数字与数学	互动使用语言、符号与文本的能力	母语交流 外语交流 数学素养	交流沟通与合作	语言技能 数量关系技能		运用语言、符号与文本的能力
	文化艺术	互动使用知识与信息的能力	文化意识与表达				
	科学与技术	互动使用科技的能力	数字化素养 科技素养	信息素养 媒体素养 通信技术素养	信息技能	信息与沟通	

---

[1] 刘玥,沈晓敏.21世纪型能力：日本核心素养建构新动向[J].比较教育学报,2020(01)：23-34.
[2] 黄四林,左璜,莫雷,刘霞,辛涛,林崇德.学生发展核心素养研究的国际分析[J].中国教育学刊,2016(06)：8-14.

(续表)

	UNESO	OECD	欧盟	美国	日本	新加坡	新西兰
与自我有关的素养	学习方式与认知	反思	学会学习	创造与创新 批判思维与问题解决	发现与解决问题能力 创造力 逻辑思维能力 批判思维能力 元认知	批判与创造性思考	思维能力
	身体健康	设计人生规划与个人计划的能力	主动与创业意识	主动性与自我导向健康素养	自律	自我意识 自我管理	自我管理
		维护权利、权益、限制与需求的能力		理财素养			
		在复杂大环境中行动的能力		灵活性与适应性	适应力	适应力 自我决策	
与社会有关的素养	社会情绪			全球意识 环保素养	可持续发展	全球意识 跨文化素养	
		与他人建立良好关系的能力	社交和公民素养	社会与跨文化素养 公民素养 创作与责任	建立人脉关系能力	尊重、关怀社会性意识 人际关系	人际关系
		合作的能力			社会参与	正义、责任公民素养	参与贡献
		管理与解决冲突的能力		领导与负责		和谐	

从素养内容来看，各个国际组织、国家和地区的核心素养体系可以归纳为三大领域，即与文化知识学习有关的素养、与自我发展有关的素养和与社会参与有关的素养。这也为我国制定的、以培养全面发展的人为价值取向来构建核心素养奠定了基础。

1.1.4 中国特色核心素养的诞生

1. 中国学生发展核心素养发布

与国际进行同步课改，适应国际全球的教育改革大趋势，提升中国培养人才的质量与竞争力，在国际舞台各个领域的高精尖人才培养中提出核心素养体系的构建。

2014年3月，"核心素养"首次出现在教育部《关于全面深化课程改革落实立德树人根本任务的意见》中,并被置于深化课程改革、落实立德树人根本任务的首要位置,成为研制学业质量标准、修订课程方案和课程标准的重要依据。核心素养开始进入我们的视野。

2016年9月,《中国学生发展核心素养》研究成果发布会在北京师范大学举行。其核心素养以培养"全面发展的人"为核心,分为文化基础、自主发展、社会参与三个方面,综合表现为人文底蕴、科学精神、学会学习、健康生活、责任担当、实践创新六大素养,具体化为18个要点,如图1-11所示。核心素养总体框架的发布,引发了社会的高度关注。核心素养成为中小学教育教学研讨的主题词。该素养框架不仅明确了未来学生的发展方向,更明晰了未来教师专业发展的方向。

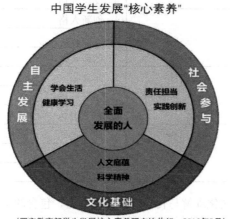

(国家教育部学生发展核心素养研究协作组,2016年9月)

图1-11 中国学生发展核心素养总体框架

2016年年底,基于学科核心素养的高中新课程标准修订稿在全国范围征求意见,2018年1月正式颁布《普通高中课程方案和课程标准(2017年版)》。核心素养开始进入课程,走进中小学。中国基础教育已迈入核心素养的新时代。

2. 21世纪核心素养 5C 模型

2018年3月,北京师范大学中国教育创新研究院发布《21世纪核心素养 5C 模型研究报告(中文版)》。这份报告吸纳了中国学者在相关领域的研究成果,并基于我国社会、经济、科技、教育发展需求,进一步追问"打下中国根基、兼具国际视野"的人应该具有哪些素养,提出了"21世纪核心素养 5C 模型"并搭建框架、阐述内涵。

"21世纪核心素养 5C 模型"包括文化理解与传承(Culture Competency)、审辩思维(Critical Thinking)、创新(Creativity)、沟通(Communication)、合作(Collaboration),这5项素养的首字母均为C,故称该模型为核心素养的5C模型,这些素养简称为5C素养。5C素养每个方面又包括3-4个二级维度,如表1-4所示。

表 1-4 各学科核心素养要点

一级维度	二级维度
文化理解与传承素养 （Cultural Competency）	1. 文化理解
	2. 文化认同
	3. 文化践行
审辩思维素养 （Critical Thinking）	1. 质疑批判
	2. 分析论证
	3. 综合生成
	4. 反思评估
创新素养 （Creativity）	1. 创新人格
	2. 创新思维
	3. 创新实践
沟通素养 （Communication）	1. 同理心
	2. 倾听理解
	3. 有效表达
合作素养 （Collaboration）	1. 愿景认同
	2. 责任分担
	3. 协商共赢

5 项素养既各有侧重。"文化理解与传承"素养是核心，包含的价值取向对所有行为都具有导向作用；审辩思维与创新更多地表现为认知能力，审辩强调理性、有条理、符合逻辑，创新强调突破边界、打破常规；沟通与团队合作侧重反映个体的社会技能，沟通强调尊重、理解、共情，合作强调在实现共同目标的前提下做必要的坚持与妥协。

5 大素养又相互关联。文化理解与传承是核心；创新离不开审辩思维，沟通是合作的基础；良好的审辩能力能够提升沟通与合作的效率，有效的沟通与合作有助于实现更高质量的创新。

综上，5 项素养从不同角度刻画了 21 世纪人才必备的核心素养，它们之间既各有侧重，又相互紧密关联，形成一个整体。

小 结

核心素养（Key Competencies）是学生在接受相应学段的教育过程中，逐步形成的、适应个人终身发展和社会发展需要的必备品格和关键能力。其基本特点：

（1）核心素养是所有学生应具有的最关键、最必要的基础素养。
（2）核心素养是知识、能力和态度的综合表现。
（3）核心素养可以通过接受教育形成和发展。
（4）核心素养具有发展连续性和阶段性。
（5）核心素养兼具个人价值和社会价值。
（6）学生发展核心素养是一个体系，具有系统性和整合性。

面向21世纪，三大国际组织对于人的非认知素养（如沟通与交流、团队合作）和认知素养（如问题解决、批判性思维、创新精神、信息素养等）都给予普遍的关注。这些素养同样包含在《中国学生发展核心素养框架》中，反映了不同国家和国际组织对于面向未来的人应具备的素养所达成的共识，这种共识既是面向21世纪教育和学习的根本目的，也是全球教育治理追求的基本目标与理念。

活动建议

我国提出的我国学生发展核心素养的指标涉及文化基础、自主发展和社会参与，这种指标的提出既有时代性又兼具民族性。通过本节的学习，可以尝试分析：我国核心素养指标的提出借鉴了哪些国家（组织）对核心素养的观点？从指标体系上，我国核心素养属于哪种结构框架？

1.2 核心素养的分解：从总体框架到学科素养

节前思考

1. 中国学生发展核心素养框架及内涵是什么？
2. 与以往课程标准有什么不同？
3. 中国学生发展学科素养与核心素养有什么内在联系？中国学生发展核心素养提出后，如何在教育各学科中落地？

1.2.1 中国学生发展核心素养的框架

1. 核心素养

中国学生发展核心素养认为：核心素养是学生在接受相应学段的教育过程中，逐步形成的适应个人终身发展和社会发展需要的必备品格与关键能力。[1]

2. 中国学生发展核心素养框架

中国学生发展核心素养以培养"全面发展的人"为核心，分为文化基础、自主发展、社会参与三个方面，综合表现为人文底蕴、科学精神、学会学习、健康生活、责任担当、实践创新六大素养，具体细化为18个基本要点和若干具体的成就表现，形成了中国学生发展核心素养框架。官方解读如下：[1]

（1）文化基础

① 人文底蕴。主要是学生在学习、理解、运用人文领域知识和技能等方面所形成的基本能力、情感态度和价值取向。具体包括人文积淀、人文情怀和审美情趣等基本要点。

---

[1] 林崇德.构建中国化的学生发展核心素养[J].北京师范大学学报(社会科学版)，2017(01)：66-73.

- 人文积淀：具有古今中外人文领域基本知识和成果的积累；能理解和掌握人文思想中所蕴含的认识方法和实践方法等。
- 人文情怀：具有以人为本的意识，尊重、维护人的尊严和价值；能关切人的生存、发展和幸福等。
- 审美情趣：具有艺术知识、技能与方法的积累；能理解和尊重文化艺术的多样性，具有发现、感知、欣赏、评价美的意识和基本能力；具有健康的审美价值取向；具有艺术表达和创意表现的兴趣和意识，能在生活中拓展和升华美等。

② 科学精神。主要是学生在学习、理解、运用科学知识和技能等方面所形成的价值标准、思维方式和行为表现。具体包括理性思维、批判质疑、勇于探究等基本要点。

- 理性思维：崇尚真知，能理解和掌握基本的科学原理和方法；尊重事实和证据，有实证意识和严谨的求知态度；逻辑清晰，能运用科学的思维方式认识事物、解决问题、指导行为等。
- 批判质疑：具有问题意识；能独立思考、独立判断；思维缜密，能多角度、辩证地分析问题，做出选择和决定等。
- 勇于探究：具有好奇心和想象力；能不畏困难，有坚持不懈的探索精神；能大胆尝试，积极寻求有效的问题解决方法等。

（2）自主发展

① 学会学习。主要是学生在学习意识形成、学习方式方法选择、学习进程评估调控等方面的综合表现。具体包括乐学善学、勤于反思、信息意识等基本要点。

- 乐学善学：能正确认识和理解学习的价值，具有积极的学习态度和浓厚的学习兴趣；能养成良好的学习习惯，掌握适合自身的学习方法；能自主学习，具有终身学习的意识和能力等。
- 勤于反思：具有对自己的学习状态进行审视的意识和习惯，善于总结经验；能够根据不同情境和自身实际，选择或调整学习策略和方法等。
- 信息意识重：能自觉、有效地获取、评估、鉴别、使用信息；具有数字化生存能力，主动适应"互联网+"等社会信息化发展趋势；具有网络伦理道德与信息安全意识等。

② 健康生活。主要是学生在认识自我、发展身心、规划人生等方面的综合表现。具体包括珍爱生命、健全人格、自我管理等基本要点。

- 珍爱生命：理解生命意义和人生价值；具有安全意识与自我保护能力；掌握适合自身的运动方法和技能，养成健康文明的行为习惯和生活方式等。
- 健全人格：具有积极的心理品质，自信自爱，坚韧乐观；有自制力，能调节和管理自己的情绪，具有抗挫折能力等。
- 自我管理：能正确认识与评估自我；依据自身个性和潜质选择适合的发展方向；合理分

配和使用时间与精力；具有达成目标的持续行动力等。

（3）社会参与

① 责任担当。主要是学生在处理与社会、国家、国际等关系方面所形成的情感态度、价值取向和行为方式。具体包括社会责任、国家认同、国际理解等基本要点。

- 社会责任：自尊自律，文明礼貌，诚信友善，宽和待人；孝亲敬长，有感恩之心；热心公益和志愿服务，敬业奉献，具有团队意识和互助精神；能主动作为，履职尽责，对自我和他人负责；能明辨是非，具有规则与法治意识，积极履行公民义务，理性行使公民权利；崇尚自由平等，能维护社会公平正义；热爱并尊重自然，具有绿色生活方式和可持续发展理念及行动等。
- 国家认同：具有国家意识，了解国情历史，能自觉捍卫国家主权、尊严和利益；具有文化自信，尊重中华民族的优秀文明成果，能传播弘扬中华优秀传统文化和社会主义先进文化；了解中国共产党的历史和光荣传统，具有热爱党、拥护党的意识和行动；理解、接受并自觉践行社会主义核心价值观，具有中国特色社会主义共同理想，有为实现中华民族伟大复兴的中国梦而不懈奋斗的信念和行动。
- 国际理解：具有全球意识和开放的心态，了解人类文明进程和世界发展动态；能尊重世界多元文化的多样性和差异性，积极参与跨文化交流；关注人类面临的全球性挑战，理解人类命运共同体的内涵与价值等。

② 实践创新。主要是学生在日常活动、问题解决、适应挑战等方面所形成的实践能力、创新意识和行为表现。具体包括劳动意识、问题解决、技术应用等基本要点。

- 劳动意识：尊重劳动，具有积极的劳动态度和良好的劳动习惯；具有动手操作能力，掌握一定的劳动技能；在主动参加的家务劳动、生产劳动、公益活动和社会实践中，具有改进和创新劳动方式、提高劳动效率的意识；具有通过诚实合法劳动创造成功生活的意识和行动等。
- 问题解决：善于发现和提出问题，有解决问题的兴趣和热情；能依据特定情境和具体条件，选择制订合理的解决方案；具有在复杂环境中行动的能力等。
- 技术运用：理解技术与人类文明的有机联系，具有学习掌握技术的兴趣和意愿；具有工程思维，能将创意和方案转化为有形物品或对已有物品进行改进与优化等。

文化基础、自主发展、社会参与三个方面构成的核心素养总框架，充分体现了马克思主义关于人的社会性等本质属性的观点，与我国治学、修身、济世的文化传统相呼应，有效整合了个人、社会和国家三个层面对学生发展的要求。

人文底蕴、科学精神、学会学习、健康生活、责任担当、实践创新等六大素养既涵盖了学生适应终身发展和社会发展所需的品格与能力，又体现了核心素养"最关键、最必要"这一重要特征。六大素养之间相互联系、互相补充、相互促进，在不同情境中发挥作用。

在这个总体框架之下,结合学生年龄特点,可以进一步提出各学段学生将要达到的表现要求,可以指导各学段学生的教育方式和内容,并为学校教育、社会教育、家庭教育提供科学的依据。这样一个"一体三面"的结构有以下几方面显著特征。

第一,它充分体现了人的全面发展、协调发展理念。

中国学生发展核心素养框架不只是关注掌握和运用人类优秀智慧成果、涵养内在精神等,而且注重健康生活、珍爱生命,彰显出身心和谐发展的理念;不只是要求学会学习,而且注重实践创新,即善于发现和提出现实问题,并运用所学的知识分析问题解决问题,具有劳动意识、动手操作能力等,弘扬古老的知行合一思想;不只是关注人文底蕴的积淀,而且注重科学精神的培养,强调培养学生的理性思维能力、批判质疑品质和勇于探究精神,反映出社会各界普遍认同的文理兼修思想。框架的要求实际是对党要培养"全面发展的人"这一观念的反映,并将其转化为可实施、可观测的素养。而对于基础教育来说,此框架是充分体现社会主义核心价值观、系统落实党的教育方针、细化人才培养目标的具体要求。

第二,它是从文化基础、自主发展和社会参与三个有机结合体中进行的创造性转化。[1]

三个方面是从三个不同的角度去观察、把握人的发展与世界的互动关系,透视互动过程中所形成的素养。社会参与所反映的是人与周围客观世界的关系,自主发展所反映的是人与自身主观世界的关系,文化基础所反映的是人与思想的客观内容世界的关系。三个方面是相互联系、相互影响的。可以说,六大素养、18个要点以及若干具体表现不是碎片式的,而是一个有机的整体。如此考察人的发展的视角突破了原有的德智体美简单演绎式思路,是素质教育理论的发展和深化。

文化基础,重在强调能习得人文、科学等各领域的知识和技能,掌握和运用人类优秀智慧成果,涵养内在精神,追求真善美的统一,发展成为有宽厚文化基础、有更高精神追求的人;自主发展,重在强调能有效管理自己的学习和生活,认识和发现自我价值,发掘自身潜力,有效应对复杂多变的环境,成就出彩人生,发展成为有明确人生方向,有生活品质的人;社会参与,重在强调能处理好自我与社会的关系,养成现代公民所必须遵守和履行的道德准则和行为规范,增强社会责任感,提升创新精神和实践能力,促进个人价值实现,推动社会发展进步,发展成为有理想信念、敢于担当的人。

文化基础是实现自主发展和社会参与的基础,反过来说,自主发展和社会参与也是以必要的文化基础为前提和条件,相互之间具有一种内在的关联性。这三个领域的划分,既考虑了教育作为人类知识和文化传承的作用,也考虑了教育在促进个体发展和社会进步方面的作用,为学生发展核心素养提供了一个比较全面的理论框架。[2]

第三,它是以价值体认为核心的有机整合。

西方的一些文献中经常将"素养"(competence)、"能力"(ability)与"技能"(skill)

---

[1] 石中英.关于中国学生发展核心素养的哲学思考[J].课程.教材.教法,2018,38(09):36-41.
[2] 林崇德,刘霞,郝文武,胡金木.努力提升学生发展核心素养——访林崇德先生[J].当代教师教育,2017,10(02):10-13+23.

等词交互使用,不做严格区分。而在中国传统文化中,"素养"与一般知识、智力、能力倾向不同,后者少了德性养成之内涵,因此不能称作"素养"。"素养"如《辞海》所释,指"平日之修养",有着明确的道德价值内涵,指优质的修养,是由内而外体现出的人自身的核心价值观。人的教育和课程强调的是对学生思想、人格、态度的培养。[1]中国学生发展核心素养中强调"尊重、维护人的尊严和价值,切实关心人的生存、发展和幸福等""正确认识和理解学习的价值""理解生命意义和人生价值"等,强调每一个方面都要体现核心价值观,注重正确价值观在素养结构中的定向功能和动力作用[2],这是以德性养成、价值体认为核心的中国学生发展素养目标体系。可以说,中国学生发展核心素养形成了提升21世纪核心素养的中国方案。

1.2.2 学科核心素养含义与结构系统

"中国学生发展核心素养"的颁布,预示着中国基础教育改革进入新的阶段,但是"核心素养"在正规教育中的最终落地还是需要依靠现行学科课程体系教学来实现,也就是说,核心素养的内容和学科课程必须建立起对应和关联关系,才能有助于核心素养的实现。

学科本身来源于社会分工,是体现自身逻辑的"知识形态、活动形态与组织形态的统一体"。[3]学科教育,是学校对学科本质的安排和规训。我国基础阶段长久以来的学科教育仅仅是"学科"与"基础教育"的融合,与社会现实脱节,各阶段的学习往往也未能有效衔接。从核心素养观视角对学科本质进行的思考,需要打破彼此孤立的思维方式,将学科基础教育拉进现实,指向未来,一端连接个体的发展诉求,另一端连接社会的发展愿景,并强调"基础性"和"发展性"兼具,体现学科独特的育人价值和社会诉求。

1. 学科核心素养的含义

有学者对"学科核心素养"的称法进行了批判,认为应为"学科素养"[4,5],本书中在这个问题上不做讨论,对两个称法视为同一概念。邵朝友等将核心素养定义为"通过学习某学科的知识与技能,思想与方法而习得的重要观念、关键能力与必备品格"。"关键能力"属于智力因素,"必备品格"主要属于非智力因素,"正确价值观念"属于价值取向。例如:高中数学课程标准将高中阶段的数学核心素养定义为:具有数学基本特征的、适应个人终身发展和社会发展需要的人的思维品质与关键能力。具体表现为学生高中毕业后即使没有从事和数学有关的工作,但依然会用数学的眼光观察世界,会用数学的思维思考世界,会用数学的语言表达世界。所谓数学的眼光,本质就是抽象,抽象使得数学具有一般性;所谓数学的思维,本质就是推理,推理使得数学具有严谨性;所

---

[1] 李艺,钟柏昌.谈"核心素养"心素养"教育研究,2015,36(09):17-23,63.
[2] 柳夕浪.走向整体的人:核心素养的整合意义[J].中小学管理,2019(04):25-28.
[3] 曹培英.从学科核心素养与学科育人价值看数学基本思想[J].课程·教材·教法.2015(9):40-43.
[4] 刘新阳.教育目标系统变革视角下的核心素养[J].全球教育展望,2017,46(10):49-63.
[5] 钟启泉.学科教学的发展及其课题:把握"学科素养"的一个视角[J].全球教育展望,2017(1):11-23.

谓数学的语言,主要是数学模型,模型使得数学的应用具有广泛性。[1]郑长龙老师以化学学科为例[2],确定三者的关系如图1-12所示。[3]曹培英认为"所谓学科核心素养,粗略地说指凸显学科本质,具有独特的重要育人价值的素养。"[4]可以说,学科核心素养是基于学科知识、生动反映学科内在本质和思想,是学科育人价值的集中体现。

图1-12 学科核心素养关键要素之关系

学科核心素养在核心素养的视域下,学科课程设计指向于核心素养,核心素养需要融入学科课程的设计、实施、评价中。学科核心素养具备以下几点特征:

第一,独特性,即体现学科自身的本质特征,也就是学科的固有性。

第二,层级化,即学科教学目标按其权重形成如下序列:兴趣、动机、态度;思考力、判断力、表达力;观察技能、实验技能等;知识及其背后的价值观。这种序列表明,学科教学的根本诉求是学科的素养或能力,而不是单纯知识点的堆积。

第三,学科群,即语文、外语学科或文史哲学科,数学与理化生等学科,音体美或艺术、戏剧类学科,它们之间承担着相同或相似的学力诉求,如直觉思维与逻辑思维,自然体验与科学体验,动作的、图像的、语言的表达能力等,这些相近特征使这些学科可以进一步构成各自的学科群。钟启泉教授提出了"语言学科群:语言能力与意义创造""数理学科群:认知方略与问题解决""艺体学科群:艺术表现力与鉴赏力""STEM学科群:跨学科能力四类学科群"。其中提出"对STEM跨学科课程的设计可以彰显新时代学校改革的方向,为基于'核心素养'的学科教学发展提供广阔的视野与潜在的效能"。[5]

2. 学科核心素养与学生发展核心素养的关系

有学者认为核心素养与学科核心素养之间的关系是上位与下位、整体与部分、抽象与具体的关系。[6](钟启泉,2016)也有学者认为"一般核心素养是由学科核心素养推演而来。"[7](李艺,2015)

我们认为,学科核心素养是以"中国学生发展核心素养"为指导,基于学科特质与学科任务,

---

[1] 史宁中.学科核心素养的培养与教学——以数学学科核心素养的培养为例[J].中小学管理,2017(01):35-37.
[2] 郑长龙.2017年版普通高中化学课程标准的重大变化及解析[J].化学教育(中英文),2018,39(09):41-47.
[3] 邵朝友,周文叶,崔允漷.基于核心素养的课程标准研制:国外经验与启[J].全球教育展望.2015(8):10-24.
[4] 曹培英.从学科核心素养与学科育人价值看数学基本思想[J]. 课程·教材·教法.2015(9):4043.
[5] 钟启泉.学科教学的发展及其课题:把握"学科素养"的一个视角[J].全球教育展望,2017,46(01):11-23+46.
[6] 余文森.论学科核心素养的课程论意义[J].教育研究,2018,39(03):129-135.
[7] 钟启泉.基于核心素养的课程发展:挑战与课题[J]. 全球教育展望.2016(12):3-25.

为培育全面发展、社会需要的人而提出的关键素养。因此，学科核心素养是具有学科特色的素养。各学科核心素养，应该既体现本学科能够落实的学生发展核心素养（部分或全部），也应该包括本学科独有的一些核心素养要求。从核心素养培育的整合思维来说，不同学科之间，不同学段之间的学科核心素养有"同"的一面，即都是实现学生整体性培养的具体要求和内容。从核心素养培育的呈现维度来说，不同学科之间，不同学段之间的学科核心素养有"异"的一面，表现出其对于学生素养培育的"独特价值"，学科差异、学科价值的体现。

3. 学科核心素养的结构系统

学科核心素养体系的构建应考虑体现学科特点的知识、能力、情感、价值等要素，体现学科赋予个体终身学习和全面发展的基本素质。李艺、钟柏昌提出核心素养的三层模型：最底层的"双基指向"；中间层的"问题解决指向"，最上层的"科学（广义）思维指向"，[1] 如图1-13所示。

图1-13　核心素养三层架构图

底层以"双基"为核心，即基础知识和基本技能处于最基础的层次，例如基础性的解题训练；中间层为问题解决层，以解决问题过程中所获得的基本方法为核心，例如问题解决式学习活动、发现式学习活动、反思性实践活动等体验性学习活动；最上层的"学科思维层"，指在系统的学科学习中通过体验、认识及内化等过程，逐步形成的相对稳定的思考问题、解决问题的思维方法和价值观，实质上是初步得到学科特定的认识世界和改造世界的世界观和方法论。这必须是经过系统的和较长时间的体验式学习活动而潜移默化到思想深处的、稳定的、可迁移的思维方式或思维模式，且形成习惯，表现为探寻问题、思考问题、解决问题和评价问题的有效方法的思维方式或思维模式。

1.2.3　学科核心素养要点与课标关系

1. 不同学科核心素养要点

从2014年开始进行的新一轮高中课程标准修订，以培育发展学生的核心素养为纲，强调基于"学科核心素养"的课程标准体系建设。2016年，教育部正式颁布了《普通高中课程方案和语文等学科课程标准（2017年版）》。其中学科课程标准的首要变化就是凝练了学科核心素养，各学科核心素养要点如表1-5所示。

---

[1] 李艺，钟柏昌.谈核心素养 [J].教育研究.2015(9)：17-23

表 1-5　各学科核心素养要点

学科	核心素养	学科	核心素养
数学	数学抽象	美术	图像识读
	逻辑推理		美术表现
	数学建模		审美判断
	直观想想		创意实践
	数学运算		文化理解
	数据分析	艺术	艺术感知
物理	物理观念		创意表达
	科学思维		审美情趣
	科学探究		文化理解
	科学态度与责任	通用技术	技术意识
化学	宏观辨识与微观探析		工程思维
	文化观念与平衡思想		创新设计
	证据推理与模型认知		图样表达
	科学探究与创新意识		物化能力
	科学态度与社会责任	信息技术	信息意识
生物学	生命观念		计算思维
	科学思维		数字化学习与创新
	科学探究		信息社会责任
	社会责任	英语\日语\俄语\德语\法语\西班牙语	语言能力
语文	语文建构与运用		文化意识
	思维发展与提升		思维品质
	审美鉴赏与创造		学习能力
	文化传承与理解	思想政治	政治认同
历史	唯物史观		科学精神
	时空观念		法制意识
	史料实证		公共参与
	历史解释	体育与健康	运动能力
	国家情怀		健康行为
地理	人地协调观		体育品德
	综合思维	音乐	审美感知
	区域认知		艺术表现
	地理实践力		文化理解

每个学科的核心素养的要素及解读，都在该学科普通高中课程标准中进行了详细阐述，本书不再赘述。

2. 学科核心素养与课程标准关系

既然核心素养是课程的 DNA，那就意味着整套课程的全部密码都在其中，换言之，核心素养是课程体系的"基质"和纲领，课程的所有内容与目标均须由此推演而来[1]。学科核心素养是本次课程标准修订的一根红线，贯穿课程标准修订的全过程，统领课程标准修订的各部分，从而使课程标准的各个组成部分保持内在的一致性和统一性。学科核心素养与课程标准关系如图1-14所示。

图1-14　学科核心素养与课程标准关系[2]

以物理为例，《普通高中物理课程标准》（2017）对物理学科核心素养作了如下界定：物理学科核心素养是物理学科育人价值的集中体现，是学生在接受物理教育过程中逐步形成的、适应个人终身发展和社会需要的关键能力与必备品格，是学生科学素养的重要构成。核心素养导向的物理教学，其目的不仅仅在于对物理知识的记忆和再现，更在于对物理知识和方法的应用，并最终促进中学生关键能力与必备品格的发展。对于物理学科核心素养的内涵及组成要素，《普通高中物理课程标准》将其界定为四个方面，即物理观念、科学思维、科学探究、科学态度与责任。[3]

对于课程目标的描述要突破和超越三维目标模式，围绕学生必备品格的养成和关键能力的培养展开，学科课程目标实际上就是学科核心素养的具体展开；课程内容的选择和组织必须打破传统的学科本位和知识中心倾向，确立促进学生学科核心素养形成的内容标准，并进行课程内容的选择与完善；学业质量标准就是学科核心素养的内容化、模块化、具体化、可测化。

小　结

中国学生发展核心素养是一个具有系统性和整合性的体系，包含了中国学生应具备的、适应终身发展和社会发展需要的必备品格和关键能力。与以往的育人目标不同的是，它更关注的是学生的整体性发展。学科核心素养是在中国学生发展核心素养的基础上衍生推演并将发展核心素养落地的过程性必要存在。从素养的角度来说，二者是相辅相成的关系。学科核心素养是核心素养的基础性作用在学科意义上的呈现；从学科的角度来说，学科核心素养是核心素养的育人功能与学科价值的有机结合，是该学科实现立德树人根本任务的价值所在。学科核心素养的培育，离不开学科的沃土，

---

[1] 郭晓明.从核心素养到课程的模式探讨——基于整体支配与部分渗透模式的比较[J].中国教育学刊，2016(11)：44-47.

[2] 余文森.论学科核心素养的课程论意义[J].教育研究，2018，39(03)：129-135.

[3] 中华人民共和国教育部.普通高中物理课程标准（2017年版）[M].北京：人民教育出版社，2018.4-5.

也不能抛弃基础性的育人价值，应该是植根于学科的核心素养，关注学生基础素质培育的素质和能力要求。作为担任育人任务的教育工作者，应当更新观念、勇于探索，使核心素养理念真正落地。

活动建议

结合自己本学科的特点，翻阅本学科高中课程标准，了解本学科核心素养的定义与要求，理解本学科核心素养的结构和要素内涵，思考本学科核心素养与《中国学生发展核心素养》框架中的三大方面六个维度之间存在着怎样的关系？可以梳理出一个思维导图。

1.3 核心素养的落地：从能力培养到素养形成

☕ **节前思考**

1. 2001 年启动的课程改革中提出的三维目标与新一轮核心素养概念的提出有什么联系？
2. 在教学中，如何实施教学才能有效地保障核心素养在课程教育中落地？
3. 在中国学生发展核心素养指导下，学科素养对教育者提出哪些挑战？教师如何应对？

我国教育改革，历经双基教学、素质教育、三维目标、核心素养的发展路径。双基教育即以基础知识、基本技能为基础阶段教学内容核心，在当时的历史环境下，有力地保障了我国基础教育的质量，但也带来了应试导向和片面追求成绩的严重后果；1997 年开始的素质教育改革，着眼于受教育者及社会长远发展的要求，以面向全体学生、全面提高学生的基本素质为根本宗旨；2001 年提出的"知识与技能""过程与方法""情感态度与价值观"教育改革的"三维目标"是素质教育的具体化；核心素养提出的"以人为本"的教育价值观，又是对整个教育系统提出的重大变革，也深刻地触发了教育目标系统的变革。由此，教师们就要从以往的如何提高学生知情意的能力转换到"为了学习者核心素养的持续发展，我们可以做什么"这一问题的回答上。

1.3.1 目标：从三维目标到核心素养

三维目标是伴随着第八次课程改革产生的，从首次正式提出三维目标概念的《基础教育课程改革纲要（试行）》中规定："国家课程标准是教材编写、教学、评估和考试命题的依据，是国家管理和评价课程的基础。应体现国家对不同阶段的学生在知识与技能、过程与方法、情感态度与价值观等方面的基本要求，规定各门课程的性质、目标、内容框架，提出教学和评价建议"。可以说这是 2001 年启动的新课程改革的一个基本标志，也就是从"双基"走向"三维目标"。其中的变化不仅仅是从"一维（双基）"到"三维"，还强调了学生的发展是三维整合的结果。这三个维度不是三个互相孤立的目标，它们是相互依托相互影响的，即在过程中掌握方法，获取知识，形成能力，培养情感态度价值观。三维目标使素质教育在课堂的落实有了抓手，是对传统"双基"目标的继承和超越。

1. 三维目标与核心素养的关系

核心素养概念提出后，又是对三维目标的传承和超越。传承更多地体现在"内涵上"，而超越更多地体现在"性质上"。作为核心素养主要构成的关键能力和必备品格，实际上是三维目标的提炼和整合，把知识、技能和过程、方法提炼为能力；把情感态度价值观提炼为品格。能力和品格的形成即是三维目标的有机统一。

以化学学科为例，化学学科核心素养是指学生在接受化学教育过程中逐步形成的、适应个人终身发展和社会发展所需要的正确价值观念、必备品格和关键能力，是学生通过学习化学内化的、带有化学学科特性的品质。由五个维度组成：宏观辨识与微观探析、变化观念与平衡思想、证据推理与模型认知、科学探究与创新意识、科学态度与社会责任。那么化学学科的教学目标就从三维扩展到了五维，其超越和创新表现在哪里呢？核心素养较之于三维目标究竟在认识和理论上有哪些突破？

2. 核心素养立意更能体现以人为本的教育思想

从双基到三维目标再到核心素养，其变迁基本上体现了从学科本位到以人为本的转变。双基是外在的，主要是从学科的视角来刻画课程与教学的内容和要求；素养是内在的，是从人的视角来界定课程与教学的内容和要求；三维目标是由外在走向内在的中间环节，三维目标里面既有外在又有内在的东西，相对于双基，三维目标的理论比较全面和深入，但三维目标依然有不足之处，其一是缺乏对教育内在性、人本性、整体性和终极性的关注。

现代教育尊崇"以人为本""以学习者为中心"，同时由于21世纪信息社会和知识经济对人才素质的需求，而且目前三维目标单一，因此对能力的培养已经不足以担当重任。

这就需要由三维目标走向核心素养，只有从三维目标走向核心素养，才能够实现教育对人的真正的全面回归。核心素养体现了我国课程改革的价值追求从"知识"到"能力"最终回归到"人"的演进路径。其次，素养相比能力更为强调学习结果的可迁移性以及学习者对复杂多变的真实境脉的适应性。再次，素养相比能力具有更加鲜明的"跨学科"特征，这对于改变当前过于强调分科课程的现实状态具有重要价值。

依据《标准》与教育部在 2003 年发布的《普通高中物理课程标准（实验）》（以下简称《2003 年版》）和修订后的普通高中物理课程标准（2017 年版）（以下简称《2017 年版》），将高中物理课程培养目标进行对比，如表1-6 所示。

表1-6 新旧高中物理标准课程基本理念对比

	2003 年版	2017 年版
培养目标	进一步提高科学素养满足全体学生的终身发展需求	进一步提升学生综合素质，着力发展核心素养
课程结构	重视基础，体现课程的选择性	注重课程的基础性和选择性，满足学生终身发展的需求
课程内容	体现时代性、基础性、选择性	注重课程的时代性，关注科技进步和社会发展需求
课程实施	注重自主学习，提倡教学方式多样化	引导学生自主学习，提倡教学方式多样化
课程评价	强调更新观念，促进学生发展	注重过程评价，促进学生核心素养的发展

可见，在课程目标方面，2017版新课标注重体现物理学科本质，培养学生物理核心素养，明

确了普通教育的定位；在课程结构方面，2017 版新课标的修订更加明显，根据学习进阶理论，新课标将核心概念和科学实践作为重要内容；在课程评价的方面，2017 版新课标致力于创建一个既重视结果也重视过程的多元多样的课程评价体系，以促进学生核心素养的发展。

3. 三维目标是核心素养形成的要素和路径

核心素养来自三维目标又高于三维目标。从形成机制来讲，核心素养是三维目标的进一步提炼与整合，是通过系统的学科学习之后而获得的；从表现形态来讲，学科核心素养又高于三维目标，是个体在知识经济、信息化时代，面对复杂的、不确定的情境时，综合应用学科的知识、观念与方法解决现实问题所表现出来的关键能力与必备品格。在目标维度转换过程中可能会产生以下问题：

（1）知识不是素养吗？

从双基到三维目标再到核心素养（关键能力和必备品格），知识（双基）的地位和作用似乎被不断地弱化，很多人为此提出质疑：知识难道就不是素养了？没有学科知识哪来学科素养？这个问题实际上就是知识与素养的关系问题。爱因斯坦曾说过，"教育无非是将一切已学过的东西都遗忘后所剩下来的东西。"遗忘掉的东西就是所学的具体知识和内容，而剩下来的就是所谓的能力品格（素养）。所以对于这个问题的答案是：知识不是素养，但素养的形成离不开知识的传授。教师的教学活动对知识具有绝对的依赖性，没有了知识，教学活动便成为无源之水、无本之木。但是，教学决不能止于知识，人的发展更不限于掌握知识，教学的根本目的和人的发展的核心内涵是人的素养的提升。也就是说，教学的终极目的不能仅仅止于知识的传授，而是要通过知识的学习来提升人的素养。所以，教师要从教育思想的角度出发，要把"为了知识的教育"转化成"通过知识获得教育"，知识是教育活动中促进学生发展的一种文化资源和精神养料。

（2）三维目标如何转换为核心素养？

学科知识只是形成学科素养的载体，学科活动才是形成学科素养的渠道。学科知识是不能直接转化为素养的，简单的复制、记忆、理解和掌握是不能形成素养的。学科活动意味着对学科知识的加工、消化、吸收，以及在此基础上的内化、转化、升华。这其中三维目标中的"过程和方法"起着重要的作用。但是，"过程和方法"毕竟也不是素养本身，而是素养形成的桥梁。本次高中课标修订用"学科活动"来统整三维目标中的"过程和方法"，以及学习方式中的"自主、合作、探究学习"，目的就是为了强化学科教学的学科性，聚焦学科核心素养的形成。教师在设计和开展教学时，必须以学科核心素养为导向，充分体现学科的性质和特点，使学科教学过程成为学科核心素养的形成过程。

情感、态度和价值观是三维目标中最能体现"以人为本"的目标。这也要求教师在教学中要做到：第一，体现并聚焦于学科的精神、意义、文化，反映学科之情、之趣、之美、之韵、之神，从而与"学科知识""学科活动"融为一体，这样才能形成学科核心素养。第二，还要在"内化"上下功夫，只有把情感、态度和价值观内化为学生的品格，转化为学生的精神世界，使学生成为一个精神丰富的人，有品位的人，情感、态度和价值观维度的目标才有终极的意义。第三，教学中对学生进行价值引领，包括对人类基本价值、中华民族优秀传统价值和现代社会价值的引领，结合学科教学有目的地提高自身的价值判断能力。

以高中物理《自由落体运动》为例，形成的教学目标表述如下[1]：

物理观念：
1. 知道物体做自由落体运动的条件，掌握自由落体运动的特点和规律，加深对匀变速直线运动的理解，进一步完善运动观。
2. 明确重力加速度的意义、大小和方向。
3. 能利用自由落体运动解释生活中的现象。

科学思维：
1. 建立自由落体运动的物理模型。
2. 通过了解伽利略对自由落体运动的研究，学习物理实验与逻辑推理相结合的思想方法。

科学探究：
完成探究自由落体运动加速度大小的实验，用逐差法处理纸带得到重力加速度的大小。

科学态度与责任：
了解自由落体运动的探究历史，体会物理学家坚持真理、勇于探索的高尚品德。

（3）如何进行学科思维启迪？

很多学科的核心素养中都提到了思维，例如数学思维、科学思维等，那么思维和品格都属于内化、隐形的概念，那如何培养思维、塑造品格呢？

从认识论的角度分析，可以把思维方式看作人的认识定势和认识运行模式的总和；从个体的角度分析，思维方式是个体思维层次（深度）、结构（类型）、方向（思路）的综合表现，是一个人认知素质的核心。学生个体的思维水平发展主要包括思维能力的提高、思维品质的提升和科学思维态度的养成。在学科素养的阶梯上，最能衡量学科素养高低的维度，就是看学生能否运用本学科孕育出来的思维方式观察和描述世界，分析和解决问题。例如，政治领域在评价学生的经济学素养时，会通过材料分析的形式对学生分析方式及思路进行测评。

示例：随着我国城市的发展，"停车难，停车贵"的问题日益突出。据统计，北京、上海、广州、深圳四大城市停车位的平均缺口率达76.3%，同时停车场泊位平均空置率高达44.6%。某地运用互联网技术、大数据和云计算，整合线下停车场资源，建成智慧停车系统，将车牌号与车主手机捆绑，提供周边车位查询→抬杠放行→导航定位→停车缴费的全智能解决方案。

结合材料和所学经济知识，分析"互联网+停车"智慧系统的应用所能带来的经济效益。

经济学经常用供求分析框架分析某个措施或现象带来的经济影响，学生的经济学素养较高的话，涉及行业、市场或交易双方的现象，同样可以运用供求分析框架，分别分析该智慧系统对供给方、需求方带来的经济影响，然后分析供求相互作用后的影响。也就是说，一个人能否应对来自于真实

---

[1] 刘晓彤.基于物理核心素养的高中物理教学设计研究[D].辽宁师范大学，2018.

生活的挑战，从学科视角看，就看他能否运用本学科的思维方式观察世界、分析问题和解决问题。

做到思维启迪首先要注重科学精神和客观性思维能力的培养，即培养学生学会用事实、实证、逻辑、推理和论证进行思维的能力，在教学中，除了传授知识外，还要让学生理解、体会、运用思维方法。学科思维所要求的学习形式与过程，需要依赖于体验性学习活动，反思性实践，通过体验和抽象概括而内化为学习者的内在品质，既不停留在"双基"层的掌握上，也不止步于问题解决式学习活动的层面上。[1]其次是要注重学生批判精神和质疑能力的培养，即培养学生独立、独特、个性、新颖的思维和想象能力。要积极倡导有高阶思维的深度教学。也就是说在教学中要加强高水平的思维参与和投入，在知识内涵（深层结构），获得知识的价值和意义，进而使知识和思维能力获得良性循环的发展。

（4）如何进行品格塑造？

从广义的角度讲，品格可分为：行为习惯、个性修养、道德品质（风范）三大组成部分。衡量一个人是否是"受过教育"的根本标准，不在知识，而在美德，除了各种良好的行为习惯，还包括那些更具有道德意味的品德，如仁慈、公正、诚实、宽容、讲信用等。要求教师：首先要具有高尚的品格和职业情操，其次要具有强烈的育人情怀，第三要在与学生接触的时间和空间中（不仅仅在教学中）都要有培养和锻炼学生品格的意识，设计多重活动磨练意志，发展品格。

可以说，从三维目标走向核心素养，是学科教育高度、深度和内涵的提升，是学科教育对人的真正的回归。学科核心素养意味学科教育模式和学习方式的根本变革。

1.3.2 教学：从分科教学到跨科融合

将知识按学科进行划分，对于科学研究、深入探究自然现象的奥秘和将知识划分为易于教授的模块有所助益，但并不反映我们生活世界的真实性和趣味性（Morrison，2009）。因此，分科教学（如物理、化学）在科学、技术和工程高度发达的今天已显出很大的弊端。针对这一问题，理工科教育出现了取消分科、进行整合教育的趋势。STEM教育因此应运而生，跨学科性是它最重要的核心特征。

1. 跨学科教学是核心素养的要求

在时代的发展过程中，科学技术与人文文化不断地进行自我完善与更新，逐渐意识到二者价值互补的重要性，表现出融合的意向。对于教育而言，促进科学技术教育与人文文化教育的融合与共同发展是其功能所在，也是目前和未来努力的方向，教育承担着科学技术的传播和人文文化继承、发展与创新的重任。同时，科学与人文可以看作是学习者在生活实践当中所获经验的呈现与表达。学习者是一个完整的人，理应获得全面的发展，这就要求他们必须拥有完整而全面的生活，只有在完整的生活当中进行实践，才能获得完整的经验。科学性的经验和人文性的经验都是"完整的人"在发展过程中不可或缺的重要组成部分，但如何培养促进这二者融合的、全面发展的人就成为摆在教育者面前的一大难题。

---

[1] 李艺，钟柏昌.谈"核心素养"心素养"教育研究，2015，36(09)：17-23+63.

2. 跨学科融合的途径

核心素养的一个突出特征就是强调"跨学科"的综合能力。这与在落实实施中的学科核心素养就存在一些矛盾，这也是核心素养在落实阶段的最大争议。因此，解决这一问题的有效途径就是学科融合。学科融合并非是学科知识的简单叠加，而是错综复杂的交叉融合关系。但是学科间的融合也是有条件的，首先，课程内容的组织要遵循连续性、顺序性和整合性的原则。明确各个学科的学科特点以及要求学生所要具备的学科素养，并对学科内容及其内部结构进行深入了解是学科融合的前提；其次，融合科目设置的课程主题要适合学生年龄阶段，对这些主题进行过滤与筛选是学科融合与主题课程开发的关键步骤；最后，根据确定的主题对各学科中与之相关的内容进行抽离，进行内容的排列与整合，完成主题课程设置是从课程方面进行对接的最终程序。

跨学科意味着教育工作者在教育中，不再将重点放在某个特定学科或者过于关注学科界限，而是将重心放在特定问题上，强调利用多种学科相互关联的知识解决问题，实现跨越学科界限、从多学科知识综合应用的角度提高学生解决实际问题的能力的教育目标。从当前国际课程与教学变革的现状来看，软化学科边界、发展"跨学科素养"是具有共性的追求。[1]席卷全球的 STEM 融入"艺术设计"内容的 STEAM；从连接科技与人文的角度出发的 STS（科学、技术、社会）都存在跨学科的含义；"基于现象的教学"（Phenomenon-based Teaching，简称"现象教学"）[2]、主题式的课程与教学[3]都能够让学生在学习学科知识的同时，对所学知识进行内化与个性化的建构，促进学科的融合，通过有意义的课程主题培养学生的社会责任感、参与意识与科学人文素养，在兼顾学科素养的同时发展学生核心素养，为课程改革指明了方向。

例如，现象教学被视为芬兰新课程改革的主导思想。这种教学基于现象学原理和建构主义认识论，具有全面性、真实性、情境性、问题导向探究学习、自主任务推进式学习进程等重要特征。现象教学大致分为确定学习主题、学习结果描述、于实践中了解、学科角色、找出关联、阐明问题、确定项目、列出具体活动和找出可用设备或资源九个步骤。例如，教师在以"芬兰的独立"为主题的历史课教学中，可以围绕此主题融合语言、政治、地理、经济等其他学科的知识，在更大程度上促进学生横贯能力的培养。

1.3.3 教师：从规范教书到课程自觉

在核心素养框架下开展课程改革，唤醒教师的课程意识尤为重要。从世界范围来看，无论是在 OECD、欧盟还是中国，核心素养框架的提出，都是为了回应"教育应当培养什么样的人"这一根本性的问题。教育应当培养什么样的人，既牵涉到我们对教育价值的终极追问，也关乎学生培养规格的操作性问题。总体来说，学校教育的最直接载体是国家、地方和学校开发、实施的课程。这些课程动态地构成了学校教育生活的最主要部分。要开发和实施这些课程，必然涉及教师对这些课程

---

[1] 钟启泉.基于核心素养的课程发展：挑战与课题[J].全球教育展望，2016(1)：3-25.
[2] 于国文，曹一鸣.跨学科教学研究：以芬兰现象教学为例[J].外国中小学教育，2017(07)：57-63.
[3] 高嵩，刘明.主题式课程整合的价值、困境与改进[J].教学与管理，2016(34)：1-4.

本身的理解。教师如何理解核心素养、具备怎样的课程意识,直接决定了核心素养的落地、生根、发芽及生长态势。

教师的课程意识包括教师对课程功能、目标、内容、组织、评价等方面的基本看法和核心理念。虽然教师的课程意识是一种观念层面潜隐性的东西,但是却直接支配着教师的教学行为。要改变课堂教学,不能仅仅关注教学行为,还必须唤起教师对课程意识的审视、反思和自觉,开辟出一条"双路径学习"的通道,最终达到改变、完善教师理论性知识和实践性知识的目的。在学校的日常生活中不难发现,将教学参考用书视为主桌的一线教师并不在少数。课程的"忠实执行者"的角色定位,限制了教师自身对于课程的理解和认识。不仅如此,教师头脑中固有的、老旧的观念还会影响到他们对于核心素养的理解和把握。新课程改革实施以来,教师的课程意识在整体上有了一定的提升,但是还表现得较为薄弱。如何帮助教师建立起与核心素养培养目标一致的课程意识,就显得尤为重要。这其中,召开与核心素养相关的各类研讨会、开展基于核心素养的案例教学研究、鼓励教师撰写教学反思,是唤醒教师课程意识的重要手段。

核心素养的落地生根,需要广大教师积极参与其中,在行动中反思,在反思中行动,具备与之相匹配的课程意识,并最终形成明晰、自信的课程自觉。正如加拿大著名学者迈克尔·富兰所言,"课程改革不是一个事件,而是一个过程"。课程改革之旅充满了不确定因素和未知的挑战。教师能否以一颗积极、主动的心态投入其中,会直接影响到教师的课程理解,并最终影响课程实施的结果。"每一个人都是改革的行动者"。教育部门、科研机构的相关工作人员要意识到课程改革的复杂性,在更广泛的范围内与教师展开更深入的对话式交流,在给教师松绑的同时,提供尽可能多的课程资源支持,促进教师课程意识的发展和成熟。

国际上,很多国家鼓励教师在所教学班级中设计和举办跨学科的教学和学习。例如在德国,跨学科教学是每一位教师的任务。这种跨学科教学的题目,一般情况下是导向生活世界或者至少是与实践相联系的,对于教与学方式的转变起着重要作用;它优化学科间的相互联系,以使学习者充分利用课堂学习的经验;它使学生和教师很大程度上可以互为学习者。它充实了学校的学习生活,通过这种教学可以拓展每位教师原有的学科知识,以及跨学科思维和工作能力。下面以《咸盐的意义》说明跨学科教学的形式。

教学题目:咸盐的意义。班级:六年级。[1]

教学设计紧紧围绕着"盐"这样一个中心题目,运用多学科(历史、数学、德语、艺术、宗教、地理、生物)的知识,综合地解决了问题——盐的意义。如图1-15所示。

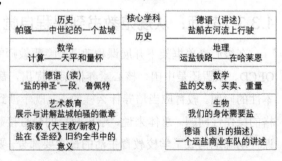

图1-15 关于"盐"的跨学科学习

---

[1] 杜惠洁,舒尔茨.德国跨学科教学理念与教学设计分析[J].全球教育展望,2005,34(08):28-32.

对于基础教育领域的教师来说，就要将核心素养理念落地于教育教学中，进行如下改变：

1. 更新教学理念

基于学科核心素养的教学需要，教师既要更新教学观，也需要指导学生更新学习观。基于学科核心素养的教学过程，其关注的焦点、知识、能力、情感态度价值观转向了素养，也就是说教学活动不再是单纯的知识传输——能力培养——情感态度价值观升华的过程，而变成了师生互动、教学相长的过程。教学不再局限于给予学生完整的知识体系，而时刻体现为对于学生核心素养的培育与关切；学生的学也不仅仅局限于再现和理解教师教授甚至灌输的知识，而主要体现为通过参与课堂呈现素养提升。以这一理念为指导的教学过程，并非单向性而是综合性的。这种综合，是教与学的综合，也是基于学科核心素养的综合。

2. 探索教学方法

基于学科核心素养的教学追求更为灵活、开放的改进探索。在核心素养培养导向下，很多教师积极尝试了关于慕课、翻转课堂、STEM 教育等形式的教学探索，积累了有益的教学经验和模式。这些探索基本上共同特点是：充分发挥教师的主导作用，让学生的主体地位进一步彰显，让他们在主动参与的过程中充分发挥优势，才能真正实现素养的提升。因此，作为教师要敢于对学生进行放手，培养学生的自主探究、协作探究精神，在完成解决复杂问题的基础上，培养学生的学习热情和兴趣。只有大胆尝试，勇于探索，提升教学特色和质量，才能更好地完成核心素养的育人任务。

小　结

核心素养的时代帷幕已经开启，基础教育阶段的课程改革也将进入到一个新的阶段。"核心素养"引领下的教育改革不仅仅体现了面向 21 世纪，全世界对教育目标的共同理解，更与我国自身的教育发展路径一脉相承。三维目标与核心素养之间不是决然的割裂，而是对前路的超越和创新。跨学科融合教学是解决核心素养与学科素养分离的有效途径，也是核心素养培养落地的必然之路。这不仅需要教师具备课程教学反思能力、统整能力，还需要教师具备改革意识，从传统的教书匠转变成适应时代发展的育人者。

活动建议

结合自己本学科的特点，翻阅本学科高中课程标准，了解本学科核心素养的定义与要求，理解本学科核心素养的结构和要素内涵，思考如何改变自身教学方式，在日常的教学中怎样体现学科核心素养的理念？如何实施才能够真正发挥学科核心素养的价值，培养塑造全人？

第 2 章 STEM 教育对接核心素养发展

本章导读

STEM 教育的概念提出不是一蹴而就，而是在一定的历史背景下产生和发展起来的。STEM 教育的起源与国家战略有关，也和培养人才素养有着天然的联系。STEM 教育和核心素养的培养在理论基础、原则目标有着共同的属性，在实施准则、条件方法等方面也存在着千丝万缕的联系。STEM 教育与核心素养有哪些共同的契合点？核心素养的目标导向下，STEM 教育体现了哪些特质？在本章针对以上问题进行回答。

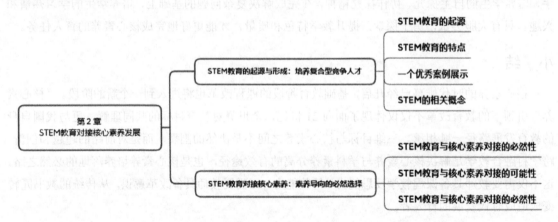

2.1 STEM 教育的起源与形成：培养复合型竞争人才

节前思考

1. STEM 教育从何开始？产生和推广的背景和目的是什么？
2. STEM 教育具有哪些特点？随着时代要求的变化又有哪些新的发展？
3. 与 STEM 相关的概念和要求有哪些？

2.1.1 STEM 教育的起源

STEM 教育起源于美国，在科技日益竞争的 21 世纪，美国意识到本国拥有的科技人力资源在全球份额的逐渐减少，培养学生成为未来的具有科技竞争的人才（例如科学家、工程师和技工等）成为国家教育的重点工作。但对比美国现有的教育，无法保证其学生能够掌握在经济竞争中所需的技能和知识。在这样的背景下，联邦政府高度重视，为了解决这种问题，由大学、企业、非盈利组织和咨询机构等多方参与，纷纷形成了一系列研究报告，政府也出台了一系列法案。

1986 年，美国国家科学委员会（National Science Board，简称 NSB）发表了报告：《本科的科学、数学和工程教育》（又称《尼尔报告》）。该报告中提出了"科学、数学、工程和技术集成"（SMET 集成）的观点，作为纲领性建议载入了 STEM 教育发展的里程碑，也被称为 STEM 教育的开端。之后的若干年，政府投入了大量的人力和财力，同时也为国家科学基金会指导美国基础教育甚至高等教育的改革奠定基础。

1996 年，美国国家科学基金会（National Science Foundation，简称 NSF）发表了报告《塑造未来：透视科学、数学、工程和技术的本科教育》，结合美国大学生的需求，针对新的形势和问题，提出了"培养 K-12 阶段 SMET 教育系统中的教师"，以及"提高所有人的科学素养"等明确的政策建议。几年后，国家科学基金会将 SMET 这一缩写正式改为 STEM。

2007 年，美国州长协会（National Governors Association，NGA）拟定了一项题为"创新美国：拟定科学、技术、工程与数学议程（Innovation America: Building a Science, Technology, Engineering and Math Agenda）"共同纲领，其中就当前美国实施 STEM 教育战略的背景、现状、问题和相应的策略进行了详细阐述。NGA 认为美国现行基础教育并没有为学生提供良好的 STEM 教育，从而没有为他们毕业后的工作与进一步的深造做好准备。现有 K-12 核心课程的概念有些过时，缺乏严格的课程标准，学校培养目标与高等学校、职业技术学院的要求以及工作岗位的实际需求相距甚远。最后，文件还指出在美国缺乏教授 STEM 课程的优秀师资队伍，从而难以保证相应的教学质量。同时，美国 STEM 教育还存在一些问题。所有这些问题都是目前美国 STEM 教育面临的重要现实问题。

2009 年，奥巴马总统宣布了"教育创新（EDUCATION TO INNOVATE CAMPAIGN）"运动，这是一个全国范围的活动，旨在使美国 STEM 达到卓越的水平，凝聚所有的有代表性的工业、数学、基金会和非盈利组织，来一起推动美国学生在未来的十年中从以前在科学和数学教育中的中等地位进入到世界的前列。

2011 年，美国颁布了《K-12 科学教育的框架：实践，跨学科概念与核心概念》，明确指出：科学教育从传统传授零碎与分散的知识转向整合的知识，科学教育应包括实践、跨学科概念与核心概念 3 个维度，并且对 3 个维度提出了具体的学习标准与要求。同时针对此标准提出了 6 个跨学科概念，分别是模式、原因与结果、比例与数量、系统和系统模型、能量和物质、结构和功能。

2013 年 6 月发布的美国《新一代科学教育标准》（NGSS）（第四代科学课程改革阶段）中，明确要求在美国的科学教育中要整合技术工程和数学教育。

从 STEM 的起源和形成可见，在过去的近半个世纪，美国持续关注着科学、技术、工程和数学结合的 STEM 教育，并推动 STEM 教育对美国在未来全球市场中竞争力的影响。STEM 是科学（Science）、技术（Technology）、工程（Engineering）和数学（Mathematics）四门学科的简称，但并非是简单的概念叠加，而是强调这四门学科的交叉融合形成有机整体，以更好地培养学生的创新精神与实践能力。

2.1.2　一个优秀案例展示

我们先来观摩一个优秀的 STEM 教育案例，通过分析案例来归纳出 STEM 教育的相关特点。

案例名称： "重现富兰克林的风筝实验"项目式学习[1]

执教者： 韩叙虹，北京市第八十中学，教育硕士，物理特级教师，北京市正高级教师，硕士生导师

基于物理核心素养的 STEM 主题课程的教学目标：

1. 物理观念

（1）能用共点力的平衡条件，分析风筝的平衡问题。
（2）了解静电现象，能用原子结构模型和电荷守恒的观念分析静电现象。
（3）了解生产生活中静电的利用与防护知识，培养学生的物质观念、运动与相互作用观念。
（4）观察并能识别常见的电路元器件，了解它们在电路中的作用；会使用多用电表。
（5）能分析和解决电路中的简单问题，能将安全用电的知识应用于日常生活实际。

2. 科学思维

（1）体会富兰克林风筝实验过程中的科学思想和方法，促进科学推理思维的发展。
（2）经历复原富兰克林风筝实验验证的论证过程，促进科学论证思维的发展。
（3）经历复原富兰克林风筝实验的设计过程，促进质疑创新思维的发展。

3. 科学探究

经历复原富兰克林风筝实验的设计、验证过程，能应用控制变量的方法制订科学探究方案，能合理地选择、使用实验器材进行实验，获取实验数据；会处理实验数据以获得结论；会判断实验数据的可靠性，能修改完善实验方案；提高科学探究能力。

4. 科学态度与责任

（1）通过学习电学内容，培养解决实际问题的能力。
（2）了解科学研究方法在物理学中的应用，体会物理研究对简化的追求。
（3）经历复原富兰克林风筝实验的设计、验证过程，渗透实事求是，基于逻辑和证据，发表科学见解和评价别人的观点。
（4）学会与他人合作，合理分工、协作，共同完成学习任务。

---

[1] 郑学旎，王笑君.基于 STEM 教育理念的高中物理教学设计——以"自感现象"为例[J].物理通报，2020(09)：39-43+47.

主题课程的设计思路:

课程以复原富兰克林的风筝实验的项目式学习展开,以小组合作学习的方式,通过基于工程的学习,运用数学、科学的知识科学探究,设计解决方案,亲自动脑动手,通过技术达成目标。

主题课程的描述(见图 2-1):

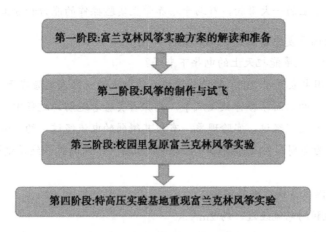

图 2-1 主题课程的流程图

主题课程的教学过程:

第一阶段: 富兰克林风筝实验方案的解读和准备

(1)课题引入,播放动画短片:课本上富兰克林的故事。

(2)发放富兰克林风筝实验方案的资料,学生分组,任命小组长,采取小组合作学习的方式,要求学生阅读资料、翻译,依照富兰克林当年的设计方案,各小组讨论复原实验的关键点,设计复原风筝实验的关键问题。

(3)统一各小组意见,确定以下 3 个关键问题。

问题 1:风筝能把天上的电导下来吗?

问题 2:铜钥匙是否能产生电火花?

问题 3:放风筝的人是否会发生触电事故?

(4)针对以上 3 个问题,各组设计实验方案。

设计意图:通过阅读、翻译实验方案,探讨复原实验的关键点,从而设计复原实验解决的 3 个关键性的工程问题,经历问题设计过程,让学生体会要解决一个项目需要经历的一般流程,特别是如何合理地分解项目,学会提出问题,搭好项目的"脚手架"是多么的重要。

第二阶段: 风筝的制作与试飞

这个阶段历时 2 周,在查找文献等参考资料的基础上,学生讨论制作风筝所需的器材及材质,确定用防水布代替原方案中的绢丝作为风筝面,用麻绳做风筝线,风筝的形状为菱形。上网购买风筝配件,利用选修课的时间在实验室制作风筝,并在校园操场试飞。在开始的试飞中,学生自制的风筝均出现骨架断裂而落地,后经不断地改良和调整,两周后,学生终于能将绘着校徽图案的风筝放上天空。

设计意图：让学生学习运用力学的平衡原理，借助数学的工具，研究风向和升力之间的关系，测算并确定风筝的材质和配件，以及风筝的大小和形状等；让学生亲自动脑动手制作风筝，既要遵从原实验方案的精神，又要有开拓创新精神，对风筝进行改良；另一方面，让学生自己制作风筝和放飞风筝本身就是技术上的一大考验，有助于培养学生实验操作的能力和分工合作的精神。

第三阶段：在校园里复原富兰克林风筝实验

（1）解决问题1：风筝能把天上的电导下来吗？

探究实验1：多用电表置于200mA的电流档，将电表的一只表笔缠在干燥的风筝线上，另一只表笔握在同学手中，两位同学合作放飞风筝，测算当实验者跑动的过程中，电流表是否有读数，以判断风筝线中是否有电流经过。实验现象：有极其微弱的电流经过，约1mA。学生解释：风筝在晴朗的日子里，因为与周围空气摩擦而带上静电，但由于干燥的风筝线是绝缘体，故电流微弱到可以忽略不计。

探究实验2：打湿风筝线，重复实验1。

实验现象：有微弱的电流经过，约2mA。

学生解释：由于风筝线有一定的导电性，故能测到电流，但由于摩擦生成的电荷量太少，放电较快，故电流仍微弱，需要增大风筝的带电量，但至少说明风筝的确能把天上的电导下来。

（2）解决问题2：铜钥匙是否能产生电火花？

探究实验3：风筝尾端系着铜钥匙，让风筝放飞稳定后，观察铜钥匙是否发光出电火花。

实验现象：铜钥匙不发光，用手触摸也无触电感。

探究实验4：打湿风筝线，重做实验3。

实验现象：铜钥匙不发光，用手触摸，有微弱的触电感（有学生描述是如针尖拂过手背的感觉）。

学生解释：电流太小，不足以使铜钥匙产生电火花，打湿的风筝线有微弱电流通过，产生微弱的触电感。建议增大风筝的带电量，有可能使铜钥匙发出电火花。

探究实验5：实验室模拟风筝装置，用高压静电起电器起电，产生几万伏的高压，将风筝悬挂在高处，筝线尾端仍系着铜钥匙，起电器的一个电极与风筝顶的铁丝相连，高压起电击中风筝，观察铜钥匙是否发光。实验现象：铜钥匙不发光，学生触摸铜钥匙，没有触电感。

探究实验6：将风筝线打湿，且在铜钥匙的旁边系上丝线，重做实验5。

实验现象：铜钥匙不发光，但丝线张开，表明风筝线通过电流，但电流不足以使铜钥匙发光。

探究实验7：将风筝线换成铁丝与高压起电器直接相连，重做实验5。

实验现象：铜钥匙不发光。

探究实验8：将另一把铜钥匙与高压起电器的另一极相连，靠近铜钥匙，重做实验7。

实验现象：黑暗中，两把铜钥匙之间发出了蓝紫色的光。

学生解释：铜钥匙发出了光，但并不是严格意义上的铜钥匙发出电火花，而是尖端放电。理由：两把铜钥匙之间有很高的电压，彼此又靠得很近且形状很尖锐，使得铜钥匙积聚了足够多的电荷，促使它们之间的空气电离，从而产生尖端放电现象。学生探讨，对富兰克林的风筝实验的真实性产生质疑，形成两种意见。

观点1：富兰克林风筝实验是假的，如果铜钥匙能发出电火花，可见当时的闪电级别非常高，那么在把电流导下来之前，风筝面早已烧掉，风筝线也早已烧断，那么电又如何导得下来？

观点2：富兰克林风筝实验是真的，只要闪电的级别够高，电量够足，即使风筝面烧掉，但风筝线未必烧断，因为风筝线烧断是依赖电流的热效应，而闪电只是瞬间高压，是可以看到铜钥匙发出电火花的。

（3）解决问题3：放风筝的人是否会发生触电事故？

学生原文翻译富兰克林风筝实验，指出，富兰克林实验是在一个小木屋中进行：风雨交加的夜晚，电闪雷鸣间，而风筝早已被屋外的人高高地放在天上，而风筝线由屋外的人通过绝缘的小窗户递给屋内的人，因此屋内的人和风筝线的尾端都是干燥的，属绝缘体，当闪电击中风筝的时候，电流通过户外的风筝线，使铜钥匙发出电火花。

学生自制模拟小木屋，在木屋的地面上铺上厚厚的蜡块，解释做风筝实验时，人要站在蜡块上能起到安全保护的作用。

设计意图： 本阶段属于典型的基于问题解决模式的科学探究实验过程：实验，观察，质疑，解释；再实验，观察，解释……在一轮又一轮的实验改良探索中，学生的热情高涨，思想的火花不断被激发，不断激励着学生勇于探索、大胆尝试，探究过程充满了理性的力量和思辨的光芒，大大提升了科学思维的论证能力和质疑创新的精神。

第四阶段： 国家电网特高压实验基地重现富兰克林风筝实验

为了获取与闪电最接近的真实效果，风筝实验移师到国家电网特高压实验基地重现。利用充满电荷的11只大电容串联，释放出高达2400千伏的瞬间高压，击中风筝，实验分三种情形进行：①用干燥的风筝线；②用打湿的风筝线；③用长铜线代替风筝线。前两种情形下，都未能观察到铜钥匙发光，闪电都选择就近的路线从地面导走。在第三种情形下，闪电过处，流经假人的瞬间电流高达200多安培，铜钥匙终于发出电火花，如图2-2所示（此刻，在场所有人的内心都被深深地震撼）。历经三周的实验探索，历经艰辛，终获圆满成功。

 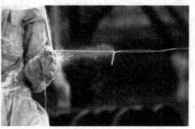

图2-2 实验室重现实验

设计意图： 用最接近真实的科学实验来探索未知，尊重事实，实事求是，追求真理，是每位从事科学教育工作者都应该有的职业操守。科学的艰辛和来之不易的成果，以及经过层层探索之后体验到的科学之美，深深地感染到每一个人，接受科学的"洗礼"，激发好奇心、想象力和创新思维，会使我们的学生感到科学原来有着如此美好的秉性，从而更加钟爱科学，更有激情地去学习科学。

教学反思：

经历过复原富兰克林风筝实验项目学习的师生们，深深地体会到探索的艰辛和科学的魅力。STEM 教育是注重体验性的。我们第一次如此深刻地理解了什么是科学？什么是真理？正如著名物理学家丁肇中教授所说："所有的自然科学都是实验科学。实验可以推翻理论，而理论永远无法推翻实验。因此实验对于自然科学来讲非常重要。"对之前的猜想进行验证，正是基于一次次的科学探索，一次次的实验论证，在一轮又一轮的实验改进中，从而更真实地接近科学的真相。直至最后一刻，看到铜钥匙发出金黄色的电火花的时候，我们为科学之美深深地折服。它之所以如此绚烂，还在于我们重走了科学家之路，经历了艰辛的探索过程：一次次的失败，再一次次的努力尝试，直至成功时的喜出望外。有人说，STEM 教学强调的是培养学生"带走的能力"，而不是"背不动的书包"，这正是 STEM 教育的意义之所在。通过基于项目学习过程，基于问题的模式的运用，是提高学生创新能力的有效途径：一方面，使学生积极主动地参与到学科教学和社会实践中来，培养他们的主观能动性，使他们形成敏锐的观察力和较强的逻辑思维能力，学会独立思考，勇于探究；另一方面，培养学生运用工程的理念去分析、处理实际问题，训练和培养学生的创新思维能力和质疑精神；对于物理教师而言，应该积极鼓励学生发现问题，并结合物理知识，通过思考钻研，想出解决问题的方法。这样做不仅使学生对学科知识能有更进一步的了解和掌握，同时也使他们学会如何将所学的知识有效地应用到实践中，达到学习和实践结合的真正目的。

2.1.3　STEM 教育的特点

2.1.2 小节这个案例属于典型的 STEM 理念下的多学科整合的问题式教学。从这个案例我们尝试分析 STEM 教育的特点。[1]

1. 跨学科

将知识按学科进行划分，对于科学研究、深入探究自然现象的奥秘和将知识划分为易于教授的模块有所助益，但并不反映我们生活世界的真实性和趣味性（Morrison，2009）。因此，分科教学在科学、技术和工程高度发达的今天已显出很大弊端。针对这一问题，STEM 教育因此应运而生，跨学科性是它最重要的核心特征。美国学者艾布特斯（Abts）使用"元学科"（meta-discipline）描述 STEM，即表示它是代表科学、技术、工程、艺术和数学等学科的统整的知识领域，它们存在于真实世界中，彼此不可或缺、互相联系（Morrison，2006）。跨学科意味着教育工作者在 STEM 教育中，不再将重点放在某个特定学科或者过于关注学科界限，而是将重心放在特定问题上，强调利用科学、技术、工程或数学等学科相互关联的知识解决问题，实现跨越学科界限、从多学科知识综合应用的角度，提高学生解决实际问题的能力的教育目标。

在"重现富兰克林的风筝实验"案例中，通过基于工程的学习，运用数学、科学的知识科学探

---

[1] 余胜泉，胡翔.STEM 教育理念与跨学科整合模式[J].开放教育研究，2015，21(04)：13-22.

究、设计实验，通过技术达成目标。在科学知识层面上，主要以高中物理静电学的知识为依托，涉及电势差、电流产生条件、静电屏蔽等重要概念，而风筝的制作则需要力学的平衡原理；在技术层面上，主要是风筝的制作技术，且每个复原环节的攻克、科学实验的过程都是技术的体现；在工程层面上，在阐释富兰克林实验方案的基础上，让学生讨论、设计了3个工程问题，再要求学生通过设计实验逐一解决，以上工程问题及问题的解决都体现了问题驱动下的 STEM 理念；在数学层面上，主题课程将数学作为有效的测算工具，主要涉及风筝制作的尺寸、配重、形状等的计算，电表的读数、电阻的估算等。

2. 情境性

STEM 教育具有情境性特征，它不是教授学生孤立、抽象的学科知识，而强调把知识还原于真实、丰富的生活，结合生活中有趣、挑战的问题，通过学生的问题解决完成教学。STEM 教育强调让学生获得将知识进行情境化应用的能力，同时能够理解和辨识不同情境的知识表现，即能够根据知识所处背景信息，联系上下文辨识问题本质并灵活解决问题。情境是 STEM 教育重要而有意义的组成部分，学习受具体情境的影响，情境不同，学习也不同。只有当学习镶嵌在运用该知识的情境之中，有意义的学习才可能发生。

在"重现富兰克林的风筝实验"案例中，教师设置的真实情境即为复原富兰克林风筝实验，学生通过不断思考、尝试，反思失败原因，不断改进实验条件和实验装置，最终获得了成功。只有经历了真实情境，学生有意义的学习才会发生，学习的效果才会更加深刻。

教师在设计 STEM 教育项目时，项目的问题一方面要基于真实的生活情景，另一方面又要蕴含着所要教授的结构化知识。这样，学生在解决问题的过程中，不仅能获得知识，还能获得知识的社会性、情境性及迁移运用的能力。情境性问题的解决，可以让学生体验真实的生活，获得社会性成长。

3. 体验性

STEM 教育不仅主张通过自学或教师讲授习得抽象知识，更强调学生动手、动脑，参与学习过程。STEM 提供了学生动手操作的学习体验，学生应用所学的数学和科学知识应对现实世界问题，创造、设计、建构、发现、合作并解决问题。因此，STEM 教育具有体验性特征，学生在参与、体验获得知识的过程中，不仅获得结果性知识，还习得蕴含在项目问题解决过程中的过程性知识。这种在参与、体验中习得知识的方式对学生今后的工作和生活的长远发展会产生深刻影响。

在"重现富兰克林的风筝实验"案例中，学生体验实验特点非常明显，由学生设计实验方案，从最初手拿钥匙体会指尖是否有电流经过，到最终穿上厚厚的防护服，看到最美妙的雷电花火，这都是学生亲身经历，亲眼目睹的。学生在参与实验中体验学习的过程，享受体验过程的艰辛、苦闷和快乐，这些都是学习的不可或缺的一部分。

4. 趣味性

STEM 教育在实施过程中要把多学科知识融于有趣、具有挑战性、与学生生活相关的问题中，问题和活动的设计要能激发学习者内在的学习动机，问题的解决要能让学生有成就感，因此需有趣味性。STEM 教育强调分享、创造，强调让学生体验和获得分享中的快乐感与创造中的成就感。有的项目还把 STEM 教育内容游戏化（将游戏的元素、方法和框架融于教育场景），因为将基于探索和目标导向的学习嵌入游戏中，有利于发展学习者的团队技能、教授交叉课程概念和负责的科学内容主题，可以得到更多、更理想的教育产出。

在"重现富兰克林的风筝实验"案例中，教师在最初设计的实验主题就比较有趣味性和挑战性，学生由最初的有意思到质疑到折服，无时无刻不体验着物理实验带来的美妙和乐趣，这种经历科学探究的乐趣，带给学生的不仅仅是身心的愉悦还有深刻的反思和感悟。正如案例所指：学生深深地体会到探索的艰辛和科学的魅力。我们第一次如此深刻地理解了什么是科学、什么是真理。

5. 实证性

实证性作为科学的本质（Nature of Science）的基本内涵之一，是科学区别于其他学科的重要特征，也是科学教育中学习者需要理解、掌握的重要方面。STEM 教育要促进学生按照科学的原则设计作品，基于证据验证假设、发现并得出解决问题的方案；要促进学生在设计作品时，遵循科学和数学的严谨规律，而非思辨或想象，让严谨的工程设计实践帮助他们认识和理解客观的科学规律。总之，STEM 教育不仅要注重科学的实证性，更强调跨学科情景中通过对问题或项目的探索，培养学生向真实生活迁移的科学精神和科学理性。

在"重现富兰克林的风筝实验"案例中，非常明显地体现出这一特点，富兰克林的风筝实验本身就是曾经的科学实验，这个项目是对科学结论的验证，同时也是经历了科学产生和发现的过程。教师在反思中说道：正如著名物理学家丁肇中教授所说："所有的自然科学都是实验科学，实验可以推翻理论，而理论永远无法推翻实验，因此实验对于自然科学来讲非常重要。"对之前的猜想进行验证，正是基于一次次的科学探索，一次次的实验论证，在一轮又一轮的实验改进中，从而更真实地接近科学的真相。

6. 协作性

STEM 教育具有协作性，强调在群体协同中相互帮助、相互启发，进行群体性知识建构。STEM 教育中的问题往往是真实的，真实任务的解决离不开其他同学、教师或专家的合作。在完成任务的过程中，学生需要与他人交流和讨论。建构主义指出，学习环境的四大要素包括"情境""协作""会话"和"意义建构"（何克抗，1997）。STEM 教育的协作性就是要求学习环境的设计要包括"协作"和"会话"两个要素：让学生以小组为单位，共同搜集和分析学习资料、提出和验证假设、评价学习成果；同时，学习者通过会话商讨如何完成规定的学习任务。需要指出的是，小组学习最后的评价环节以小组成员的共同表现为参考，而不是根据个人的表现进行独立评价。

在"重现富兰克林的风筝实验"案例中，协作性体现得也非常明显，实验历时三周，需要查阅资料、分析整理、讨论问题、设计实验、准备装置、实施实验……这些都不是一人能力所为，必须多人协作才能完成任务。案例中学生以小组为单位进行不断的推论和对实验的改进，这正是探究的过程，也是团队进行知识意义建构的过程。

7. 设计性

STEM 教育要求学习产出环节包含设计作品，通过设计促进知识的融合与迁移运用，通过作品外化学习的结果、外显习得的知识和能力。设计出创意作品是获得成就感的重要方式，也是维持和激发学习动机、保持学习好奇心的重要途径。因此，设计是 STEM 教育取得成功的关键因素。美国学者莫里森认为，设计是认知建构的过程，也是学习产生的条件（Morrison, 2005）。学生通过设计可以更好地理解完成了的工作，从而解决开放性问题。在这个过程中，学生学习知识、锻炼能力、提高 STEM 素养，因此设计性是 STEM 教育的又一核心特征。

在"重现富兰克林的风筝实验"案例中，设计性体现得也比较明显，包括学生得知实验要求后对风筝的设计制作、对实验装置和流程进行的设计、对实验结论进行的整理，这些都是经过学习后的产出，这些产出都是学生经过知识加工、输出后的结果，也体现出 STEM 教育的设计特点。所以并不是 STEM 教育都是需要工艺品的设计加工，方案、结论的呈现这些都可以称为作品，这些都需要学生的加工和设计。

8. 艺术性

当前的 STEM 更多被扩展为 STEAM，强调在 STEM 中加入"Art"学科。这个"A"狭义上指美术、音乐等，广义上则包括美术、音乐、社会、语言等人文艺术，实际代表了 STEM 强调的艺术与人文属性。STEM 教育的艺术性强调在自然科学教学中增加学习者对人文科学和社会科学的关注与重视，例如在教学中增加科学、技术或工程等相关发展历史，从而激发学生兴趣、增加学习者对 STEM 与生活联系的理解，以及提高学生对 STEM 相关决策的判断力；再如，在对学生设计作品的评价中，加入审美维度的评价，提高学生作品的艺术性和美感。概括来说，STEM 教育的艺术性是以数学元素为基础，从工程和艺术角度解释科学和技术。

在"重现富兰克林的风筝实验"案例中，艺术性看似不太明显，但教师在安排最后实验为了获取与闪电最接近的真实效果，风筝实验移师到国家电网特高压实验基地重现这一部分，充分体现了教师在实施 STEM 教学中的社会性。与实验室的专业人士的沟通、对学生情感关怀以及对科学精神的无上崇敬，都是引导学生在自然科学探究的基础上重视人文积淀和人文关怀，同时向学生渗透社会责任和国际理解，这些都属于人文科学范畴的"艺术性"，也充分体现了对中国学生发展核心素养的渗透。

9. 技术增强性

STEM 教育强调学生要具备一定的技术素养，强调学生要了解技术应用、技术发展过程，具备分析新技术如何影响自己乃至周边环境的能力。在教学中，它要求利用技术手段激发和简化学生的创新过程，并通过技术表现多样化成果，让创意得到分享和传播，从而激发学生的创新动力。STEM 教育主张技术作为认知工具，无缝地融入到教学各个环节，培养学生善于运用技术解决问题的能力，增强个人驾驭复杂信息、进行复杂建模与计算的能力，从而支持深度学习的发生。

在"重现富兰克林的风筝实验"案例中，虽没有提到信息技术、通信技术，但 STEM 教育中对技术的理解也并不局限于这样的概念，在科学重演的过程中也不断地渗透"技术发展带给科学实验的便利性"的技术特点。从最开始的原始重现到最终的国家实验室的高科技支持，也会让学生体会到技术手段的进步带来科学发展。

2.1.4 STEM 的相关概念

1. STEM 素养

STEM 教育产生背景的复杂性，使得其含义无论在目标、领域、实践还是评价方面都非常广泛。迄今为止，人们并未对 STEM 素养的定义或内涵达成共识[1]。我们采用了 STEM 素养的定义即 STEM 素养是基于科学素养、技术素养、工程素养、数学素养整合之上的素养。[2]（Alan Zollman，2012）。显而易见，STEM 素养包含了科学素养、技术素养、工程素养和数学素养，同时又不是四者的简单组合：它包含运用这四门学科的相关能力，把学习到的零碎知识与机械过程转变成探究真实世界相互联系的不同侧面的综合能力。STEM 作为一个有机整体，有其独特的内涵与特征。对于 STEM 素养的内涵理解，主要从两种角度呈现：一种是基于还原论观点，将 STEM 素养分解为 STEM 各学科素养；另一种是从跨学科整合的视角来探析 STEM 素养的基本含义。[3]

（1）STEM 素养之分解

科学素养：2015 年，在国际学生评估项目（PISA）科学素养测试的评价框架中，将具备科学素养的人定义为"有能力处理与科学相关的事务，并成为具有科学思想的反思性公民"。具体表现为能够较好地展现以下几个方面的科学能力：一是科学地解释现象，能够认识一系列自然现象和技术产品，提供评价和解释；二是评价和设计科学探究，能够科学地描述、评价科学研究，提供问题解决的方法；三是科学地解释数据和证据，即分析评价数据和各种不同方式表示的参数，并得出恰当的科学结论。

技术素养：2007 年，国际技术教育协会（ITEA）将技术素养定义为使用、管理和理解技术的能力。具体包括：学生应当发展对技术本质的理解、对技术与社会关系的理解、对设计的理解、对技术化世界的适应能力以及对人造世界的理解。

工程素养：2014 年，美国国家教育进步评估（NEAP）提出的"技术和工程素养评价框架"，涵盖了技术和社会、设计和系统、信息和通信技术三个主要领域，其中"设计和系统"维度集中体现了工程素养要求。具体来讲，工程素养涉及工程知识、工程设计与技能、工程意识 3 个方面。

数学素养：在 PISA2021 数学素养测评框架中定义的数学素养是个人在不同真实世界情境下进

---

[1] 黄晓，骆康康，包程程.理科师范生 STEM 素养发展的实证研究[J].教师教育研究，2020，32(02)：32-38.
[2] Alan Zollman. Learning for STEM Literacy: STEM Literacy for Learning[J]. School Science and Mathematics. 2012，112(1)：12-19.
[3] 宋怡.STEM 素养视域下的科学教学:审思与重构[J].现代教育科学，2018(08)：96-100.

行数学推理并表示、使用和解释数学来解决问题的能力。它包括使用数学概念、过程、事实和工具来描述、解释和预测现象的能力。它有助于个体作为一个关心社会、善于思考的21世纪建设性公民，了解数学在世界中所起作用以及做出有根据的数学判断和决定。[1]我国《高中数学课程标准（2017版）》中提出数学素养核心素养包括数学抽象、逻辑推理、数学建模、直观想象、数学运算、数据分析。在能力方面体现在运算能力、推理能力、空间想象能力、数据分析能力和问题解决能力。

（2）STEM素养之整合

将STEM素养视为一个整体性概念，以整合的视角来分析STEM素养的内容构成，比较有代表性的是美国科学教育专家拜比（Rodger W.Bybee，2013）。他认为，STEM素养包括概念理解、过程性技能，以及解决与STEM相关的个人、社会乃至全球问题的能力。具体分为：一是分辨生活情境中的问题，解释自然和人造世界，对基于证据的STEM相关问题做出结论；二是从知识、探究和设计的角度理解STEM学科的特点；三是意识到STEM学科对物质、精神、文化环境的影响；四是愿意参加与STEM相关的事务，作为一个有建设性思维、关心社会、有反思性的公民，具备关于科学、技术、工程、数学的观念。

（3）STEM素养结构模型

现有的研究虽然对STEM素养的内涵表述存在差异，总的来说，主要包括批判性思维、问题解决、创造性思维、团队合作、跨学科思维、数学素养、科学素养、工程素养、技术素养以及STEM相关学科或领域的基本知识、基本技能、基本方法等。从各要素的抽象程度和适用范围来看，STEM素养是有层次性的。美国乔吉特·亚克曼（Georgette Yakman）教授曾根据STEM学科间整合程度的差异提出STEM学科整合教育框架（STAM framework）。[2]该框架在纵向上由高到低分为五层：第一层是表明STEAM教育终身性和整体性的"终极目标层（Life-long Holistic）"；第二层是强调以跨学科方式解决问题为主的"综合层（Integrative）"；第三层是强调艺术对其他各个学科渗透的"多学科层（Multidisciplinary）"；第四层是以关联视角的分科教学为主的"特定学科层（Discipline Specific）"；第五层是与特定学科课程相关的"具体内容层（Content Specific）"。从横向上又将多学科层分为艺术等人文类学科和STEM课程体系，特定学科层分为科学、技术、工程和数学等学科，具体内容层则分为更具体的各基础课程或专业领域。此模型将学习者素养、能力的发展分为相互衔接渐进的多个水平、不同阶段，体现了STEM素养构成要素的层次性和STEM素养发展的阶段性特征，同时也反映了STEM教育途径的多样性，具有借鉴意义。杨彦军等构建了由知能、情意和价值三个维度融合，并和纵横双向结合形成STEM素养结构金字塔模型，如图2-3所示。

---

[1] 董连春，吴立宝，王立东.PISA2021数学素养测评框架评介[J].数学教育学报，2019，28(04)：6-11+60.

[2] YAKMAN G. Introducing teaching STEAM as an educational framework in Korea[EB/OL]. [2019-08-12]. https://www.researchgate.net/publication/327449065.

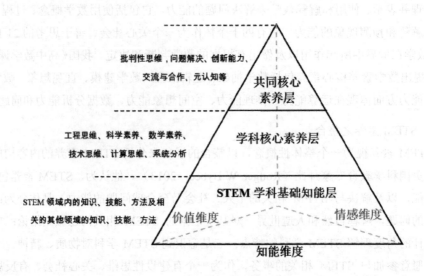

图 2-3　STEM 素养结构金字塔模型[1]

2. STEAM 教育

为了重视艺术（Arts）在工程与技术设计中的重要性，美国学者提议将 STEM 教育发展为 STEAM 教育。STEAM 教育的艺术性强调在自然科学教学中增加学习者对人文科学和社会科学的关注与重视，例如在教学中增加科学、技术或工程等相关发展历史，从而激发学生兴趣，增加学习者对 STEM 与生活联系的理解，以及提高学生对 STEM 相关决策的判断力；再如，在对学生设计作品的评价中，加入审美维度的评价，提高学生作品的艺术性和美感。概括来说，STEAM 教育的艺术性是以数学元素为基础，从工程和艺术角度解释科学和技术。STEAM 教育与 STEM 教育在理念与目标上并无本质差异，两者有时被等同使用。[2]

小　结

STEM 教育理念最早起源于美国，当初美国政府为了加强 K-12 创新性、复合型人才的培养而提出了 STEM 教育。显而易见，STEAM 是科学（Science）、技术（Technology）、工程（Engineering）、艺术（Arts）、数学（Mathematics）五门学科的英文缩写，其注重跨学科学习，打破了常规学科界限，并在教育中体现出趣味性、体验性、情境性、协作性、艺术性、实证性、技术增强性的特点，迅速成为新兴的教育方式。通过 STEM 教育培养创新型复合人才，对于提升孩子的问题解决能力、创新思维、创造能力具有十分重要的意义。

---

[1] 杨彦军，张佳慧，吴丹.STEM 素养的内涵及结构框架模型研究[J].电化教育研究，2021，42(01)：42-49.
[2] 宋怡.STEM 素养视域下的科学教学:审思与重构[J].现代教育科学，2018(08)：96-100.

活动建议

请利用网络搜索引擎找到几个相关的 STEM 教育的案例,结合本节中提到的 STEM 教育的特点,仔细分析案例中是否体现了 STEM 教育的九个特点?你认为这九个特点中哪几个特点是最为核心的和普遍的特点?

2.2 STEM 教育对接核心素养:素养导向的必然选择

节前思考

1. STEM 教育实施目的与核心素养培养有很多共通之处,两者存在着怎样的契合性?
2. STEM 教育与核心素养对接存在着一定的必要性和可行性吗?
3. 核心素养为 STEM 教育实施提供了哪些?

STEM 教育变革了传统的教育组织形式,开辟了综合创新人才教育的新范式,成为全球化时代各国相继开展的教育形式。但是 STEM 教育作为舶来品,在中国发展与实施的过程中难免会出现"水土不服"的现象,因此,STEM 教育作为 21 世纪全球人才培养共同目标,与中国学生发展终极目标的核心素养间的对接,是教育发展与核心素养充分落地的必然趋势。

2.2.1 STEM 教育与核心素养对接的必然性[1]

2016 年我国颁布的《教育信息化"十三五"规划》中明确提出:有条件的地区要积极探索信息技术在"众创空间"、跨学科学习(STEM 教育)、创客教育等新的教育模式中的应用,着力提升学生的信息素养、创新意识和创新能力,养成数字化学习习惯,促进学生的全面发展,发挥信息化面向未来培养高素质人才的支撑引领作用。同年,我国根据新世纪人才培养目标,研制出中国学生发展的全新理念与蓝图,勾勒出适应未来社会发展的新型人才形象,树立起我国教育立德树人的新航标。

1. 对接是全球化和信息化社会发展的内在要求

全球化与信息化的飞速发展,为世界各国的经济、贸易往来提供了便利条件,同时也搭建了包括教育人文的交流和学习平台。每个国家和地区都基于自身发展需求,借鉴他国教育改革和发展经验。这种现象也被德国哲学家哈贝马斯称为"世界经济的结构转型"。美国在 1986 年率先发起 STEM 教育,其他欧洲大国如英国、德国、法国等都相继制定了 STEM 教育的政策,一时间 STEM 在世界范围内得到了极速发展,中国的 STEM 教育也从萌芽阶段发展到初步发展阶段。STEM 教育模式如果不考虑中国国情而是将其原封不动地"移植"到中国,必然会造成"水土不服",如何将先进教育理念落地于本土化成为值得思考的问题。

---

[1] 袁利平,张欣鑫.论 STEAM 教育与核心素养的对接[J].陕西师范大学学报(哲学社会科学版),2017,46(05):164-169.

核心素养作为全球性的发展战略与教育理念，体现了世界各国在 21 世纪对人才培养的共同诉求，核心素养在中国的发展则蕴含和体现了中国的文化背景、教育国情与人才培养的愿景，因此，将 STEM 教育与中国特色的教育理念的融合与对接，是促使 STEM 教育适应中国"水土"的良方。

发展具有时代特色的 STEM 教育，要求我们在深刻理解 STEM 教育本质的基础上，以核心素养作为推进 STEM 教育的指南针，而不必拘泥于 STEM 教育固有的形态，将核心素养与 STEM 教育进行高度融合与无缝对接，并适时对其进行革新与转化。在借鉴国外教育先进理念的同时，保持自身的理性，避免锐意革新的自我迷失，重视本土文化再造意识是教育在全球化与信息化社会中发展的内在要求。

2. 对接是科技与人文融合发展的必然趋势

在自然科学产生以前，中国与西方各国均以人文教育为主。自近代自然科学诞生以来，特别是在工业革命 4.0 时代的到来，科学技术带给人类高度发达的物质文明，也影响着人类生活的方方面面。科学教育与人文教育间的博弈在所难免，最终科学在教育领域占据了上风，人文教育逐渐走向边缘化。在时代的发展过程中，科学技术与人文文化不断地进行自我完善与更新，逐渐意识到二者价值互补的重要性，表现出融合的意向。对于教育而言，促进科学技术教育与人文文化教育的融合与共同发展是其功能所在，教育承担着科学技术的传播和人文文化继承、发展与创新的重任。

学习者是一个完整的人，理应获得全面的发展，这就要求他们必须拥有完整而全面的生活，只有在完整的生活当中进行实践，才能获得完整的经验。科学性的经验和人文性的经验，都是"完整的人"在发展过程中不可或缺的重要组成部分，但如何培养促进这二者融合的全面发展的人就成为摆在教育者面前的一大难题。核心素养是世界各国根据自己的教育实情为学生制定的发展蓝图，期望学生在人文底蕴和科学精神等方面得到全面发展，这就使得学科间知识的整合与联通显得尤为重要。美国新媒体联盟发表的《国际教育信息化发展 2015 地平线报告（基础教育版）》指出："STEM 教育的设计理念是所有学科都能而且应该要彼此关联，这样学生才能够对真实世界获得整体的、相互联系的认知"。STEM 教育既包含科学技术学科，又兼顾人文艺术学科，在传统相互分离、各成体系的学科间架起桥梁，帮助学生将零碎的知识整合成完整的知识体系，可以说 STEM 教育是学科知识融合的典范，它能够给予学生完整的世界体验，又满足中国学生发展核心素养的本质要求。STEM 教育与核心素养的对接与融合是工业化、信息化时代人们对人文修养与积淀的渴求与诉求，科学技术与人文文化融合是时代发展的必然趋势，二者的融合不但是科学教育与人文教育走向协同发展道路的枢纽，更是我国培养全面发展的现代人的合理范式。

3. 对接是教育目标转化为教育现实的必然要求

核心素养既是世界各国教育发展的共同追求，也是我国教育发展的目标与方向，也是学生全面发展的终极目标，课程是学校教育最有效的实现途径，核心素养需要以课程作为依托来进行落实。核心素养对人才的培养与发展提出了综合性的目标，而 STEM 教育也是基于多学科交叉融合并付诸实践的一项教育尝试与探索。STEM 之所以能够成为综合性教育理念，是因为 STEM 教育（后发展为STEAM教育）所包含的科学、技术、工程、数学、艺术之间存在结构上的顺序关系，在人们分析和改造世界中发挥着各自作用，在STEM教育中，科学支持人们认识世界的规律；技术与工程支持人们根据社会需求改造世界；艺术帮助人们以美好的形式丰富世界；数学则为人们发展与应用科学、技术、工程和艺术提供思维方法和分析工具；人们只有在拥有了技术的前提下才可以理解科学，只有在理解了艺术和数学之后才能从事工程的研究与开发，这就是STEM与核心素养课程应该具备的内在结构与逻辑。因此，以STEM课程为载体，助力核心素养的落实，在逻辑与现实中都具有相当大的可行性。

可以说，核心素养为STEM课程提供强大有力的思想武器，STEM为核心素养的落地与渗透提供载体支撑，为核心素养的真正实现提供母体，这不仅仅是教育目标与课程彼此完善、相互统一的需要，也是在教育过程中加强理论与实践对话，促使理论指导实践，实践丰富理论，将教育目标转化为教育现实的必然要求。

2.2.2 STEM教育与核心素养对接的可能性

1. 理论基础——建构主义

建构主义学习理论是STEM教育与核心素养相结合的源起。建构主义强调学习者基于自身的社会经验基础，在一定的情境下对知识经验进行主动建构的过程。

核心素养是以具体的知识、经验、技能为基础，强调发挥学生的主观能动性，使之在实践体验的过程中生成意义，实现由具象的"双基"能力向"大概念""思维方法"的飞跃，关注何种知识和能力对个体发展更具价值性，并注重"文化"对培养学生情意态度的重要作用。STEM教育是以跨学科学习为形态，以项目为主线，以工程实践为途径，挖掘学科知识、重构知识网络，使学生形成跨学科思维方式与创新能力。

因此，在建构主义学习理论视角下，STEM教育与核心素养均认同学习是基于情境的问题或项目，通过协作会话，主动构建知识体系、生成意义的过程，在知识观、学习观、师生角色定位、教学活动设计等方面具有内在相关性，表现出明显的建构主义倾向。

2. 共有属性——外在特质和内在特质

STEM教育与核心素养的共有属性包括外在特质和内在特质。

（1）外在特质

外在特质表现为：跨学科性、情境迁移和实践反思。

①跨学科性

跨学科不仅指学科勾连以软化其边界，而且应凸显不同学科内容与知识脉络的一体化整合，围绕工程项目，使科学原理、技术应用、文化精神有机融合，为核心素养之整体意义上的"学生发展"提供依托载体。同时，跨学科教育具有教育目的的创新性、教学内容的交叉性、教学方式的研究性、教师和学生知识、能力、素质结构的复合性等特点。实施跨学科教育有助于学生的多元知识结构，以及创新能力的培养,其开阔视野,提高综合素质,是创新型人才培养的必然选择。

②情境迁移

两者都要求基于实境性的问题或项目培养关键能力,能够自如地运用基于真实的社会情境,适应社会并解决复杂问题。在解决问题的过程中涉及知识的应用与迁移,探究和创新,达成知行合一、学以致用的教学理念。STEM教育与核心素养在为学生提供真实情境,让其在解决问题的过程中提高学生各方面的能力与素养达成了共识。这种富有情境性的实践知识观不仅是在教育过程践行"授之以渔"的重要体现,也是今后知识教育进行转型的方向。

③实践反思

STEM教育与核心素养均以行为指向的能力培养为目标,并在行为中强调反思与迭代、调整与修订,将核心素养的目标诉求融于STEM基于项目学习过程,并在不断实践反思中提升创新能力。

(2) 内在特征

内在特征表现为以综合能力为核心、以文化涵养为归宿的高阶能力结构。STEM教育与核心素养所秉持的共同的人才观、教育观和知识观,不仅为学生的发展提供了无限可能,也为二者的对接与融合提供可能性并指明了方向。

①培养创新素养的目标吻合

中国学生发展核心素养以能够适应终身发展和社会发展需要的必备品格和关键能力为核心,与STEM教育的综合性人才培养目标相吻合。未来社会需要综合化、全面化的人才,而具备单一技能与知识的人恐怕难以在未来社会当中立足,更不用说在未来社会中获得更多的幸福感,STEM教育作为一种培养未来综合性人才的教育模式与教育趋势,旨在为未来的科技社会培养全方位的人才,这与核心素养所秉持的未来人才观不谋而合。

②人文底蕴和科学精神的诉求相吻合

核心素养之人文底蕴与科学精神,和STEM教育之人文素养与科学素养有诸多共通之处,可分别从人文和科学的不同视角出发,将碎片化知识进行整合,以多视角、多维度的方式进行学习,使学生形成核心素养。

3. 教学设计——共性原则

STEM教育与核心素养两者在培育目标、课程建设、建构模式、评价方式等方面存在耦合联系。两者都遵从以生为本、全面发展的设计原则设定教学目标、组织教学内容、选择教学方式、实施学习评价,使学生在问题解决中形成关键能力。在目标理念方面,基于宏观视角的STEM教育与核心素养以个体发展需求为重心,兼顾社会发展需求,从人的角度思考"如何培养人";基于微观视角的STEM教育之三维创新能力,与核心素养要素中的技术应用、创新创造、批判质疑、勇于探索、勤于反思具有内在一致性。在教学内容方面,核心素养强调"少即是多"的组织原则,注重对知识的深度理解,与STEM教育深度挖掘知识间内在关联和运用方法的设计要求相同。在教学方式方面,STEM教育与核心素养均认同群体建构、合作共享的探究学习方法,使学生在同客体世界、同他者、同自身的对话中主动生成意义。在学习评价方面,STEM教育与核心素养倡导的多元开放的混合式评价体系,依从以学生个体为单位的纵向评价准则,本着学习过程动态性、多样性的观念,从发展的角度审视学生学习效果,关注其审慎自省、自我调控的元认知能力的培养。

4. 深度学习——共同依赖

核心素养的习得依赖于深度学习,因为深度学习和核心素养之间的联系就在于——迁移,而STEM教育即运用先前所学的知识和技能支持新的学习以及在文化关联的新情境中解决问题。从这一角度而言,STEM教育是一个过程,既存在于个体的认知活动之中,也通过群体间的合作交流而生成,这一过程的重要学习结果之一即核心素养,其形式为可迁移的知识、技能和态度的综合体。核心素养的属性决定了它的习得必然依赖于深度学习过程,而核心素养一旦形成又会有力地支持深度学习,两者是相互加强的良性互动循环关系。

2.2.3 STEM教育与核心素养对接的现实性

1. 核心素养为STEM教育赋能

(1)核心素养的文化基础——STEM教育的内在动力

核心素养第一次把"人文底蕴"和"科学精神"放到同等重要的位置,一般来讲,科学代表着理性、艺术代表着感性。理性和感性是人心智组成的两大要点。STEM教育在发展的过程中,逐渐融合了A(艺术/人文)的特色,即STEAM,通常与STEM等同含义。

文化是教育的主要内容,无论何种形式的教育,都是以文化传播为主要载体的,STEM教育也是如此。传统教育对课程的科目分工比较细致,强调不同科目的区别。而STEM教育强调的是学科之间融合,在学科之间建立一座联系的桥梁,融合知识与技能,尤其在当今日益发展的互联网时代,学科融合能力和技能将为学生未来的生存发展提供必要的条件。而这些都是以文化基础的学习和积累为前提的。STEM教育一般以基于项目学习进行,在知识层面上要求更高,需要从不同的学科中提取关键信息,所以更促进了学生对知识的学习,由此可见,文化基础是STEM教育的内在动力。

(2)核心素养的自主发展——STEM教育的培养方向

自主性是人作为主体的根本属性。自主发展重在强调能有效管理自己的学习和生活,认识和发现自我价值,发掘自身潜力,有效应对复杂多变的环境,发展成为有明确人生方向、有生活品质的人。STEM教育是学生在自组织学习、情境认知学习和活动学习理论指导下,基于自身建构的统整学科的综合学习。其具有三大本质:真实性、综合性、发展性。即将学习融入自然、社会、生活领域,通过学生真实体验、调查、演讲、建构作品等,提高学习融会贯通的跨学科知识运用能力和创造力,以及在未来能够创造性解决问题的能力,可以说核心素养的自主发展就是STEM教育的培养方向之一。

(3) 核心素养的社会参与——STEM 教育的发展视野

社会参与，重在强调能处理好自我与社会的关系，养成现代公民所必须遵守和履行的道德准则和行为规范，增强社会责任感，提升创新精神和实践能力，促进个人价值实现，推动社会发展进步，发展成为有理想信念、敢于担当的人。

STEM 教育强调团队协作开展学习，培养学习者乐于分享、交流的团队智慧，这对于学生处理自我与团队、自我与社会关系构建了天然的环境基础；道德准则和行为规范也成为学生全面发展和全面成长的一种准则标准，例如 STEM 教育中强调技术安全，如网络安全与技术应用道德观；STEM 教育中也需要在工程实施中制定规划和行为准则，要求学生在遵守自己制定的准则的前提下按照规划不断推进；STEM 教育也致力于培养学生在通过多学科知识解决问题的过程，提升自身的理性思维、创新意识、团队合作能力、科学探究和实践能力，进一步建立健全生命观念和社会责任感；STEM 教育认为：学生学习中在具备国家认同的前提下，学生的探究才是具备正确的方向，创新才是具有正确价值观导向的创新。而国际理解要求具有全球意识和开放的心态，尊重世界多元文化的多样性和差异性，在这样的理念下，STEM 教育这个"舶来品"才能够洋为中用，在与国内外先进理念和实践的对接、联通与融合过程中不断地得以发展。

2. STEM 教育提供核心素养落地途径

(1) STEM 跨学科的范式——促进核心素养要素内涵融合

STEM 不是科学、技术、工程、艺术和数学知识的简单叠加，而是将学科整合到一种"教学范式"中（Judith A. Ramaley, 2016）[1]。这种整合不仅是实践操作层面上的整合，更体现价值体系的整合，即自然科学和人文科学精神的融合，人文素养和科学素养相互渗透，是文化基础投射到现实世界中的具体体现；此外，STEM 教育的起源背景也蕴含着"美国对自身国际竞争力下降的反思"，因此，STEM 从内容组成、组织实施无不带有时代的鲜明色彩，也承载着社会本位的内涵。而教育本身育人的功能又从个体本位满足了学生主体的需求，可以说 STEM 教育兼具社会本位和个体本位的两种价值，对于核心素养中的三大方向六大维度的实现提供了一个自然的解决路径。STEM 教育证明了理性思维和文化追求可以自然地融入问题解决的学习中，同时也彰显了一种学习文化，一种偏向工科思维的学习系统，一种趋于能力和智慧叠加的行动学习，并因此形成重要的能力和思维品格。

(2) STEM 任务驱动方式——加深人文底蕴，培养科学精神

与传统课堂教学相比，STEM 更注重学生在整合跨学科的知识应用中充分调动思维，以任务为驱动，主动地确认目标、寻找资源、建构路径、解决问题，将知识的获取、方法与工具的利用以及实践创新的过程进行了有机多元融合。STEM 每一个学习环节都建立在学生对问题的观察、比较、分析、综合、抽象与概括的基础之上，这些思维方式是理性思维的具体体现，而且这个思维过程充分调动并

---

[1] 崔鸿，朱家华，张秀红.基于项目的 STEAM 学习探析：核心素养的视角[J].华东师范大学学报(教育科学版)，2017，35(04)：54-61+135-136.

锻炼了学生的科学探究能力和实践能力。学习过程中逐渐培养的精神也是科学崇尚的研究和实践精神。因此，融合人文艺术的STEAM教育，推动核心素养要求的文化底蕴和科学精神的形成，促进文化基础的发展。

（3）STEM项目实践属性——促进问题解决，培养乐学善学

STEM学习是学生在活动参与、项目设计、问题解决中进行的实践活动。这种问题解决并非浅显的问题，而是一种"不良结构"（ill-structured problem）的复杂问题，即没有明确的结构和解决路径，如初始状态不明确、目标状态不明确、解决方案不明确等。需要多学科"碎片化"知识的整合和应用，形成多样的、开放的解决问题的途径，形成多元的解决方案。这种项目学习恰恰能培养核心素养指向的问题解决能力。

STEM学习以实践为取向，项目的趣味性和真实性更能够激发学生学习的主体性，能够引导学生面对学习对象进行能动建构和主动加工。具体来说，学生学习的状态从被动地学习识记、理解知识转为主动实践，并获取能力思维成长，养成主动学习的意识。日积月累形成了乐学善学的良好习惯和风貌。

（4）STEM学习产品迭代——促进自我反思，形成健全人格

STEM学习本身兼具工程属性，即通过工程设计，完成复杂问题解决过程，培养学生的工程思维。工程是为了满足人类需求进行的创造性活动，它是运用技术进行设计、解决问题并制作产品的过程。工程是不断更新的，工程设计是一个迭代的过程。工程设计的过程一般包括：识别需求、定义问题、头脑风暴、进行调查、理解限制条件、提出多种解决方案、评估并选择最优方案、制作模型、交流想法、测试改进、制作成品（Aikaterini Bagiati，2011）。在产品迭代的过程中，学生不断地挑战自我，进行科学反思，分析存在的问题，寻找解决问题的方案，这种过程恰恰能够培养学生的自我反思，自我评价，在不断的挑战中培养具有积极的心理品质，坚韧抗挫能力，能调节自身，管理个人，形成良好的人格品质。

（5）STEM技术增强特点——提升信息素养，增强国际理解

目前，STEM教育越来越呈现技术增强型的趋势，政府各部门发布的一系列政策都体现了对将技术融入STEM教育以促进学生STEM学习的重视。2018年，美国公布STEM教育的"北极星计划"，尤其强调提高学生的数字素养和计算素养的教育发展路径，《用技术支持STEM学习的九个维度》这篇报告正是具体论述了如何转变现有STEM教育模式。可见，以网络技术、通信技术、人工智能技术等为代表的信息技术，在STEM教育中发挥着越来越大的作用。虽然说STEM中的技术不仅仅代表是工具属性的技术（还代表经验属性的技术），但不得不说，科学技术带给学习的便利和深刻也影响着教育的变革。因此，STEM教育中提倡的技术成为学习工具，利用技术支持深度学习的方式也不断影响着学生的信息素养，学生在STEM学习中不断辨别信息、分析和处理信息，其信息素养的培养得以实现。此外，学生在STEM学习中可以通过网络技术了解国内外发展动态，在跨文化交流中不断地认识世界、理解世界和改造世界，这对学生增强国际理解起到积极的正向作用。

（6）STEM 合作实践形式——培养责任担当，形成劳动意识

学生发展核心素养包括个体形成正确的责任意识，同时具有团队意识和互助精神，能主动作为，履职尽责，对自我和他人负责等。STEM 是一种在社会性互动中开展的、以学生为中心的跨学科合作学习。存在着学生与环境、学生与其他学生、学生与教师之间的社会性互动。在这种以学生为中心的学习中，学生个体的价值观能够被充分地引导和投射。一方面，学生可以在社会性互动过程中，意识到自己的分工和责任，以及自己在学习共同体中所分配的角色；另一方面，教师可以通过引导、展示和呈现，协助培养学生的自立性、自主性和自治性，激励学生更勇于承担责任，激发团队精神。此外，STEM 学习中工程设计理念指导下需要不断地设计、修改、再设计、再修改，在修改的不断更新中，有助于学生形成良好的劳动意识，培养他们的动手操作能力，促进他们改进和创新劳动方式。

（7）STEM 教育思维启发——唤醒创造潜能，提升创新素养

创新素养是学生应具备的、适应终身发展和社会发展需要的创新品格和创新能力，它是学生核心素养的"核心"成分之一。当前，知识创新和实践能力的塑造一起被视为是 STEM 教育人才培养的重要指向。虽然 STEM 教育中注重实践、注重动手、注重过程不等于提升创造力。但在教师思维启迪下，结合动手实践和探索能够唤醒学生与生俱来的创造力潜能。在 STEM 教育中常用的六种培养创新思维的模式，为提升学生的创新素养提供了重要而有效的途径。

- 发散性思维：从一个事物的特征、背景或相关的线索发散开来，可以丰富自己了解事物的内容，丰富视野。例如，在 STEM 授课过程中，教师可以通过一些发散思维训练来让学生充分地发挥想象力：说出铅笔（矿泉水瓶、可乐瓶、电池、T 恤……）50 种以上的用途，主体一般选择生活中常见的东西，它们已经具有基本固化的功能，让学生进行头脑风暴。当说完"铅笔的写字、画画"常见功能回答后，很多新的富有想象的功能就会被挖掘出来，比如"铅笔可以取火、木屑分解、润滑开锁"等。这种"一题多解""一事多写""一物多用"等方式，突破传统思维的限制，培养发散思维能力。在 STEM 教育中，以辐射思考的方式，可以发散地分析问题原因，找到解决问题的途径，帮助学生更接近事物的本质，解决问题也变得游刃有余。

- 多向思考：多向思考其实是从多方面思考问题，从而达到效果整体优化的方法，不局限于点、线、面的限制，立体化思考，既可以从单一思维模式出发，也可以从多个思维方式思考。与其说这是一种思维方式，不如说这是一种心态问题。例如：在"空间生存环境"课程活动中，学生按照任务卡中的地点要求，通过小组讨论、头脑风暴，从多个方面思考所需携带的旅行用品，如果哪个方面考虑得不周全，就会影响生存条件。写出需要携带的旅行用品，再从列表中圈出最重要的三件用品。通过对六种不同自然环境所需携带的旅行用品的讨论，学生其实是在考虑人类生存的必需品是什么。小组讨论的结果并非能够考虑充分，这样可以通过多组对比的方式，让学生发现自己决策出现的问题。通过多向思考可以帮助我们更全面地考虑问题，增加解决方案，从而更有效地解决问题。

- 换元思考：换元思维是根据事物的构成因素，进行拆分、变换元素，以打开新思路。换元思考其实就是推人及人、换位思考。将自己代入场景，代入其他人的立场看待问题，如果我是当事人，我会更希望接受什么样的方式方法，更愿意达到什么样的效果（目的）。自然，问题的根本目的和重要层次就更加清晰了。

- 转向思考：是当常用逻辑不起作用时，寻找不同的方向解决问题。我们常常说的逆向思维，就是脱离原有的逻辑，从相反的方向思考，是转向思维的一种方式。转向思维具有颠覆性，需要跨出原有的知识体系，跨学科、跨领域去解决问题。例如，在讨论"空气存在吗？"这样的问题时，学生首先会通过各种材料，自己想办法证明空气是否存在，包括用垫板扇风、吹气球、用塑料袋捕捉空气等，然后教师可以引导学生将思维方式转向为"如果空气不存在会怎么样？"，学生会尝试捂住口鼻，感受失去空气的感觉。更进一步地讨论"看得见的空气"，探究问题进一步加大难度——"空气有没有质量？"，学生一开始各执一词，而后教师提供给学生一个验证自己原有假设的实验，运用气球、木杆、橡皮泥等实验材料，利用杠杆原理证明空气的存在。这其中，学生需要通过调节支点和左右两边物体的质量保证木杆的平衡，而后放掉一边气球的气体后，观察木杆的变化，并解释产生变化的原因。学生在此 STEM 教学活动中，接触到了自然科学和物理学知识以及简单的工程操作方法，证实或推翻了自己的原有假设，通过转向思维在无法证明问题的时候尝试新的方法去解决问题。

- 原点思维：是指给人或事设定一个原点，时常回到原点进行思考、进行状态对照，纠正偏差，不断向目标前进。可以有两种理解：一是从事物的发展脉络和普遍逻辑寻找答案，二是为事物设立一个原点，在发展和建设中不断比对和思考，纠正偏差。例如，"水火无情"四个字，道出了人类对水与火的恐惧感，多少年来，尽管人们采取了各种各样的措施，但世界上每年仍会发生许多起持续时间长、又很难扑灭的重大的森林火灾，大火无情地吞噬了宝贵的森林资源，并破坏了生态平衡，人们非常痛心，但又苦无良策。森林专家想出了好办法：以火防火。原来，森林火灾的主要原因是由于林间的落叶、断枝、枯草长期积累而自然起火，以至造成难以扑灭的森林大火。按照防患于未然的原则，森林管理人员定期选择风速小、气温低、湿度大的天气，在森林中"放火"，人为烧去乔木下面的小树、灌木和乔木下端的干枝和枯叶，这样既节省了修剪树枝的繁重劳动，又消除了森林火灾的隐患，真是两全其美。

- 对立思考：从事物的反面设立可能性或提出疑惑，批判性地看待问题。一方面强调，对于他人的看法和理解不能全盘接收，需要自己独立理解和消化，提出自己合理的观点，并且说出自己的理由和见解。另一方面，对立思维的存在可以从更多的角度分析问题，一个团队中每个同学对于问题提出的观点不尽一致，而解决问题的办法一定是最客观地罗列出问题的所在，然后去找问题的解决办法，站在自我视角上的"我认为""我觉得"等争议可以协调变成考虑因素。如果我们一开始就认同别人的理论，那可能引起的问题就是打破了自我平衡，也可能盲目顺从，无法产生创新的解决方案。

以上六种思考模式经常在 STEM 教育中发挥作用，创新思维促进学生的多方面能力发展，促使学生的想象力得到激发和保护，自主能动性得以发挥，思考和解决问题能力得以提高，而这种培养创新思维的方式正是核心素养培养中提升创新素养的需求。

小　结

STEM 教育作为舶来品与本土的核心素养对接，相互依存，互相促进，核心素养的导向对 STEM 教育是创造性的转化；STEM 教育对于核心素养的培养形成了有效的路径。时代发展、教育现实的必然要求促使 STEM 教育与核心素养间的对接成为必然趋势。STEM 与核心素养的理论基础、共同属性、共同原则也促使两者具有对接的契合可能。核心素养的文化基础、自主参与和社会发展也成为 STEM 教育的内在动力、培养方向与发展视野，成为 STEM 教育实施的强有力赋能。STEM 教育的诸多特点也使核心素养的落地成为可能。

活动建议

STEM 教育与核心素养成功对接，两者在不同程度上相互促进。STEM 教育在不同学科的核心素养要求下，又可以有怎样的作为？根据本学科课程标准中对学科核心素养的要求进行解读，思考 STEM 教育是否可以促进学科核心素养的提升？怎样提升？在下方画出思维导图表达你的观点。

第二篇

理论篇

第二篇

野外篇

第 3 章

STEM 教育的内涵与发展

📦 本章导读

STEM 教育不仅仅提倡纵向学习四门学科,更是要打破这些学科之间的界限,进行学科的横向融合,从而培养学生"解决问题,逻辑思考,批判性思考和创造力"的综合素养。STEM 教育的内涵是什么?现状如何?作为学校落实 STEM 教育的重要载体是什么?如何促进 STEM 教育的生态发展?本章将对以上问题进行回答。

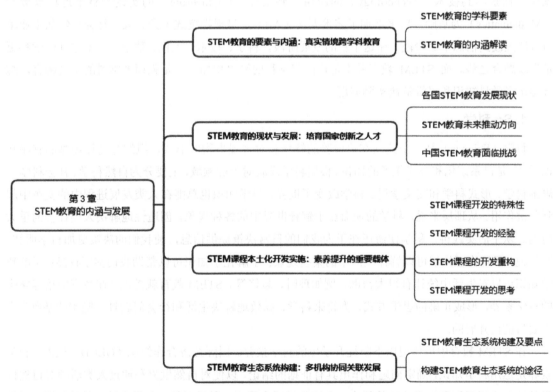

3.1 STEM 教育的要素与内涵：真实情境跨学科教育

节前思考

1. STEM 由科学、技术、工程、数学学科有机融合而成，从学科要素角度如何解读几个学科发挥的作用？
2. 学科的融合就意味着不是孤立存在的，那么它们相互依托共存的关系如何？
3. STEM 的核心内涵是什么？

我们先来考虑一些问题：传统的探究性学习是否属于 STEM 教育案例？在 STEM 教育中，科学、技术、工程、数学乃至艺术究竟各自发挥怎样的作用？为什么会选择这几门学科之间的融合？它们之间的关系究竟是怎样的？STEM 教育的核心内涵是什么？我们需要梳理思路，为后续开展 STEM 教育实践奠定良好的基础。

3.1.1 STEM 教育的学科要素

人类文明的进程决定了 STEM 教育中科学、技术、工程和数学自然的结合。从科学（Science）规律的探索，到技术（Technology）的应用，到工程（Engineering）的实践，整个过程以数学（Mathematics）为基础，后来增加了艺术人文（Art），呈现螺旋式上升。人类社会已经从工业革命阶段过渡到信息革命阶段，在这个新的发展阶段，科学、技术、工程、数学、艺术这几门学科更是呈现融合之势。而 STEM 教育并不是这四门学科的简单相加，而是强调多学科的交叉融合，综合运用多学科知识和思维解决实际问题。

1. S：科学

科学（Science）是一个建立在可检验的解释和对客观事物的形式、组织等进行预测的有序知识系统，是已系统化和公式化了的知识。根据科学反映对象的领域，主要分为自然科学、社会科学、思维科学、形式科学和交叉学科。科学改变了世界，科学知识也总能在人类发展进程中的变革中起到关键作用。从顶层来说，科学的使命在于解释世界中的各种现象，创造性地解决人类社会的重大问题。从生活实践讲，科学使命还在于为我们的日常决策提供信息，使我们的决策更加科学明智。比如说，了解物理知识可以解释生活中的某些现象；了解化学知识可以帮助我们鉴别物品；了解数学知识可以对生活中统计有很大帮助，例如理财、装修等。STEM 教育就是以"在教育中培养学生的科学素养，形成正确的思维方式，为将来科学、高效地解决生活和社会问题打下坚实的基础"为重要目的而开展的。

在 STEM 教育中也体现出不断提升学生的科学素养。国际经济合作组织（OECD）认为，科学素养是运用科学知识，确定问题和作出具有证据的结论，以便对自然世界和通过人类活动对自然世界的改变进行理解和做出决定的能力。主要包括四大要素：科学兴趣、科学方法、科学知识、科学精神。STEM 里的"S"独特之处恰恰在于为学生创造模拟科学探究和认知的过程，培养一种科学的思维方法和科学探究方式。

科学的发展离不开技术的支持、工程的应用以及数学作为基础，只有当这四门学科有机组合，并在人类认知世界过程中承担相应的要素时，人类的探索世界的过程才算完整。我们对知识的建构也恰好符合这个过程，而这也是我们为什么强调学习 STEM，强调培养拥有综合素养的人。

2. T：技术

技术是解决问题的原理及方法，是指人们利用现有事物形成新事物，或是改变现有事物功能、性能的方法。世界知识产权组织在 1977 年版的《供发展中国家使用的许可证贸易手册》中，给技术下了定义："技术是制造一种产品的系统知识，所采用的一种工艺或提供的一项服务，不论这种知识是否反映在一项发明、一项外形设计、一项实用新型或者一种植物新品种，或者反映在技术情报或技能中，或者反映在专家为设计、安装、开办或维修一个工厂或为管理一个工商业企业或其活动而提供的服务或协助等方面。"这是至今为止国际上给技术所下的最为全面和完整的定义。知识产权组织把世界上所有能带来经济效益的科学知识都定义为技术。

技术应具备明确的使用范围和被其他人认知的形式和载体，如原材料（输入）、生产成品（输出）、工艺、工具、设备、设施、标准、规范、指标、计量方法等。技术与科学相比，技术更强调实用，而科学更强调研究；技术与艺术相比，技术更强调功能，艺术更强调表达。

技术伴随着人类出现而产生，随着社会的不断发展、技术的不断革新，导致了生产力的不断提高。同时，人们运用科学知识获取的世界规律中也产生了创新工具以及新技术。因此，这里的技术不仅仅指现代以计算机为代表的信息技术，也包含工业时代的工业技术、农耕时代的手工技术等。此外，技术不能狭隘地理解为就是工具，而是包含了在利用工具操作方面的技巧，它的产生更多来源于生活的偶然经验，形成于多次不断的反复劳作中。关于 STEM 教育中有关技术的论述详见第 6 章。

在 STEM 教育中，技术是知识的载体，是想法实现的手段。技术不能脱离人文环境，它一定与人类文明的发展紧密相关。而且好的技术一定是技术与工艺相结合，在生活中得到实践与检验的。同时，技术属于经验积累的范畴，它不能举一反三，不能通过某一规律来推导。因此，学生在学习的过程中运用规律得来一系列的技术，需要再在工程化的过程中实现。

3. E：工程

工程是通过一系列的实施流程和环节，集成各项技术将人类的想法实现为工业产品并最终为人类服务的过程。工程可以大到一座大桥、一栋楼、航天飞机等有形的产品，甚至小到制作桌子、椅子、杯子等。工程也可以是无形的，例如开发无形的软件产品，这些也属于工程实现的结果。

工程是科学和数学的某种应用，在达到目的、实现产品的过程中，一定需要大量的技术作为支撑。比如建造一个房屋，需要打地基的技术、砌墙的技术、盖楼板的技术、上梁的技术等等，这背后有大量的技术作为支撑。很多的工人、工匠掌握着这些不同的技术，他们处在工程实施中的某个环节。而工程师设计工程的结构，关注着工程整个实施环节，他是工程的实践者。所以说，工程、技术存在着天然的联接。

工程是在一定的物质条件约束下实现的。一个工程的实现，受制于多个约束条件。比如要造一座大桥，这座大桥需要一定的经费、需要载重一百吨、工期三个月等。工程师则在这些条件下满足需求，他总是寻找合适的技术来满足这些条件，在没有超预算的情况下，制定合适的方案，造出合格的产品。工程师总是被要求"又要马儿跑得快，又要马儿不吃草"，实现对各项约束条件的最大优化，寻找匹配各项技术指标的最优解。

每一个工程的关注点都是不一样的。工程师一定会关注一些领域或者集中关注一些功能。比如苹果手机就比较关注艺术与科技的结合，它让手机进入"大屏时代"，同时非常注重用户的个性化体验。比如"OPPO"手机注重电池的带电量，他们提出"充电两分钟，通话两小时"，工程师则按照这个要求找到合适的电池，掌握相关的技术，实现这个要求。

STEM教育中的工程指的是学习解决工程问题所需的思路、方法，而非单纯动手做出一样东西。理解工程的思路与方法是人类面对未知世界、未知领域的重要支撑，使我们敢于迎接未来的挑战。工程为人类创造全新的价值，是人类文明的结晶。

4. M：数学

数学对于大家来说都不陌生，小学所学的加、减、乘、除计算的数学技术，以及背后的数学方法和数学原理，都是数学领域研究的范畴。数学是描述自然世界的精确语言，我们依靠数学中一系列的逻辑和推理系统，来解释世界或者解决生活中的实际问题。STEM中的数学更多是指应用数学，利用建模、推理来解决生活中比较抽象、复杂的实际问题。

数学被应用在很多不同的领域上，包括科学、工程、医学和经济学等。数学在这些领域的应用一般被称为应用数学。STEM中的数学更多指的是应用数学，特别是数学建模（描述问题）和数学推理。例如，要测试炸弹爆炸时的破坏力，我们就需要通过数学参数构建模型、预估炸弹的威力。比赛中划艇运动员的体力分配，滑板滑雪赛道的设计等都涉及数学建模和推理。STEM教育中数学与其他各学科的关联如图3-1所示。

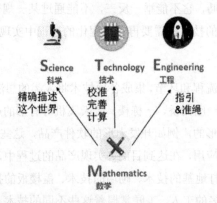

图3-1　STEM教育中数学与其他学科的关联

可以看出，数学是其他三门学科的重要基础。科学不断地发现那些隐藏在世界中的规律，运用数学去精准描述所发现的科学规律；在技术层面上，数学更关注的是校准，运用数学使得技术更加精确和完善；对工程项目中，数学其实更多的是提出一种指引目标，是一种准绳。所以，数学的可行性是基于科学理论，技术的可靠性是基于数学计算。在实现工程的过程中，会运用到隐含在科学、技术中的数学，从而实现为工程产品。

5. E、S、T、M之间的关系

STEM中工程、科学、技术和数学学科存在着密切联系。工程设计创设真实的问题情境和学习环境；科学提供解释和认识世界的概念、原理知识和探究方法，有助于工程问题的确定和做出工程设计决策；数学为工程学习提供工具基础，如数据收集方法、数据分析和处理工具、问题解决模型等；技术与工程的关系更加紧密，呈现半分离的状态，工程是技术的选择和集成，技术不仅串起了工程内容的"珠子"，为工程设计提供实现手段，也可以是工程内容本身。同时，在工程学习环境中，科学、数学、技术的学习有了更丰富的意义和价值。STEM教育是四门学科有机的组合，量变的积累、量变达到质变的飞跃，科学革命由此诞生，从而激发新一轮的科学探索，这一螺旋式上升的推进过程同时也推进着人类文明的进程。

STEM中的四个学科范畴究竟是怎样的一个交融呢？站在自然辩证法和历史唯物观角度，基于知识的关联逻辑和互动关系的历史性演变规律，中国科学院上海光学精密机械研究所研究员向世清博士对STEM各范畴概念的自然关系梳理为框架图，如图3-2所示。

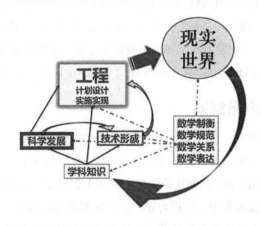

图3-2　STEM背后所隐含的人类世界科学技术体系的自然关系框架[1]

向世清教授根据图示解读具体四个范畴之间的关系为：各范畴间采用箭头相互关联，箭头的方向指明了从科学到技术再到工程的渐次递进关系，这是人类认知世界、解释世界，然后反作用于世界的真实过程的写照。其具体过程和先后顺序是，人类首先认知世界某些未知奥秘（研究和发现了科学），然后在科学的基础上形成解决问题的手段和方法（发明和创造了技术），最后在各种技术的基础上综合解决世界上的问题（设计和实现了工程），作用于自然世界的万事万物。总体上，依照渐次的箭头连接，形成了一个顺序递进的正方向，构成了一个不断的正向循环（当然，递进过程

---

[1] 向世清.STEM教育及其关联的教育范畴[J].中国科技教育，2018(10)：70-71.

中肯定也存在着一定的反向互动的成分）。它反映了它们耦合在一起时作为不可分割的整体是如何面向人作用于大自然的目标，也反映了从根本上不断推动人类科技创新、知识积累、社会进步的不断前行的完整内在图景和外部表现。

在这个过程中，科学——技术——工程形成了一个关于自然世界规律的内生耦合关联，技术是科学的具体实化，工程是技术的协调综合，从而将解决事物问题的多面属性要求自然地契合在一起，彼此无法分开。而数学在其中各处相机穿插，以其定量化形成了各关系和整体系统的表达、规范、约束和制衡，层次得以更高。可以说，没有数学，科学、技术与工程的关系是不易描述、不够准确、不能确定的。

这张自然关系框架图，反映了 STEM 各个独立范畴间如何生成、如何递进、如何互动、如何交融的内在耦合机制，表述了人类已经形成的知识的内在逻辑关系，构成了人类解决现实世界问题的整体方法论，展现了有效解决人类发展问题的功能和作用的全貌。

STEM 教育在发展的过程中，逐渐融合了 A（艺术/人文）的特色，即 STEAM。STEAM 教育实现了艺术与科学的深度融合，实现了理性与感性的对话。使人们在无限追求物质世界真理的同时，也在追求对于精神世界的塑造。STEAM 在我国的具体实践中也衍生出 A-STEM 概念，其本意都是凸显其中的艺术和人文属性。再后来，美国国家科学委员会认为，还需要添加阅读（Reading）和写作（Writing）中的思维技巧，STEAM 又演变成了 STREAM。因为，阅读是知识的输入形式，而写作是知识经过思维逻辑的整合、分析和处理之后的输出形式。它本身反映的是一种高水平的学习与创新能力，也是衡量学生学业能力水平和思维发展水平最重要的判断依据和标准之一。可以说，STEM 是一种基础，STEM+ 成为其衍生。本书以 STEM 为蓝本，其内涵包含 STEM+ 等理念和观点。

3.1.2 STEM 教育的内涵解读

可以看到，STEM 四个范畴（乃至 STEM+ 中的多个范畴）中，各个范畴都是客观存在的、已有同类型知识的集合，它们之间是相互依存和递进的关系，共同构成了一个整体系统。但各个范畴又代表系统的不同侧面和不同层次，从方法论的角度总体上彰显了各自十分不同的方法性特征。它们构成一个以"科学为基、技术为用、工程为径"，以客观世界新客体为果的大概念系统。

STEM 理念应用于教育而形成的 STEM 教育，其有着浓厚的教育属性，即"培养什么样的人"的问题。我们认为 STEM 教育的本质是培养学生认识世界、改造世界的方法论，即人在思考问题的时候是有流程和层次的。我们就拿解决"餐桌的改造"为例来说明如何利用 STEM 思维培养人：

家里的餐桌旧了，妈妈准备扔掉，孩子突发奇想，想把餐桌改造成弟弟的游戏桌，于是开始了一系列计划。首先，要进行改造项目大方向的思考，将餐桌改造游戏桌的大方向是否可行，对比餐桌和游戏桌实际上是减低高度和减小面积，维持桌子的稳定。这些都是科学范畴，是最基础的，也是最先需要思考的。其次，就是思考如何做的问题，也就是说在科学性的基础上实用化，所以我们要思考利用什么工具、手段、技法和载体，这就是技术范畴。例如，可以进行"准备尺子、锯子"等工具，其方法就是将四条桌腿都缩短到适合弟弟游戏的高度，将桌面锯掉一部分，形成游戏桌大小；接下来，就要考虑是先将桌腿卸掉再缩短长度，还是直接在连接状态下缩短指定长度等等这些具体配置各元素的问题，建立在科学和技术的基础上，通过整体协调多因素、多元素而实现"物化"成果，在应用时一定考虑了如何配置各元素和使用哪些技术，以及如何使用的具体问题；在这一系列过程中，可能涉及测量、计算等数学范畴，也就是说数学在其中恰好提供了对各个范畴的基本规范和配置关系。

那么，当餐桌改造成游戏桌的一系列思考、操作和活动的总和，如果上升到基本原则和方法论高度，就构成了人们解释和解决问题的总体方法论。这种方法论既超越了学科知识的简单相加，又抽象出了更具普适性的思维方法。而 STEM 教育就是让学生经历解决问题的活动，不断地形成认识论和方法论，最后形成潜移默化、能够影响自身发展的素养。

1. STEM 教育的目标——培养学生素养

基础教育阶段培养中小学生的 STEM 素养。STEM 素养是一种综合性素养。其素养的综合性体现在两个方面：一是内容上的综合，二是形式上的综合。

在内容上，STEM 是科学、技术、工程和数学四个领域的综合。STEM 不是四个领域简单的集合和拼凑，而是围绕一个问题或项目，运用多学科知识解决问题的过程，因此是一种基于综合性的项目的学习。在基于综合性项目的学习中，通过运用科学、技术、工程和数学四个学科的知识，综合形成学生的 STEM 素养。第一，科学素养。科学是技术的基础，为技术发明和运用提供依据。因此，科学素养是旨在使学生掌握科学知识、科学规律，形成科学精神。第二，技术素养。技术是科学的运用，是科学的具体化。技术素养指向学生掌握、运用、评价和发明技术的能力。第三，工程素养。工程是技术的实际运用。工程素养指对技术的工程设计与开发过程的理解、评价与反思。第四，数学素养。无论是科学、技术和工程都离不开数学，数学是掌握科学、技术和工程设计的工具。在这个意义上，数学素养是根基。它要求学生掌握数学知识、数学定理，能够进行数学运算，具有数学推算的能力。STEM 素养包含科学、技术、工程和数学四个方面的素养，这四个方面是环环相扣的，就是综合运用科学、技术、工程和数学领域的知识解决实际问题的能力。

在形式上，STEM 是知识、方法、技能、能力、态度等多元素的综合。没有科学知识为基础，就不会有技术的创新。技术的创新没有态度和情感的引导，缺少创新的动力和创新的价值。所以，STEM 素养既不单指知识，也不单指创新能力，而是知识、技能、能力、情感等因素的综合。当然，每个因素又是多种因素的综合，如图 3-3 所示，科学知识涉及自然历史、物理、生物、化学、空间地球科学等，工程知识涉及计算机、航天、流体、建筑、农业建设、电力材料和海洋等领域，数学包括代数、几何、测量、数据分析等。也是应用这些知识解决问题技能的集合，包括学习与创新技能、媒介数字素养技能、职业和生活技能。在解决问题中，各种能力也不断得到提升，这些能力包括思考与问题解决能力、探索学习能力、科技实践能力、创意革新能力。特别是 STEM 扩展到 STEAM，A 的加入，不仅代表 Art（艺术），也代表人文、社会等一类学科，更是培养学生对科技的向往和热爱的情感，对 STEM 领域的态度和兴趣，并能引导学生形成正确的科技观、科技运用观，防止人在创造技术之时，又被技术所异化，成为只有技术而无人性的单面人。

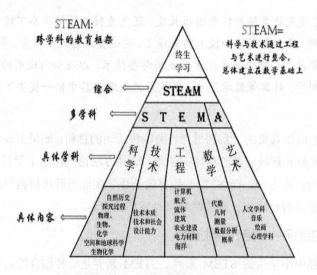

图 3-3　STEAM 教育在知识层面的集合

2. STEM 教育的形式——跨学科课程融合

关于学科融合，有两种理解和操作方式：第一种是一个主题的多学科延伸，即通过多个学科一起来研究核心主题。例如研究桥梁，可以通过桥梁的起源和发展（历史）、桥梁的种类和功能（科学）、桥梁的承重原理（物理）、桥梁的测量（数学）、桥梁的设计与绘制（美术）、赞美桥梁精神（文学）、现代桥梁在中国发展中的作用（社会）等。通过这些学科知识的学习，全方位地认识有关桥梁的人文历史，并从中挖掘有趣的数学、科学知识等。这种融合可以称为"多学科模式"，但学科之间没有交叉，每个学科的地位和作用基本相同，都是为全面掌握"桥梁"这一主题而服务的，如图 3-4 所示。

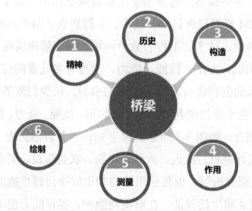

图 3-4　基于多学科模式的"桥梁"融合学习

另一种融合称之为"跨学科模式"，是在学科的基础上融合。例如同样的"桥梁"的话题，以"构建承重桥梁"为主题，建立工程项目的概念，从项目的缘由到工程的规划，从团队分工到测量建模，从熟悉原理到自主设计，从草图设计到实践搭建，从不断测试到反思修改，从主题实施到拓展延伸都采用项目管理的方式，不断地反思和跟踪进程。其中涉及熟悉桥梁构造和承重原理的物理学知识，了解历史名桥的构建原理等文化背景，还涉及比例、测量、图形建模及造价比等数学内容，熟悉用何种工具何种办法实现设想的技术问题，此外可能还涉及桥梁的美观性和实用性的美学知识……如图 3-5 所示。

图 3-5　基于跨学科模式的课程融合

总之，在完成这一项目时，学生不仅运用到学科知识，还运用到思维能力、研究能力、团队协作能力和社会交往能力等。这种对于知识和能力的深度融合就是 STEM 教育的精髓。

3. STEM 学习的主线——基于真实问题情境

STEM 教育认为知识蕴含在真实的问题情境中。因此，STEM 教育注重学生学习与实际生活之间的联系，教育要立足于生活，从真实生活中的问题出发。强调"做中学""学中做"的教学理念，开展基于真实问题情景下的探索式学习。[1]

在 STEM 教学中，教师要善于在生活中发现问题，或者引导学生提出生活中难以解决的问题。在进行教学设计时，要将问题中的核心抽离出来，转化成一系列的学习任务，并提供完成任务的辅助资源和支架。在实践教学中，教师更要指导学生利用所学的综合知识积极探索、分析问题、形成解决问题方案、尝试解决、修改方案，最终完成学习任务，解决问题。

例如，STEM 学习项目《救生圈的奥秘》是一项灵感来自上海科教版《自然》二年级第三单元《物体的沉与浮》一课的项目化探究活动。一到暑假，总会从新闻中看到某地某幼儿溺亡的消息，缺乏安全意识最终导致了悲剧的产生。通过学生探究，可以让孩子们知道游泳圈的作用，提高学生的安全意识。

再如，STEM 学习项目《未来之车》中，是以燃油耗能为背景下对汽车的改造项目。当下生活中，汽车需求量越来越大，但是大部分汽车是烧石油的，我们都知道石油是不可再生资源，并且燃烧石油会伴随着大量的碳排放以及含硫物质等有害物质，请你们以小组合作的形式，以设计师的身

---

[1] 秦瑾若，傅钢善.STEM 教育:基于真实问题情景的跨学科式教育[J].中国电化教育，2017(04): 67-74.

份，结合教师提供的脚手架以及你们搜集到的资料和知识，在两个月的时间内，设计并制造一辆"未来之车"。

以上两个项目中，教师为学生创设情景，以真实问题作为学习过程的主线，学生利用多门学科知识积极探索，培养发现问题、分析问题和解决问题的能力，通过精神高投入的实践探索，达成对知识的意义建构和深层次理解，达到深度学习的目的。

4. STEM 学习方式——基于项目（问题）的学习

在 STEM 教育中有很多实施范式，但基于项目（问题）的学习居多。什么是项目？可以是真实物品也可以是解决方案。基于项目学习的定义至今没有定论，学者们分别从教育学视角、管理学视角和实践的视角表述基于项目学习的概念，但他们都强调基于项目学习的共性是"一种以学习者为中心，以解决问题为核心"。基于项目学习一般是以学科的概念和原理为中心，在真实世界中借助多种资源开展科学探究、解决问题、制作物品等活动，一般包括驱动问题、核心内容、展示反思等。

教师可以根据学生的兴趣、课程标准和当地资源选择研究主题作为项目。特别注意的是：基于项目学习中的驱动问题（driving question）是解决某一个真实情境下的有一定挑战性的问题，其核心问题往往集中在创设解决问题的模式（缓解"疫情"停课不停学期间学生用眼过度的解决方案）、解释现象的因果关系（加酶洗衣粉的洗涤效果）、能源和物质的流动、循环和存储（创意风力帆车）、某种物品的结构和功能（红蓝 3D 眼镜）、物品的设计与制作（光控灯的设计）、物质的稳定和变化（野外求生的制取净水）等中。在项目成果的公开展示和反思中，一般会面向驱动问题相关的群体，很大程度上考验学生的经验抽象与积累，促进积极性，保证高质量产出。

基于项目学习对核心素养培养方面，很多学者都有一致认同。"开展基于项目学习的价值在于围绕挑战性的学习主题，提出问题，深度参与探究，从而获得发展，提升核心素养和能力"，可以说，基于项目学习是一种教与学方式的创新。

5. STEM 教育的特色——工程设计和思维

（1）工程设计

工程是在特殊的情境中达成特定的目标或解决特殊的问题。工程师通过使用数学、科学、技术等专业知识，进行反复的设计、决策、建模、分析并进行最优化动态调整。STEM 学习中，学生经历如下过程："确定问题或对象——界定目标和限制条件——研究及收集信息——提出可能的解决方案——分析解决方案的可行性——选择最合理的解决方案——实施或执行设计——测试和评价设计——必要时重复各步骤"。这种过程正是工程设计的流程。何为工程设计？美国国家工程院和国家研究委员会将工程设计定义为"工程师赖以解决问题的方式——通常是为达到某一特定目的寻找制造设备或工艺的最佳方式"。纽约州在其 STEM 教育标准中提出："工程设计是一个反复的建模和最优化的过程，在既定条件下发现最优的解决方案。"[1]在 STEM 学习中，学生经历工程设计可以解决生活问题，不断思考材料、环境、经济等限制因素，使设计不断聚焦，方案不断优化。此外，工程设计提供了系统的思维方式。面对复杂的具体情境时，受大量外部因素和人为因素的影响，学生需要经历反复地设计和测试，体验失败，并不断调整和完善自己的解决方案，这样的过程有助于帮助他们形成系统的思维方式。

可以说，工程设计是 STEM 教育中的特色和难点，但也是最吸引人的地方。正因为有了工程设计过程，整个过程跟做研究的过程几乎完全一致，并且追求的是最短的时间、最少的人力物力以及产品的高效可靠。在中小学阶段引入工程教育，能给学生提供一种新的视角，尝试用批判性的思维看待自然世界和设计世界的不同。

（2）工程思维

STEM 教育中很重要的一点是培养学生的工程思维。通俗来说，就是培养学生"像工程师一样思考"的思维。《K-12 教育中的工程：理解现状和提升未来》指出，K-12 工程教育应促进培养学生的工程思维习惯，"工程思维习惯是 21 世纪公民必备的技能之一"。

《K-12 教育中的工程》报告将工程中的思维习惯表述为以下 5 个方面[2]：

系统思考习惯：现实世界很多事情都有着盘根错节的关系，系统思考的习惯就是以系统的角度而不是孤立的个体角度思考，不是片面地分析现象，不从简单的线性因果关系分析问题。

技术的理解和批判的思维：基于具体任务情境来考量技术的优劣评判。认为世界可以被改造，每种技术都有可能被在不断迭代中改善。

积极解决问题并关注伦理问题的思维习惯：积极应对挑战，掌握思考问题的方式、解决问题的程序，懂得问题可以被解决。在工程的决策和价值判断中，除了考虑经济因素、实用因素、参与者的人为因素外，还应考虑伦理问题。

合作与交流的思维习惯：复杂情境中的任务不应由个人来完成，而应寻求不同领域专家的帮助，通过合作来解决复杂问题。要善于合作，能综合不同视角、知识和能力的成员的贡献，达到共赢。

创造的思维习惯：充分考虑限制因素和具体要求，在反复的设计优化中创造新事物。

从上述要求可以看出，STEM 教育中工程学科融合培养的并不是简单地让学生学会动手制作一个模型、会做出一个物品，而是将培养的着眼点放在学生思维层面，培养的是学生的高阶认知能力和思维方式。

小　结

从学科属性上来看，STEM 教育是以科学教育为核心，为更好地学习科学教育、技术教育、工程教育、数学教育等学科，而提出的跨学科、项目式的整合教育形式。强调利用科学、技术、工程或数学等学科相互关联的知识解决问题，实现跨越学科界限、从多学科知识综合应用的角度提高学

---

[1] 刘永贵,徐雯,陈健.基于工程设计的小学整合型 STEM 课程设计开发[J].开放学习研究,2020,25(02): 27-33.
[2] 赵中建.美国中小学工程教育及技术与工程素养评估[J].全球教育展望,2016,45(12): 3-24.

生解决实际问题能力的教育目标。STEM 教育的实施中，暗线是科学和数学，明线是技术和工程。科学和数学是技术和工程的原理和基础，技术体现在工程之中。STEM 课程基于工程设计的项目为架构，利用工程设计整合课程内容，产生具体项目，把科学、数学的基础知识和技术能力融合在工程项目之中。所以，STEM 课程的学习是一种基于问题的探究性学习，强调实践探究与工程设计。

活动建议

通过本节的学习，请你再次阅读本节最开始的刘老师的教学案例，帮助刘老师修改和完善他的教学设计。

3.2 STEM 教育的现状与发展：培育国家创新人才

☕ **节前思考**

1. 推动 STEM 教育在是国家战略部署下的产物还是教育改革的成果？
2. STEM 教育目前在国内外的发展现状如何？未来是何发展走向？
3. 当前中国 STEM 教育面临的问题和挑战有哪些？

STEM 教育的产生与国家科技创新发展的战略相关。其基于真实情境，指向问题解决，注重学生实践应用，与教育转变育人方式相契合，很多国家将 STEM 教育纳入到教育发展战略中。

3.2.1 各国 STEM 教育发展现状

随着社会对人才需求的不断提高，以培养复合型创新人才的 STEM 教育正逐步在全球普及推广，多个国家都发布了本国的 STEM 教育发展规划。

1. 世界各国 STEM 教育发展现状[1,2,3]

美国政府于 2015 年 12 月正式颁布了《STEM 教育法案》，从教师培训、社会协助、校内外相结合等角度，详细规划了 STEM 教育的新动向。2017 年 9 月，拨款 2 亿美元加大 STEM 专业教育，尤其是对幼儿园到高中计算机科学教育的支持。美国将"培养所有学生的 STEM 素养"视为中小学阶段的 STEM 教育目标之一。在中小学阶段成立了遍布全美的以 STEM 为核心的学校，综合看来主要有三类：STEM 精英学校、STEM 全纳学校及 STEM 职业技术教育学校。目前全美大概有 90 多所 STEM 精英高中。

英国政府给予大力支持，通过开展系列项目为其 STEM 教育、创客教育提供包括企业、艺术

---

[1] 创趣天地.2018 年科创教育发展趋势及各国的 STEM 教育现状[EB/OL].https://www.jianshu.com/p/a6cbf0b581ba，20180309.
[2] 杜文彬. 美国STEM教育发展研究[D].华东师范大学，2020.
[3] 朱丽娜. STEM教育发展研究与课程实践[D].东南大学，2016.

界、学校等在内的互动合作平台,培养富有创新力的社会环境。英国教育部长指出,未来几年编程将在 STEM 教育中扮演重要角色,将主要资源和精力向 STEAM 编程化方向倾斜,这是未来英国发展创客教育的重要方向。[1]

德国的 STEM 教育通常被缩写为 MINT(Mathematik 数学,Informatik 计算机,Naturwissenschaft 自然科学和 Technik 技术)教育。德国政府报告多次提到"需要用 MINT 教育来弥补该缺陷"的观点。德国希望将 MINT 教育与终身教育相结合,创造一种可持续发展的 MINT 教育,因此,促进 MINT 教育链的发展成为其教育目标之一。德国教育通过对儿童和青少年进行 MINT 兴趣吸引和机制激励,同时政府实施扶持,共同发展 MINT 教育链。[2,3]

加拿大没有全国统一的教育制度。各地区中小学都开设数学、科学等课程,但是学校的 STEM 教育并不培养孩子形成终身兴趣。他们更提倡将 STEM 融入日常生活,让孩子在学习 STEM 技能的同时感受到乐趣,因此在实施过程中把多学科知识融于有趣、有挑战、与生活相关的问题中,解决现实世界的问题。[4]

以色列开展 STEM 教育的理念是让每个人都参与进来,给每个人展示的机会。他们目前开展的计划主要有:国家科学老师教育中心、虚拟高中、网络生物研究项目、网上高等数学课程、整合性的科学课程。

日本倾向于传统教育的创新以及国际合作。为达到设定的中小学阶段 STEM 教育目标,日本正在对传统教育进行改进:①通过修改课程大纲加强中小学阶段 STEM 学科的课时和内容,并鼓励旨在增强科学教育的项目。②设立 STEM 精英教育专项基金。③加快 STEM 教育的教师队伍建设。④支持和鼓励女性投身 STEM 教育及其相关职业。[5]

韩国在 2011 年颁布《搞活整合型人才教育(STEAM)方案》,提出实施要以数学和科学为中心,实现与工程技术相结合的 STEAM 课程,培养适应社会的、具有 STEAM 素养的综合型人才,方案同时归纳了四类 STEAM 课程实施方案,为各中小学实施 STEAM 课程提供指导。韩国政府指定和扶持整合型人才教育示范学校,也是推动开展整合型人才教育的重要手段。[6]

2. 中国 STEM 教育发展现状

(1)在政策上,明确了新定位,把 STEM 教育纳入国家战略发展政策。

在国家战略政策中虽然没有直接写明 STEM,但是在内容上体现了 STEM 的内涵。2006 年《国务院关于实施<国家中长期科学和技术发展规划纲要(2006—2020 年)>若干配套政策的通知》中指出,"大力倡导启发式教学,注重培养学生动手能力,从小养成独立思考、追求新知、敢于创新、

---

[1] 费龙,马元丽.英国基础教育信息化发展研究[J].中国电化教育,2008(08):24-29.
[2] 朱婕.MINT教育:德国经济发展的内驱动[J].开封教育学院学报,2019,39(03):152-154.
[3] 王卓玉,袁磊,张文超.基于KH Coder文本数据挖掘的中日STEM教育研究模式对比[J].现代远程教育研究,2020,32(02):56-63.
[4] 刘春岳.加拿大经济发展与STEM教育研究——以"番茄圈"项目为例[J].现代商贸工业,2020,41(36):35-36.
[5] 王卓玉,袁磊,张文超.基于KH Coder文本数据挖掘的中日STEM教育研究模式对比[J].现代远程教育研究,2020,32(02):56-63.
[6] 徐玲玲.韩国CJ-UNESCO教育营推进女童STEM教育[J].世界教育信息,2018,31(19):76-77.

敢于实践的习惯。切实加强科技教育。"2016 年国务院发布的《全民科学素养行动计划纲要实施方案（2016—2020 年）》提出，在义务教育阶段要基于学生发展核心素养框架，完善中小学科学课程体系，研究提出中小学科学学科素养，更新中小学科技教育内容，加强对探究性学习的指导；在高中阶段要鼓励探索开展科学创新与技术实践的跨学科探究活动，同时规范学生综合素质评价机制，促进学生创新精神和实践能力的发展。

教育信息化政策明确了 STEM 发展的任务。2015 年，教育部在《关于"十三五"期间全面深入推荐教育信息化工作的指导意见（征求意见稿）》中，首次提出要"探索 STEAM 教育、创客教育等新教育模式"。2016 年教育部在《教育信息化"十三五"规划》进一步要求："有条件的地区要积极探索信息技术在'众创空间'、跨学科学习（STEAM 教育）、创客教育等新的教育模式中的应用，着力提升学生的信息素养、创新意识和创新能力，养成数字化学习习惯，促进学生的全面发展，发挥信息化面向未来培养高素质人才的支撑引领作用。"

从新时期的政策来看，我国 STEM 教育的实施则更多体现为科学课程。2017 年 2 月，教育部新发布了《义务教育小学科学课程标准》，首次从官方的角度明确定义了 STEM 的中国标准，即为"一种以项目学习、问题解决为导向的课程组织方式，它将科学、技术、工程、数学有机地融为一体。"

2017 年 6 月，中国教育科学研究院和 STEM 研究中心联合起草《中国 STEM 教育白皮书》，如图 3-6 所示，提出了中国 STEM2029 创新行动计划。2018 年 5 月，中国教育科学研究院又组织相关专家制定了《STEM 教师能力等级标准（试行）》，在建设高素质 STEM 教育专业队伍，促进我国 STEM 教育有效开展，发挥 STEM 教育扩展与深化学科教育，提供跨学科研究与实践，培养学生高阶思维，促进创新型人才培养，以及解决当前 STEM 专业教师专业发展缺少依据的问题等方面做出指导。

图 3-6 中国 STEM 教育白皮书

（2）在实践上取得了新局面，全国各地区广泛推动 STEM 教育的开展。

STEM 教育在中国的实践虽然刚刚兴起，但是在几个方面目前已经能够看到成效。

首先各地正在积极探索 STEM 教育的推进方式，很多地方都已经出台了相关的政策文件。第二，形成了一批教育机构，各类 STEM 教育机构在全国各地正在逐步地发展。第三，STEM 作为一种教育的方法，在学校当中正在得到逐步的认同，学校也在积极的探索之中。第四，一些比较优秀的高中和高校相结合，落地了一批 STEM 主题实验室。这些都是在基础教育当中 STEM 取得的进展。

早在 2015 年，深圳市就已出台《深圳市中小学科技创新教育三年行动计划（2015-2017 年）》。该计划提出要大力推进 STEM 课程，通过择优引进与自主开发相结合，探索形成适合深圳市学生需求和中小学衔接的 STEM 课程体系，促进科学、技术、工程和数学知识的融合，引导学生以问题为导向，在观察、提问、设想、实验等探究过程中形成良好的创新素养。

2016 年江苏省教育厅和江苏省科协联合下发《关于开展科学、技术、工程、数学教育项目试点工作的通知》，并在全省开展了试点学校申报和 STEM 教师培训工作。2018 年 9 月，在江苏省第二届 STEM 教育大会上，《江苏省基础教育 STEM 课程指导纲要（试行）》发布，计划在今后 3~5 年内，全省中小学、幼儿园将普遍开展 STEM 教育实践。

2016 年成都市发布《中共成都市委教育工委成都市教育局 2016 年工作要点》，提出引导中小学开展 STEM 教育，培养学生科学素养、创新精神和创造能力。

在《中国 STEM 教育白皮书》发布之后，各省市也在积极探索，不断推进 STEM 教育。

（3）在研究上支撑了新发展，STEM 教育开始呈现系统研究的势态。

在 STEM 教育研究方面，中国目前也在呈现出逐渐繁荣的趋势。我们在知网上，以 STEM 教育为主题词搜索，对相关数据进行分析。从数据分析上可以看出，在 2015 年 STEM 与创客写入了中国教育信息化的政策文件后，中国 STEM 教育研究在 2016 年呈现爆发性时期，随后逐年增长。

从研究的层次来看，目前呈多样化的态势，从基础研究到高等教育以及教育政策等方面都有涵盖。从研究类别来看，主要集中在教育理论、基础教育和高等教育等方面。可见，中国学者对 STEM 教育开始进行了非常系统的研究，这对于中国的 STEM 教育发展起到了积极的推动作用。

3.2.2 STEM 教育未来推动方向

1. 美国"北极星"计划和《STEM2026》报告

（1）"北极星"计划

白宫于 2018 年 12 月发布了 STEM（科学、技术、工程、数学）教育的五年战略计划——"北极星"计划[1]，它将成为驱动美国国力发展、科技创新和全球竞争力的重要因素。它迫切地呼吁，要求学生、家庭、教育从业者、社区以及公司积极参与进来，达成全国性合作。政府制定了三重目标，借以推动 STEM 教育的发展。第一是增加广度，每个美国人都应掌握基本的 STEM 概念（比

---

[1] 李科震，李维.《STEM 教育—北极星计划》的经验与启示[J].教学研究，2019，42(05)：1-7.

如计算机思维),以能够应对技术变革;第二是增加深度,增进以往在这一领域欠缺的学生对 STEM 的学习;第三是鼓励下一代,鼓励学生从事 STEM 职业。"北极星"计划强调:实现这样的目标,需要加强学校、企业、非盈利性组织和其他机构的合作,才能合理利用 STEM 领域中的专业与资源。鼓励学习者参与到当地企业、实习计划、学徒项目、研究经历中,进行以工作为基础的学习体验。

"北极星"计划还敦促教育工作者推出更有意义和启发性的 STEM 课程[1]:PBL 学习、科学节、机器人俱乐部、发明挑战、游学工作坊,以及任何能够培养学生综合应用各领域知识来识别与解决问题能力的项目。此计划试图扩大教学平台和设备的应用,以拓展学生的学习途径和方法。加强因材施教,让学生变得更主动地去学习,从而培养未来更具有竞争力的学生。

(2)《STEM2026》报告

美国推出的《STEM 2026》报告,是专家学者针对美国国情所提出的、对未来 10 年 STEM 教育的展望,对 STEM 教育普及具有非常明确的指向性,也提供了具体实例来帮助应对目前 STEM 教育存在的挑战。[2]

①网络化且参与度高的实践社区

未来美国将构建网络化、参与程度高的 STEM 教育的实践社区(Communities of Practice),通过相互协作、网状化关系的系统,将 STEM 教育渗透到学习者日常生活的方方面面,为所有人提供资源并提高学习体验。

②加入特别设计的游戏和探险类学习活动

"做中学"一直被学校传统教育所忽视,但恰恰在 STEM 教育中起到关键作用。在未来 10 年中,学校学习的各个阶段都将有意识地引入特别设计的游戏和探险类活动,如引入最新的科学理念和技术,并将科学竞技类的比赛活动整合到课堂活动中。到 2026 年,在各类 STEM 主题的课堂活动中,学习者设计和创造的欲望将激发他们对 STEM 学习的好奇心;在与他人共同学习和思考的过程中,学习者将收获归属感并学会以团队协作的方式来解决现实世界的问题和挑战。

③用跨学科方法解决"大挑战"的教育经验

"大挑战"(Grand Challenges)指的是当地社区、国家层面或者全球范围内还未解决的问题,如节水或改善水质问题;如何更好地了解人类大脑;发现预防、治疗脑疾病或损伤的新方法等。

用跨学科方法解决"大挑战"的教育经验至少强调 3 个特点:

一是整合性,即将 STEM 学科之间以及与非 STEM 学科之间的分界打破。

二是与实际生活相结合,在学习过程中加入"大挑战"任务,以帮助学生们更好地理解 STEM

---

[1] 陈鹏,田阳,刘文龙.北极星计划:以 STEM 教育为核心的全球创新人才培养——《制定成功路线:美国 STEM 教育战略》(2019-2023)解析[J].远程教育杂志,2019,37(02):3-14.

[2] 金慧,胡盈滢.以 STEM 教育创新引领教育未来——美国《STEM 2026:STEM 教育创新愿景》报告的解读与启示[J].远程教育杂志,2017,35(01):17-25.

与生活之间的相通性，看到 STEM 在实际生活中的价值，为自己和他人造福。

三是公平性，即在 STEM 学习过程中融入多元化的学生群体（异质性），特别关注女性学习者、少数民族、低收入或残疾的学生等。

美国将会通过有效的机制来支持学生获得跨学科解决"大挑战"的教育经验，以确保所有学生可公平地获得优质的学习体验，并将跨文化、跨专业合作的方法和内容引入到 STEM 教学中。

④创新技术支持的灵活且包容的学习空间

未来的 STEM 教育会利用翻转课堂和技术支持的工具，来创造更具灵活性和包容性的学习空间，并建立有效机制以确保获得和使用这些方法和工具的公平性。《STEM 2026》报告中提到，未来可能颠覆 STEM 课堂的六类技术：在线协作工具、在线混合的教育环境、沉浸式媒体、仿真游戏、智能导师系统、增强与虚拟现实技术。

⑤创新且具操作性的学习评价

未来的学习评价将具有可操作性。采用不会过多占用课堂时间的形成性评价，能够为教育者带来学习者的真实学习数据，像安排学习观察者、根据学生作业集评分、学生展示等都是较好的操作性强的形成性评价方式。

此外，学习评价需要创新。随着技术的引入，像电子徽章、教育游戏、实时评估等，都是学习评价的创新实践。其中，实时评估通过识别有意义的行为模式，可帮助教育者根据学习评价结果调整教学。

⑥促进多元化且多机遇的社会文化环境

未来 STEM 的社会文化环境，将是多元化且多机遇的。采取的策略是：一方面，促进社会多元文化交融，提升包容性，逐渐减少隐性偏见，尤其是在性别、种族、人种等方面；另一方面，为了能够有效消除人们对 STEM 的历史偏见，减少因偏见所造成的发展阻力，美国将在媒体影视形象创作、软件游戏开发等方面，宣传对 STEM 教育的正确认识观，在 STEM 教具开发方面，注重描绘种族、文化和性别等身份多样性问题。

2. 中国 STEM 教育 2029 创新行动计划

2018 年 5 月 15 日，中国 STEM 教育 2029 行动计划在北京启动[1]。之所以定在 2029 年，是希望在实现"2049 年中国建国百年之际建成世界创新型国家"这一目标前，完成对创新人才的储备。到 2029 年能够培养出一批创新型的人才。该计划是专家学者们共同针对中国国情所提出的对未来十余年 STEM 教育的展望，对 STEM 教育普及具有明确的指向性，也将提供具体实例来帮助应对目前 STEM 教育所存在的挑战。该计划将强调参与机构的普及性，呼吁吸纳更多的社会力量协同开展 STEM 教育创新；提倡 STEM 教育能够惠及全体学生，尤其是特殊群体学生；希望能够培养创新思维和科学探究的能力，通过注重学习过程的测量改变评价方式和创新培养模式。

---

[1] 人民日报社. 中国 STEM 教育 2029 行动计划在京启动[N].人民日报，2018-05-15(10)

中国 STEM 教育 2029 创新行动计划的战略目标为[1]：愿与各方一起，以服务国家创新驱动发展战略为宗旨，整合社会资源，建立一个由政府部门、科研机构、高新企业、社区和学校相融合的中国 STEM 教育生态系统，打造若干理念先进、特色鲜明、质量领先的 STEM 教育示范基地，培养一批国家发展急需的创新人才。

中国 STEM 教育 2029 创新行动计划指导原则包括协同、合作、开放、包容、创新。协同，即鼓励增强各行动组成员创新体系内的协同合作，构建活力、合作、包容的新 STEM 生态系统。支持市场竞争、可预测性以及良好的基于实证的政策制定和监管问责机制；合作，即愿意通过政策对话、共享最新案例和经验以及应对全球共同挑战来鼓励与各方进行全面合作；开放，即将支持在各方同意的情况下，自愿推动知识扩散和技术转移；包容，即鼓励采取行动尽最大可能为弱势群体提供 STEM 教育和其他机遇，促进教育公平；创新即鼓励建立 STEM 创新学习生态体系，为学生提供一种多元的个性化学习的空间。

在中国 STEM2029 创新行动计划当中，希望遵循如上原则完成促进 STEM 教育政策顶层设计；实施 STEM 人才培养畅通计划；建设资源整合和师资培养平台；建设 STEM 相关标准与评价体系；打造一体化 STEM 创新生态系统；打造服务经济的教育与人才战略高地；推广 STEM 教育成功模式。这七个行动的主要内容说明如下[2]：

第一，促进 STEM 教育顶层设计。从国家层面顶层设计，统筹考虑国家产业发展、人才储备、各级各类教育，形成需求、政策、制度、内容、评估、经费相配套的一体化战略，既能有目的地培养创新人才，同时也能提供适宜于创新人才成长的环境，并有吸纳世界优秀人才来华的政策。这样才能在人才竞争中保持优势，早日建成创新型国家。

第二，实施 STEM 人才培养畅通计划。STEM 教育应该是终身教育，是从小到大的学段贯通的。注重培养中小学生学习 STEM 的兴趣，奠定必要的基础；引导职业学校学生树立工匠精神，强化 STEM 技能技术训练；鼓励大学生积极投身 STEM 领域，提高科技创新能力和就业创业能力。完善 STEM 教育课程教学体系，促进各学段 STEM 教育的有效衔接，打通学生成长关节，疏通学生学习渠道，融通学生学习内容。

第三，要建立资源整合和师资培养平台。通过建立 STEM 教师发展平台，吸引全国高校及地区教师培训机构加入，共同打造 STEM 师资培训高地。在统一的教师 STEM 专业发展框架的指导之下，开展 STEM 教师的分层培训，以满足现在 STEM 教师缺乏，以及技能不足的问题。拟以"大中小为核心，政府干预，第三方积极协助"的合作模式，促进 STEM 教师的专业发展。

第四，建设 STEM 教育相应标准与评价体系。标准是推动 STEM 教育有序进行的重要保证。为此，我们将在国际经验基础上，结合中国实际，与中小学、社会机构等联合开发符合中国未来创新人才发展需求的课程、教师、产品、服务等标准，并建立科学的评价体系，促进中国 STEM 教

---

[1] 王素.《2017 年中国 STEM 教育白皮书》解读[J].现代教育，2017(07)：4-7.
[2] 中国教育装备采购网. 教科院专家详解中国 STEM 教育 2029 行动计划[EB/OL].(2018-08-14). https://www.caigou.com.cn/news/2018081464.shtml.

育的有序与高效发展。

第五，打造一体化 STEM 创新生态系统。STEM 教育不是单一机构所能完成的，它一定是通过全社会共同努力，各机构形成合力的创新协作的生态系统。与各种社会力量协作，建立基于地区特色的 STEM 实践社区。同时，我们倡议博物馆、青少年宫、科技馆、数字媒介等社会机构积极开放空间，成为 STEM 教育非正式学习的组成部分。我们也倡议媒体加强 STEM 教育的宣传报道，推动形成全社会重视的 STEM 育人环境，构建一体化 STEM 创新生态系统。

第六，打造服务经济的教育与人才战略高地。推动全社会统一思想和认识，确立以科技人才和创新创业人才为主的创新型人力资源在国家未来发展中的战略地位；动员全社会资源在共识基础上的积极参与、交流协作和多元投入；以推动创新型人才培养和工程教育、创新创业教育为抓手，加快我国教育和科技体制改革的步伐。这也是我们开展 STEM 教育最核心的目标，为国家人才培养战略服务。

第七，推广 STEM 教育成功模式。STEM 教育的实施是一个系统性工程，需要进行长期的探索。为此，一方面通过借鉴国际经验等指导一些学校进行 STEM 教育的系统实验，成功后向其他学校进行推广；另一方面，我们也会分析现有一些 STEM 教育做得比较好的案例，总结经验，进行模式推广。

可见，中国以服务国家创新发展战略为宗旨，着力整合社会资源，建立一个政府部门、科研机构、高新企业、社区和学校相融合的 STEM 教育生态系统，打造若干理念先进、特色鲜明、质量领先的 STEM 教育示范基地，培养一批国家的创新人才。

3.2.3 中国 STEM 教育面临挑战

中国目前的 STEM 教育面临着很多问题和挑战，主要有以下几个方面：

第一，中国 STEM 教育虽然呈现一个非常繁荣的态势，但是我们还缺少国家顶层的设计。

第二，我们的社会联动机制不够健全，各部门之间相对来说比较割裂。如果仅从内容上看，STEM 教育目前从幼儿园到高中，每一个阶段都是存在的，但是各阶段的内容不连贯，没有完整打通的整体框架设计。因此，在知识和能力方面都缺乏递进的连续性培养。

第三，标准和评估机制尚未建立。目前 STEM 教育可以说是百花齐放，其实也是鱼龙混杂。课程与产品缺少标准和认证，学校不知道该如何选择。因此在标准和评估机制方面，我们还需要进一步的完善。

第四，师资队伍方面我们目前并没有做好准备。目前中国的大学没有专门培养 STEM 教师的专业。我们的教师是按照分学科的模式培养的，但是 STEM 教育更加强调综合性和跨学科，我们缺少能够把学科整合，进行综合教学的师资准备。

第五，我们缺乏国家示范项目的引领。STEM 教育在中国还在起步阶段，很多学校和教师都还处在迷茫状态，不知道该如何做。国家示范项目对于希望开展 STEM 教育的学校来说，会起到更好的引领作用。

第六，课程建设还不完善，课程资源比较缺乏。目前，我国在国家层面还尚未系统全面建设 STEM 课程，更多的是鼓励以地区或学校开发建设区域或校本课程。STEM 教育课程开发和建设强调各个领域之间的关联。不是简单将各个领域拼凑在一起，而是有目的、有方法、有系统的组合，从而为学生提供一系列具有一定程度关联性的学习经历。

小　结

STEM 教育在各国已经纳入国家创新型人才培养计划，我们从战略高度理解 STEM 教育对基础教育发展的意义。STEM 教育是一场国家终身学习活动；是跨学科、跨学段的连贯课程群；是面向所有学生的培养综合素质的载体；是全社会共同参与的教育创新实践。

活动建议

请结合你所在地（学校）开展 STEM 教育的现状，结合国外经验和中国发展策略，对 2029 年的 STEM 教育做出预判。

3.3　STEM 课程本土化开发实施：素养提升的重要载体

☕ **节前思考**

1. 建设和实施 STEM 时，课程是直接引入还是自主开发？
2. 目前进行的 STEM 校本课程开发有哪几种类型，特点是什么？
3. 如何结合原有的学科课程对 STEM 课程进行重构？

3.3.1　STEM 课程开发的特殊性

21 世纪，核心素养导向的教育不再局限于各学科工具性知识、技能的培养，而是立足于学生所处的多元复合的生活世界，弱化学科界限，在实际问题解决中发展学生综合素养和高阶思维能力。但我国基础教育在形式上一直围绕"应试"进行，内容上分科而制，更多是陈述性知识，缺少程序性知识和元认知知识，更难从系统维度对知识进行融合。可以说 STEM 教育的出现，迅速被当作提升各国学生综合能力的"一剂良药"，得到各国教育界的青睐。STEM 教育进入我国后，从学习国外 STEM 课程的教学成果为主，逐渐过渡到在基础教育阶段中探索 STEM 课程的本土化实施。在设计开发 STEM 课程时，要考虑到 STEM 课程的特殊性。

1. 项目（问题）驱动

STEM 教育特点在于跨学科融合，其实施基本上以项目（问题）驱动为主，因此在 STEM 课程开发时，首先考虑设计什么项目，项目中设置什么启发学生深度思考和动手实践的问题，能够将学术性知识转化为生活经验知识。这就需要课程设计者具有先进的教育理念、丰富的学科知识和深厚的教育功底。

2. 跨学科融合

STEM 课程作为跨学科课程，科学、技术、工程、数学知识以整合的形式出现。课程开发者需要具有大概念（big ideas）观，大概念是"适用于一定范围内物体和现象的概念，它们能够解释较大范围内的一系列相关现象"[1]是"联结各种小概念的'概念'"[2]，它如同一个认知文件夹，为我们提供了一个框架或结构，其中我们可以归档无限数量的信息。课程开发者需要围绕某个涉及不同领域的大概念将不同学科知识按照一定的课程逻辑进行整合，从而将分散的学科知识结构化。[3]

3. 实践活动性

STEM 课程的教学过程强调实践性，注重课程内容与社会实践的紧密联系，旨在让学生在实践中学习，从而获取知识和技能，并应用于真实情境的问题解决。因此，课程设计时不仅要考虑将跨学科融合知识融入活动中的适切性，而且还要考虑到活动的资源、场所和时间等因素。

4. 学习共同体

课程的设计和开发不仅要考虑目标、内容、评价等要素，还要考虑到学生个体学习的方式。STEM 课程以基于项目学习方式为主，因此，一个完整的 STEM 项目式学习，很难由一个学生独立完成。学习共同体则成为学生完成 STEM 任务的最重要的形式。学习共同体的共性特征和差异性特征也成为 STEM 课程设计时有待考虑的内容。

可见，要在我国中小学课堂中有效地实施 STEM 课程并不是一项简单的事。这不仅需要综合性的课程开发人才，还需要学校打通与社会、企业间的通道，找到相互之间合作契合点，更好地为 STEM 教育服务。

3.3.2 STEM 课程开发的经验

1. 国际上的三种类型

STEM 教育研究是由多个学科、多个领域共同影响和推动的，STEM 教学实践在这些推力下沿着不同路径发展，首先体现在 STEM 课程选择上。有研究者通过文献分析发现，国际上 STEM 课程选择主要有三种类型：支持或指导型、直接交付型和校本开发型。[4]

（1）支持或指导型

支持或指导型 STEM 课程是由国家联邦政府、州、社会组织或机构等提供的。在美国，有些 STEM

---

[1] 温·哈伦.科学教育的原则和大概念[M].韦钰译.北京：科学普及出版社，2011.7.21.
[2] 格兰特·威金斯，杰伊·麦克泰勒.追求理解的教学设计（第二版）[M].闫寒冰，宋雪莲，赖平译.上海：华东师范大学出版社，2017.75.
[3] 阎元红，郭文华.科学教育中的大概念：内涵、价值及实现[J].教育理论与实践，2019，39(29)：22-25.
[4] 黄璐，赵楠，戴歆紫.STEM 课程校本开发的国际经验与启示[J].现代远距离教育，2020(01)：91-96.

课程是由美国航空航天局、美国海洋与大气管理局、美国科学促进会、美国建筑协会等机构提供不同程度的教学支持、教学指导或咨询服务，如美国教学技术与科学发展中心为 K-12 教育提供的"K-12 工程课程"，美国国家技术素养中心（NCTL）提供的"生程基础"项目，美国国际技术教育协会（IT-EA）为中小学校提供的各种发明、创新、探究的教学材料。在欧盟国家，欧洲科学教育社区的 Scientix 项目提供了丰富的 STEM 学习项目，传播和分享 STEM 项目制作的材料和工具。

（2）直接交付型

直接交付型 STEM 课程是由第三方机构提供的，这类课程是学校连接政府和社会力量的重要桥梁，如美国的 STEM 教育联盟（STEM Education Coalition）的项目引路（Project Lead The Way，简称"PLTW"）课程。它是由一批学科专家共同开发和更新的、基于项目或问题的综合性课程包。这类型课程具有以下特点：依据国家标准制定，定期举办教师培训，提供课后评价，并为学校、教育管理机构、企业供给支持网络的入口等。因其打包交付且有很好的服务功能，已成为 STEM 课程选择的主要类型之一。但这类直接交付型课程并不能完全适应每个学校的实际情况，仍需要进行调整。正如一名美国中学校长所表示的："实施项目引路（PLTW）时，还需要重新制定课程计划，教师需要和其他人合作、沟通以创造一个 STEM 学习环境"。

（3）校本开发型

校本开发型 STEM 课程是由 STEM 学校、普通学校自主开发或与其他组织合作开发的，它基于支持或指导型课程、直接交付型课程均不完全适合当前教育需求的现实而提出。在美国，STEM 学校以校本开发 STEM 课程为主要职责，这种学校是以 STEM 教育为重点的学校，针对已经被确定有 STEM 天赋的学生，通过创新教育计划帮助其实现 K-12 教育、高等教育和 STEM 职业之间的连接，学校与社区、STEM 企业和行业合作，自主或合作开发 STEM 课程。普通学校为了响应国家号召和社会需求，彰显办学特色，促进学生和教师的共同发展，整合学校各类资源和力量。由多学科教师合作开发或与其他组织合作开发 STEM 课程的情况亦不在少数。

2. 国内 STEM 教育先行学校的课程形态

（1）体现 STEM 教育思想的科学教育

义务教育中分科教学中，科学教育 STEM 教育最为接近，因此有的学校在开发 STEM 课程时以"科学学科"为基础，在课程基础上进行扩展构建。义务教育初中科学课程标准（2011 年）要求，学生必须逐步领会科学的本质，崇尚科学，破除迷信；必须初步养成关注科学、技术与社会问题的习惯，形成科学的态度和价值取向，树立社会责任感；必须学习更多的、终身必备的科学知识，以顺应时代的要求；必须体验科学探究的过程，学会一定的科学思维方法，以解决自身学习、生活、工作和社会决策中遇到的问题，为学生的终身发展奠定基础，为社会的可持续发展提供支撑。可见，科学课程标准与 STEM 教育培养目标要求不谋而合。因此，结合中小学科学教育，在科学教育中渗透 STEM 教育理念，对课程进行深化和拓展，形成了蕴含 STEM 教育思想的课程体系。

例如：2012 年开始，广西师范大学附属外国语学校开设了探究科学校本课程，并把 STEAM

教育理念融入探究科学校本课程中。以八年级为例，介绍学校的 STEM 教育课程建设。[1]

首先根据对学生的调查，决定不再开设纸陀螺主题课程，继续保留视觉暂留、红蓝 3D 眼镜制作及其原理探究、光的反射以及奇怪的发声这几个主题的课程。这些内容基本都围绕物理方面以及视觉方面的知识进行设计，从而导致课程缺少其他学科的内容，例如加入有关地理方面知识的时间简史主题课。考虑到以上因素，本学期决定开设的课程主题有：视觉暂留、红蓝 3D 眼镜制作及其原理探究、光的反射、奇怪的发声、时间简史 5 个主题。

确定主题后，结合课程性质理念以及课程目标，再结合学校情境分析，将 5 个主题归纳为 3 个系列。最终设计出初二上学期基于 STEAM 教育理念的初中探究科学课程内容。这个学期的课程有 3 个系列，分别是地球运动、光学及视觉、声乐及机械振动，3 个系列中共有 6 个主题分别是：时间简史、隐身衣幻境、会骗人的眼镜、红蓝 3D 眼镜原理及制作、奇妙的声音之旅。具体课程框架如表 3-1 所示。

表 3-1　STEM 融合科学教育课程框架

系列	主题	STEAM 环节
地球运动	时间简史	（1）科学：和学生一起探讨日晷的原理。 （2）工程、技术、数学：制作并使用日晷。 （3）艺术：美化装饰自制日晷
光学及视觉	隐身衣	（4）科学：隐身衣背后的科学原理探究。 （5）工程、数学：组织学生以小组为单位参加激光打靶活动。 （6）技术：介绍目前有关隐身衣的技术；了解自然界的动物是如何让自己"隐身"的；揭秘春晚刘谦的魔术
	幻境	（7）科学、数学：两块平面镜成像时像的个数与两个平面镜夹角的关系探究。 （8）技术、工程：万花筒的制作。 （9）艺术：欣赏幻境游乐园中的景色；欣赏万花筒中的图案
	会骗人的眼镜	（1）科学、数学：视觉暂留现象的介绍；走马灯；留影盘的原理探究；动画片制作原理探究；摩尔条纹光栅动画的原理；摇摇棒的科学原理；地铁窗外广告播放原理；视觉暂留补色现象的探究；大脑处理视觉信息的规律探究；了解视觉漂移。 （2）技术、工程：走马灯、留影盘、动画片的制作；摩尔条纹光栅动画的制作。 （3）艺术：欣赏走马灯、留影盘、动画片、摩尔光栅动画；绘制摩尔光栅动画；欣赏利用视觉暂留补色现象制作的神奇图片；欣赏利用视觉漂移制作的动画
	红蓝 3D 眼镜原理及制作	（4）科学：红蓝 3D 眼镜的原理。 （5）工程、技术、数学：红蓝 3D 眼镜视频源和图片源的制作方法探究；自制红蓝 3D 眼镜。 （6）艺术：欣赏 3D 电影和图片；美化装饰自制的 3D 眼镜

---

[1] 陈博. 基于 STEAM 教育理念的探究科学校本课程开发与实践研究[D].江西师范大学，2020.

(续表)

系列	主题	STEAM 环节
声学及机械振动	奇妙的音乐之旅	（1）科学：自制乐器中音调高低与空气柱长短的关系；震动、频率、固有频率、共振、共鸣等概念。 （2）工程、技术、数学：以小组为单位自制乐器；演奏自制乐器；制作并操纵如意摆；操作会跳舞的牙签实验；了解传统乐器的音孔位置、形状和大小；了解共鸣箱的作用；了解共振对人类带来的为何以及如何避免共振。 （3）艺术：欣赏自制乐器演奏以及小提琴演奏；以小组为单位演奏自制乐器；自制乐器的调音

（2）应用技术实现有创意的"创客实践"STEM 课程

这类课程主要是在信息技术、劳动技术课程中，以技术为基础、以发明创造为载体的融合 STEM 理念的课程。学生也要经历"收集资料——建构模型——制作修改"，在这一实际操作过程中整合工程、技术、数学、科学等学科内容。这类课程的实施大多和创客教育相结合。

例如，嘉兴实验小学在 2014 年尝试结合乐高课程的 STEM 课程。其课程的核心理念是通过动手动脑解决现实问题，让学生在建构中学习和发展思维，这些理念与 STEM 教育所注重的跨学科学习、动手、小组协作等基本一致。学校研发建立了多维度目标、多实施路径、多学教方式的乐高 STEM 课程群。其中的 EV3 课程基于搭建与程序，将乐高与信息技术学科融合，构建了乐高 EV3 结构化课程（见图 3-7）和乐高 EV3 课程体系（见表 3-2）。该课程面向四至六年级学生，旨在引导学生通过课程的系统学习，更加深入地了解机器人的结构，更加自如自主地控制机器人的各种动作，真正感受到其中创新的乐趣。

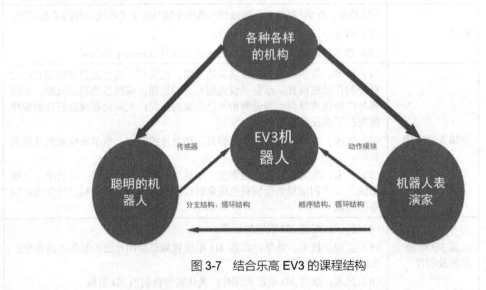

图 3-7　结合乐高 EV3 的课程结构

表 3-2 结合乐高 EV3 的课程体系内容

课程单元	课程内容	程序结构	课程实施对象	课程实施方式
一、各种各样的结构	神奇的椅子	无	四至六年级	信息技术课+社团基础班
	好玩的手摇风扇	无	四至六年级	信息技术课+社团基础班
二、机器人"表演家"	"能说会唱"的机器人	顺序	五、六年级	信息技术课+社团基础班
	"表情包"机器人	顺序	五、六年级	信息技术课+社团基础班
	机器人打"扇子"	顺序、循环	五、六年级	信息技术课+社团基础班
	会"跳舞"的机器人	顺序、循环	五、六年级	信息技术课+社团基础班
三、聪明的机器人	有"开关"的小车	分支、循环	五、六年级	信息技术课+社团基础班
	不会"撞墙"的小车	分支、循环	五、六年级	信息技术课+社团基础班
	"送餐"机器人	分支、循环	五、六年级	信息技术课+社团基础班
四、强大的机器人	陀螺仪转弯	综合应用	五、六年级	社团中级班
	遥控小车		五、六年级	社团中级班
	蓝牙遥控		五、六年级	社团中级班
	抓取手臂		五、六年级	社团中级班
	奇怪的路线		五、六年级	社团中级班
	测距能手		五、六年级	社团中级班
	艰难的路线		五、六年级	社团中级班
	变形精钢		五、六年级	社团中级班
	打字机		五、六年级	社团中级班
	紧急救援		五、六年级	社团中级班
	FLL 项目研究		五、六年级	社团中级班

（3）体现 STEM 理念的主题式活动课程

主题式活动以联系现实生活的综合性主题来整合学科教学内容，以实践性活动来开展课堂教学，能够比较好地在学科课堂中渗透 STEM 教育的切入点。健康与疾病、自然资源、环境质量、灾害以及科技发展前沿等，都是较好的综合性主题。主题研究中既可以进行情感态度价值观的熏陶，培养健康生活的意识能力，还可以发展解决和综合运用多学科知识的能力。这些实践，是综合科学探究与工程设计的活动，既有类似科学家开展的科学理论和科学建模等探究活动，也包含类似工程师为满足某一需求而进行的工程设计和建造等设计活动。

例如，深圳市盐田区在中国教育科学研究院专家引领和具体指导下，以项目式学习为抓手和切入点，构建了具有区域特点的 STEM-PBL 课程体系，开发了基于 3SE 模型的 PBL 课程设计流程，总结出具有盐田特色的跨学科学习 ASR-PBL 区域实践模式（即 A-PBL 基于学科的项目式学习、S-PBL 基于情境的项目式学习、R-PBL 基于生活的项目式学习）。[1]

全区各校根据自身情况开展 STEM 教育项目开发，形成了 2 个维度、7 个领域、8 个探究小课题类别，12 门主题式活动课程群，如表 3-3 所示。

---

[1] 基于 STEM 教育理念的跨学科学习模式区域实践探索 https://edu.gmw.cn/2019-11/29/content_33360685.htm。

表 3-3　深圳市盐田区主题式活动课程群

领域	自然风光	城市景观	社会人文
科学	沙头角形成演示模型（ZR，或 XK）	盐田港智能灯塔（K，或 SH）	海山公园多功能钟（RW，或 SM，或 K）
技术	茶溪谷森林小火车（SH，或 ZR，或 KJ）	智能晒鱼场模型沙（KJ，或 SH，或 SM）	头角鱼灯舞模型（KJ，或 RW，或 XK）
社会	中英街历史活化暨人与自然和谐区设计（RW，或 SH）	"最辣海鲜一条街"之创意宣传装置（RW，或 KJ）	基于物联网技术的新时代在家术上迎亲（KJ，或 XK）
环境	梧桐山博物考察与自然文化线上展示馆（XK，或 DZ）	明珠立交下部广场空气质量监测站（SIL，或 SM）	梅沙湾项目学习之认识台风天气（SH，或 ZR）

学校结合学校特点和社区资源，挖掘有自己特色的学习项目，形成了各具特色的实践范式。如表 3-4 所示。

表 3-4　深圳市盐田区各学校研究项目主题

学校	项目主题	学习范式
盐田高级中学	创客梦工厂	基于未来场景的项目式学习
盐田区云海学校	教育戏剧应用于未来教育	基于教育戏剧的项目式学习
盐田区实验学校	学生自主学习与未来教育	基于 PAD 教学的学生自主学习
盐田区外国语学校	海水淡化处理	基于 STEAM 理念的跨学科学习
盐田区外国语小学	基于"红领巾行思学堂"和 STEM+项目学习	基于问题的项目式学习
盐田区乐群小学	自然与科学 探·创春天 探·研生态 探·研中国非物质文化遗产 万物启蒙	主题式跨学科整合课程学习
盐田区梅沙小学	人工湖湿地——认识植物 东部华侨城——认识茶叶 大梅沙海湾——认识海水	基于社区资源的项目式学习
盐田区外国语小学东和分校	探研中英街界碑	基于社区资源的项目式学习
庚子首义中山纪念学校	三洲田的昨天、今天和明天	基于校本文化的项目式学习
盐田区田东小学	我的二十四节气	基于综合实践活动的项目式学习
盐田区盐港小学	遇见《诗经》植物	基于生态园的项目式学习
盐田区田心小学	《童·画》	跨学科学习课例

例如，梅沙小学根据学校旁边的"人工湖湿地"公园，开展了"认识人工湿地"的 STEM 项目开发，学生通过认识人工湖湿地的动植物，了解人工湖生态环境后，提出自己感兴趣的问题。由于项目来自学生身边，学生的探究热情非常高涨，最后的成果也丰富多样，有保护人工湖湿地的建议书、湿地污水净化器、湿地动植物图谱、湿地沙盘等，还跟武汉大学出版社合作出版了《人工湖湿地故事》一书。

3.3.3　STEM 课程的开发重构

课程开发既继承了普通课程开发的基本范式，也凸显了课程的特点，落实到实践层面，就是课程开发的方法和策略。阿曼达（Amanda）提出了课程校本开发的三种设计方法，分别是筒仓方法（The Silo Approach）、嵌入方法（The Embedded Approach）和整合方法（The Integrated Approach）。[1]她还使用了德尔菲法征询到课程设计的多项策略，分别是：计划一个整合的课程；面对内容设计的挑战；为使用问题创造解决方案；重视工程设计过程；开发基于项目的课程；开发知识支持的参数；支持体验式学习环境；选择多个示例来演示概念学习过程；评估学生对概念的理解；安排合作解决应用课程的问题。另外，王（Wang）等人提出，将活动作为课程任务可以把STEM内容无缝衔接到教学实践中，并能有效地转化为学生成功学习的经验。同时，他们也提出，将具有挑战性的设计任务和STEM中的概念作为课程导入，以找出跨学科的问题解决方法。[2]

接下来，以我国东北师范大学学者周东岱教授对小学STEM课程的设计为例，展示STEM课程体系重构的过程。周东岱教授从学生应该掌握的能力出发，以真实的实践项目或问题为途径，分析完成项目或解决问题所需的知识体系，并形成知识模块，将同一能力培养下的知识体系的所有模块整合为一门课程。但是由于能力导向的课程知识体系并非完整、全面，因此考虑结合现有的课程结构及其知识体系，即为正向建构。重构流程如图3-8所示。

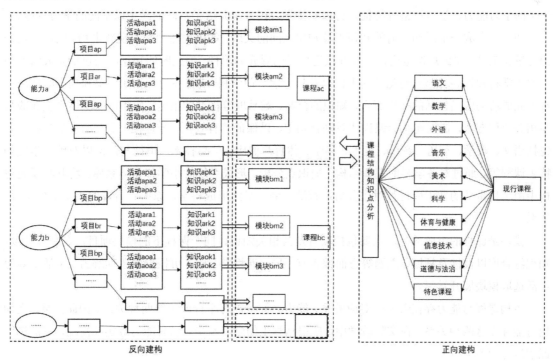

图3-8 基于STEM教育理念的小学课程体系重构流程[3]

[1,2] 黄璐，赵楠，戴歆紫.STEM课程校本开发的国际经验与启示[J].现代远距离教育，2020(01)：91-96.

[3] 周东岱，樊雅琴，于颖，于伟，杨君辉.基于STEAM教育理念的小学课程体系重构研究[J].电化教育研究，2017，38(08)：105-110，128.

能力是指 STEM 教育理念指导下学生应当具备的能力,是课程体系重构的起点和依据。STEM 教育所重点关注的问题解决能力和创新能力,更多的属于认知能力层面以上的创造能力和元认知能力。有关重构课程体系的能力界定及其范围所属,应当由课程体系重构课题组的专家,结合其自身经验以及其他教育工作者的建议,制定翔实、科学的能力体系及其标准。

项目是为了达成一定的能力标准所应完成的各项活动的集合。此流程中所指的项目,是从真实的生活生产中筛选、修饰出来的"真"项目,是由课程体系重建成员与地方企业、生产商等一线工作单位合作,或从实际生活中,通过获取、筛选、加工、修饰等工作,使其能够适应学生学习。其中,一项能力应由多个能够培养该能力的项目组成,一个项目由能够完成该项目所需的若干活动构成,活动由完成该活动所需的知识点构成。若干活动及其所属知识点,连同其相应项目一起组成一个模块。由一项能力引导出的多个模块就构成一个课程,即是由能力导向的课程构成。

活动是完成一个项目所需完成的子任务的过程或步骤。其中,活动的生成及活动间顺序的安排应当符合客观规律和生活实际。活动中应尽可能涉及多门学科知识的运用,引导学生使用多视角的方式去考虑问题,并积极主动去寻求问题的答案,避免思维定式。活动的安排与任务布置要考虑到学生的学习能力、学习风格等特征,合理安排学习任务,并给予不同的学生以不同的学习目标。

知识是完成一个活动所需的知识点及知识之间的关联。如果说能力是发现新事物、创造新机遇的力量和工具,那么知识是认识世界并改造世界的媒介和阶梯。但此时的知识应当包括完成活动相关的各学科知识。要摒弃、避免学科本位以及只考虑一门学科,或将各门学科知识单独列出的情况。对于完成活动应当包括的知识而言,知识的范畴、难易度等标准的指定,应当由课程体系重建成员与相关课程专家,依据现有的课程体系联合制定,以保证其有效性、合理性。现有的小学学科主要包括语文、数学、英语、音乐、美术、科学、体育与健康、信息技术、道德与法治以及地方学校的特色课程等。通过对各学科的课程结构、知识点分析,形成系统的小学知识体系库,将其与反向建构中由项目带动的知识库进行对比分析,查缺补漏,最终形成科学、系统、合理的小学重构课程体系。

模块是课程的组成部分,主要包括项目及其相关知识。同一课程下的模块项目,在其难易度、知识综合度以及涉及领域、主题等方面都各有不同。课程学习时,可根据学生理解力、生活实际等灵活选取模块展开学习。

重构课程与能力存在着一一对应关系。能力之间可能有平行或层级两种关系。因此,课程之间也可能存在这两种关系。在实际教学中,应根据学生的学习水平、已有能力等实际情况,灵活选取课程进行学习。

现行课程与重构课程之间存在着相互制约、相互促进的关系。一方面现行课程为重构课程提供了系统的知识库;另一方面重构课程也能够为现行课程增加一定的知识结构,提供实际的问题素材,并改变其课程安排顺序等。STEM 教育理念指导下的重构课程以项目为途径,带动多学科知识的学习与掌握。为了适应这种多学科交叉融合重构课程的教学,现行课程中各学科知识内容及课程结构安排,可能会存在一定的调整和变化,从而带动整个现行课程体系的重构。

例如，这种课程重构也应用于深圳市宝民小学并取得很好的效果。现以"3D 建模与打印口哨"说明。如图 3-9 所示，该案例以动手实践能力为主要培养目标，以 3D 建模与打印口哨项目为培养途径，在项目完成过程中将涉及信息技术、音乐、科学、英语、美术、数学、语文等学科知识。依据上文中小学课程体系重构流程，将其重构课程体系设计如下。

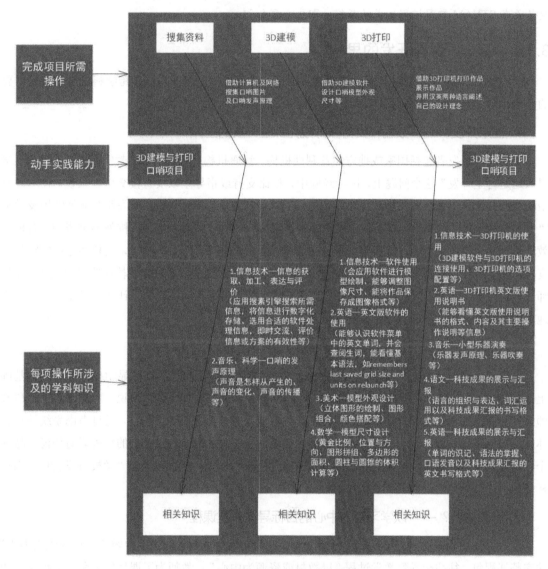

图 3-9 "3D 建模与打印口哨"案例

在本案例中，项目驱动的重构课程与现行课程之间知识的交叉、融合以及项目完成过程中所产生的知识类型，主要从以下几方面来体现：其一，在该项目完成之前所学习过的其他知识，如数学学科的长度单位、角的初步认识等知识，在本节课中虽未直接应用，但在其学习过程中所获得认知与素养的提高，亦对项目完成有着一定的帮助和支持；其二，在搜集资料过程中，对搜索引擎的使用是简单的知识应用，属于应用型知识；其三，在 3D 建模环节中，对数学学科中位置与方向、图形拼接等知识的应用属于拓展型知识应用，因其并非是对已学知识的简单应用，而是在应用的基础上加入了设计的成分，融入了自己的思考和探索；其四，在 3D 打印环节中，涉及英文版使用说明书的学习与掌握，这在现行英语课程中很少涉及，因此不属于现行课程所预期准备的知识范畴，而是属于在 STEAM 学习过程生成的新知，即生成型知识。

3.3.4　STEM 课程开发的思考

国内外 STEM 课程开发和教学实践对我国课程选择、教师专业发展和跨学科融合等有着重要的启示作用。

1. 谁来开发？——鼓励和支持教师成为课程开发的主体

目前课程开发者包括国家或地方非营利性机构、科研机构、一线中小学教师团队。在"是直接引入还是自主开发"这个问题上，国际经验中，相比支持或指导型以及直接交付型来说，校本开发型获得的专家指导和企业支持程度不及以上两种，但这并不意味着"校本开发型"就是学校及教师"孤军奋战，闭门造车"。相反，学校作为教育文化集中地，掌握着校内、校外各类资源，合理有效地整合利用这些资源，可以获得更符合实际教学需求的指导和合作。另外，从教师专业实践的角度看，教师参与课程开发不仅可以从学生实际情况出发改进课程，更有利于教师的专业发展，让教师从课程"实施者"向"学习者、设计者、实践者"转变，深入到课程的设计和开发中，以便更好地理解课程并开展跨学科教学活动。

2. 如何开发？——整合跨学科各类资源合作开发课程

究竟如何开发课程？我们认为，应敦促一线教师担任课程负责人，在凸显学校办学特色的基础上，整合社会、学校、企业等多方资源，鼓励跨学科、跨校际合作。具体来说，应加强各个学科教师之间的交流互动，组成跨学科的课程开发小组，综合考虑课程的跨学科性，通盘考虑系统性和整体性，避免课程目标、内容、实施和评价等方面出现重复。同时，对接优秀的校外教育资源，与各个学科专家、研究人员、相关企业和教育机构等建立合作关系，形成以凸显"学校办学特色"为目标的校内、校外联动合作的课程校本开发机制。

3. 开发内容？——以学习者为中心的目标导向开发课程

是"以知识为中心"还是"以学习为中心"的课程哲学问题。开发的内容是"以知识为中心"的完整课程包，往往会导致教学过程"以教材或资源为中心"，教师为了课程包中所谓的跨学科知识生硬地"跨"，缺乏内在动力和理解力，而"以学习为中心"的课程校本开发，是在掌握学生学习需求、学校已有资源和教师专业能力等情况之后做出的课程。可以借鉴国外"课程校本开发"的经验，采用"目标模式导向"开发课程或给予开发支持，优势在于教学目标明确、教学资源丰富、教师培训和支持充足，而校本开发型主要从学校办学定位出发，结合学校或现实性问题和资源，在社团课程、学科竞赛等原有课程基础上转型发展。

小 结

STEM 教育强调利用多学科相互关联的知识分析问题、解决问题,提高学生解决真实问题的综合能力。因此 STEM 课程开发就具有项目(问题)驱动、跨学科融合、实践活动性、学习共同体的特殊性。借鉴国外"支持或指导型、直接交付型、校本开发型"课程开发模式,在 STEM 教育本土化课程的开发中,有的地区和学校采取了 STEM 教育思想的科学教育课程、应用技术实现创意的"创客实践"STEM 课程、主题式活动课程等开发策略,重构了 STEM 中国化课程。在课程的开发中,尽量鼓励和支持教师成为课程开发的主体,鼓励整合跨学科各类资源合作开发课程以及以学习者为中心的目标导向开发课程。

活动建议

请结合本地区(学校)的情况及自己熟悉的教育阶段(年级),借鉴某一开发模式,尝试自己设计一个 STEM 课程的目录,将其转化成思维导图的形式呈现。

3.4 STEM 教育生态系统构建:多机构协同关联发展

节前思考

1. STEM 教育仅仅是学校建设就足够了吗?是否需要与社会、家庭、企业等协同合作?

2. 教育是一个生态系统,STEM 教育协调发展也需要各方协同,如何构建 STEM 教育生态系统?怎样构建?构建后有什么效应?

作为 STEM 教育发源地的美国发布了《制定成功路线:美国的 STEM 教育战略》,提出了未来五年内美国 STEM 教育的整体愿景、理想目标,在实现途径中提到"培育团结社区的 STEM 生态系统"也为我们 STEM 教育给予一定的启示:需要构建公平而有质量的 STEM 教育生态。

3.4.1 STEM 教育生态系统构建及要点

教育生态学是一门运用生态学的原理与方法研究教育现象的科学。教育生态学研究起步于西方。1966 年,英国学者阿什比(Ashby,EJ)提出了"高等教育生态学"的概念,开始运用生态学的原理和方法研究高等教育。1976 年,美国学者劳伦斯·克雷明正式提出了"教育生态学"的概念。[1]我国的教育生态学者方炳林提出"教育生态的研究"就是"从生态环境中选择与教育有密切关系的因素,以了解其与教育的作用与关系",[2]邓小泉认为"教育生态系统是教育的要素与要素之间、要素与环境之间相互联系、相互影响、相互作用,形成的结构稳定的功能整体"[3]。教育生态学研究

---

[1] 邓小泉,杜成宪.教育生态学研究二十年[J].教育理论与实践,2009,29(13):12-16.
[2] 范国睿.美英教育生态学研究述评[J].华东师范大学学报(教育科学版),1995(02):83-89.
[3] 邓小泉.中国教育生态系统的四个发展阶段[J].南通大学学报(社会科学版),2013,(2):100-106.

告诉我们：人、教育、环境彼此相关联，共同构成一个不断矛盾运动的教育生态系统。教育生态系统是一个较为稳定的系统，系统内各子系统之间有着非常紧密的联系，并在自身与环境的平衡—不平衡—新的平衡的矛盾运动中寻求发展。[1]

随着 STEM 教育纳入国家发展战略，越来越多地区和学校加入 STEM 教育的探索和实践中，STEM 教育研究的论文数量成大幅度增加势态。STEM 教育在中国发展良好，已经逐渐被越来越多的教育工作者认知。虽然 STEM 教育以学校为实施主体，但也离不开高校、企业、社区等系统在内的协同关联，共同构成了 STEM 教育生态系统。中国教育科学研究院 STEM 教育研究中心主任王素认为"STEM 教育生态是以学习者为中心构建包括学校、校外机构、场馆、企业、社区、基金会等机构在内的协同互助系统，形成一个在国家政策指导下，有序、协同、开放、动态平衡的生态系统，促进 STEM 教育健康、可持续地发展。"她认为"国家政策与标准是 STEM 教育生态系统自发展与动态平衡的导向与驱动力。其中，国家产业与高等教育对人才需求的标准是中小学 STEM 教育的风向标。高校、企业、社区、校外机构、场馆等，为中小学 STEM 教育提供了场所、内容和教师。评估为 STEM 教育顺利开展提供动力机制。"她认为政策、机制、标准、资金、资源和教师是建立 STEM 教育生态系统的关键要素。[2]蒋家傅基于美国开展 STEM 教育经验构建了 STEM 教育生态系统模型，如图 3-10 所示。

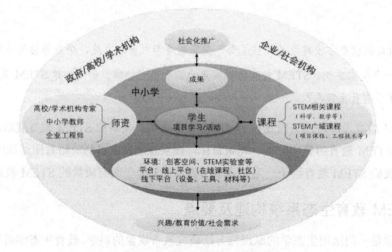

图 3-10　STEM 教育生态系统模型[3]

在图 3-10 中，STEM 教育生态系统是一个全开放的、跨学科整合教育的动态系统，它是在一定时期内所有 STEM 教育环境建设、师资队伍建设、课程开发、跨学科教育教学活动实践、教育成果等各要素之间相互关系的总和。

---

[1] 范国睿.教育生态系统发展的哲学思考[J].教育评论，1997(06)：21-23.
[2] 王素.构建 STEM 教育新生态[J].中小学数字化教学，2018(09)：4-7.
[3] 蒋家傅，张嘉敏，孔晶.我国 STEM 教育生态系统与发展路径研究——基于美国开展 STEM 教育经验的启示[J].现代教育技术，2017，27(12)：31-37.

1. 环境建设

STEM 教育生态环境是与 STEM 教育相关的各种因子的复合体,包括 STEM 教育相关自然环境、社会环境、规范环境。STEM 教育生态环境与其他要素之间存在着输出输入关系,即生态环境向 STEM 教育输出政策、资金、技术设备、人员等方面的支持,以正确引领和支撑 STEM 教育的顺利开展,STEM 教育向其生态环境输出 STEM 人才及相关科技成果,以保持一个国家的竞争力并推动其社会、经济的发展。

2. 师资队伍

STEM 教育专业化的师资队伍是开展 STEM 教育的关键和保证。中国教育科学研究院 STEM 教育研究中心在 2018 年发布的《STEM 教师能力等级标准(试行)》中指出,"从 STEM 教育价值理解层面,理解 STEM 教育、理解学生和理解科学教学;从 STEM 学科及整合层面,要求教师具备相关学科基础,并具备进行科学探究和指导学生的科学探究的能力,通过跨学科整合 STEM 教育资源,具备解决无法用单一学科或研究领域解决的现实问题;从教学能力层面,要求教师在开发整合相关 STEM 课程的基础上,通过实施教学,促进学生科学及工程学科学习,帮助学生建立科学及工程的思维和素养;四是从专业发展层面,要求教师不断地进行自我专业发展,通过自我反思和评价,改进教学实践,提升专业化水平"。《STEM 教师能力等级标准(试行)》基于国际 STEM 发展经验,结合我国教育发展现状,建立了包含 STEM 教育价值理解、STEM 学科基础、STEM 跨学科理解与实践、STEM 课程开发与整合和 STEM 教育实施与评价等 5 个维度、14 个类别、35 条内容的 STEM 教师能力指标体系。

3. 课程开发

基于 STEM 教育项目活动开发 STEM 教育课程,是推动 STEM 教育生态系统可持续发展的重要因素。STEM 教育课程的设计和建设,需要打破传统教学过程中所体现出的不同学科知识的独立性及不同学科之间的零相关性,不仅要建立学科之间的联系,还要建立学科与社会、学科与个人发展之间的联系,使 STEM 教育成为真项目、真研究。2020 年 7 月在教育部印发的《中小学教师培训课程指导标准(专业发展)》的培训目标与内容中,首次把 STEM 课程与开发纳入了文化知识学习的研修主题。主要内容包含:STEM 的内涵;STEM 的教育价值理解;STEM 教育中的科学与数学应用、工程与技术实践、跨学科理解与实践;STEM 课程开发与整合等内容。这也就要求教师了解和掌握一定的自然科学、科学技术知识、人文社会科学知识、艺术修养,并将其综合运用到教育教学实践中。希望能够通过提升教师素养带动课程开发和实施能力,在 STEM 教育中充分体现跨学科的知识实践应用。

4. 学习活动设计与实施

学习活动是 STEM 教育的主线。STEM 教育课程设计旨在使学生参与以活动、项目和问题解决为基础的学习,它提供了一种动手做的课堂体验。STEM 教育教学实践以基于项目学习为主,活动成为连接各个学科的纽带。基于 STEM 项目学习要求学生有批判性的思维并且要善于分析,强化了更高水平思维技能,这种学习方式要求学生团队协作、与同伴沟通、解决问题、自主学习,并对所有学生都严格要求。

5. 评估/成果推广

面向 STEM 教育的评估及基于 STEM 教育成果的推广是 STEM 教育的导向,可以正确引领 STEM 教育的发展。在 STEM 教育推进进程中,要借助社会、培训机构、社区、专业部门的力量,拓展 STEM 教育成果推广路径,发掘推广应用成果,建立推广平台,形成推广基地,并提供系列政策激励,分层推进,进一步形成规模化效应。

STEM 教育生态系统建立后会带来一系列变化。其直接效应是提高学生的综合能力,同时促进场馆、机构 STEM 教育的发展,最终会带来 STEM 教育供给的极大丰富,从单一的产品供给变为多元的产品+服务的供给形式,增强学校的自主性和选择权。

3.4.2 构建 STEM 教育生态系统的途径

一个完整的 STEM 教育生态系统具有整体性、开放性、动态平衡性、自组织和可持续进化等特征。STEM 教育生态系统的建立是一个复杂的过程,既应有目的、有意识地规划与引导,也有自生长的过程。在生态系统的关键要素中,政策、标准、机制部分一定要有意识地规划,而资金、资源部分则以自生长为主,生长的方向和载体由前面的要素决定。因此,构建 STEM 教育生态有以下三种有效途径。

1. 顶层设计总体的愿景和目标

在国家层面上,STEM 教育是满足国家发展、安全、竞争力的需求。在经济层面上,STEM 教育是满足产业升级对 STEM 相关人才的需求。在个人层面上,STEM 教育要培养学生适应未来社会的关键能力。若想满足这三个方面的需求,STEM 教育应该有国家层面的顶层设计、愿景和目标,并出台相应的政策以及与政策配套的措施。只有这样,才能形成有序的、连贯的、叠加的效应。从国家发展的战略出发,对人才的需求做出规划,贯通基础教育和高等教育对学生能力培养的要求与等级,保持一致性与递进性,以提高人才培养的效率。

STEM 教育生态系统涉及多个机构和部门。他们之间的协调合作,如果没有顶层的政策设计为基础,很难形成合力。有了顶层设计、发展的愿景和目标,各机构和部门就会在同一愿景下有序发展,减少无序、低效和重复,形成一个健康、良性、可持续的 STEM 教育生态。

2. 制定标准,提供工具和方法

STEM 教育不仅是学校的任务,高校、企业、社会机构都可能是 STEM 课程、资源的提供者。在开发这些课程与资源时以何为依据,学校和地区如何评量这些课程与资源的质量,是目前各部门面临的共同问题。如果能有相应的标准作为指南,大家就可以更有效地开发出适合不同年龄段、不同学习目标的 STEM 教育资源,融合学校的正规教育与社会的非正规教育,形成学生 STEM 学习的进阶目标,打通课内外的学习界限,建构更丰富的学习环境,并与真实世界更紧密地联系。

STEM 教育生态是一个以学生为核心的构成，各部门之间如何形成资源互补和有机融合，需要各部门之间紧密地合作。这些合作如何更顺畅和更有效，需要有一些基础的工具和方法，让学校更容易找到优质资源方，让学生的学习有连贯有效的记录，让资源方更好地了解学校和学生的需求，开发出更适宜的资源，提供更优质的服务。

3. 协同互助，共同发展

STEM 教育生态系统的建立需要各方协同互助，形成一个建立在共同目标与愿景之上的协同工作网络，优势互补、资源共建共享、彼此成就。通过这些努力，最终形成健康、有序、繁荣、多样化、可持续发展的 STEM 教育生态系统，促进中国 STEM 教育的发展，培养适应未来的人才。

建立 STEM 教育生态系统能促进创新人才的培养，弥补产业升级带来的相关人才的短缺，同时也会培养出更加适应未来社会需求的劳动者。由于建立 STEM 教育生态系统还会形成 STEM 教育产业链，研发、生产、服务、资源、实践基地、研学旅行、师资培训、评价评估都会更加完善，这也能够有效地支持学校 STEM 教育的发展。

小　结

STEM 教育的发展是一个教育生态过程，政府、高效、学术、企业、社会机构等每个和其相关的机构都要发挥职能作用，资源互补，协调发展。构建发展环境，形成师资队伍，搭建线上线下平台，研发 STEM 课程，最终为学生的发展助力服务。

活动建议

请结合本地区的实际情况，思考本地区发展 STEM 教育参与的各机构，梳理它们的职能以及机构之间的关系，尝试规划本地区 STEM 教育发展路线与机制。

第 4 章
STEM 教育的实施模型

本章导读

STEM 教育从学科素养培养转向核心素养培养，从对学生一般问题解决能力的培养提升到创造性解决问题能力的培养，提高学习融会贯通的跨学科知识运用能力和创造力，拓展学习者的体验和想象力，培养学习者善于思考、敢于探索的创新精神以及敢于面对挫折和不屈不挠的精神，培养学习者乐于分享、交流的团队智慧，让学生在运用知识到生成产品的创意过程中提升核心素养、获得全面发展。那么，如何实施 STEM 教育才能实现上述目标呢？本章将针对 STEM 教育的实施路径模型进行讨论。

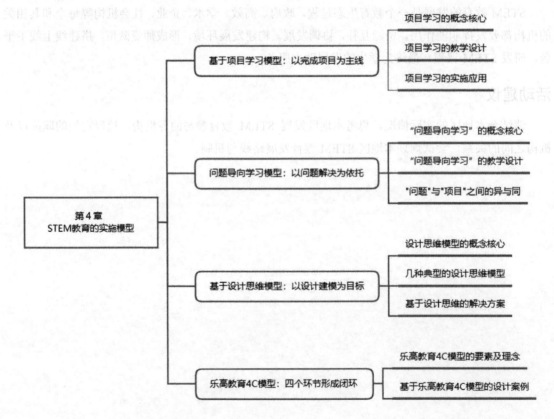

4.1 基于项目学习模型：以完成项目为主线

☕ **节前思考**

1. 什么是项目学习？基于项目学习的要素有哪些？
2. 基于项目学习的教学设计应遵循哪些原则？
3. 如何实施基于项目学习？

4.1.1 基于项目学习的概念核心

1. 基于项目学习的定义

基于项目学习（Project Based Learning，简称 PBL）没有公认的定义，不同的研究者与实践者有不同的认知与界定，多位专家的定义描述如表 4-1 所示。

表 4-1 基于项目学习的定义描述

来源	目标	活动	结果
Solomon	基于课程的跨学科具有一定挑战性的真实难题；掌握如合作及反思这类的成熟技巧	以小组的形式；收集大量的信息，综合、分析、进而衍生出知识；问题解决、决策、调查技能以及反思	学生阐述自己习得的知识，评价者对其习得的量以及交流的程度进行评估
方法式定义	围绕着复杂真实问题、产品或者任务的拓展；学生习得基本知识以及提高生活的技能。	精细建构的、系统化的教学方法的探究过程	问题解决；产品设计；任务完成
John Thomas	复杂的任务；挑战性问题。	学生进行设计、问题解决、决策或者调查活动；充分发挥学生的自主性	项目学习最终以产品或陈述等形式结束
刘景福	以学科的概念和原理为中心；以制作作品并将作品推销给客户为目的	在真实世界中借助多种资源开展探究活动，并在一定时间内解决一系列相互关联的问题的一种新型的探究性学习模式	制作作品并将作品推销给客户
过程式定义	获得较为完整和具体的知识，形成专门的技能和得到充分发展的学习	充分选择和利用最优化的学习资源，实践体验、内化吸收、探索创新	获得知识，形成技能，得到发展

基于以上几个定义的描述，我们看到了关于基于项目学习的不同定义方法，有从教学方法的角度来定义的，也有从教学过程的角度来定义的。不论从哪个角度进行定义，我们都从中看到了一些共性，（1）基于项目学习的开展是为了促进学习者的发展；（2）基于项目学习是"以学习者为中心"的一种教学（学习）方式；（3）基于项目学习围绕"项目的设计与实施"展开；（4）基于项目学习中的项目是基于真实的问题情境提出的；（5）基于项目学习需要通过实践来完成；（6）基于项目学习离不开教师引导和小组协作；（7）基于项目学习采用展示等多种方式评价，质性评价

居多。在此基础上的共识中，我们基本可以总结为：项目学习有别于传统的教学模式，它是基于真实的问题情境，以学生为中心设计执行项目的教学和学习方法。这种教学更加注重学生思考和解决问题能力、批判思维能力、团队协作能力及创新实践能力的培养。

项目学习以建构主义为主要理论基础，从实施环节上主要包括提出问题（项目选题）、规划方案（项目设计）、解决问题（项目执行）、评价反思（项目展示）4个环节，不同年级根据教学大纲和学生认知水平，老师设计不同难度的项目，分不同课时完成。

例如：北京顺义国际学校，学生12~13岁，课时4周，数学（案例来源：项目式学习及问题浅析，https://www.jianshu.com/p/dae3ba243259）

"一次函数 $y = kx + b$，以往靠老师拿着木头尺子在坐标轴上比划、学生埋头题海战术的初中数学知识，在这个学校，成了校园残疾人轮椅通道的项目。通道坡度太陡容易摔，坡度太缓费材料又费劲。到底斜率多少才合理呢？数学课堂上，全班同学出谋划策，参与学校即将开始施工建设的残疾人通道。学生开启动手模式，制作搭建模型来进行实验，比如拿乒乓球模拟轮椅来计算速度，尝试多次实验、收集足量的数据并分析计算，最终写成报告。老师最后选出做得比较好的小组到学校后勤部门展示报告，并现场接受点评和反馈，后勤部门的工作人员不仅会问到具体的执行问题，也会问到经费预算等非常实际的问题。虽然最后学校不一定采纳学生的方案，但从前期做实验到提出提案，再到展示给后勤部门，学生不仅对知识斜率和截距等相关数学知识有了更深的理解，同时锻炼了试错挑战、讨论沟通、公众演讲、毅力坚韧、解决问题等21世纪必备的技能。"

项目学习在美国被中小学普遍采用，其中著名的 high tech high（美国一所创新高中）就完全采用了跨学科项目学习，没有课本和考试，学生都是通过小组合作完成项目并展示成果的方式进行学习，但在标准化考试中同样表现优异；芬兰重新设计了它的学校系统，使 PBL 成为国家教育策略的核心部分。

2. 基于项目的学习模型[1]

目前，已有诸多研究者针对基于项目学习展开研究，对基于项目学习模型持有不同的观点和侧重点。钟志贤、刘景福等人认为，基于项目的学习模型主要由内容、活动、情境和结果四大要素构成，其流程模式分为选定项目、制定计划、活动探究、作品制作、成果交流和活动评价等六个基本步骤。闫寒冰认为，在信息技术教学中，实施基于项目的学习通常分为设计项目、分组分工、制定计划、探究协作、制作作品、汇报演示和总结评价等七个基本步骤。另外，还有研究者利用基于项目学习的教学原理，将传统的学科目标和真实的学习环境融合在一起，构建了基于项目学习的信息教育模型。该模型分为以下八个基本步骤——探究（设计项目，创设环境）、提问（选择主题，分组协作）、搜索（探究协作，收集整理信息）、评价（分析、评价信息）、综合（处理信息，比较选择）、创造（讨论策略，制作作品）、交流（汇报演示，交流成果）、评估（自评、互评，总结反思）。冯秀琪、朱玉莲认为基于网络的英语项目学习可分为确定项目主题——按项目主题分组

---

[1] 黄明燕，赵建华.项目学习研究综述——基于与学科教学融合的视角[J].远程教育杂志，2014，32(02)：90-98.

——分析问题、提出假设以及制定研究方案——搜集资料、验证假设以及解释结论——展示项目学习成果——评价等六个步骤。任英杰和戴心来构建了网络环境下基于项目的协作学习模式,该模式把基于项目学习的特点与互联网在教育教学中的优势结合起来,使学生在学习中学会方法,提高解决问题的技能。

虽然不同研究者持有不同的观点,但基于上述描述,我们可以归纳为:基于项目学习模型的基本要素包括内容、活动、情境和成果。一般来说,基于项目的学习过程主要包括选定项目、制定计划、活动探究、作品制作、成果交流、活动评价六个环节。在实施 STEM 项目学习时,应注意以下核心理念(见图 4-1)。

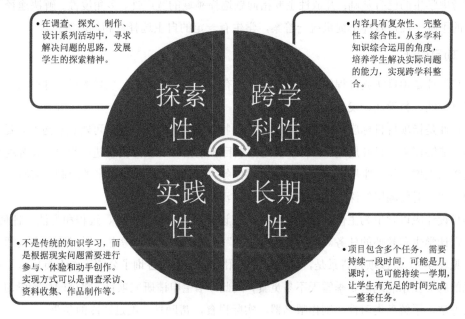

图 4-1　STEM 项目学习的核心理念

STEM 理念下的基于项目学习模式基于学生主体、教师主导的定位,以科学、工程、技术、数学为核心学科,彰显 STEM 元素,以"问题驱动—项目设计—实践探究—项目评价"为 STEM 教育的基本流程。如表 4-2 所示。

表 4-2　基于 STEM 理念下的项目式学习模式

基本流程	原则	学生主体	教师主导
问题驱动	真实性、挑战性、开放性	选题:源于具有挑战性的真实问题或任务	指导选题方向和科学论证
项目设计	可行性、科学性、发展性	制定方案:关注工程设计和科学实践	指导方案设计和学习资源准备
实践探究	严谨性、持续性、深入性	实施:使用科学方法,建构知识体系	指导实践探究和过程记录
项目评估	客观性、鼓励性、反思性	结论:依据探究记录,对照目标达成	指导项目评估

4.1.2 基于项目学习的教学设计

1. 问题驱动

项目从问题开始,问题主要来源于自然科学,也可以来源于人文科学和社会科学。数学、物理、化学、地理、生物、天文等学科或几个学科相关联的问题都可以作为项目选题。项目选题应考虑真实性、挑战性、开放性。

真实性是指问题来源的真实性,以及解决对策对实际生活的影响真实性;挑战性主要指问题解决要具有一定的难度,能够激发学生挑战自我的欲望,问题解决后能明显体现学生的自我价值感,但也应考虑学生的已有基础;开放性主要指问题选择领域的宽广性、多角度性、解决途径的多样性和结果的不唯一性,教师不提供统一答案,学生有一定的自主选择权和创新意识。

2. 项目设计

项目设计是项目实施过程的指导和保障,只有进行充分的论证,项目的设计才会合理。项目应该具有可行性、科学性、发展性。

可行性是指项目目标应针对学习者的基础和特征进行设计,目标不可随意和过高,要考虑学习条件是否能够保障项目开展起来。科学性是指项目应根据客观实际情况进行设计,有客观数据或调查结论作为支撑。发展性是指项目设计避免对任务、方法、结果设置过多的限制,应给学习者留出钻研的空间,对问题层层深入地认识,进而实现深度学习。

项目设计应以学生为主体、教师为主导,在设计目标、项目准备、过程和方法、评估等环节,应分别设计学生和教师的任务。以"喂鸟器项目"为例,项目设计考虑了不同环节中教师和学生的任务(见表4-3)。该项目背景是,学校在公园附近,学生在咨询了公园工作人员后,了解到公园中常见的鸟类在东北地区冬季雪天不易觅食,因此,学生申请研究项目,将公园作为学习基地,运用观察方法,了解鸟类习性,制作喂鸟器,实际投食,帮助鸟儿度过寒冷的冬季。

表4-3 喂鸟器项目设计

环节	教师	学生
项目目标	实施对学生的引导、指导和督促,指导学生选择文献法、调查法和观察法等科学方法和正确途径了解鸟的知识,选择鸟的种类,完整喂鸟器的制作;指导学生顺利完成合作,并科学评估作品	总目标是自我认知能力、合作能力、创新能力、职业能力的发展。具体目标是通过多种渠道丰富自己有关鸟的知识,选择自己喜欢的鸟儿,运用科学方法进行观察,发挥自己的长处,与同伴合作完成喂鸟器的制作
项目准备	知识准备:收集东北气候、鸟的种类、鸟的习性、喂鸟器等相关知识;管理准备:指导学生资源分组,合理分工,保证小组成员自主、科学搭配;社会支持:与公园管理人员进行有效沟通;材料准备:场所、工具、表格等	知识准备:通过文献、网络或工作人员的讲解,了解东北地区的气候和鸟类习性;合作准备:学生自愿加入小组,与同伴协商分工,确立共同目标,准备合作完成任务;材料准备:准备制作喂鸟器的纸板、绳子、胶水、热熔枪等制作工具和材料;自我期待:设定自己在项目中的挑战任务,学有预期,以求自我在知识、方法和能力上的突破

(续表)

环节	教师	学生
过程与方法	指导科学调查,协调分组;激发学生探究兴趣,引导学生合理设想;指导设计并优化草图,监督设计的合理性;针对学生个性化学习进行答疑、解惑	选择鸟的种类,选项相同的学生自愿成立合作小组;根据自己的设想,设计喂鸟器草图;由小组讨论各个成员的草图,集思广益,合作完成小组设计图;同伴分头准备材料,共同制作
评估	制定评价方案,引导客观评价;引导督促改进;引导互相协作解决实地投食中出现的问题;引导科学思考,针对问题寻根溯源,制定新的解决问题的方案	展示讲解,接受教师和其他同学评价;改进、完善作品,实地投食,观察喂鸟器是否实用;发现新问题,重新设计改进方案

3. 实践探究

实践探究过程也是学生建构新知识体系的过程。在实践探究环节要遵循严谨性、持续性和深入性的原则。严谨性,要求实践探究采用科学方法,实事求是地按照科学研究流程进行调研,并且调研有提纲、问卷、数据、分析,文献有出处,观察有记录、有对比、有表格;持续性,要求过程和思考的持续,复杂问题不追求短时间解决,但要求长时间内有连续的思考和探究,发展科学思维;深入性,要求探究过程要透过表面问题而深入到问题的实质,找到解决问题的关键所在,甚至是迭代设计解决方案。以"喂鸟器项目"为例,学生在初步设计喂鸟器之后,要对鸟儿进食情况进行观察记录,再进一步改进方案,让喂鸟器更能防风、防雪,如果鸟儿没有进食,学生则应根据问题进一步查找原因,重新设计喂鸟器,寻找科学解决问题的办法。

4. 项目评估

项目评估一般以小组为单位,遵循客观性、鼓励性和反思性的原则开展。客观性,要求从学生的态度、参与度、完成度、合作情况多个角度进行评价;鼓励性,要求不仅指出学生项目研究存在的问题,也应多看到学生的进步情况,针对学生的年龄特点和学习难度,放宽评价的尺度,肯定学生在认知能力、合作能力、创新能力、实践能力等方面的进步;反思性,要求针对小组,分析、归纳、总结项目研究的各个关键点,发现成功点和仍存在的问题,为项目的进一步改进奠定基础。

4.1.3 基于项目学习的实施应用[1]

基于项目学习主要是通过改变学生的学习方式而培养其创新精神和实践能力,有其独有的特点:①基于项目学习与学科教学的融合,强调以"项目"为中心,学科知识与项目目标无缝融合;②基于项目学习的学习内容、途径、方法、学习结果的表达方式等都具有充分的开放性,重视引导学生关注自然、关注社会、走向实践,特别强调学生参与探究的过程,重视学生在探究实践中的体验,并不特别强调对某一特定学科知识、技能的系统掌握;③基于项目学习在与学科教学的融合中,特别注重教材的校本化,即课程与课程之间的整体设计,把项目目标贯穿于一学年甚至整个学段的课

---

[1] 黄明燕,赵建华.项目学习研究综述——基于与学科教学融合的视角[J].远程教育杂志,2014,32(02):90-98.

程目标中。

1. 基于项目学习的实施过程

基于项目学习的实施过程一般可以分为基于项目学习活动前的准备、基于项目学习过程中的指导与管理、项目实施后的评价与反思。关于基于项目学习的学科应用实施过程的研究，呈现出一定的共性（见表4-4）。基于项目学习既是对学生的教学过程，也是通过过程评价对学生的管理过程。国外基于项目学习中教师通过一些技术手段与阶段性评价，来掌控和评价学生开展活动的进程与效果，项目开展的前、中、后阶段都有相应的教师准备和学生任务。项目背景、项目评价的组织实施由教师起主导作用；作品制作、成果交流、活动探究的问题解决由学生发挥认知主体作用；项目任务则为学生进行项目学习的主线。

表4-4 常见实施流程

实施过程	具体环节	教师主导	学生主体
准备阶段	选择项目	介绍项目，指导学生选择	自主选择感兴趣的项目
	制定计划	提供分析工具和研究方法指导	小组分工
实施阶段	活动探究	组织协调，提供自主探究、问题解决和协作交流等工具，问题解决方法与协作学习策略指导，监控进度	自主探究，合作讨论
	制作作品	提供个别帮助	小组集体协作完成作品
检核阶段	成果交流	组织交流活动	小组汇报成果，交流经验
	活动评价	组织评价，活动总结	自评、组内互评、组间互评

2. 基于项目学习的学科应用研究

多数学者认为项目学习对于学生学科知识的掌握、问题解决能力、协作能力、自主学习能力等方面有较大的提升作用。香港一所小学使用协作教学和基于项目的学习，帮助学校学生培养信息素养和信息技能，效果乐观。Debra K.Meyer研究了小学四年级和五年级学生数学项目学习过程中面对挑战的自我效能、意志和努力行动。Dilek Karahoca研究了在小学科学与技术课程中利用项目学习开展机器人教学，提高了学生间的学习成效和协作探究能力。

基于项目学习作为一种较为新型的学习模式，目前在国内还只是小规模的应用，对于大部分学科的应用来说都还处于理论研究与实验阶段，处于一种很不成熟的状态，通过文献综述可知，项目学习与学科教学融合的研究主题可能出现以下热点：

（1）基于项目学习在学校实施的现状与问题

基于项目学习与学科教学融合有很多亟待解决的问题，如低年级学生自持力较弱的处理、对于中国目前的大班教学而言项目学习的实施，老师的指导力度的把握等等。但随着学习理论的深入贯彻，尤其是建构主义慢慢从理论走向大规模的实践之后，在多元智能理论的发展与支撑下，这种模式在教学中必然会得到重视，其学科教学应用的前景不可估量。培养能够具有批判性思维和创造性思维的、能够生产和创造知识的人才，是知识经济社会对教育和学校最迫切的要求。随着理论研究与教学应用的不断深入，基于项目学习必然朝着跨学科性、长期性、层次性和开放性发展。

（2）基于项目学习与学科教师发展关系的研究

基于项目学习与学科教学融合的过程中，教师角色更多地体现在项目学习前期，与学生共同设计项目计划，在实施过程中充当监督者、指导者或领导者。对于教师自身来说，也将面临较大的发展空间。教师如需提高自身在基于项目学习的设计、实施和评价能力，则应该通过案例学习和反思性学习，在研究中学习和行动学习提升自身素养。此外，教师还需要高校科研机构的研究者提供智力支持。

（3）学科融合背景下基于项目学习的课程设计

基于项目学习模型的实施，需要教师对课程标准和评价进行深入思考，提供以课程标准为核心的项目设计与计划过程，且这里的项目既可以是一至两周的班级内单学科的小项目，也可以是长达一年、跨学科的大项目，这些大项目可能需要社会、家长和其他校外成人的参与。这样的项目学习与课程标准紧密联系，并且项目学习不是常规课程的附属品，它本身就是教学的中心。目前，国内项目学习和教学实践脱节还是比较严重，教师们在教学中无法应用学习成果，主要是因为项目学习似乎是基于课外活动的做法，而与课堂教学实践几乎无关。

（4）基于项目学习融合于学科教学中形成性评价的研究

推进学科教学的效果是项目学习的附带成效之一，那么如何评价和认定学生的能力发展、知识获取与创造，将成为很长一段时间学者与教师的共同关注热点。基于项目学习如何培养学生的跨学科学习能力、对学生创新能力培养的作用，及其对学生可持续发展学习能力的影响都是值得思考的问题。

小　结

基于项目学习的目标是学生通过解决真实情境中的问题来促进能力的提高，而基于项目学习完成的标志主要是产品（或方案）的产出。STEM理念下的基于项目学习模型基于学生主体、教师主导的定位，以科学、工程、技术、数学为核心学科，彰显STEM元素，以"问题驱动—项目设计—实践探究—项目评价"为基本流程。基于项目学习模型的基本要素包括内容、活动、情境和成果。一般来说，基于项目学习实施过程应主要包括选定项目、制定计划、活动探究、作品制作、成果交流、活动评价六个环节。

活动建议

"智能楼梯灯制作"是利用人体感应传感器和光敏传感器的数值，结合Arduino编程技术，实现智能控制开关的人体感应楼梯灯制作项目。其以趣味实验形式让学生掌握教材中"程序的条件选择语句"中的 if 语句使用方法,发展学生的逻辑思维及设计思维,并通过批判变革传统楼梯灯控制模式实现过程,着力培养敢于批判、质疑及探究的科学精神,凸现创新,聚焦素养,彰显树人。

智能楼梯灯项目的设计需要一个完整的实施计划,才能更好地完成智能楼梯灯的制作任务。一般情况下,老师指导学生通过小组讨论的方式来规划设计整个项目开发探究的实施过程。如表 4-5 所示。

表 4-5　智能楼梯灯制作项目的探究计划

探究任务	制作一个智能楼梯灯
探究目标	学会 Arduino 程序设计中的 if 语句使用方法; 掌握采集传感器输出值方法; 掌握通过判断传感器输出的点评信号控制楼梯灯的程序设计的技术
探究方法	实验探究法
探究步骤	学习智能楼梯灯的结构; 设计智能楼梯灯连接方法; 编写程序代码上传; 测试; 作品评价
小组活动时间、地点、参与学生	活动用时:10 天 活动地点:创客室 参与学生:高一年级学生
作品加工	完成智能楼梯灯加工制作
作品评价	通过展示实物、评比、现场答辩等形式交流作品,并通过自我评价、小组互评与老师点评方式进行评价

通过对本节基于项目学习知识的学习,请结合案例"智能楼梯灯制作",分析"智能楼梯灯制作"活动是不是基于项目学习模型,请将你确定结论的依据写下来。

4.2　问题导向学习模型:以问题解决为依托

☕ 节前思考

1. 问题导向学习是什么?主要特点有哪些?
2. 问题导向学习的模式有哪些?精髓是什么?
3. 如何设计"问题导向学习"?

4.2.1 问题导向学习的概念核心

问题导向学习（Problem-Based Learning，简称 PBL），或译为"基于问题式学习""问题本位学习"。这是近年来受到广泛重视的一种教学思路，它强调把学习设置到复杂的、有意义的问题情境中，通过让学习者合作解决真实性（authentic）问题，来学习隐含于问题背后的科学知识，形成解决问题的技能，并形成自主学习（self-directed learning）的能力。[1]最早于1969年由美国的神经病学教授霍华德·巴罗斯（Howard Barrows）在加拿大的麦克马斯特大学首创，强调学习要围绕着具体而复杂的任务和问题展开，鼓励学生自主学习、反思式学习、培养学生高级思维能力。[2]这种模式以问题为核心，让学生围绕问题展开知识建构过程，借此过程促进学生掌握灵活的知识基础和发展高层次的思维技能、解决问题能力及自主学习能力。其学习过程包括组织小组、启动问题、循环反复解决问题、成果展示以及最后的反思和评价等环节。这种教学模式与我国当前教育改革的趋势比较一致，对国内教学改革思路很有启迪意义。[3]

1. 以问题为导向的学习（Problem-Based Learning）模式

这种模式最早起源于医学教育，以 McMaster 大学和 Maastricht 大学为代表。传统的医学课程设置大体都是一年级学习基础理论，然后学习专业课，最后提供医院实习。这样培养出来的学生有一个最大的问题就是不了解病人，缺乏动手能力，理论和实践结合不起来。在这种情况下，加拿大 McMaster 大学医学院在 Barrows 的帮助下决定采用新的课程设计，其理论框架基于三个侧重点：人类与社会；医学职业及其社会角色与责任；教育。把病人情况（即"问题"）作为课程设置中心，以培养职业员工为目标。就教育方法而言，它突破了传统的讲授模式，建立了以问题为中心的学习模式。此后，Barrows 又总结了构成问题式学习模式的部分基本元素包括：（1）利用解决问题作为获取新知识的起始点；（2）通过自主学习获取知识；（3）以学生为中心的学习；（4）通过小型团队学习；（5）教师扮演指导与协助角色。

2. 以项目为基础的学习（Project-Based Learning）模式

这种模式最早起源于北欧的高等教育改革中，主要应用于工程学教育，以丹麦的 Aalborg（1974）和 Roskilde（1972）大学为代表。由于传统的教育模式使得理论与实践相脱离，不能很好地适应社会发展的需要，加上20世纪60年代末学生运动风起云涌。以项目为基础的学习（Project-Based Learning，简称 PBL）作为一种实验型的教育体制改革方案为这两所大学所采用，这种模式的特点在于学习是围绕问题和将要执行的项目进行组织的。而项目是包含复杂和情境化的问题分析与需要解决的特殊任务，这些项目不局限于书本，涉及与学习者生活、经历相关的众多方面的内容，如环境保护、城市交通、社区问题等。此外，为了给学生营造更好的学习环境，一些学校甚至在学习的物理空间上都采用不同模式。如在 Aalborg 大学，有超过1200间的小组学习室供学生研究 PBL 项目所用。

---

[1] 张建伟.基于问题式学习[J].教育研究与实验，2000(03)：55-60+73.

[2] 吴刚.基于问题式学习模式(PBL)的述评[J].陕西教育(高教版)，2012(04)：3-7.

[3] 刘儒德.问题式学习：一条集中体现建构主义思想的教学改革思路[J].教育理论与实践，2001(05)：53-56.

3. 以问题为导向，以项目为基础的学习 (Problem-Oriented and Project-Based Learning，简称：POPBL) 模式

由于问题导向学习和项目导向学习其基本学习原理是一致的，在实践中也很难界定，原因在于对"问题"和"项目"的理解上存在差异。普林斯（Prince）和费尔德（Felder）等学者认为两者之间存在本质差异，他们认为基于问题式的学习强调一个开放的学习过程。而基于项目式的学习或多或少类似于任务式的学习，也就是把项目理解为有一定制度化的任务。然而，作为 PBL 项目的开拓者之一的奥尔堡大学将项目界定为复杂的、独一无二的、情境化的任务，并以一种开放的方法研究。这种对"基于项目式学习"模式的界定实际上包含"问题导向学习"，它是以发现需要解决的问题作为项目研究的起始点。基于这种情况，有些学者提出 POPBL 概念就不足为奇了，随着 PBL 在不同学科、不同组织和不同文化中的应用，其内涵、方法和实践模式就会不断发展和变化。

综上所述，尽管在具体实施中，PBL 表现形式有多种多样，但是其学习原理及哲学意义上的本质是一致的，可以将其精髓概括为三个方面：学习、内容与社会。在学习方面，学习是围绕问题和将要执行的项目进行组织的。提出问题是学习的起点，将学习置于解决问题的过程中，学习者通过解决具体问题的经历学习知识。在内容方面，学习的内容尤其强调跨学科学习，这种学习可能跨越传统学科的边界与方式。在社会方面，是指基于团队的学习。团队学习体现为学习过程是一种社会行为，这种学习发生在成员间的对话与交流过程中。此外，学生不仅相互学习，而且强调知识分享和组织合作学习的过程。社会方面也涵盖"互助学习"的概念，这个概念体现了集体式的学习过程，这个过程尤其对知识的创新与建构非常重要。

可见，PBL 的概念很难用具体元素加以界定，无论 PBL 在实践中采用何种形式，它的概念核心体现在四个方面（见表 4-6）。

表 4-6　问题导向学习的概念核心体现

方面	特点
学习方法	以问题为导向，以项目为基础的学习方法。让学生在解决现实问题中获取知识、学会学习，并通过反思构建自己的知识
学习内容	跨越了传统的单一学科，学生通过解决具体问题，可能需要多学科的知识，学科交叉
学习形式	强调以小组工作的形式，通过相互合作、相互交流来解决问题，分享知识，以培养学生的组织管理、自主管理以及合作与交流的能力
学习主体	以学生为中心，学生自己选题，自己设置目标，自己作研究，成为独立的思考者与学习者。而教师是作为一个教练、支撑、引导学习的角色

问题导向学习以建构主义（constructivism）理论、合作学习（cooperative learning）理论、情境学习（situated learning）理论为基础，强调在真实情景中呈现知识，通过社会性互动和协作进行学习，是"一种以问题为起点来获得知识和融合新知识的方法"。[1]

---

[1] 吴刚. 基于问题式学习模式(PBL)的述评[J]. 陕西教育(高教版)，2012(04)：3-7.

4.2.2 问题导向学习的教学设计[1]

1. "问题"设计

毫无疑问，问题是 PBL 的核心，PBL 学习起始于问题，终结于问题，以问题为中心来组织课程和学习情境，问题设计是 PBL 成功的关键因素。那么，什么样的问题才能算是好的问题呢？研究者综合多位学者的研究成果，认为好的问题必须具备以下条件：①开放且为非结构问题（ill-structured problems），所谓非结构问题，即是没有预设标准答案的问题。②与学习者先备知识相连接。③具争议性的话题，其内容甚至可跨学科领域。④与未来专业领域相关。⑤具复杂性与挑战性。⑥与生活相结合。

如何生成一个好问题呢？概括起来至少要做两个方面的工作，一是解决问题的来源；二是解决问题的设计。就问题来源而言，PBL 中的问题来源是广泛的，可以来自于教材、社会、日常生活及工作中，可以由学习者自己提出，也可以由教师提供。问题的呈现方式亦多元化，可以用案例、新闻报道、社会调研、影视图片等形式，最重要的是能够激发学习者探究的兴趣。就问题设计而言，哈弗尔（Hafler）认为设计一个好的问题需要分为四步：（1）问题设计前期：需要界定与课程体系相关的核心概念与原理，包括设计概念图。（2）问题设计阶段：集思广益，设计非结构化、复杂性的问题。（3）问题检视阶段：检视问题是否涵盖课程体系的概念与原理、是否有逻辑性、是否反映真实情况、是否具有挑战性等。（4）问题追踪阶段：在 PBL 项目实施过程中，不断检测问题是否满足学习需求，并根据学习者与教学者的反馈意见对问题进行修正。

2. 教学过程设计

作为一种实践性很强的教学与学习模式，问题导向学习要想在实践中取得显著成效，其目标、内容、策略与过程都需要精心规划。问题导向学习的学习过程可分为五个阶段（见表 4-7），也可以分为八个阶段：确定问题；分析问题；产生假设；确认已知；确立所需信息；确认资源；搜集新信息；连接新旧知识。

表 4-7 问题导向学习的五阶段

过程	策略
问题分析阶段	先呈现问题，并产生初步之解决概念，进而确认出学习议题
资料搜集阶段	学习者开始自我导向学习，并开始搜集相关的资料
综合阶段	学习者相互交流，分享获得的学习资料和思想
摘要阶段	提供问题解决的报告
反思阶段	学习者重新检视学习的过程并进行自我评估

3. 评估设计

由于学习模式的转变，单以传统的笔试测评方式显然是不合适的。因为 PBL 的最终目的不是仅仅为了获取问题的答案，更重要的是评估学习者对问题的理解深度以及知识建构过程，而对学习过程

---

[1] 吴刚.基于问题式学习模式(PBL)的述评[J].陕西教育(高教版)，2012(04)：3-7.

的评估是很难的。最早采用 PBL 的医药课程并没有采用正式的学生评估,只是由教师在每个单元结束后写一份报告,描述每个学习者的满意度即可,但是师生对于这种评量过程非常不安,所以随后便利用改良式的论文问题、口语测验、个案研究或是特别针对个人而设计的问题解决等评估活动。

常见的问题导向学习的评价可以分为两类:一是过程导向评价模式,目的是评价学习者的学习活动,如:撰写学习日志、口头测验等。二是结果导向的评价方法,注重学习的结果,如提交论文、应用式的选择测验、仿真测评等。由于实践中 PBL 模式的多元化,其评估活动也呈现多元化,不同的学者站在不同角度,提出的观点有所差异。综合众多学者的观点,PBL 评估要侧重三个方面:一是评估要与 PBL 学习目标相结合;二是过程评估比结果评估更为重要;三是评估要与实际情境相结合。具体评价方法有:①情境评估法,评估学习者在真实环境解决问题的能力;②同伴与自我评估法,由小组成员和自己作评估;③学习日志法,通过考查学习者的学习日志评估其学习表现;④团队陈述法,项目进行中或结束时,根据每个小组所做的相关陈述或报告作评估;⑤电子学档法,电子学档是学习者学习历程的电子档案,包含学习资料、学习日志、学习作品、小组活动记录表、学习者及小组反思报告,教师的反馈意见等;⑥概念地图法,是一种学习者知识路径的建构图,通过概念地图,教师可以了解学习者的心理认知模式。

4.2.3 问题与项目之间的异与同

1. 案例 1——问题导向学习

美国伊利诺伊州一所中学进行的"蚊子问题"

(1) 创设情境,提出问题

某市郊区有大量的蚊子,这些蚊子困扰着当地的人们。该市市长要求国家灭蚊中心赶紧处理该问题,以保证当地人们的健康。你作为环保专家,应邀带领一个专家组前往调查,要求你提出灭蚊的策略,并给书面的建议,准备在当地政府的会议上做一个陈述。

(2) 界定问题、分析问题

Know(已知):

我们需要找出导致蚊子问题的原因;

我们必须在一周内找出解决办法;

蚊子能飞 48 到 64 千米远;

今年降雨量正常。

Need(需要了解):

只有出现"蚊子问题"的地方才有这样的蚊子吗?

使这种蚊子快速繁殖的条件;

最近污水排放方式有没有发生变化;

解决此问题的经费预算。

Do(我们的看法):

出问题的地方可能有大量长期停留的死水；

也许有什么自然灾害导致大量死水停留于此处；

让学生界定问题陈述：要使该市的蚊子数量恢复正常，我们要进行以下工作：①考虑环境的影响（蚊子对环境的适应性、生物多样性、当地的人口数量）；②如何降低这种蚊子对人们健康的危害；③如何防止这种问题再次发生；④将经费控制在当地预算能承受的范围内。

（3）探究、解决问题

教师给学生提供一些与该问题有关的资源，如网站、书籍、相关专家和人员的联系方式等等。学生一般以三至五个人为一个小组，他们在因特网上查阅了大量资料，然后大家一起讨论；如：蚊子种类；查阅当地有关部门关于蚊子控制的文件；讨论当地的气候、植被等其他相关问题；向当地居民询问关于当地人口流动以及土地使用等情况。

（4）展示结果、成果汇总陈述解决办法

在该环节，所有参与该问题解决的学生都聚在一起，同时教师也会把与该问题相关的专家或负责人请来参与交流。一个小组的学生进行方案陈述时，其他组的学生都以一个共同的标准对他的方案给予评估。同时，专家们还会提一些学生根本没有考虑到的问题。陈述的方案——我们发现最佳的办法是把对当地居民的教育与化学药品的使用以及进一步寻找原因结合起来。给当地居民讲述有关蚊子和健康的知识，可能是使当地居民对该问题引起重视并协助我们解决该问题的最好办法。在当前这种危急的状况下，适当地使用化学药品也很有必要。最后，我们还得对该问题作进一步的研究，因为我们现在还没有把导致问题的原因找出来，只有作进一步的研究把原因找出来后，我们才能从根本上解决该问题，并保证以后不再发生这样的问题。

（5）反思

在问题的最后一个环节，学生在一起回顾、讨论他们在解决问题的过程中获得了哪些知识和技能，哪些地方做得好，哪些地方还有待改进，以及遗留下来的问题。这样的总结和反思能帮助学生把他们学到的东西提升到意识水平，把概念知识具体化。同时，这种基于认知和元认知角度的反思和讨论，对提高学生的思维能力很有帮助。

2. 案例 2——基于项目学习案例

"人类活动对兴凯湖自然环境的影响"是教育部—微软（中国）"携手助学"信息技术创新应用主题活动之一，是一个典型的基于项目学习教学案例。为了了解兴凯湖地区自然资源和生态环境在 60 年间发生的变化，学生通过社会调查、专题访谈、实地考察、网络信息搜索、数据综合分析，在追溯本地区资源开发历史的过程中，探寻人类活动与兴凯湖自然环境变化和生物物种生存状态变化的关系，并揭示人类活动对自然环境的影响。

（1）项目背景

项目背景即问题发生的情境，项目选题的原因。本案例中，项目起源于兴凯湖大白鱼身价的暴涨、兴凯湖湿地迅速变"干"、兴凯湖青蛙"合唱团"不辞而别，基于此，学生以"人类活动对兴凯湖自然环境的影响"为项目主题,开始了搜集信息,以探索和获得一切问题的答案。

(2) 项目目标

项目目标即通过本次学习开展后学生应该达到的效果。项目目标的表述应力求具体、明确,尽量能够观察和测量。"人类活动对兴凯湖自然环境的影响"通过对兴凯湖地区自然环境的调查活动,尤其是对各历史阶段数据进行对比和分析,引导学生探究和揭示人类活动与本地区自然环境变化的关系,探寻人类活动对自然环境产生巨大影响的表现和原因,从而提高学生的环保意识,让他们懂得保护世代赖以生存的母亲湖、保护自然环境的生物多样性的重要意义,使学生能够自发地宣传环保知识,把环保理念贯彻到行动中。

(3) 项目任务

项目任务是在结合教学计划要求、项目主题特点,以及学习者特征分析的基础之上,对项目进行的一个初步的整体规划。项目任务的难度要适中,并具有一定程度的真实性,项目任务的解决应该是复杂的、结构不良的。本案例中,要求学生围绕兴凯湖地区自然资源和生态环境在60年间所发生的变化开展社会调查、专题访谈、网络信息搜索、数据综合分析等,最后整理出调查报告以及项目数据等过程文档。

3. 问题导向学习与基于项目学习的异同

问题导向学习和基于项目学习从英文翻译来看,两者的缩写都是 PBL,都是建构主义取向的教学或课程模式,关联了学校的学习经历与真实的生活情境,凸显了学习的建构性与情境性。两者有很多相似之处。从案例和理论基础上都不难看出,两者都是通过劣构的真实性任务而获取知识的过程,因此两者具有真实情境、体现探究过程、培养学生综合能力和创新精神等共同点。有的学者还直接将"问题"归为"项目"之下。

(1) 问题或任务是开放性的,存在多种解决路径。
(2) 模拟专业实践情境,为学生提供真实应用知识与技能的机会。
(3) 以学生为中心,教师作为学习的促进者或教练。
(4) 强调协作探究,为学习过程搭建多种类型的脚手架。
(5) 采用基于实作的评价,并为学生提供充足的时间进行反思、自我评价和同伴评价。

从教育本质来说是相同的,但在很多方面还存在着细微的差别。

第一,实施目标不同。问题导向学习目标之一是通过解决与真实世界相关的问题来促进学生对所学知识的理解与建构,使学生通过理解知识获得的过程,从而灵活地掌握知识并能对知识灵活地加以运用。因此,解决问题目的是为了掌握某种知识以及对知识的灵活运用。而基于项目学习,并非只是为了对学科知识的掌握而开展的,它往往侧重于对教材内容以外知识的体验与经历,旨在丰富学生对事物的认识,它侧重于加强学生认识事物的广度,拓宽学生的学习视野。

第二,任务大小不同。严格来说,两者都是以完成"任务"为目标的,但任务的大小、难易及复杂程度构成区分两者的关键信息。通常来说任务量相对较小、包含的步骤流程相对较少的"小"任务的解决被称之为"问题导向学习",而任务"大",需要经过严密规划、涉及多方(社会、家庭)参与的问题解决被称之为"基于项目学习"。

第三,涉及学科及周期方面不同。任务的难易程度也带来两者实施周期不同,问题式学习通常涉及单一学科(跨学科的比较少见),持续周期较短(几周或几个月)。项目学习大多是跨学科的,持续时间较长(数周、数月或更长时间)。

第四,问题的真实程度不同。问题式学习的问题场景或案例通常与学生的当下生活有一定的距离,涉及健康及疾病诊断问题、设计问题(如设计保温杯)、战略问题(如管理投资组合)和决策问题(如商业管理、领导力教育、紧急医疗等在高风险条件下做出高风险决策)等问题场景。项目学习通常是完全真实的任务和情境,涉及的问题如"怎样防止传染病在社区传播?""如何规划建造市中心城市广场""为何吊扇顶部能不停旋转,而钟摆运动却随时间推移而减弱?"等。

第五,学习模式不同。问题式学习属于知识探究模式,遵循特定的学习周期,学习活动始于待解决或学习的问题,以问题驱动信息收集与评估、知识创造和反思。项目学习属于产品探究模式,遵循"设计—探究"的一般步骤,在指向产品项目生成的一系列设问的引领下,引发活动的问题或难题,学生自主创造出一个成果来回答问题或解决问题。比如,中学生可以小组一起制作简易空气净化器改善空气质量,设计垃圾桶投放方案改善县城卫生情况。对于小学生,可以是制作一本动物或植物档案书。学习活动围绕制订计划、开展研究、生产创作、修正改进、展示评价等环节展开,逐步攻克完成这些步骤所需解决的一系列问题。

第六,学习侧重不同。在问题式学习中,知识获取和应用同时发生,侧重于求知过程(knowing),即知识的社会建构。项目学习强调在实践活动(doing)中求知(knowing),侧重于知识在新情境中的应用与创新。

第七,成果呈现不同。通常,问题导向学习的成果为问题解决策略,可以为解决方案或研究报告;基于项目学习优势不仅仅需要研究报告,很多时候需要一种"产品"或"作品"的呈现。

第八,参与力量不同。由任务复杂程度决定,问题导向学习主要由教师和学生作为参与主体,通过活动解决问题,形成解决策略;基于项目学习由于涉及的知识、人员比较复杂,通常需要除学校外的社区、科研机构、企业等社会力量参与。

尽管问题式学习和项目学习有一些细微的差别,但是发展到今天,在教育领域两者实际上已经共同为发展学生的深层推理、协作、自主学习和问题解决等高阶技能提供了可行方式,极大地丰富了课程与教学设计的模式与案例。

小　结

以问题为导向的学习(问题导向学习)是一种基于现实世界的以问题为中心、以学生为主体的教育与学习模式。概念核心体现在学习方法、学习内容、学习形式、学习主体四个方面。问题导向学习的模式主要有以问题为导向的学习模式、以项目为基础的学习模式和以问题为导向、以项目为基础的学习模式。其精髓概括为三个方面：解决问题的学习、跨学科的内容与团队协作的社会。问题导向学习的问题应是开放的、有争议的、非结构的复杂问题，过程主要包括问题分析、资料搜集、综合、摘要、反思五阶段，评估应关注过程、并与目标和实际情境相结合。

活动建议

通过对本节问题导向学习知识的学习，请结合下面案例"物体上滚"活动的教育价值，分析"物体上滚"活动是不是问题导向学习，请将你确定结论的依据写下来。

本案例始于一个"物体上滚"的问题情境，这也是整个学习过程的主线，教学流程框架图如图4-2所示，学生利用物理、数学、计算机等学科知识探索系列问题，达到对知识的构建，分别从物理探究实验的角度、数学理论推理的角度、计算机3D建模验证结论的角度，削弱学科的边界，组织学生开展学习活动，提高学生的问题解决能力。

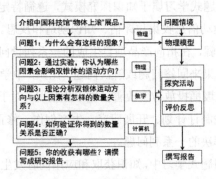

图 4-2　教学流程框架图

4.3　基于设计思维模型：以设计建模为目标

☕ **本节导读**

1. 什么是设计思维？设计思维模型的概念核心是什么？
2. 典型的设计思维模型有哪些？
3. 怎样设计基于设计思维模型的教学？

设计是一种创造性的活动，在发展学生创新能力、高阶思维能力、协作能力方面具有重要作用，其背后的核心思想——设计思维逐步走入STEM教育的视野。

4.3.1　设计思维模型的概念核心[1]

目前，设计思维还没有形成统一的概念。在商业领域，设计思维可分为四个阶段：观察分析、建

---

[1] 胡小勇，朱龙.面向创造力培养的设计思维模型与案例[J].现代远程教育研究，2018(03)：75-82.

立框架、构建方案以及问题解决。在教育领域，有人将设计思维划分为五个环节：建立同理心、界定问题、设想、原型制作以及测试。虽然不同专家、不同领域持有不同的观点，但总体上，设计思维体现了设计者探究设计挑战以及创造性解决设计难题，而进行的一系列连续思考以及行动的过程。从过程视角来看，设计思维包括三大核心环节：观察设计挑战、将想法和解决方案建立联系、反思并改进设计，并且设计思维具有以满足需求为基础、以行为为导向、以创新能力发展为目的的特点。因而，设计思维正逐渐成为一种教与学的有效策略框架，在教育教学领域得到较为广泛的应用。

1. 关注真实情境中的问题

从设计思维应用的过程来看，设计思维作为一种桥梁，将现实情境中的问题需求（设计挑战）与设计成果（问题解决）联系起来。在教学中应关注学生设计思维的发展，具体可以从以下三个方面入手（林琳等，2016）：一是重视培养学生的需求意识和观察技能。注重培养学生的需求意识有助于帮助学生应用"移情"，从用户视角出发思考问题。实践中的设计挑战通常来源于日常生活，培养学生的观察技能有助于学生发现和合理分析问题。二是强调动手实践。动手实践既可以是在实际情境中与周围的人或物进行互动，也可以是将相关想法和方案可视化实现（如制作学习物品）。三是强化学习进程中的团队合作。引导学习者建立团队意识，关注合作学习中的有效团队协作。

2. 探索有效的技术与方法

设计思维是一项系统性的问题解决方法，从发现学习挑战到最终解决学习挑战，它并非是一个线性的过程，而是一个迭代循环的过程（Liedtka，2015）。设计思维在教与学应用过程中，离不开各类学习方法以及信息技术工具的支撑。笔者梳理了设计思维各阶段应用的方法和信息技术支撑工具（见表4-8）。可以看出，设计思维的应用融合了多种方法与工具。因此教师在教学中运用设计思维开展跨学科的探究与基于设计的学习（Orthel，2015）时应做好两方面的准备：一是引导学生充分了解各类信息技术工具的优势，帮助学生掌握开展基于设计思维学习的技能，例如教学中应首先帮助学习者了解设计思维的内涵、操作流程、调查方法和技巧等基本知识。二是在运用设计思维进行教学和学习时设计有效的学习支架必不可少，例如为学习者提供调查记录表和学习进度单等。

表 4-8 设计思维各阶段应用的方法及工具支撑

阶段	主要任务	方法	信息技术工具支撑
发现	明确学习挑战，收集相关信息和资料	参与式观察、访谈、调查等	视音频拍摄设备、文本图片处理软件、数字终端等
解释	分析相关信息，将信息与学习挑战建立联系	质性和量化分析、信息可视化、快速联想等	数据统计分析工具、思维导图工具、在线资料库、数字终端等
建模	依据解决方案，建立可行性的模型	构建模型	建模软件、3D打印设备、数字终端等
改进	进行实地测试，有针对性地改进模型	实地测试、实地观察	视音频拍摄设备、数字终端等

4.3.2 几种典型的设计思维模型[1]

1. IDEO 设计思维模型

为推动设计思维在 K-12 领域的应用,全球顶尖设计公司 IDEO 提出了包含"发现、解释、设想、实验、改进"的设计思维模型。该模型将设计思维描述为一种创造性解决问题的过程,学习者深入实践了解问题所处的情境,确定需要解决的核心问题,以此为出发点建构可行的解决方案,制作三维模型并通过实验不断改进和完善。IDEO 在《教育者的设计思维》一书中描述了 IDEO 设计思维模型(见图 4-3)。该模型旨在实现教与学向以学习为中心和个性化方向发展,为学习者创造一种 21 世纪学习经历,并不断提升学习者的 21 世纪技能。

1 发现	2 解释	3 设想	4 实验	5 改进
我面临一个挑战 我该如何了解它?	我了解了相关信息 我该如何解释它?	我找到了解决机会 我该如何做?	我有了解决方法 我该如何实现?	我尝试了新的东西 我该如何改进?
步骤 1-1 理解挑战 1-2 探索准备 1-3 收集想法	2-1 故事分享 2-2 意义寻找 2-3 框架设计	3-1 观点收集 3-2 观点优化	4-1 制作原型 4-2 获取反馈	5-1 反思学习 5-2 继续前进

图 4-3 IDEO 设计思维模型

IDEO 模型包括 5 个阶段:第一阶段是发现,即通过一定的技术手段和方法,深入了解所面对的学习挑战,通常包括理解挑战、探索准备以及收集想法三个方面。第二阶段是解释,即将所收集的信息建构为自己解决挑战的知识,包括故事分享、意义寻找以及框架设计三个方面。第三阶段是观点设想,即依据对相关挑战信息的解释,采用快速想象的方法,收集新奇的观点和想法,为应对挑战提供可能的解决方案。该阶段包括观点收集和观点优化两个方面。第四阶段是实验。本阶段需要思考的主要问题是如何实践方案,包括制作原型和获取反馈两个方面。第五阶段是改进。改进是基于前四个阶段获得的信息,并在此基础上不断完善每一个学习阶段。

2. 斯坦福设计思维模型

设计思维(Design Thinking),本质上是一种以人为本的问题解决方法。这里所说的设计是广义的设计,是以探索人的需要为出发点,创造出符合其需要的解决方案。设计思维发源于设计界,后来被各行各业所借鉴,斯坦福大学设计学院把它归纳成一套科学方法论后,迅速风靡全球高校和中小学。斯坦福大学设计学院在《设计思维指南》中对设计思维模型进行了详细阐述,包括:移情化思考(同理心)、定义问题、创意、原型制作以及测试和迭代五个步骤。

(1)移情化思考/同理心

移情化思考/同理心(Empathy)指收集对象的真实需求,以同理心思考问题。设计思维的第一步,是建立同理心,这是一种设身处地体会他人感受的思考方式。在做设计之前,学生要思考用户

---

[1] 胡小勇,朱龙.面向创造力培养的设计思维模型与案例[J].现代远程教育研究,2018(03):75-82.

的行为、想法、语言和感受，设计的目的就是解决人的各种需求。通过观察、角色扮演、访谈、咨询专家参与和同情他人，了解他们的经历和动机，从而找到更多有关所关注领域的信息，以及让自己沉浸在物理环境中，以便对所涉及的问题有更深入的个人理解。

例如在"设计智能轮椅"的课程中，首先要了解使用者的需求，所以可以先设计一个"轮椅体验"环节，抬起腿，坐在轮椅上，体会轮椅使用者的需求，他们会去感受和思考一些问题：哪些原有功能是适合的？哪些是不方便的？还需要哪些改进的功能？或者增加哪些新功能？随着学生们的体验，这些问题都会有更明确的答案。

我们还可以利用调查问卷获取信息和数据，了解用户喜好、利用社交网络、在线交互等形式进行效果监控、对受众进行群体划分，了解不同群体对相似的产品或设计的反应，帮助设计者快速进入同理心模式。

（2）定义问题

定义（Define）指分析收集到的各种需求，提炼要解决的问题。建立同理心之后，我们对问题有了更深刻的体会，此时需要以人为中心重新组织和定义问题。在定义阶段通常可以用一句话来描述问题：谁？（用户，User）有什么需要？（需求，Need）我发现了什么？（洞察，Insight），简称POV法。定义阶段的核心价值是收敛，排定优先顺序，分辨出对用户来说什么是真正重要的，什么是我们应该花更多时间去投入的。

例如：对受访者在谈论他们的问题时提到的动词或活动进行重点分析：比如与老年人交谈时，他们会说，他们喜欢去散步，结识老朋友，喝茶，或者在附近的超市购物。通过深入分析会意识到，表面上老人喜欢外出，实质上是老年人希望与朋友之间保持联系，所以我们可以重新定义一个问题："有些老人害怕孤独，希望保持联系"。

（3）创意

这一步需要利用发散思维，产生更多的创意，重点不在于获得一个完美的想法，而是要想出尽可能多的想法。

比如改进轮椅的例子，我们可以提出许多想法：高级友好悬停板或改装的动力系统，也可以增加娱乐功能，或者提高舒适性等。可以用语言描述，也可以画出想法，让团队成员更迅速地理解这些创意。获取创意可以充分利用各种创新思维方法，发散思维，例如头脑风暴可以在短时间内收集很多的设想，然后再筛选创意。

也可以利用思维导图进行自由联想，从一个中心点开始，联想与其相关的、尽可能多的内容，例如以"月亮"为中心，开始向外联想，可以联想到：月饼、嫦娥、狼人、古诗等等。用这种方式不仅可以发散思维，还可以有层次地管理创意。

还可以利用"强制类比"方法，"强制类比"选中的事物往往看上去八竿子打不着，但越是天差地别，摆到一起还越要找出相同点，结果就越有趣。思维导图中的"双重气泡图"就很适合用来做这类梳理，如图 4-4 所示的例子，把灯泡和球鞋放在了一起，找出它们之间的相似点。

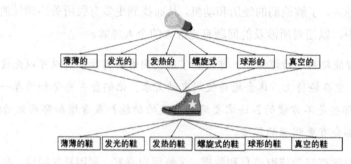

图 4-4　强制类比灯泡和鞋

所有的思维工具都是为了获取更多的创意，创意可以让设计产生无限的可能，最后团队要对创意进行筛选，保留 1~2 个作为设计方案的核心。思考如何将这些想法生活化，然后组内成员互相分享思考结果，设计者调查在发散的细节中，哪些能得到组内成员的认可，哪些方面还需要改进。

（4）原型制作

原型制作（Phototype）就是动手把创意制作成一个看得见摸得着的实体模型。不用拘泥于哪种特定的工具，只要能够表达功能都可以，可以运用一些简单的图像、漫画或短语将想法的形成过程作视觉化的呈现，在使用能利用的材料制作原型，例如用硬纸板、塑料、橡皮泥等都可以。此时的原型虽然不够精细和真实，但随着时间的推移可以逐步精细化。它的目的是做测试，看看问题是不是真的得到解决。这个过程不可能一蹴而就，而是不断试错的过程，也是在培养学生的耐心和抗挫折能力。

（5）测试和迭代

测试（Test）就是测试原型，优化解决方案。测试是为了获取反馈，收集对原型的修改意见，并产生新的想法，不断改进原型。测试时要注意：①确定反馈来源。②选择反馈者。③设置问题指南。④反馈谈话策略。⑤把握反馈信息。⑥整合反馈信息。⑦明确需求。其中第④、⑤、⑥步是一个整体过程，就是从制作原型到测试，反馈问题以后再修改原型再测试，这是一个不断迭代的过程，最后得到最佳方案。

在 K-12 领域应用过程中，该模型逐步扩展为理解挑战、观察（同理心）、整合观点、设想、原型制作、测试六个步骤（见图 4-5）。

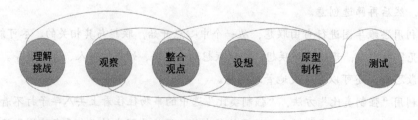

图 4-5　斯坦福设计思维模型

综上分析发现，设计思维模型具有以下特点：一是以解决真实情境中劣构、复杂、真实的问题为出发点，为解决问题提供了一种操作流程或方法；二是关注人工制品（模型）制作，强调将所获得的知识、经验、信息通过可视化（实物）的形式展示出来；三是设计过程反复迭代，通过多次反馈、修正不断完善人工制品，实现知识反复应用和强化；四是倡导小组间的合作、公开分享以及多种技术工具的应用；五是有利于学习者高级思维能力的发展，包括协作能力、问题解决能力和创造创新能力等。基于上述特点，设计思维在教育领域得到广泛应用。

小　结

设计思维体现了设计者探究设计挑战以及创造性解决设计难题而进行的一系列连续思考以及行动的过程，包括三大核心环节：观察设计挑战、将想法和解决方案建立联系、反思并改进设计。典型的设计思维模型有 IDEO 设计思维模型，其包括 5 个阶段：发现、解释、观点设想、实验、改进。

活动建议

在"创意雨伞 3D 打印"学习案例中，教师根据设计思维的特点，将学生小组进行了角色分配，每个角色在相应活动中都将体现自己的作用和能力，在很大程度上促进了学生的参与度。

首先，每个组员都是"雨伞"的目标使用者，观察员同学用便利贴记录下使用者对"雨伞"的槽点（缺点）及其改进建议并贴在吐槽展板上。学生在教师的引导下通过讨论发现了很多雨伞的缺点，如雨伞颜色难看、形状单一、伞面不容易干、风大伞面容易吹翻、伞骨易生锈、冬天打伞冷、夏天打伞热、两个人遮不住雨、手里拎重物时打伞不方便、晚上打伞视线不好等。

接下来是需求分析，学生在吐槽雨伞的缺点上通过小组讨论明确了用户的具体需求，如清洁工需要可解放双手的雨伞，因为她打扫卫生时不方便；情侣需要面积大的雨伞，因为他们喜欢走在一起；儿童需要造型有趣且轻便的雨伞，因为她很喜欢新奇可爱的东西而且力气不大；沿海地区的人们需要抗风型雨伞，因为很多时候会有台风等。

在方案构思环节，学生在经过讨论后，从材料、形状、结构、功能等方面提出了具体的方案构思，如：纳米材料的雨伞解决伞面不容易干的问题，在雨伞上安装 LED 灯为夜行者提供安全警示，在伞骨上方安装小型风扇解决夏天打伞热的问题，把伞做成帽子型戴在头上可以解决双手不方便打伞的问题等。在学生讨论完成后，及时将解决方案物化为设计草图，为模型和原型的制作提供参考。

下一步是制作环节，选择合适的材料和工具制作出模型或者原型。3D 打印由于其快速成型的优点，选择该技术实现模型和原型是一个非常不错的想法。根据设计草图，学生使用 3D 建模软件完成模型的制作，最终通过 3D 打印机将模型打印出来。

最后是测试与修改环节。设计者给用户展示设计的模型或原型，让用户在使用的过程中提出反馈意见，并不断修改。活动要求每个小组 3 分钟时间展示自己组设计的创意雨伞作品，并从设计创新点（适用对象、适用场景、外观、结构、功能等方面阐述创新设计）进行介绍，学生和教师对其作品进行评价，提出修改意见。

通过对本节设计思维知识的学习，请结合案例分析"创意雨伞 3D 打印"活动的教育价值，分析"创意雨伞 3D 打印"活动是不是基于设计思维的学习，请将你确定结论的依据写下来。

4.4　乐高教育 4C 模型：四个环节形成闭环

☕ **节前思考**

1. 乐高教育 4C 模型的要素是什么？
2. 乐高教育 4C 模型的理念是什么？
3. 怎样基于乐高教育 4C 模型进行教学设计？

2013 年 10 月，教育部印发了《关于实施全国中小学教师信息技术应用能力提升工程的意见》（教师〔2013〕13 号），提出由教育部整合信息技术应用能力相关培训，推动"乐高技术教育创新人才培养计划"等项目与各地中小学教师信息技术应用能力提升培训的融合。随后，教育部于 2015 年 8 月印发《关于实施教育部——乐高"创新人才培养计划"（2015—2019 年）教师培训项目的通知》（教师司函〔2015〕47 号），并在全国范围内遴选了 10 家单位作为该项目的教师培训基地，开展中小学教师创新人才培养项目。

4.4.1　乐高教育 4C 模型的要素及理念

乐高的 4C 教学理念不仅在支持教师教学和学生学习方面具有独特优势，而且为 STEM 课程设计提供了良好的模式和支架，教师可以直接参考 4C 模型开展 STEM 课程设计。乐高教育以"做中学""玩中学"为教育理念，提倡通过动手和动脑，来解决现实生活中的真实问题，让孩子们在建构中学习和发展思维。这些理念深入地根植在乐高的产品基因中，与现在 STEM 教育所倡导的跨学科融合、真实问题的解决、小组合作探究的理念不谋而合。经过三十多年的发展，乐高教育形成了从幼儿园到高中完整而丰富的教育解决方案，并且涉及了人文、计算、科学、技术工程、数学等多个学科的全套数字化教学、学习资源（教育产品套装、课程教案、评估工具等）。乐高教育可通过知识延伸，构建思维和 21 世纪技能的培养，能够让学生积极思考、团队合作，成为终身学习者。

1. 乐高教育 4C 模型的要素

乐高 4C 教育理念其实是用于支持教师教学和学生学习的四个环节：包含联系（Connect）、建构（Construct）、反思（Contemplate）和拓展（Continue）（见图 4-6）。

图 4-6 乐高 4C 理念

其中,"联系"是教师创设一个开放式的挑战或任务,学生探索解决方案,激发他们的好奇心,在已有的知识经验与新的体验之间建立连接;"建构"是通过在真实世界中完成模型建构来探索问题解决方案,简单来说就是"做中学";"反思"是提炼知识,获取新知的重要环节,教师提出问题,让学生对其建构的模型或过程进行思考,对方案进行讨论、反思和调整;"拓展"是所学知识、技能应用和迁移的过程,是把学生引入到新一轮的"联系—建构—反思—拓展"中的环节。乐高 4C 理念正是在学生有意义学习的基础上,不断循环"联系—建构—反思—延续"四个环节,教师在过程中加以适当引导,让学生能够不断学习、主动构建、反思提升,使每个学生都能够获得成功的体验。

2. 乐高教育 4C 理念

（1）"联系"真实情景,连接学生原有认知

建构主义理论认为知识的获得源于人们依照自身经验对事物或现象的认识过程;知识总是生根、寄居在真实的情景中,因此学习要在具体的情境中开展。而"联系"环节则负责将任务或挑战融入真实情景中,给学生较好的带入感。同时,真实情景也可以调动学生的学习动机。这是决定学习成功的关键因素和先决条件,是激发学生学习的原始动力及后续学习的持续动力。

（2）"建构"制品或实验方案,外化项目表现形式

STEM 课程的落脚点往往是工程问题的解决和科学知识的探究,其成果是形成真实物品或实验方案。4C 理念中的"建构"环节完美契合了这一点。强调通过动手活动,将头脑中的想法外显出来。可以去建构制品,也可以建构实验方案。有时学习者在最初搭建模型的时候,并不一定对想法或方案非常明晰,但是在不断地尝试、搭建、修改的过程中,头脑中的想法也逐渐完善。

（3）"反思"学科大概念,实现跨学科的知识融合

英国科学教育学者 Wynne Harlen 在《科学教育的原则与大概念》一文中指出:"能够用于解释和预测较大范围自然界现象的概念被定义为大概念（big ideas）。"科学教育的本质就是使 K-12 年级的学生能够围绕学科大概念掌握基本的科学知识。美国《2061 计划》和《新一代科学教育标准》(NGSS)也都强调围绕"大概念"开展科学教育的重要性。虽然针对的是科学教育,但在 STEM 教育中也同样适用。不同学科的知识体系往往是围绕少数几个学科大概念建立和组织起来的,而各学科之间的大概念又是相互关联的,因此打通学科大概念,有助于打破学科壁垒,实现跨学科知识整合。

4C 理念中"反思"环节是知识提炼的关键环节,其所关注的不仅仅是聚焦在当前方案或作品表面问题,而是深挖到学科大概念层面,这样学生能够在思考的时候关联多个学科的知识内容。

(4)"拓展"所学的知识,促进项目的迭代提升

"拓展"是知识应用和迁移的过程,通过后续任务的提出,使学生能够运用所学的知识解决更有挑战性的问题,推动项目的迭代提升。同时"拓展"环节还可以关联其他课程内容,使多门 STEM 课程聚合成系统化、层次化的课程群,发挥更大的课程优势。

由此,4C 理念的几个环节完美地契合了 STEM 课程设计的三个基本要素:面向真实情景的项目设计、基于创造制品和实验探究的问题解决、跨学科的知识整合,这样使 STEM 课程设计有章可循。

4.4.2 基于乐高教育 4C 模型设计案例

以小学科学"带上安全"课程为例,围绕物质科学中"运动和稳定"这一大概念进行设计,涉及的知识内容包括:物体的运动状态、惯性、安全带的作用及其发展历史等。本课程围绕"联系—建构—反思—拓展"的四个环节进行设计,"联系"环节通过观看汽车安全事故的视频和图片用以创设情境,引出问题和任务;"建构"环节让学生搭建汽车模型并进行实验探究,完成实物模型和科学概念的构建;"反思"环节结合实验结果和现象抛出问题,提炼科学知识,指向学科核心大概念;"拓展"环节出具更有挑战性的任务,连接汽车安全的其他学科知识,关联后续教学内容。科学概念的探究、理解和运用是贯穿在整个学习过程中的,无论从教师"教"的角度,还是从学生"学"的角度看,都是围绕"大概念"——运动与稳定进行的。而且,在项目完成过程中,既有"造物"的过程,又有"探究"的过程,较好地兼顾了 STEM 课程的两个落脚点。

1. 教学目标

"带上安全"课程涉及科学、技术、工程、数学四个学科,以科学为主线,通过动手搭建和实验探究,了解力与运动状态的关系,理解惯性的概念并能解释生活中的现象,培养乘车安全意识等。

(1)科学目标
- 了解物体在力的作用下运动状态的变化。
- 理解力是如何改变物体的运动状态的。
- 理解惯性的概念,并能用惯性的概念解释生活中的现象。
- 了解安全带的作用及其发展历史。
- 培养乘车安全意识。

(2)技术目标
- 用不同大小的推力作用于汽车上,完成碰撞实验。
- 使用两种方法(横系、斜系)为"驾驶员"佩戴安全带。
- 培养科学探究的方法和思维。

（3）工程目标
- 制作一辆小车，并满足工程要求，完成实验探究。
- 根据所学知识改进汽车，使其更加安全。
- 培养工程意识和工程思维。

（4）数学目标
- 测量碰撞实验中"驾驶员"的位移变化，并做记录。
- 绘制汽车改进示意图。

2. 学习者分析

小学二年级的学生对于乘车佩戴安全带已有基本共识；对于惯性及力与运动这些现象也有一些初步的了解，但是无法使用科学的语言来准确解释原因。

3. 课前准备

本课程所采用的是乐高动力机械套装 9686，该套装提供了大量用于工程探究的零件，方便学生灵活运用。如果没有乐高套件，也可以使用木条、橡皮筋、木棍若干、轮子、轴等工具。

4. 教学设计

本课程由若干科学探究活动和工程实践活动组成，通过工程活动构建模型，通过科学活动构建科学概念。

（1）"联系"环节
- 活动：观看汽车安全事故的视频和图片，创设情境，联系实际。
- 提问：引出核心问题——坐汽车为什么要系安全带？如何系才能更安全？
- 任务：搭建小车模型，并完成实验探究。

（2）"建构"环节

基于所给材料，以小组为单位，动手活动，合作搭建一辆汽车模型，用以进一步探究。可以自由发挥，但汽车模型必须满足以下工程条件：有 3~4 个轮子，可以让汽车在桌子上自由运动；有放"驾驶员"的地方，不能插或卡在车子上面；驾驶员有"座椅靠背"，可以系安全带；实践 15 分钟。首先根据具体的要求搭建汽车模型，然后进行汽车碰撞实验探究，完成两个实验的记录表格。在探究的过程中，要求学生仔细观察不同情况下车内"驾驶员"的位置变化，测量并记录。

通过这个环节，学生们可能形成两点认识：①当汽车碰上障碍物时，无论速度快慢，驾驶员都会发生位置变化，即发生危险。因此需要佩戴安全带。②当汽车速度很快时，横系安全带的驾驶员会发生向前栽倒的现象，而斜系则不会往前栽倒。因此汽车高速行驶时，斜系安全带要比横系更安全。

(3)"反思"环节

结合现象和发现,提炼科学知识,指向学科核心大概念。

通过前面的两个实验,学生已经观察到了现象,并有一个初步的认知,这时提问:汽车在没有受到力的作用时,运动状态是怎样的?当受到推力作用时,运动状态又是怎样的?小车撞到障碍物时,驾驶员的位置发生了怎样的变化;为什么?生活中还有哪些现象是可以运用惯性来解释的?这些问题指向学科核心大概念,帮助学生提炼知识。随后引出"物体的运动状态"以及"惯性"的概念,对实验现象进一步解释。

(4)"拓展"环节

连接汽车安全的其他学科知识,关联后续内容。例如,教师拓展如下:通过实验探究,学生已经知道了佩戴安全带的重要性,但是安全带也不是万能的,只能尽可能地减少伤亡,那么应该如何设计才能使车内的人员更加安全呢?请参考真实的汽车设计科学,改进汽车模型,使车内乘客更加安全(提示:可以使用棉花、橡胶、橡皮筋等),完成模型改进,绘制改进结构示意图并进行检验,记录结果。拓展环节中请学生们改进汽车,使其变得更加安全,由此,学生们了解更多的汽车设计科学及安全行驶的知识。

5. 教学评价

为了更好地支持学生开展活动,从小组合作、实验记录、汽车模型搭建三个维度设计了评价量规(见表4-9),并采用评价量规前置的方法,在学生活动之初先展示给学生,让学生了解评价内容及要求。随后教师根据各小组活动过程的表现进行评分。

表4-9 "带上安全"评价量规

评价项目	1分	2分	3分	4分	得分
实验记录	没有完成实验表格填写	基本完成实验表格填写,但不能描述发现的问题	基本完成实验表格填写,能描述发现的问题	完成实验表格填写,并能准确描述发现的问题及分析原因	
汽车模型	没有完成汽车模型制作	基本完成汽车模型制作,但汽车不能灵活快速地移动	完成汽车模型制作,并能灵活快速地移动	完成汽车模型制作,能灵活快速地移动;并在制作中加入了自己创意	
小组合作	小组成员不能很好地配合完成任务	小组成员一起完成了一些工作	小组成员一起工作,完成了所有任务	小组成员高质量地合作完成了所有任务	
总分					

小 结

乐高4C教育理念其实是用于支持教师教学和学生学习的四个环节:包含联系(Connect)、建构（Construct）、反思（Contemplate）和拓展（Continue）。"联系"真实情景，连接学生原有认知；"建构"制品或实验方案，外化项目表现形式；"反思"学科大概念，实现跨学科的知识融合；"拓展"所学知识，促进项目的迭代提升。进行教学设计时，围绕"联系—建构—反思—拓展"的四个环节进行设计，"联系"环节用以创设情境，引出问题和任务；"建构"环节进行实验探究，完成科学概念的构建；"反思"环节结合实验结果和现象抛出问题，提炼科学知识，指向学科核心大概念；"拓展"环节出具更有挑战性的任务，关联后续教学内容。

活动建议

以乐高 We Do 2.0 课程中的"废品分类回收"为具体课例，在每个环节的具体课程内容中，均通过【你需要完成】的方式明确告知学习者本阶段需要完成的具体任务，并提供具体的思维工具辅助学习者完成任务；此外，支持工具部分列出了一些可选工具（见表 4-10）。

表 4-10 "废品分类回收"教学流程

对应步骤	具体课程	支持工具
联系	A 同学和 B 同学正在非常积极地保护自然环境，他们想知道如何通过改进废品回收的方式来减少资源浪费。 他们在探索中遇到的疑问： 回收是什么意思？ 在你生活的地区，废品是如何被分类回收的？ 在你的生活中，哪些废品可以重新使用？ 根据可回收废品的形状，设想一个回收废品的设备。 【你需要完成】 观看视频，运用"What？How？Why？"方法记录你的发现。你发现了什么？有哪些需要改进的地方？ 根据你的发现，你最想解决的问题是什么？ 检验探究问题的价值	【发现问题】 同理心地图 "What？How？Why？"方法 情景故事法 客户旅程地图
构思	【你需要完成】 针对你要解决的问题，运用头脑风暴法展开小组讨论，尽可能多地生成解决办法； 将生成的想法进行分类，运用二维象限分析法筛选出 1~3 个可继续进行的方案	头脑风暴法 九宫格 二维象限分析法
建构	【你需要完成】 用乐高积木搭建一个废品回收车，回收车可以分类两种不同形状的物品； 给车床编写程序，使其可以在回收站卸下小型回收物	乐高模型搭建 草图绘制法 故事画板法 角色扮演法

(续表)

对应步骤	具体课程	支持工具
反思	【你需要完成】 测试搭建的乐高模型，运用"反馈捕获网格图"收集整理获得的反馈信息； 反思搭建的模式，该模式实现你在"构思"环节的解决方案了吗？ 【若未实现】 哪些地方还有待改进？如何改进？生成一个改进方案或新的解决方案并测试。 【若实现】 设计一套方案：改装废品回收车，使其可以通过物品的形状，分类两组不同的回收物。 【操作提示】 更改废品回收车的车床； 利用运动传感器来检测回收物的形状； 运用废品回收车分类物品。	可用性测试 访谈法 反馈捕获网格图
拓展	【你需要完成】 设计新的方案：设计一套可以分类三种不同物品的新方案。运用九宫格等方法设计新的解决方案，并用后续步骤规划法或行动计划法做出具体的规划设计。 【操作提示】 利用传送带分类物品 利用机器人的手臂分类物品 利用两个不同的废品回收车分类物品 （注：生活中的哪些废品具有危害性，需要做出特殊分离？记录下你的新方案）	九宫图 行动计划法 后续步骤规划
交流	【你需要完成】 完成乐高文档： 描述你不同的原始模式样本； 解释你最后选择的方案； 将重要的照片截屏、录像或以文字形式插入到乐高文档中； 整理并分享实验总结； 运用故事法分享并传播你的发现。 【分享提示】 展示你是如何分类不同的废品盒，并将它们摆放在不同地点（注意语言的组织和专有名词的运用）	

通过对本节乐高 4C 教育理念的学习，请结合案例分析"废品分类回收"活动的教育价值，分析"废品分类回收"活动是不是基于乐高 4C 教育理念的学习，请将你确定结论的依据写下来。

第三篇

实践篇

突破篇

第三篇

第 5 章
STEM 理念下的学与教设计

本章导读

STEM 教育本身具备跨学科、从真实问题出发、项目式等特点。在跨学科的项目学习中有一定的设计规范和流程，特别是在当今分科教学和评价的现状下，完全开展跨学科项目学习还存在一定困难。本章将回答如何进行 STEM 理念下的多学科整合实践，以及如何进行相应的教学设计。

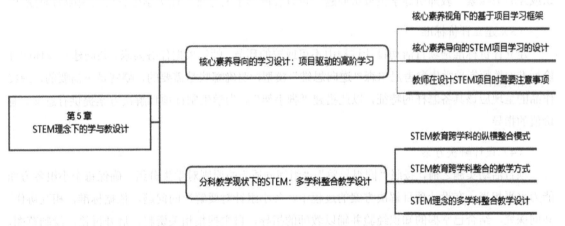

5.1 核心素养导向的学习设计：项目驱动的高阶学习

节前思考

1. STEM 教育中通常采用基于项目（问题）学习方式实施，其活动框架是怎样的？
2. 核心素养导向的 STEM 项目有哪些特点？如何设计素养导向的项目学习？

STEM 教育倡导以学习者为中心，主张以项目（问题）为主线，以实践活动的形式开展教学，在项目活动中将"跨学科""协作""创新""做中学"等学习理念贯彻到底。STEM 教学中，项目实施要遵循趣味性、多维性与协作性，所以项目（问题）设计既是 STEM 教学的特殊点，也是整个教学设计的重中之重。

5.1.1 核心素养视角下基于项目学习框架

1. STEM 项目学习活动框架

STEM 项目学习活动框架分为确立项目主题、分析项目问题、建立评价标准、设计解决方案、实施解决方案和展示评价总结六个阶段开展。

（1）确立项目主题

教师引导学生从生活实际出发选定项目主题，发现生活中存在的问题，提出解决方案并实施，以求解决问题。项目主题应是跨学科的，融合科学、工程、技术和数学等多方面的知识内容，具有趣味性、探究性、实践性、创造性和综合性，并且契合 STEM 理念和核心素养发展要求。

（2）分析项目问题

学生明确项目主题之后，并不能马上制订具体的解决方案，还需对项目背景进行分析，明白到底需要解决哪些问题，并通过头脑风暴或绘制思维导图梳理问题，整合并利用已有的、跨学科的知识或经验去探索。教师引导学生分析问题，可以发散学生的思维，促进学生分析问题能力的提升。

（3）建立评价标准

建立评价标准是项目活动设计过程中不可或缺的环节。师生根据任务要求，共同建立具体的评价标准。教师指导学生参考尼尔森"逆向思维"模型，明确哪些是需要的，哪些是不需要的，最终作品的呈现应该具备怎样的特征，以此搭建"脚手架"，为学生制订项目解决方案提供有意义、有价值的指导。

（4）设计解决方案

项目活动实施之前，按照"同组异质""组间同质"的原则对学生分组，确保每个小组各方面能力水平相当。在设计项目解决方案的过程中，各小组针对要解决的问题，依据标准，相互协作、共同探究，结合已掌握的知识经验并辅以教师的指导，自主搜集相关资料，展开讨论，绘制草图，设计解决方案草案。各小组设计完成方案以后，面向全体学生进行方案可行性分析与汇报，并根据教师及其他小组的意见修改，最终确定具体可行的解决方案。

（5）实施解决方案

各小组分别根据解决方案付诸实施，其间需要各小组分工协作进行探究，辅以教师的适度指导完成作品，并且根据实际情况对作品进行修改与优化，从而迭代与完善项目解决方案。

（6）展示评价总结

教师组织各小组学生进行成果交流与展示，并参照师生共同建立的评价标准，结合制作过程对各小组成果的创新性、实用性、价值性等方面进行评价，提出改进建议。学生根据评价意见进行修改与完善。最后教师进行归纳总结，指导各小组完成项目反思报告，梳理并回顾项目学习活动带来的收获与不足，促进学生问题解决能力与协助能力的发展。

2. STEM 教育项目学习课程样态

基于项目学习包含了多种课程样态：从我们熟知的探究学习、研究性学习、STEM 学习，到最新出现的基于现象的教学、IB 课程等，都能看到基于项目学习的影子。基于项目学习按照所覆盖的知识范围的大小和对学校课程的影响力度，也可将基于项目学习划分为基于微项目学习（15~20 分钟时长的探索性任务）、基于学科项目学习（以学科内的关键概念和能力为载体，指向学科的本质）、基于跨学科项目学习（以不同学科的关键概念或能力为载体）和基于超学科项目学习（超越具体学科的概念体系，如结构与功能、形式、因果关系等，围绕这套概念体系进行的项目学习）几种样态。其中 STEM 教育多属于后两者（跨学科、超学科）。例如下面这个《结构大力士》案例[1]：

该项目学生定位是三四年级，教学时间在 3 课时 180 分钟左右，主要包含的学科是科学、数学、技术、工程，重点是掌握稳定结构的特征，构思稳定桥梁的整体结构。难点是能够完成桥梁模型的设计和制作，并在分析结构的基础上优化桥梁制作。

课程的设计流程是按照提出问题准备阶段阐述制作、展示、评价、拓展提升来进行的。第一课时，项目从年久失修的桥梁需要重新建造的现实问题作为切入点，引起学生对桥梁建造的兴趣，同时要求学生学习了解桥梁稳定结构的相关知识，提出学习任务：通过小组合作一起使用原木棍、青木条、棉线等材料设计制作横架桥。第二课时是小组探究，从头脑风暴到动手搭建，中间有对桥梁的初步设想，有稳定结构的尝试和改造，学生通过画草图到动手搭建，不断完善；第三课时是在小组间进行设计方案的讨论评比，通过该项目的学习，让学生锻炼自己的基本工程绘图能力，加强学生的问题分析验证能力以及团队协作解决问题的能力。师生通过小组评价表、小组自评互评表和学生个人评价表，老师对小组评价表从课堂参与度、课堂纪律等方面对小组表现进行评价。小组自评互评表从知识掌握、设计图、语言表达、声音等过程性指标来评价，而个人评价表从自评小组成员评价、老师评价三个方面进行打分。

3. 核心素养视角下的项目化学习

上海市教育科学研究院普通教育研究所夏雪梅老师在谈到"素养视角下的项目化学习"曾经举例：请大家思考案例 1 和案例 2 的差别：

案例 1：夏天来了。孩子们发现了一个问题：太阳太大了，植物要被晒死了。怎么办？老师带领孩子们想出了解决办法——做遮阳棚。于是，老师带领小朋友们用遮阳伞和其他材料做出了遮阳棚。

---

[1] 科学老师玮玮.STEM 未来计划——结构大力士[EB/OL].https://v.qq.com/x/page/c079200m8zt.htm，20181114.，有改编。

案例2：夏天来了。孩子们发现了一个问题：太阳太大了，植物要被晒死了。怎么办？老师先引导孩子们对现象再做观察：植物真的要被晒死了吗？小朋友很可能是基于很粗糙的观察，他马上就得出一个结论说植物要被晒死。大家如果仔细地去观察一下，是真的要被晒死吗？是所有的花草都被晒死了，还是说有一些植物可能是被晒黄了，有一些可能是被晒蔫了，有一些可能是已经奄奄一息了。那些容易被晒死，或者还是很精神的那些植物，它们有什么特点？它们为什么怕或者不怕太阳呢？引导孩子去关注到植物和太阳或者植物所生存的环境之间的关系，引导孩子们思考：对于那些容易被太阳伤害的植物，我们有哪几种不同的解决方案？是不是都要去做遮阳棚？对于不同的解决方案，怎样进行决策分析？假如最后师生们采用了遮阳棚这种方式，那么那些容易被晒死的植物是不是就减少了呢？最后还要形成迁移。教师提出迁移问题：按照之前思考问题的方式，解决班级同学总是将自己的钢笔弄混的问题。

分析：在案例1中，虽然孩子们发现了一个问题，并通过实践解决了这个问题，做出了产品，但这种过程只是一个孩子单一应用知识的一个实践活动，而没有经过逻辑思考、对比分析和有意识的创造。案例2中，与案例1机械训练的区别是，老师与学生共同经历了如下过程：

- 认真观察：植物真的要被晒死了吗？小朋友很可能是基于很粗糙的观察，他马上就得出一个结论说植物要被晒死。大家如果仔细地去观察一下，是真的要被晒死吗？

- 区分事物：是死了还是没死？这种问题引发学生深入思考，是所有的花草都被晒死了，还是说有一些可能是被晒黄了，有一些可能是被晒蔫了，有一些可能是已经奄奄一息了。而不是一味地接受由于植物因失去活力而"晒死"的误断。

- 寻求背后原因：为什么有的植物怕太阳，有的不怕呢？那些容易被晒死，或者还是很精神的那些植物，它们有什么特点？它们为什么怕或者不怕太阳呢？这种问题是引导学生关注植物和太阳之间的关系。这种关系才是项目学习背后的核心知识。而核心知识背后隐藏着关键的大概念（植物与生存环境的关系）。

- 提出可能性的解决方案，进行决策分析：帮助那些容易被太阳伤害的植物，我们有哪几种不同的解决方案？是不是都要去做遮阳棚？对于不同的解决方案，怎样进行决策分析？这是帮助孩子建立这样一种思维：当我们在真实世界中解决问题的时候，是不是也要经常做权衡？权衡其实就是在情境中思考各种优劣势来做出判断和选择。在设计的过程当中，我们引导孩子们在做和他的思维、在他的身体和他的大脑之间建立起联系，要让孩子在真实的世界和抽象的思维之间不断地建立起相互的关联，引导他们进行深入的思考和学习。

- 验证方案：做好遮阳棚后，容易被晒死的植物是不是就减少了呢？这是对学生一种大的格局观、大的策略性知识的关照，知识需要学生去验证，为实证提供闭合回路。

- 迁移应用：那么学习到这里就结束了吗？不。素养导向的项目化学习最后一步是需要进行迁移。我们要注意到项目化学习中学生的这种思维方式，是不是可以再迁移到其他的情境当中去。学生不可能通过一次实践就能形成迁移，需要在类似的情境中来进行复盘，再思考，再建构等，再次和同伴分享我们到底是怎么解决这个问题的，通过这一系列的过程来达到我们所说的素养导向下的项目化学习。

项目化学习是朝向素养的，素养视角下的项目化学习是学生在一段时间内通过对真实有挑战性的问题进行持续探究，达到对核心知识的再建构和思维迁移。包含以下这几个方面的特征：

第一，指向个人价值和社会价值的结合。发展核心素养，就是把学会学习、学会做事、学会做人有机结合起来，避免重读书、轻做事、淡做人，避免学习死记硬背、解题训练、细目测试、唯分是图，项目学习可行地破解了"单一死学"的方式。发展学生核心素养中的关键能力需要通过学会"做事"的项目来实现，必备品格与价值观念需要学会"做人"的项目来培养。同时，在做事中自然地达到育人的目的，在项目学习中培育学生的合作交流能力、动手操作能力、创造能力、组织协调能力、角色体验能力和批判性思维等，达到个人和社会价值的统一。

第二，指向核心知识的再建构和思维的迁移，包括学生学的是核心知识以及目标是实现知识的再建构（在新的情境中迁移、运用、转换、产生新知识，行动中做出来，解决实际问题）。

第三，指向真实而有挑战性的问题，创建真实的驱动性问题和成果（真实性并非就是现实现场，是指学生习得的知识和能力是真实生活运用的，至少与真实世界是联系的；解决问题的思路是在现实生活中可以迁移的，或思维方式是真实的），包括学术的、虚拟情境的、真实的生活世界的项目；

第四，用高阶驱动低阶的学习。这与日常教学中的花大量时间让学生进行知识的识记、练习、应用，一点点夯实基础、由低阶到高阶的方式不一样。

第五，将学习素养转化为持续的学习实践。我们追求什么样的学习素养，就要让学生用这样的项目学习方式来解决问题。如培养学生的合作沟通能力，项目化学习就要让学生经历合作的冲突、讨论与观点的碰撞。

5.1.2 核心素养导向的 STEM 项目学习设计

核心素养导向的 STEM 项目学习需要对课程进行"解构—重构"过程，采用"六环节"活动框架进行项目设计，在项目实施和评价过程中，始终将教与学的活动指向核心素养，最后形成有凝结核心知识的指向驱动性问题解决的公开成果。其完整的流程如图 5-1 所示。

在教学设计中需要重点考虑的是：第一，在学习目标确定时要考虑到学科知识、学科素养和通用素养的要求，在对课程重新解构设计后提出情境背景下的驱动型问题或任务；第二，在项目活动设计时，必须要考虑项目所需资源工具设计、活动支架设计及阶段成果、作品集评价方案的设计；最后还要设计最终成果展示与评价。

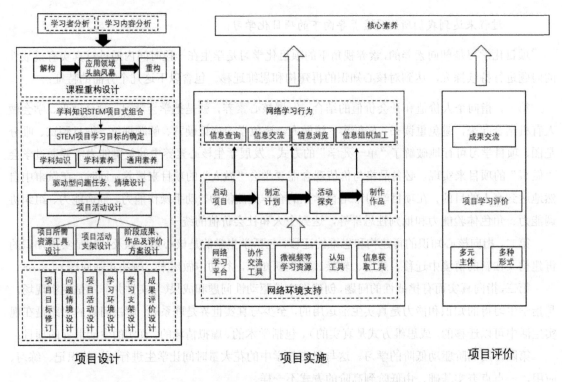

图 5-1 核心素养导向 STEM 项目学习的设计流程[1]

1. 驱动问题设计

STEM 项目主要基于学科课程标准、教学内容和学生经验，结合社会性议题、当前热点问题和学科应用领域，着眼于身边所要解决的问题提出。

例如：围绕疫情这一情境，我们能设计什么样的 STEM 项目？

分析：新冠病毒这一事件是学生亲身经历的真实事件，并且是全面参与的公共卫生安全事件，可以结合这一事件在学习知识的同时，向学生渗透爱国教育、理想信念教育、健康教育。

学科目标：

历史：知道人类历史上几次重大的传染病疫情；能从这些历史事件中汲取经验教训。

生物：能运用病原体、传染源、传播途径、易感人群等概念，分析本次疫情的生物学特点；了解本次疫情的防控知识。

地理：能从武汉的自然地理和人文地理特点分析疫情发展迅速的原因。

道德与法制：体会法律在社会生活中的巨大作用；能从法律和集体个人关系的角度，分析本次疫情中的社会现象。

跨学科目标：熟悉科学说明文和历史文献的写作风格和结构，提高资料查阅和阅读理解能力；

---

[1] 宿庆.STEM 理念下国家课程项目式学习案例的设计与撰写[Z].甘肃省教科院中小学 STEM 教育项目组：兰州市第五十一中学，2019.

发展批判性思维，学会运用事实来说明观点；发展沟通和合作能力；以兼具科学理性和人文关怀的态度参与社会议题的探讨，形成主人翁意识。

学习任务：

历史：每个组从下列传染病历史场景中选择一种，编写一部剧本，编写的剧本应该基本符合历史事实，并让观众看过这部剧后，能从传染病的历史中获得一定的经验教训。

生物：请七年级同学为学校绘制一些宣传画。每幅宣传画只展现一种不良行为即可，要让人从画面中清晰地看出新冠病毒在此不良行为中是怎样传播的（可以适当夸大病毒的尺寸，将病毒画成肉眼可见的大小）。

地理：小组合作完成一份旅行手记，不少于200字。请你以新冠病毒的口吻，写一篇旅行手记，运用地理知识来说明以下几个问题：为什么我（新冠病毒）在武汉爆发？为什么我能在短时间内传播开来，给大家带来麻烦？

道德与法制：疫情之下，许多耐人寻味的热点问题，考验着人们对世事人心的认知判断与价值准则。假如我们穿越时空，回到2020年1月份，成为以下三个情境中的主任，你又该如何抉择呢？请与小组成员展开一次大讨论！①假如时光穿越，作为一所医院院长，面对全院医护人员踊跃报名，奋力参与抗疫的热情与决心，同时也考虑到医护人员自身实际情况，你会选派哪些医护人员去支援武汉呢？请认真权衡，列出五条选派标准，并按照重要性程度进行排序，同时说明理由。②假如时光回到2020年1月22日（武汉封城的前一天），作为一名已确诊新冠肺炎的病人，面对武汉严峻的疫情和紧缺的可用床位，你会选择继续留在武汉等待医院收治，还是立马逃离武汉赶到医疗资源相对充足的深圳呢？③假如时空穿越，作为一名红十字会工作人员，面对前来捐款的独居老人，在了解到老人平日里生活清贫，收入微薄，想要拿出自己省吃俭用、积攒数十年的积蓄来帮助国家战胜疫情，渡过难关。你会选择接受老人的爱心捐款，还是婉拒老人的善意呢？

2. 活动支架设计

教师在设计活动及提供支架时要考虑如下因素：

- 向学生提供认知模型。教师演示当前任务的具体操作，并用有声言语说出其要领以作指导，或向学生展示专家是如何解决类似问题的真实过程。
- 为学生提示或给予解决问题的线索。
- 向学生指明解决问题或完成任务过程中，需要考虑的重要任务/问题因素，告诉学生在探究过程中应当注意什么，特别是应当如何抓住问题的关键。
- 告知学生在学习过程中的行为表现是否适当、是否充分、需要做哪些改进与调整。
- 帮助学生在解决问题停滞时找到出路。
- 通过提问帮助他们去诊断错误的原因并且发展修正的策略。
- 激发学生努力达到任务所要求目标的兴趣，并指引学生的活动朝向预定目标。

例如：在《不同体温计的原理探究》一课中，启发学生是什么原因导致不同场合的体温计选择不一样呢？不同体温计的科学原理是什么呢？从STEM四个学科角度思考问题。

科学：人的体温为什么在37度左右？水银体温计的基本原理是什么？体温枪的原理是什么？

技术：什么材料适合做体温计？为什么水银温度计的下端会有一个弯折？哪些传感器可以用于检测温度？

工程：体温计是怎么做出来的？我们能否自制体温计？

数学：体温计的数据与实际体温是如何对应的？

探讨：不同体温计有什么不一样（水印、煤油、电子、耳温枪、红外体温计、热成像等）？不同场所选用什么样的体温计（家庭、医院、学校等公共场所、机场等场所）？水银体温计的工作原理（用水自制简易温度计）及红外体温计的工作原理（利用 Arduino 红外测温模块制作）。

5.1.3 教师在设计 STEM 项目需要注意事项

在 STEM 项目设计中，很多老师没有这方面的经验和培训，所以面对这一新事物存在许多困惑，著名教师交流网站 MiddleWeb 的资深作者 Anne Jolly 给出了教师十二个设计 STEM 课程的建议，供老师们参考。Anne Jolly 认为，在设计 STEM 项目的时候，要向自己多问问这十二个问题：[1]

1. 我是否以工程方法作为 STEM 项目的框架？

以工程为框架这一点对于 STEM 项目来说无可置疑。工程设计过程是解决 STEM 项目挑战的组织方法，这个过程包含定义问题、创造并开发，到最终解决问题的一系列步骤。

STEM 中的 E（工程）就是传统项目与 STEM 项目的重要区别。但这不意味着你的项目必须严格遵照工程设计方法进行，在设计过程中，工程师常常会在各个步骤之间跳跃，重新回到早期步骤也是很常见的事情。

2. 我的 STEM 项目是否能够通过真实体验运用真实的数学和科学内容？

换句话说，项目是否包含了学生在特定阶段的学习目标。在 STEM 项目中连接和整合数学与科学项目的内容，有助于让学生去理解他们所做的项目的重要性，以及如何与未来可能从事的事业相关联。

也许你需要和其他的数学或科学老师合作，以帮助 STEM 项目的整合。如果能够与人文艺术以及语言的教师相互合作，并把它们整合进入项目，这是更加理想的情况。

3. 我的 STEM 项目是否能够解决真实世界的现实问题？

STEM 项目并非为解决类似于外星人入侵地球之类子虚乌有的问题而设计，而是关注当地或全球的现实社会、经济和环境情况。

4. 我的 STEM 是否能够让学生深入实践和自由探索？

STEM 教师利用探究式的一手调查，鼓励学生批判性思考、解决问题和团队合作。项目并非规

---

[1] Anne Jolly.How You Can Write Perfect STEM Lessons[EB/OL].https://www.middleweb.com/9611/perfect-stem-lessons/,20130809.

定性的，教师不需要每一步都手把手教给学生，以获取答案或解决方案。学生有充分的机会去摸索可能的解决问题的答案。

5. 我的 STEM 项目是否允许有多种正确答案？

STEM 项目强调没有唯一的正确答案。在 STEM 项目挑战中通常有几种甚至很多种正确解决问题的可能方案。正如我们在第 4 点中说到，要允许学生有充分的机会来探索可能的解决方案。

6. 我的 STEM 项目是否鼓励学生团队协作？

团队协作是孩子们成为 21 世纪劳动者的一项必备的领导技能。在团队中，学生们学会沟通、共同思考、分享想法和解决问题。在我的 STEM 课堂中，也会包含学生进行团队协作的技巧。

7. 我是否能够在情境中介绍问题（特别是面对中小学生）？

情景设置能够抓住学生的兴趣，你可以设计一个自己的情景，也可以在网上找一个。跟随着情景的变化，叙述者会提出若干个需要选择解决的不同问题。通常会在情境中列出一个问题清单，让他们选择某一个单一问题进行探讨。

8. 在项目中，教师的角色是服务者还是讲授者？

项目设计应该尽量避免让教师站在学生面前，简单的解释他们要掌握什么。教师应该解释、支持和监督团队工作，他们应该为学生的学习和做出决定留下空间。

9. 在我的 STEM 项目中，我是否鼓励学生在项目实施的时候进行讨论？

精确而有用的沟通是另一个重要的工作技能，比很多其他的方式更有效。在寻求解决方案的时候，学生需要向专家准确沟通，他们也可能需要定期和其他团队沟通，互相交流信息。他们可以将以书写、在线形式甚至是戏剧和其他方式表达自己的想法和解决方案，多给孩子一些选择。

10. 我的 STEM 项目是否能够让孩子不畏惧失败？

STEM 项目能够帮助学生和教师理解失败，这是发现和创造性解决问题的积极步骤，而且这也是学习和设计解决方案中的必经之路。在 STEM 项目中，学生们应该都能大胆冒险，错误能够带领他们更深刻地理解问题。

11. 我的 STEM 项目设计是否能够同样迎合男生和女生？

不是所有的 STEM 项目都是与机械打交道。一些项目可能会聚焦于健康问题或环境问题，在 STEM 项目中还需要照顾特殊教育的学生，以便他们获得成就。

12. 我的 STEM 项目是否能够有真正的评估方法，以衡量学生和团队是否取得成功。

比如说，建议教师通过团队衡量表的形式，去评估他们的产品是否符合标准和满足约束条件。团队协作能力也应该在衡量表中呈现，以便让学生在活动中有更高的参与度，科学和数学相对应的分数比重多一些。

小 结

STEM 教育中基于项目学习主张学生通过小组合作方式，解决一个真实世界中复杂的、具有挑战性的问题和任务，在解决问题或完成任务的过程中，精心设计项目作品、规划和实施项目任务，进而逐步习得包括知识、可迁移技能、高级思维能力、关键品格等在内的 21 世纪核心素养。核心素养导向下的项目学习设计要关注以下几个问题：

（1）核心知识：项目化学习所指向的核心知识是什么？

（2）驱动性问题：项目化学习用怎样的问题驱动学生主动投入？

（3）高阶认知：驱动性问题将引发学生经历怎样的高阶认知历程？

（4）学习实践：学生将在项目化学习中经历怎样的持续和多样的实践？

（5）公开成果：项目将期待学生产生怎样的成果？

（6）学习评价：如何评价学生的学习过程和项目化学习成果？

活动建议

选择自己熟悉的学科，按照核心素养的要求，根据核心素养导向 STEM 项目学习的设计流程，设计一个 STEM 项目学习大致框架。

5.2　分科教学现状下的 STEM：多学科整合教学设计

☕ 节前思考

1. STEM 教育的跨学科整合模式有哪几种？教学方式有哪些？

2. STEM 理念下的多学科整合教学有什么特点？如何设计 STEM 理念下的多学科整合教学？

在课程方面，STEM 教育带来了课程组织方式的重大变革。目前中小学最广泛应用的课程模式是分科教学模式，即数学、科学等学科教师负责教授各自科目，很少重视学科之间的联系。然而，要让学生为未来的社会发展做准备，他们必须超越学科的界限进行思考。因此，我们就可以采用基于 STEM 教育理念的"整合的课程设计模式"，即把多学科整合在一起，强调对知识的应用和对学科之间关系的关注，与核心素养的要求相呼应。

5.2.1　STEM 教育跨学科的横纵整合模式[1]

1. 横向整合

所谓横向整合，是指跨学科、跨领域的课程整合。例如，美国 K-12 阶段科学和工程被整合在《下一代科学教育标准》（以下简称 NGSS）中，并以"表现期望"为核心，用"表现期望+基础

---

[1] 李春密，赵芸赫.STEM 相关学科课程整合模式国际比较研究[J].比较教育研究，2017，39(05)：11-18.

盒子+连接盒子"的呈现方式实现整合。表 5-1 所示即为美国 NGSS 小学二年级标准中的一个横向整合示例。

表 5-1 "生态系统"主题内容结构呈现方式

表现期望	基础盒子			连接盒子
	科学和工程	学科核心概念	跨学科共同概念	
开发一个简单的模型,模拟动物为植物播种或授粉的功能	开发和使用模型:开发和使用能呈现具体事务或设计解决方案的模型	生态系统中的相互依存关系:植物生长依靠光和水;植物依靠动物来播种、授粉	因果关系事物有存在的原因	与同一年及其他主体的联系;跨年级的连接点;与《州共同核心课程标准》的联系
计划并实施研究,确定植物生长是否需要阳光和水	设计与实施研究:设计并研究,回答问题或检验问题的解决方案	开发可能的设计方案:通过框架、绘画或物理模型来描述设计方案	结构和功能:物体的形状和稳定性与它们的功能相关	

其中,"表现期望"指的是学生理解知识后应能做到的行为。"基础盒子"中"科学和工程"一列包含提出问题与定义,开发与使用模型,计划与开展调查,分析与解读数据,运用数学与计算,构架解释与设计解决方案,依证据而辩证,获取、评估与交流信息等内容;"学科核心概念"一列包括所有学生在整个学习过程中应该理解的、科学学科中的最基本的概念;"跨学科共通概念"一列包括模式,因果关系,规模、比例与数量,体系和系统模型,系统中的能量与物质,结构与功能等跨学科共通概念。

2. 纵向整合

所谓纵向整合,即在适合各阶段学生认知水平的基础上,促使学生的素养随着学习阶段的延伸,取得连贯一致发展的整合设计。如表 5-2 所示,在美国 K-12 阶段的学习进程中,学生不断拓展和深入对学科核心概念的理解,美国课程标准中也含有各学段对同一学科核心概念的表现期望。

表 5-2 "生命体的物质和能量流动"的学科概念进阶

年级	2 年级	5 年级	8 年级	12 年级
表现期望	根据食物的不同将动物分为两类,并能够对每类举出 3 个以上例子	解释动物如何食用食物,并给出相应的例子和证据来支持每种类型	解释为什么人呼出的气体中的氧气含量低于吸入气体的。在解释中,需要包含生命体哪个部分消耗氧气,以及氧气如何转移到该部位	建立模型,描述使细胞获得或转移能量,以满足人体需要的有氧呼吸过程

(续表)

年级	2 年级	5 年级	8 年级	12 年级
学科概念	动物需要食物，以维持生命和生长。动物的食物，可以是植物，也可以是其他动物	生物需要能量。动物和植物都需要吸收空气和水……食物消化后可以释放能量，以维持动物体温和运动	通过光合作用，植物、藻类、微生物利用光能将大气中的二氧化碳和水转化为糖类……厌氧细菌获得能量的过程不需要氧气过程	光合作用将光能转化为化学能……在任何变化中，物质和能量都是守恒的

纵向整合实质上是对核心概念理解的逐级深入和持续发展，可以系统地帮助学生学习核心概念的内涵，最终为学生比较全面、系统而深入地理解核心概念打下扎实的基础。当然，横向整合和纵向整合之间也是相互作用的，共同促进课程实施效果。

5.2.2　STEM 教育跨学科整合的教学方式

1. 基于问题——学科知识整合取向

基于问题的教学方式即通过学生合作，解决融入真实情境中的问题或与客观世界相关的问题。问题是载体，是多学科知识融合的交叉点与整合点，是吸引学生学习与探究的触发器。解决问题的目的是为了促进学生对所学知识的理解与建构，从而习得隐含于问题背后的学科知识。

例如：以二年级跨学科综合课"关于蝴蝶的研究"为例，为了帮助学生提出问题，教师在连续几周（每周大约一节课）的教学过程中设计了这样一些指引：

我已经知道……我已经学过……

我观察到/我注意到/……我想知道……

我很好奇，如果……会怎么样？怎么办？

在这样一个项目中，教师几乎没有机械的知识讲解环节，而是以探究活动代替：从问题出发，把孩子带入学习场景，然后进行相关探索，观察现象、学习概念、动手操作。

通过学生观察毛毛虫大小变化，比较毛毛虫的大小，引申出比较大小"标准"的问题，提出测量的方法，进而学习刻度尺的使用和如何读数。在这些活动中，学生始终沉浸在探索的兴奋之中，既学到了科学思维，又掌握了科学、数学的相关知识。

2. 基于项目——生活经验整合取向

基于项目的教学方式是以完成来自生活经验与社会中实践性的项目为核心，将跨学科的内容、高级思维能力发展与真实社会生活联系起来。项目学习一般以开发出最终的作品为出发点，作品设计是贯穿项目学习的主线和驱动力，学生在完成作品的过程中进行检索、讨论、演算、设计和观察等学习活动，并解决一个或多个问题，从而获得知识和技能。

例如，在一项睡眠研究项目中，学生以调查睡眠、情绪和电子设备之间的联系为主题，五人为一个小组的数学课主要进行了项目相关的数学建模和大数据处理。

另一个项目是"与长者共舞：探索运动、情绪和记忆之间的联系"。该项目通过全程追踪参与者的微笑、大笑等行为并对收集的数据进行统计分析，量化了舞蹈对老年人情绪健康、身体康复和记忆的影响。这个基于社会生活的项目也整合了数学、体育、心理健康等多学科知识。

3. 基于工程设计——学习者中心整合取向

基于工程设计的教学方式不强调由教师预设问题或项目，而是由学生主导项目。学生以个人或小组为单位提出任务，教师在学生解决项目问题的过程中发挥协调、指导和评价作用。它不仅强调解决问题能力的培养，还强调发现问题的创新能力，是一种依据学习者需求，以学习者生活经验为基础，寻找各学科整合点的教学方式。

以学习者为中心的整合取向，强调创设学习者可以主动介入、研究与发现的问题情境，让学生在蕴含丰富 STEM 知识的问题情境中，进行合作与交流、探究与发现，从而创造意义、学习知识。

例如，三年级学生解决一个工程设计问题：为期两周的假期就要来了，假期中学校的植物角没人浇水，植物会干死，怎么办？

第一步是明确问题：设计一个方案，即做一个灌溉装置，能在未来两周内以安全可靠的方式给植物输送适量的水，让植物既不会干死，也不会溺死。接下来是调查研究，构建灌溉模型。学生在搭建原型之前，还要学会画草图，决定选用什么材料、按照什么步骤，并从实践中理解科学概念。做好原型并完成整个设计和制作后，还要完成 10 个步骤，包括再次审视、能用文字清楚描述自己的思路和步骤、多次详细测试等，最后得出结论，告诉大家自己的设计思路和作品功能，用实证数据证明自己的作品是可行的，别人能按照这个步骤复制和测试，才能交付作品。

从这个案例来看，虽然是学生的项目，但十分严谨，与真实的工程设计没有本质的区别。比起具体的知识，它包含的这些探索未知、解决问题的科学思维方法，才是 STEM 课程的精华所在。

5.2.3 STEM 理念的多学科整合教学设计

1. STEM 理念下的多学科整合教学特点[1]

（1）以学科的基本概念和原理为中心

核心素养概念提出后，高中各学科的课程标准中都在本学科落实了核心素养。以实践为取向，以跨学科任务为驱动，培养学生理性思维，提升探究能力和实践能力。但每个学科都有自身的界定和特点，STEM 理念应用于各学科，还是要以学科的基本概念和原理为中心，在此基础上进行"大概念"的问题（或项目）的驱动下的深度学习。

---

[1] 宿庆.STEM 理念下国家课程项目式学习案例的设计与撰写[Z].甘肃省教科院中小学 STEM 教育项目组：兰州市第五十一中学，2019.

(2) 学习源于问题或任务驱动

驱动性问题是指围绕某一真实事物或真实事件，由教师、活动设计者或者学生，事先设计好的一系列情境化的、富有挑战性的、有意义的开放性问题。这些问题将由教师和学生在数学项目活动中共同探究和回答，并由此产生出相应的活动产品。它往往来自真实世界和实际生活，具有选择性和指向性，能为学生探索实践活动指引方向，激发学生兴趣。

在设计时要求教师依据所教学科内容，选择一个（或多个）单元或知识点（与社会性议题、当前热点问题、应用领域和身边所要解决的问题密切相关），设计情景化的、富有挑战性的、有意义的、可行的、开放的、驱动性问题或任务。

例如：数学学科教学中，豆豆是个活泼聪明、爱好发明的孩子。马上要学习《认识钟表》，他想知道在古代，人们用哪些计时工具呢？他也想制作一个简易的计时工具。你能帮帮他吗？驱动型问题：古代用的是哪些计时工具？你能制作一个简单的计时工具吗？

例如：英语学科教学中，教师提供背景信息如下：

【Background Information】

In previous lessons, students have already learned the main text, which is about two restaurant owners competing with each other for business. They have different menus for different target customers. One provides slimming but expensive diets while the other serves dishes that emphasize flavor over nutrition.

【Open Question】

Which restaurant do you prefer and why?

【Main Task】

If you were a restaurant owner, how would you design your men and promote your products to the potential customers?

这些"复杂的驱动问题"的提出，基本遵循如下原则：

- 可行的：学生是否可以在某一时间段内，根据自身已有的认知水平、可用的资源等解决问题。
- 开放的：信息来源是开放的，方法是开放的，问题结果是开放的。
- 有价值的：包含了与国家标准课程或当地课程标准相一致的、能够引导学生掌握课程目标所要求的知识、技能、方法，并培养学生的学科能力和核心素养。
- 情境化的：现实生活和真实世界发生的重要的问题。
- 有意义的：学生认为有趣的、激动人心的。
- 道德的：不会伤害个人、组织、环境。
- 可持续性：它应该能维持学生对项目的兴趣。

教师在设计复杂驱动性问题或任务时,还要考虑设计若干个学习活动,其中还要注意子活动涉及的知识、技能与项目目标之间的对应关系,描述不同的学生活动内容,阐述教师活动内容及提供的学习支架,以及每个学习活动需要的工具、资源及形成的活动作品,如表 5-3 所示。

表 5-3 基于驱动任务的学习活动设计

基于驱动任务学习活动	设计要求:请根据驱动性问题或任务,设计若干个学习活动,描述不同的学习活动内容,确定学习活动目标(请保持活动目标和项目学习总目标的对应关系),阐述学生活动及教师提供的学习支架,以及每一个学习活动需要的工具、资源以及形成的活动作品,设计每个学习活动的评价方式并计划课时			
	活动序列	学生活动	教师活动/学习支架	工具及资源	活动作品
基于驱动任务学习评价	设计要求:请针对学生学习活动的表现、作品和知识掌握程度,选择评价方法并制定评价工具,一般学科知识可以采用传统的评测方法(如测试题)考核学生的掌握程度。学科能力和核心素养一般需要使用评价量规来测量(注意量规的来源及量规指标的合理性)				

(3)学科内部、学科之间及学科与技术的深度融合

以本学科知识为中心,构建完成驱动问题所涉及学科的知识网,设计驱动性问题要经历的探究活动并提供的环境、工具和支架。促进不同学科知识间的交叉融合,尽量通过技术支持探究活动,帮助学生学会运用计算思维识别与分析问题,抽象、建模与设计系统性解决方案,在数字化学习与创新活动中,形成对人与世界的多元理解力和学习力。其中鼓励利用多样化的学习资源和工具,来支持学生的多样化的学习方式,如网络教学平台、平板电脑、设计媒体、计算机演示文稿、思维导图等,其研究成果可以是电子简报、绘本、模型制作、数字故事、微电影等等。如表 5-4 所示,列举了两个不同案例中的不同学科知识关系及探究活动。

表 5-4 学科间知识联系及完成的主要探究主题和任务

案例名称	涉及学科知识	驱动性问题/任务	主要的探究活动	网络环境及工具
《新闻单元》	语文学科知识为主,融合美术、信息技术等学科知识	以小记者的身份,开展一次"新闻采访——不平凡的普通人"活动	学生以小为单位进行采访,了解普通人的生活,拍摄照片,撰写文章,设计并制作一份图文并茂的报纸(1~2 个版面)。报的内容必须包括消息、通信、新闻评论等……	社交媒体、网络写作平台、网络信息检索平台、PPT 等

(续表)

案例名称	涉及学科知识	驱动性问题/任务	主要的探究活动	网络环境及工具
《从自然界中的盐到餐桌上的食盐》	化学学科知识为主，融合数学、科学、信息技术等学科知识	你知道自然界中的盐怎么变成可使用的盐吗?含碘盐中的"碘"又是如何加进去的?让我们一起走进食盐工业，"研制"适合家人的食用盐吧，这可是你的"独创"产品	1.从自然得到粗盐； 2.从粗盐中提纯氯化钠； 3.制作不同功能的食用盐	网络信息检索平台、PPT 等

2. STEM 理念下的多学科整合教学设计

STEM 教育是跨学科式整合的教育，强调以某项特定的项目或任务，引导学生跨越单一学科知识体系，整合资源以合作完成学习任务。当然，能够打破学科界限、开展跨学科式整合教育是 STEM 教育的理想状态。然而，目前的分科制教育以不同学科为基础，学科之间基本是独立状态，那么，多学科整合则是分科教育迈向跨学科整合的必经途径。多学科整合是指围绕同一主题整合不同学科的知识，学科保持独立。跨学科整合则是指学科不再是课程组织的中心，取而代之的是社会生活中的现实问题，学科知识融入其中，成为解决问题的主要内容。可以说，这种方式在当下学校分科教育的体制下，可以最大限度地发挥 STEM 教育地价值，是一种值得推荐的模式。

参照基于建构主义的教学设计模式（余胜泉等，2000）提出了 STEM 理念下的多学科整合教学设计模式：在"教学分析"的基础上，以"项目或问题"为核心立足点，设计项目完成或问题解决过程中的学习资源与工具、学习活动过程、学习支架、学习评价等关键环节，同时关注项目完成后，学生获得知识的系统化与结构化迁移，并有相应的强化练习与总结提升。如图 5-2 所示。

在教学设计前期，教师需要对以下三个方面进行细致分析：教学目标；学习者特征；多学科知识地图（学习内容）。分析教学目标是为了确定学习主题，对课程的三维目标做具体描述。分析学习者特征是为了确保项目设计适合学生的能力与知识水平，对学习者的智力因素和非智力因素进行充分分析。STEM 教育强调学习要在真实情境中完成学习任务，而要确保任务中包含教学目标，就需要对学习内容进行深入分析，明确所需学习的知识内容、知识内容间的结构关系和知识内容的类型。这可以通过绘制学习内容的知识地图，展示跨学科知识之间的关联，为整个课程知识均衡覆盖提供基础。

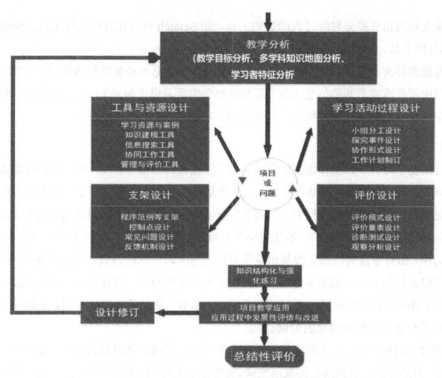

图 5-2　STEM 理念下多学科整合教学设计模式[1]

（1）学习任务或问题设计

学习任务（或问题）是整个 STEM 多学科整合模式的核心和立足点。STEM 教育是基于现实情境的，需要学习者置身于真实、非良构的学习任务中。学生学习的过程就是解决实际问题和完成实际项目的过程，问题或项目构成了驱动学习的核心，而不像教师讲授那样充当概念、原理的例子。学习任务可以是问题或项目：它们均代表连续性的复杂问题，并要求学习者采取主动、建构、真实情境下的学习方式。

学习任务或问题一定要放在特定情境中呈现，需要将设计的问题在特定情境中具体化。由于教科书中的知识是对现实生活的抽象和提炼，所以设计学习情景就要还原知识的背景，恢复其原来的生动性、丰富性，有时同一问题在不同情景中（不同的工作环境、社会背景）的表现是不同的。STEM 教学要基于前面的教学分析结果，对学习情境进行设计，使得学习问题能够与真实学习情境相融合，不处于分离或勉强合成的状态。

（2）工具与资源设计

问题解决或项目完成需要学习者在大量信息的基础上进行自主学习、意义建构，因此设计适宜的学习环境和丰富的学习资源与工具是 STEM 教学设计必不可少的环节。学习环境设计主要包括教学中需要用到的设备、器材和各种信息化工具，如目前广受关注的 3D 打印机、开源电路板等，

---

[1] 余胜泉，胡翔.STEM 教育理念与跨学科整合模式[J].开放教育研究，2015，21(04)：13-22.

还需要一些用来支持或指引扩充思维过程的认知工具,如 Scratch 可视化程序设计工具、概念图工具、SPSS 数据分析工具、网络沟通工具、三维建模工具等。

学习资源方面教师需要设计:①了解有关学习问题的详细信息和必要的预备知识;②学生在解决学习问题过程中可能需要查阅的信息(为了更好地对学生学习提供指导);③强化练习材料(用于学习者在教学活动实施后进行强化练习,从而检测、巩固、扩展所学知识)。

(3)学习支架设计

STEM 教育重视学习者学习主体地位的同时,也不忽视教师的指导作用。STEM 教师既需要保持对各个教学环节的控制、管理、帮助和指导,又需要从课堂主角变为幕后导演,成为学生意义建构的帮助者、促进者。在问题解决过程中,不同学生所采用的学习路径、遇到的困难也不相同,教师需要针对不同情况给予及时反馈和帮助,指导学生开展独立探索或协作,调动学生参与的主动性;学生在自主学习中,面对丰富的信息资源易出现学习行为与学习目标的偏离,对此教师要在问题解决过程中设置关键的控制点,规范学生学习,同时也有利于学生反思、深化所学知识。因此,针对学生问题解决过程中可能遇到的困难,教师提供起支撑、承载、联结等作用的支架,是确保学生在最临近发展区内进行学习并解决问题的关键。

在多学科整合学习项目中,支架可以保证学生在不能独立完成任务时获得成功,提高能力水平以达到任务要求,帮助他们认识到潜在的发展空间。支架让学生经历一些有经验的学习者(如教师)所经历的思维过程,有助于学生对知识、特别是隐性知识的体悟与理解。学生通过内化支架,可以获得独立完成任务的技能。支架还可以展示学习任务的真实情境,让学习者感受、体验和进入复杂的真实情境。典型的支架包括表 5-5 所示的各种方式(闫寒冰,2003)。

表 5-5 支架类型及作用

支架类型	作用
情境型支架	设置情境帮助进入学习
问题型支架	创设问题情境,引发思维
实验型支架	演示实验、学生实验、家庭实验
信息型支架	包括教师已有知识、网络知识、材料等
知识型支架	主要提供评价和产生新的经验和信息的框架
程序型支架	指做事的顺序
策略型支架	指在不同教学条件下,为达到不同教学效果所采用的手段和谋略
范例型支架	指典型事例和范例
训练性支架	指通过指导和练习,强化学生认知理解,提升学生学习能力

(4)学习活动设计

学生是在完成多学科整合学习项目过程中获取知识、认识客观世界的,不是直接从书本或教师处获得知识,认知与学习发生在完成任务和解决问题的过程中,是通过学习活动这一中介体完成的。

因此，有效的多学科整合学习项目设计，必须以有效的学习活动为中介，促进知识的内化，只有这样才能真正提高学生学习效率，促进学生学习的发生。

多学科整合学习活动设计，就是教师根据教学目标、教学内容、教学情境，灵活选择和设计学习活动，让学生通过参与活动进行学习。不同教学模式往往从不同教学环节和程序安排上显示其特征，每种教学模式都有其自身相对固定的活动逻辑步骤，以及每阶段应完成的教学任务。不同活动序列组合自然形成不同的教学模式。

（5）学习评价设计

教学评价包括形成性评价和总结性评价。为了在教学活动过程中更好地达到教学目标，教师需要在教学过程中不断进行形成性评价。形成性评价偏向于使用量表、行为观察和知识测验等形式，了解阶段性的教学成果和存在的问题，及时对教学实施方案进行修改、完善。总结性评价一般安排在教学活动告一段落后，为检验学习效果是否达到预期的教学目标而进行的评价。多学科整合教学侧重于培养学习者解决实际问题的能力，比传统的纸笔测试更加灵活多样，并关注学习者的真实能力。例如，它可以对小组合作完成的作品按事先制定的评价标准，由教师或小组间进行评价。形成性评价和总结性评价服务于不同目的，没有孰轻孰重之分，两者均起着举足轻重的作用。

评价过程要改变以往单一的评价方式，强调多元评价主体、形成性评价、面向学习过程的评价，由学生本人、同伴、教师对学生学习过程的态度、兴趣、参与程度、任务完成情况，以及学习过程中形成的作品等进行评估。

（6）总结与强化练习

项目结束后需要适时进行教学总结，促进学习者将零散的知识系统化。多学科整合教学关注现实问题，着力跨学科运用知识，因此更需要对涉及的知识进行总结，将多学科整合学习的产出，从现实问题的解决延伸到抽象的知识层面，让学生形成一定的知识体系和结构。教学总结可以由教师独立进行，也可以采取教师指导下学生小组合作汇报等形式进行。

完成教学总结后，教师应根据小组评价和自我评价结果，为学生设计一套可供选择并有针对性的补充学习材料和强化练习。这类材料和练习应该精心挑选，既要反映基本概念、基本原理，又能适应不同学生的要求，以便通过强化练习纠正原有的错误理解或片面认识，最终达到符合要求的意义建构。

（7）项目方案试用与改进

项目实施过程中，一方面要严格按照设计的方案进行，确保教学方案的执行；另一方面，要根据现实教学条件和形成性评价的结果不断修订设计方案，保证灵活性。

小　结

STEM 教育跨学科整合的模式主要包含横向整合和纵向整合两种形式。STEM 教育跨学科整合的教学方式主要包括基于问题——学科知识整合取向、基于项目——生活经验整合取向、基于工程设计——学习者中心整合取向。STEM 理念下的多学科整合教学具有以学科的基本概念和原理为中心、学习源于问题或任务驱动、学科内部之间及学科与技术的深度融合的特点。STEM 理念下的多学科整合教学设计包括学习问题或任务驱动设计、工具与资源设计、学习支架设计、学习活动设计、学习评价设计、总结与强化练习、项目方案试用与改进。

活动建议

根据本学科的特点，依据 STEM 教育理念，具体针对一节课或一个知识点进行 STEM 理念下的多学科整合教学设计，简要描述学习问题或任务驱动设计、工具与资源设计、学习支架设计、学习活动设计、学习评价设计、总结与强化练习、项目方案试用与改进。

第 6 章

STEM 教育的途径与方法

📔 本章导读

STEM 教育本身具备跨学科、从真实问题出发、项目式等特点,其实施模型包括基于项目的学习模型、问题导向学习模型、设计思维模型、乐高教育 4C 模型等。开展 STEM 教育需要进行多学科整合实践,但在现实中仍然存在诸多困难,那么如何将 STEM 教育理念融入现实的教学方案中呢?本章将针对 STEM 教育的途径与方法进行解答。

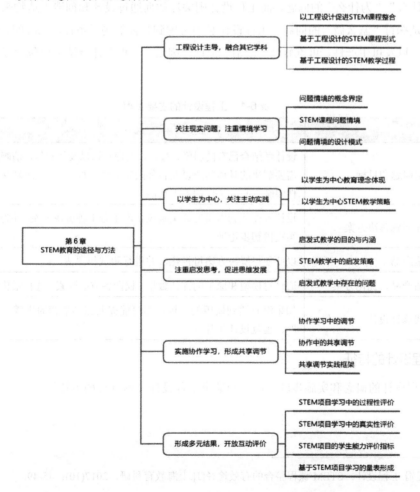

6.1 工程设计主导，融合其他学科

☕ **节前思考**

1. 什么是工程设计？为什么工程设计可以促进 STEM 教育？
2. 基于工程设计的 STEM 课程形式有哪些？
3. 基于工程设计的 STEM 教学过程是怎样的？

6.1.1 以工程设计促进 STEM 学科整合[1]

跨学科性是 STEM 教育的核心特征。利用"工程设计"教学方法，能够有效促进学生 STEM 学科领域的融合学习，工程设计可以作为 STEM 课程整合的工具。

1. 工程设计的概念和实施步骤

工程设计是指为了满足人类的需求而对某一特定问题设计解决方法。工程设计不同于科学，科学探讨"是什么""为什么"的问题，而工程设计则关注如何通过设计和创造人造物来实现我们的需求，也就是探讨"怎么做"的问题。工程设计必须考虑到具体的物质条件，如时间、经费、可利用的材料等，以及可生产性、可维修性、政治、伦理等因素。工程设计方法主要包含以下五个步骤（见表 6-1）。

表 6-1 工程设计的主要步骤

序号	步骤	任务
1	确定问题和目标	设计者结合已有的科学、技术、工程知识以及经验等，清晰地描述客户需要解决的具体问题以及各种限制条件，并将客户需求转化为在若干条件限制下必须实现的若干功能
2	研究问题解决方案	设计者往往利用研究或头脑风暴产生若干种解决方案，并为选择解决方案提供初步论证
3	制造产品	以此使得解决方案可视化，并进行测试和评估
4	评估产品、优化方案	通过对模型和原型的评估数据，权衡各方面因素，选择最优的解决方案
5	迭代修订设计	如果没有达到期望的目标，则可能需要回到最初的步骤，重新框定问题、重复设计步骤等

2. 工程设计的特征

基于工程设计的概念和实施步骤，可以归纳出工程设计过程具有如下特征：

---

[1] 杨玉琴，倪娟.工程设计：STEM 课程整合的有效途径[J].上海教育科研，2017(10)：45-49.

（1）问题的开放性

工程设计所需解决的问题，往往是来源于现实世界生产或生活的结构不良问题，没有现成的解决方案，也没有唯一正确的解决方案。工程设计的过程既是问题解决的过程，同时也是一个知识创造的过程。

（2）方法的系统性

工程是一个系统，设计就是要实现系统结构与功能的一致性，系统中任何一个部分的变化都有可能导致整体功能的改变，因此，每一部分的设计都应置于整个系统中来考量。设计始于一个问题或目标，问题的解决方案需要经历假设、论证、建模、检验、评估以及优化等过程，在这个过程中，如果发现与最初问题不符合的现象，都有可能需要重新回到前面的步骤中，整个设计过程是一个有目的的、迭代的系统反思和反馈过程。

（3）团队的社会性

正是由于工程设计是一个系统的问题解决过程，因此需要团队的分工和协作，设计人员之间需要不断地沟通和交流，同时还需要与客户不断地交换意见和协商。

（4）知识的跨学科性

单一的学科知识和能力无法完成复杂情境下的工程设计任务，需要数学、物理、化学、理论力学、材料力学、流体力学等多学科知识，需要系统化工程设计的理论和方法，需要计算机技术的支持等。设计过程中根据客户需求，将跨学科的知识和方法置于设计情境中，从而形成设计思想或方案。而在工程实施阶段，这些知识则需要嵌入工程现场去接受检验和评估。因此，设计是一个知识"脱域"设计情境和"重嵌"使用情境的过程。工程设计的跨学科本质，使其自然成为STEM的有效整合工具。

在工程课程"珠-线"模型中，"珠-串"代表一个个工程项目的集合，"线"代表STEM课程中的核心概念和基本技能，其中，设计是一条最粗的线，包含分析、限定、建模、最优化、权衡以及系统等工程设计要素；数学线用于收集、组织、分析、解释和呈现数据；科学线由两股组成，一股科学线是与工程课题和问题相关的科学概念，另一股科学线是建构知识和进行设计决策的科学探究模型；技术线则是支持工程设计的方法和手段等。从该模型可见，工程设计能够有效地整合STEM课程的四个要素，在有意义的情境中强化科学、技术、工程和数学各学科概念的学习和应用（见图6-1）。

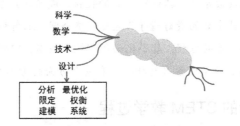

图6-1 工程课程"珠-线"模型

6.1.2 基于工程设计的 STEM 课程形式

基于工程设计的 STEM 课程必须包含与个人或社会有关的工程问题，必须包含有意义的工程与数学、科学或技术相融合的实例，必须让学生参与到工程设计中，或者要求学生分析已有工程设计问题的解决方法，必须包含某些特定的、反映工程核心思维的要素，必须具备足够的规模以及成熟度，有可以供学生充分利用的资源及时间保障。因此，基于工程设计的 STEM 课程开发核心是以解决来源于实际的工程问题为主线，以工程问题的解决支持科学、技术、工程和数学等概念的学习和应用，并且促进学生的系统思维、批判性思维及创造性思维等能力的发展。基于工程设计的 STEM 课程形式主要有以下两种。

1. 作为一门独立的课程

可以在现有的课程体系中，独立开设一门"工程设计"课程，课程中融合科学、技术、工程和数学等相关知识，以学生选修或工作坊的形式存在。这种"工程设计"课程由基于项目的主题组成，内容包括航天工程、电和机械工程、生物工程、声学工程等。每个单元由准备课（介绍工程、技术和设计过程的相关知识）、工程故事（引出工程问题）、工程领域（在此领域中工程师的工作）、科学与工程（将与工程设计相关的科学、数学等关联起来）、挑战工程设计（解决工程设计问题）以及前后测（评价学生学习该单元前后的知识和思维变化）等相互联系的部分组成。每个单元都通过不同文化特色和背景的故事，引出现实世界中的工程问题，例如，以"长城故事"引出"墙的设计"，以"拯救乌龟"故事引出"水过滤器的设计"等；学生通过合作学习的方式，在课堂上解决工程设计问题的挑战，应用 STEM 课程相关概念，了解工程师的职责以及工程设计过程，锻炼批判性思维能力等。

2. 融入其他课程

这种课程不必独立开设，只需要将工程设计融合到现有的数学、科学或技术等课程中，寻找适宜的结合点设计课程主题。由于基础教育阶段的课程已经很多，再增加一门独立课程难度较大，所以，想要既不增加学科门类又能达到 STEM 素养培养目标，这种在现有课程中融入工程设计思想的形式则是可行路径之一。

例如，小学科学课程在《简单电路》学习后，可开设"设计圣诞树 LED 灯"主题，通过"如何点亮圣诞树"这一工程问题的解决，把科学（闭合电路、并联电路、LED 的特性等）、技术（不同元件之间的连接方法）以及数学（计算电路所需的耗材、成本等）等整合起来；再如，数学课程中开设"设计一个可以装 1 升牛奶的最好罐子"主题，整合圆、三角和圆柱体等几何概念，面积和体积的测量，解决至少两个变量的方程，最小化面积以控制成本，空间最小化以便于运输，贮存和控制热交换，以及设计中的工效学因素（包括携带和安全方面的考虑）等相关 STEM 知识。

6.1.3 基于工程设计的 STEM 教学过程

基于工程设计的 STEM 教学的目标是，在促进学生工程思维和问题解决能力培养的同时，进一步强化科学或数学等学科概念的学习，因此，无论哪一种教学模式，都需将所有的学生置于工程设计挑战情境中，利用一个标准的工程设计过程作为指导性框架，保证学生在成功完成工程设计项目时，必须运用科学和数学概念及技术工具等。工程设计挑战中所需解决的问题，是来源于一定的社会或生活需求的结构不良问题，有多种可能的解决办法，学生有机会创造性地解决问题，而不是执行教师的方案。

1. 源于问题的五步工程设计

工程设计过程应包含重要的工程设计要素。比如源于问题的五步工程设计过程（见图6-2）可指导学生完成工程挑战任务，其中，"疑问"包括需要解决的问题是什么，如何让其他人理解它，有哪些限制因素等；"设想"包括思考有哪些解决问题的方法，利用头脑风暴，选择最好的方案；"计划"包括利用草图呈示方案，并列出所需材料；"创造"包括按照计划做出想要的产品，并进行相关测试；"改进"包括思考什么是有效的，什么是无效的，怎样能使产品更好，对设计进行修改，使之更符合需求，并进行测试等。

图6-2 工程设计过程

2. 源于客户需求的工程设计循环模型

源于客户需求的工程设计循环模型也作为教学设计的指导性框架，包含界定、描述、产生、实现、定案几个步骤。

例如，在"针孔照相机的设计"主题教学中，分别经历如下步骤：①第一步，界定需求。学生分组讨论顾客需求。通过向顾客或其他同学提问，创建一个图表来记录顾客的需求以及针孔照相机在质量和规格等方面的要求。②第二步，描述需求，使其具体化。每个小组描述和分析顾客需求，制作照相机详细规格的说明书、图解说明或几何模型等。③第三步，产生想法，选择概念。讨论如何基于客户需求进行设计。每个学生都迅速提出设计思路，互相评论，倾听同伴的批判性建议，思考合理的设计概念。然后，经过小组讨论，基于对选择标准的一致性意见，从众多的设计概念中选择一个概念去实施。④第四步，实现想法。每个小组根据所选择的设计概念，利用铝罐制作一个针孔照相机，利用影像扫描器测量针孔直径。⑤第五步，测试、评估并优化设计。学生计算照相机的理想曝光时间，利用拍照图片来测试照相机性能，基于测试结果优化照相机设计。⑥第六步，完成和分享设计。学生准备照相机的最终文件，包括生产和包装说明、产品的名称，展示他们的产品。⑦第七步，反思设计。对照相机的整个设计过程、其中涉及的概念等进行反思。当然，这些步骤并非在一节课中完成，而是按照实际需要分散在不同的教学单元中。

小 结

因为"工程设计"具有跨学科特征,所以可以成为 STEM 教育的有效途径。以工程设计整合 STEM 的课程开发核心,是以解决来源于实际的工程问题为主线,以工程问题的解决来支持科学、技术、工程和数学等概念的学习和应用,并且促进学生的系统思维、批判性思维及创造性思维等能力的发展。课程形式主要有以下两种:作为一门独立的课程、融入其他课程。基于工程设计的 STEM 教学过程可以参考"五步工程设计""工程设计循环教学"等模型。目前,我国学者认为"科工整合"是最适合我国基础科学教育发展需要的 STEM 整合类型。随着 STEM 教育在世界范围内的兴起,工程设计无论是作为 STEM 的重要内容、各学科整合的利器,还是作为创客教育的有效途径,都应成为重要的研究议题并能得到长足的发展。

活动建议

在"伞的设计"STEM 课例的设计过程中,学生经历"任务界定、调查研究、头脑风暴、制订计划、具体实施、测试改进、分享反思"的过程,体会工程在 STEM 中所起的"连通"科学、技术、数学的作用,同时利用已有学科知识,开发解决方案,测试、评估、修改完善,使方案在满足制约因素和限制条件下达到最优。[1]

该项目的主要实施过程包括:

(1)教师创设情境,学生思考、讨论、回答问题。

(2)教师引导学生进行任务拆解,学生查阅资料、进行头脑风暴。

(3)教师引导学生分析三种简单模型的性能,引导学生对实用性、稳定性、抗风性、排水性、美观性进行分析;学生建立模型,控制大小、高低等变量,结合物理、软件技术、数学、建筑等学科知识对实用性、稳定性、抗风性、排水性、美观性进行观察、实验、计算和分析。

(4)教师请各组学生根据前述对三种简单的伞顶模型的分析方法,对自己小组的设计方案进行测试和完善,并制作出成品。

(5)教师请各组学生展示作品,介绍设计理由并进行答辩,学生各组展示汇报和相互交流。

(6)教师将过程性评价与结果性评价相结合,对学生学习过程和结果进行评价,同时组织学生各组间进行提问与互评。

(7)教师追问"最速降线形伞顶有很多的优点,有没有不足?如何将这种伞设计成携带方便的可折叠的伞?",引导学生课下查阅资料并思考,进而拓展提高。

"工程设计"可以成为 STEM 教育的有效途径。但教条主义地去运用工程设计教学模式也是不可取的。请你根据以上"伞的设计"案例,结合某种"工程设计"模式和现实教学条件,判断其是否为基于工程设计的 STEM 教学,并自己尝试设计和实施一个 STEM 教学项目。

---

[1] 孙越,史艺.以工程设计为导向的项目式 STEM 学习探索与实践——以"伞的设计"为例[J].中国信息技术教育,2020(19):64-66.

6.2 关注现实问题，注重情境学习

☕ **节前思考**

1. 什么是问题情境？STEM 课程中的问题情境具有哪些特征？
2. 如何设计问题情境？可以依托什么模式设计问题情境？

6.2.1 问题情境的概念界定

建构主义认为，学习是在情境中产生的。学生在基于丰富社会生活的情境中，才能建构自己的知识结构，从而培养适合自己发展的能力。

1. 问题

1945 年，卡尔曾提出问题的定义。问题产生于当某一生物具有一个目标，但不知如何达到这一目标之时[1]。心理学家西蒙和纽厄尔提出，问题是个体想做某事，但是对做这件事所采取的方法、策略还不清晰的状态[2]，这是心理学界比较认可的定义。认知心理学对"问题"一词的含义已有深入的研究，总结了问题的三个一般特点（见表 6-2）。

表 6-2 认知心理学—问题特点

序号	特征	简释
1	条件	问题解决之前所提供的环境、对象和其他零碎信息
2	目标	问题的期望状态或最终状态就是目标状态，在某些时候目标是比较清楚的，有时候则是不良的
3	障碍	问题解决者对从给定状态转变到目标状态所需要的行动流程和策略不明确

2. 情境

情境就是指"情景""环境"。在教育中的情境定义分为广义和狭义之分，广义上是指作用于学习主体并使其产生一定情感反应的客观环境；狭义的理解指教学环境作用于学生，从而引起积极学习情感反应的教学过程[3]。

从上面定义可以看出，情境是"情"和"境"的结合，是为了达到既定的教学目标。所谓"情"，指教师和学生共同营造的有利于学习的情感氛围；所谓"境"从教学需要出发制作和创设适应教学内容的场景。"情"和"境"是相互联系相互融合的，境中含情，情中有境。[4]

---

[1] 齐宇歆.基于 PISA 的学习素养评价系统设计[D].华东师范大学，2013.
[2] 陈卫东.教育技术学视野下的未来课堂研究[D].华东师范大学，2012.
[3] 孙延洲.基于创新思维培养的中学数学教育研究[D].华中师范大学，2012.
[4] 赵燕.面向创客培养的 STEM 课程问题情境设计[D].华东师范大学，2016.

3. 问题情境

问题情境应具备几个要素：具有一定的概括性，能够体现深度的新知、未知的事物；能够反映学生思维动机对新知、未知事物的急切需要；根据学生的认知水平和能力具有解决未知的可能性。具体地说，问题情境包含两个含义，第一，使学生产生积极思维、想象、探索、问题解决等积极情感体验。第二，是课程内容知识、方法和技能等赖以产生的现实背景和源头[1]。

6.2.2　STEM 问题情境特征

STEM 课程问题情境是在 STEM 课程教学过程中，教师从教学目标和学生实际情况出发，以问题为核心，创设与 STEM 课程内容相符的、能够引起学生认知冲突的悬念的环境或场景，激发学生学习的、解决问题的动机。与传统课程相比，STEM 课程问题情境的特征如表 6-3 所示。

表 6-3　问题情境比较

侧重	传统课程	STEM 课程
作用	导入课程主题	作为项目的线索，引导问题解决
特征	真实性不高	高度真实性、复杂性
问题	良构或劣构问题	开放性问题、劣构性问题
周期	课程开始，片段性	贯穿整个课程，完整性

1. 引导问题解决

STEM 课程问题情境不仅把学生导入 STEM 项目内容中，并且作为问题解决的脚手架，通过一系列真实复杂的情境问题为线索，引导学生完成项目任务。在教学中设计富有趣味性的问题情境，可以使学生愉悦、轻松、积极地投入学习。所以问题情境的设计应该根据学生的生活经验、年龄特点、认知结构来选择材料。

太多太杂的问题会让学生失去目标，问题要根据项目的目标而有针对性地设计，并使学生在问题的激励下深入探究学习，促使学生在解决问题的过程中提高能力。另外，问题情境应该具有引导型学习支架的作用，启发学生通过对学习内容背景和在现实生活中的呈现方式的介绍，更好地理解问题发生的背景、解决要点，引导学生更有效地完成项目学习。情境创设也应该具有典型性和针对性；问题的设置应该具有从易到难的层次性，对项目中知识模糊处、知识迁移处和思维矛盾处提供线索，引导学生对问题的解决。[2]

2. 真实复杂的情境

STEM 课程问题情境是项目知识、技能的发生背景，应具有高度的真实性。问题情境环境要素复杂，要求学生系统地解决一系列相关的问题，能够承担跨学科综合知识的要求，进而获得创新能

---

[1] 王萍萍.基于任务设计的发展初中生数学创造性思维的课例研究[D].华东师范大学，2018.
[2] 赵燕.面向创客培养的 STEM 课程问题情境设计[D].华东师范大学，2016.

力、问题解决能力等高阶思维能力。

STEM 课程真实性主要包括物理真实性和认知真实性两个方面。在传统的教学中,经常将知识技能与实际生活分离,使其过于抽象,不利于知识的迁移。所以问题情境的设计应跟真实生活相结合,这样才能让学生产生身临其境的感觉,最大限度地激发学生的参与意识,学生在课堂上学到的相关知识能力也易于迁移。以上描述便是情境的物理真实性。

根据维果斯基的"最近发展区"理论,情境问题要与学生现有的知识体系相联系,让学生在现有基础上经过努力便可解决。学生在已有认知基础的上觉察出未知的问题时,才会通过主动探究将未知知识进行同化。因此,STEM 课程问题情境的创设,应该跟学生的知识结构和心理特点相适合,这种适合性主要体现在情境材料应该是学生感兴趣的,问题的难度也要符合学生的认知水平。以上描述便是情境的认知真实性。

3. 开放的劣构问题

STEM 课程的问题情境应具有开放性,这个开放性主要体现在情境的复杂性和问题的劣构性上。情境中的每个问题都可从多个角度和多种方法探索解决方案,学生需要根据自己的个性风格去创造独特的解决方案,没有唯一的答案。如果问题情境内容设计比较单一,情境间的迁移就相当困难。当问题情境的设计具有复合性、开放性时,学生更容易抽象出概念的特征,形成弹性的知识表征。因此,开放性包括问题情境内容的开放性以及它呈现方式的开放性:内容的开放性主要是指问题具有劣构性,问题的答案也具有开放性;呈现方式的开放性则是指呈现方式的多样性。STEM 课程学习是为了培养学生的创新能力,所以 STEM 课程问题情境设计应该以开放的方式打开学生的思维。[1]

4. 完整的存在周期

STEM 课程主要以项目学习的方式来开展的,所以其问题情境具有完整性,即问题情境是贯穿于整个项目之中的。STEM 项目问题情境不同于传统教学中的问题情境,不只是引入知识内容后即退场的片段,而是贯串整个项目,使学生在完成项目后,不仅得到跨学科的客观知识,更应获得协作中的沟通能力和解决问题的能力。学生沉浸在系列化地贯穿整个项目的情景之中,更愿意通过主动学习、协作探究学习,体验从问题明晰化到问题解决的全过程。

6.2.3 问题情境的设计模式[2]

STEM 问题情境的创设以教学目标为前提,以学生生活实际为基础,在学生当前认知的基础上,设计出能够使学生积极思考的问题情境。为了得到更好的学习效果,问题情境的设计在遵循一定的设计原则的基础上,还需要掌握一些问题情境的设计策略,下面根据问题情境设计模式体验六种问题情境设计方法。

---

[1] 王萍萍.基于任务设计的发展初中生数学创造性思维的课例研究[D].华东师范大学,2018.
[2] 赵燕.面向创客培养的 STEM 课程问题情境设计[D].华东师范大学,2016.

1. 实地考察类问题情境的设计

为了充分了解情况,实地考察是设置基于真实情境的有效方式。STEM 课程应该充分利用科技馆、自然博物馆、相应公司机构设置情境。实地问题情境设计的流程如图 6-3 所示。

例如,在做水的项目时,可以把学生带到自来水厂或河边,让学生在现场体验中提出问题、分析问题并解决问题。所以,在条件允许的情况下,应该尽可能地用实地考察来创设 STEM 课程的问题情境,这样既能把学习内容与实际生活相联系,有利于调动学生的各种智力因素,促进学生更好地完成教学目标。

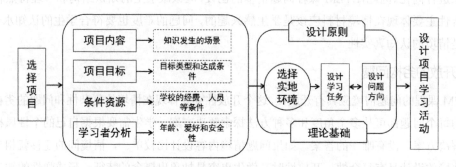

图 6-3 实地考察问题情境设计流程

上面的流程是问题情境设计总模式的细化设计,主要包括前期的教学分析、问题情境设计两个方面。在现场实地问题情境的创设应该注意:

(1) 注重前期教学分析和准备工作

由于现场的实地考察对条件的限制比较多,因此对教学的合理、科学的分析是现场考察顺利实施的关键。和问题情境的设计模式相同,项目内容和项目目标的合理分解,选择现实中学习内容的发生场地。这里最需要关注的是资源条件,因为场地需要考虑的因素较多,例如离学校的远近、专业人员的配合和学生的安全性问题等等,所以需要老师的合理策划,提前完成一些准备工作。

(2) 防止问题太过细化,使问题的开放性更强

由于现场是非常好的问题情境,因此问题情境的设计主要是问题的设计。问题的设计要有更强的开放性,最好只给定方向,这样既能让学生在观察中有重点,又能给学生的思维一定的自由度,促进新的问题的提出和创新思维的培养。同时,注意考察过程中学生问题和灵感的记录,注意学生的学习过程,并且根据学生的疑问及时辅导和帮助。

2. 问题类问题情境设计

学习来源于生活,根据教学内容和生活应用的结合点,并以此为材料来设计问题情境,可以让学生充分感知知识的力量。材料可以是引发关注度较高的新闻、网络热点,也可以是生活经历和自然现象,这些内容都可以让学生感受到学习的作用和意义,增强他们学习的兴趣和热情。具体设计流程如图 6-4 所示。

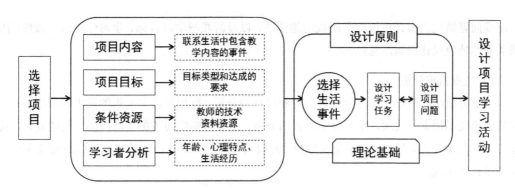

图 6-4 实际问题情境设计流程

通过上面的设计流程可以看出,选择的实际问题要和学生的生活实际紧密相连,以学生为中心。利用实际问题创设 STEM 问题情境需要注意下面两个问题:

(1) 注重对学习者的分析

用生活实际创设情境主要是为了引起学习者的注意和维持 STEM 项目中学习动机,所以注重对学生的分析,要选择学生在生活中印象比较深刻的、学生真正关心的事情,这样才能达到目标。

(2) 情境的选择和呈现

注重选择具有典型性的生活问题情境材料,情境的呈现应该符合学生的年龄特点、认知结构和兴趣爱好。例如,这个年龄段的学生对现代技术比较好奇,喜欢各种动画,所以情境可以用动画的方式呈现出来。

3. 游戏活动类问题情境设计

在课堂教学中,教师根据学生的心理特点和教材内容,设计各种游戏,创设教学情境,满足学生爱动好玩的心理,营造一种轻松愉快的学习氛围。在积极的学习氛围中,不仅能够让学生主动思考,还能让学生培养出自信、自由表达和通过积极观察、注意、联想进行独立思考的能力,有助于挖掘学生的学习潜力。具体设计流程如图 6-5 所示。

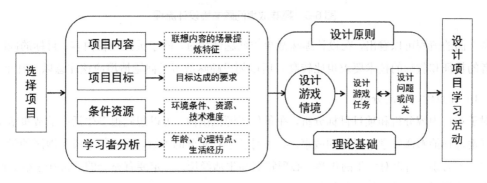

图 6-5 游戏或活动问题情境设计流程

游戏问题情境的设计应该注意游戏的趣味性，以及游戏与学习目标、学习任务的一致性，因此游戏类问题情境设计应该注意：

（1）注重需求分析

在需求分析时，首先应该注意项目内容和目标的分析，联想生活中知识的发生和运用场景，并且提炼出重要的因素。其次，注重对学习者的分析，主要包括学习者的生活经历、兴趣爱好，找到与学习内容的契合点。最后，注重资源分析，通过对资源的分析，决定游戏的情境是通过现实活动还是通过技术呈现。

（2）游戏元素的引入要合理

通过教学分析，选择出情境的创设材料，然后寻找适合学生的游戏元素加入情境，例如闯关、打怪或角色扮演，等等。根据学习目标，设计游戏中的任务，然后根据任务设计相关的问题、闯关或排行榜的要求等游戏要素。

4. 趣味故事类问题情境设计

动机是学习发生的第一步，是产生探究行动的原动力，将学习内容融入趣味性的故事之中，来引发学生的注意。心理学研究证明，多感官获取信息有利于信息的获取、保持和迁移。具体设计流程如图6-6所示。

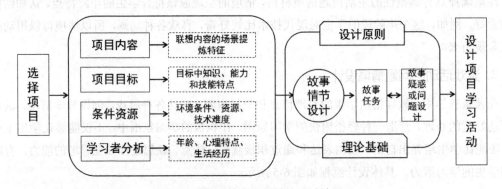

图 6-6 趣味故事问题情境设计流程

从上面的流程可以看出，在设计趣味故事类问题情境时，除了关注项目内容、目标的同时，对学习者的特征和教师的技术要求也比较高。所以创设趣味故事类问题情境应该注意以下几个方面：

（1）注重学习者的分析

对于项目内容分析和项目目标分析，在条件资源范围内，可以想到很多生活中的故事情节。为了更好地选择能够激发学生兴趣的故事，必须对学生有充分的了解。不同年龄段和地区的学生，兴趣往往千差万别，所以对学生的年龄、心理特点和生活经历，一定要有充分的分析和了解。根据适合性原则选择最适合的素材进行加工。

(2) 故事情节生动，问题或者疑惑应该诚恳自然

首先，故事的设计应该有丰富的故事情节，故事应该符合科学合理，符合真实性原则。其次，故事应该有真诚的情感投入，只有真诚的情感才能真正感染人。最后，故事引出的问题应该自然恳切，如果问题仅仅为了达成目标，跟故事情感不符合，也很难引起学生解决问题的动机。

5. 实验类问题情境设计

STEM 课程具有跨学科综合性，项目包含着物理、化学、生物、社会科学等跨学科知识，因此 STEM 项目中包含很多相关学科的实验。实验具有直观性和形象性的特点，能够为学生提供更加丰富的信息，学生也可以通过实验加深对跨学科知识的信任、理解和体验，用实验创设问题情境也是 STEM 课程比较常用的方法。通过创设合理的实验引导学生进行观察，提出问题，思考问题的解决方案，同时也养成科学研究的学习态度。图 6-7 所示是实验创设问题情境的流程图。

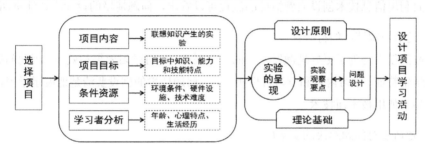

图 6-7 实验问题情境的设计流程

用实验创设问题情境，应该注意下面几点：

（1）提供实验观察的要点或支架

由于实验现象往往具有实时性，如果学生没有观察的要点和支架提示，往往会忽视许多重要的信息。因此，老师最好给出一个观察要点或者支架，并且在试验过程中对重要的现象进行提示，这样才能让学生的观察更有针对性、更加全面，有利于后面对问题的探索和思考。

（2）实验要激发学生的认知冲突

问题情境的创设目标是为了激发和维持学生的学习动机，所以实验的创设一定要有新奇性，能够激发学生的认知冲突，让学生通过观察的现象，产生强烈兴趣去寻找现象发生的原因。

6. 现代信息技术类情境设计

在创设问题情境时，应当注意问题情境的形式不是单一的，可以根据 STEM 课程内容、课程目标、学习对象的不同采取不同形式的问题情境，比如文本网页形式，音频视频形式，活动游戏形式和现场自然景观等形式。运用现代信息技术设计形式多样的问题情境，不仅可以让抽象的知识具体化，满足不同学习风格的学生需求，还可以增强问题情境的情境趣味性和体验性。

新技术的发展和应用，也为体验性问题情境的设计提供了越来越多的便利。比如，可以用 3D 打印的素材去支撑一场服装秀，也可以用 PPT 制作趣味动画，可以用数据分析软件看待两个因素的动态

关系，也可用慢镜头展示花开的瞬间等。现代信息技术不仅可以把抽象的知识以具体化的形式呈现，也使得项目学习问题情境的体验性更强，学生学习的参与度更高。具体设计流程如图 6-8 所示。

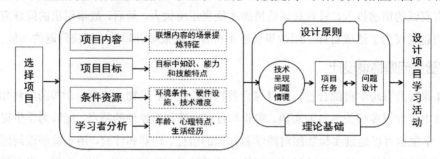

图 6-8　现代技术问题情境设计流程

通过上面利用信息技术创设问题情境的流程可以看出，问题情境的设计应该注意两个方面：

（1）问题情境跟课程的符合性

问题情境的创设是为了更好地激发学生的学习兴趣、促进学习效果和效率。因此问题情境的设计一定要跟学生特征、学习内容和学习目标相符合。问题情境的创设要清楚地展示学习内容的发生场景，不要为了使用技术而技术。

（2）问题情境对问题解决的支架性

STEM 项目问题具有真实性和复杂性，问题情境的呈现可以为问题解决提供一些线索，化解认知负荷。运用现代信息技术可以把抽象现象具体化，通过提供更加逼真的环境，利用多种方式传达信息，注重跟学生的交互，使 STEM 课程的学习能够更有指引性。

小　结

与传统课程相比，STEM 课程问题情境具有引导性、完整性、真实性、开放性的特征。问题情境设计模式主要包括实地考察类、问题类、游戏活动类、趣味故事类、实验类、现代信息技术类六种，均需要在选择项目、分析项目需求之后，根据一定的理论基础和设计原则，设计问题情境的具体内容。

活动建议

在"行人闯红灯报警装置"项目中，通过对行人闯红灯的现状、遵守交通规则的重要性、行人闯红灯监控等知识的探究，引导学生利用红外激光发射器等相关材料制作一个报警装置。此项目的内容选择及难易度符合学生能力水平，信息技术的运用也能维持和激发学生持久探究的兴趣。呈现具体情境时，教师选择本市行人闯红灯导致重大事故的新闻片段作为问题情境，设计如下问题：

（1）你对行人闯红灯有何感受？

（2）遵守交通规则有何意义？试着用资料说明其重要性。

(3) 如果没有人指挥交通，行人又要闯红灯，你有什么好办法？

由于这是发生在学生生活中的真实事例，学生对此印象深刻，有切身的体会，能进一步感受 STEM 学习与现实生活的紧密联系，调动其解决问题的热情。[1]

通过对本节问题情境知识的学习，请结合案例分析"行人闯红灯报警装置"活动的教育价值，分析"行人闯红灯报警装置"活动是否做到了关注现实问题，注重情境学习，请将你确定结论的依据写下来。

6.3 以学生为中心，关注主动实践

☕ 节前思考

1. 以学生为中心的教育理念是什么？
2. 以学生为中心的 STEM 课堂的特征是怎样？原则和方法是什么？
3. 以学生为中心的 STEM 课堂应该怎样实施？应该怎样评价？

6.3.1 以学生为中心教育的理念体现[2]

1. 理解学生

在以学生为中心理念的指导下，教师应当理解并接受学生的现状，包括他们的优势与弱点，他们的特长与缺陷，他们的喜怒哀乐，他们的习性、情感和追求。只有做到这些，才能真正理解他们的身心需要，并且设计特定的教育教学手段，引导他们通过自身的努力逐步实现自己的目标。教师和学生之间的年龄差距有可能造成代沟，但代沟不是年龄差距的必然产物。教师应该不断地与时俱进，与自己的学生同步成长。教育者只有伴随受教育者体验成长的经历，才能真正对他们有所理解。事实上，同前辈相比，当代的学生往往见多识广，思维敏捷，勇于并善于接受新事物。教育者一旦理解了受教育者，便不难从后者身上发现，甚至学到许多积极的东西。

2. 尊重学生

不同学生的智商和情商、学习能力和学习效果、道德修养和综合素质，都可能存在天壤之别。然而，不管是优秀生、普通生还是后进学生，在"以学生为中心"的理念面前是人人平等的。因此，在任何一个课堂里，不应该有"被忽视的角落"或"被遗忘的角落"。教师应该平等对待每一位学生，特别是心理上有障碍或学习上有缺陷的学生，要尊重每一位受教育者。尊重学生实际上就是尊重自己、尊重教师职业、尊重教育事业。实践表明，即使是暂时处于落后地位的学生，也有不少特长、优势，具有很大的潜能有待开发，而这些方面往往是被忽视或被误解的。例如，各级各类学校

---

[1] 蒋雄超.向真而行：面向 STEM 教育的情境问题设计与实践[J].中小学数字化教学，2020(04)：69-72.
[2] 李嘉曾."以学生为中心"教育理念的理论意义与实践启示[J].中国大学教学，2008(04)：54-56.

中都存在着学习相对落后的受教育者群体，这一群体与学习优秀者群体相比，往往受到忽视甚至歧视，他们是学生中的弱势群体。倘若能够对他们倾注更多的关爱，制定更有利于调动他们学习积极性的政策与措施，将会激发巨大的精神力量，甚至产生惊人的效果。

3. 服务学生

教育作为一种广义的服务，其产品是能为学生提供的教育教学手段，学生则是消费者，无疑应处于中心地位。教师是提供教育服务的执行者，必须把全心全意为学生服务视为自己的神圣职责。有些教师习惯于根据自己的需要指使学生做事，却从来不愿换位思考，而无视学生的需求。假如教师能够不分课内还是课外，不管认识还是不认识，全心全意地为学生排忧解难，就一定会优化学校的教育环境，更大程度地满足广大学生的需要。

4. 启迪学生

"以学生为中心"理念主要表述的是学生这一群体在教育事业中的应有位置。处于中心位置的学生未必尽善尽美，在许多情况下还需要通过教育来使其渐臻完善。然而，这种教育不宜采用指使、训斥或强制的方式，也不能强加于人，而是应该通过影响、熏陶和启迪，使他们逐渐有所感悟，自我觉醒，实现其应有的价值。例如，在信息科技日益发达的形势下，有些学生养成了从网上下载不当观点并照搬照抄的不良习惯。老师一方面应该坚决反对，毫不留情；另一方面也要坚持言传身教，启迪学生。只有教师态度鲜明并且坚持不懈，才能使学生受到启迪感化，从而见贤思齐，进而自觉地优化自身的素质。

5. 激励学生

以学生为中心的教育模式的根本目的是促使不同素质、不同特长的学生扬长补短、各得其所。实现这一目的的有效途径是因材施教；其关键在于学生的潜能是否得到适当的、充分的开发。学生的固有素质是潜能开发的基础，教师应激励学生，使他们尽可能地释放潜能，展示才华。千万不能用标准化的指标去评价他们，抹杀学生的个性，压制学生的冒尖倾向。教师在自己承担的每一门课程中都应鼓励学生各尽其力，各显所能，让学生在各个不同领域崭露头角，争光出彩。

6.3.2 以学生为中心 STEM 教学策略[1]

1. 合理设计学案并提供必要协助，让学生"敢做"

STEM 课堂以学生为中心，教师只需适度讲解背景知识和核心概念，不需要给学生提供详细确定的实验步骤和标准答案，学生需要自己搜集资料，深入认识和了解项目。然而，我国学生的资料搜集能力是非常欠缺的，大部分的学生在进入大学之前几乎没有论文查找经验，也很少读文献。因此，中学生在面对 STEM 项目时，容易感到无从下手，出现畏难心理。针对这一问题，笔者认为授之以渔，也要授之以鱼。教授学生资料搜集的方法固然重要，但对于一些不易搜集到的重要资料，

---

[1] 李佳，张飞雄.例析以学生为中心的 STEM 课堂教学策略[J].中小学教师培训，2017(10)：66-69.

教师应当将其放入学案中提供给学生参考。

首先，教师要教授学生资料搜集的方法。在这个知识大爆炸的时代，学生不再是知识的容器，学生要学会在知识和信息的海洋中搜集自己需要的资料。STEM 教材中的项目主题虽然贴近生活，但要创造出符合任务要求的作品，学生必须通过查阅文献才可以解决其中的大部分问题。教师应当教授学生基本的文献查找方法，如利用图书馆、搜索引擎和文献数据库等。

例如，在进行 STEM 教学时，鉴于学生课业紧张，没有足够多的时间去校外的图书馆，并且校内图书馆资料有限，因此在此重点讲解了如何利用网络搜集资料，并推荐了常用的网站，如 Google Scholar、维基百科、果壳网和国外的 STEM 网站。其次，教师要合理设计学案。授之以渔固然重要，但必要时教师要在搜集和汇编资料后，将其放入学案，供学生参考。学案可以指导学生对问题进行研究。国内开展的一些 STEM 课程大多是借鉴国外教材，学生没有教材，只有教师提供的学案。国外 STEM 教材中每个项目主要包括任务名称、任务要求、背景知识、核心概念、实验材料和概括性的制作步骤。教师在给学生提供的学案中，仅仅包括以上内容是不够的，还应当为学生提供相关的参考资料，如列出参考书籍、文献、网站等。对于一些不易搜到的重要资料，教师应当将其放入学案中提供给学生参考，这是非常有必要的。

2. 项目贴近生活并提供优渥条件，让学生"想做"

项目贴近生活，有两方面含义：其一，项目主题贴近生活，源于现实情境。与生产生活联系紧密的项目容易引起学生的兴趣。以制作水培系统的 STEM 项目为例，学生亲手制作的无土栽培系统可以安置在家中，也可以放置在教室，当学生看着自己制作的无土栽培系统中长出蔬菜或花卉时，内心是无比激动和兴奋的。其二，项目所需的材料可以从生活中就地取材。目前，我国部分学校的 STEM 课程充满了对"高精尖"技术的青睐。此类课程与学生的生活联系紧密度不高，并且需要大量的资金投入，不利于缺乏经费的学校开展。教师设计的 STEM 项目能够就地取材，甚至变废为宝，是最理想的。例如，无土栽培系统就可以采用废旧易拉罐和饮料瓶来制作，而风力发电的风车可以用废旧的纸箱、电线等材料来制作。这些既能节约成本，又能培养学生的环保意识。学生变废为宝的创意还能够增强他们的成就感、自信心和创造乐趣。

实验条件优渥，也有两方面含义：一方面指要营造有项目创造氛围的实验室。例如，在实验室的墙上和桌上摆放多种多样的实验工具，让学生看到就会情不自禁想拿来使用一下，激起学生动手创作的欲望。另一方面指要提供多样化的实验材料。这样既可以满足学生将丰富的想象力转化为实物的需求，又可以避免材料单一导致作品单一的情况出现，多样化的材料可以使每个小组的作品独一无二，让学生充满成就感和创造兴趣。

3. 正面激励评价并提供展示平台，让学生"乐做"

STEM 课程通常作为选修课，与考试没有直接关系，容易引起学生主观上的不重视。面对这种情况，仅仅制止是不够的，要让学生全身心地投入到 STEM 课堂，必然需要他们发自内心地热爱这门课，乐于参与到课堂任务中。适时、适当地给予学生正面激励评价，可以消除学生的畏难心理，增强学生的自信心,激发学生的研究热情。例如,在风车制作的项目中,一名男同学制作的风车形状奇特,转动时还会严重变形,因此被同学质疑嘲笑,于是有些泄气要拆掉风车。而经验丰富的教师先是称赞其制作的风车很有创意,然后引导他找出问题所在,对风车进行改进。最后,这名学生对风车加固改进后,在风车提拉重物的比赛中,他的风车是转速最快的。教师则用视频记录这名学生的风车测试过程,以及成功后的欢呼雀跃,并将视频发到了网上的班级群和家长群,更多的赞赏令这名学生非常有成就感,激发了他浓烈的 STEM 项目创造热情。

另外,通过提供成果展示平台,也可以激发学生的 STEM 创造兴趣。每位学生都有被关注和被认同的心理需求,为此,学校不妨以嘉年华、比赛和展览等多种形式,开展 STEM 活动,提供成果展示平台。通过举办这些活动,可以激发学生的学习兴趣和创造热情。例如,在一次班级 STEM 比赛中,一个小组的作品意外出现了问题,导致比赛只得了第三名,小组中的几个女生立刻对作品进行改进和调试,并强烈要求重新比试一次。参观的家长频频感慨原来不只是男孩对手工制作感兴趣,女孩在 STEM 项目中也一样兴致盎然,并且表现出色。

4. 设计评价量表并明确任务要求,让学生"会做"

STEM 课程的评价方式通常是形成性评价,至少应该设计两个评价量表,分别是 STEM 过程评价量表和 STEM 成果评价量表。选择和设计恰当的评价量表,不仅可以对学生的任务表现进行评价,还可以指导学生完成 STEM 项目。学生通过阅读量表,可以明白其任务过程的评价细则,明确任务要求,能够更加清楚自己是否达到了学习目标,哪些方面还可以再提高,这有助于学生进行自我调整、自我检测和自我改进,从而让学生"会做"STEM 项目。

STEM 过程评价量表针对任务过程,设计了五个评价指标:工作态度、工作质量、问题解决、任务贡献和任务专注度(参见表 6-4)。STEM 成果评价量表面向任务成果,对问题研究、模型制作、结果纪录分析和得出的结论进行评价(参见表 6-5)。两个表格的评分都包括学生自评、互评、教师评价和加分,学生自评和互评越准确,加分越多。在学生完成任务的过程中,要不断提醒学生注意评价要求,及时反馈问题。

表 6-4　STEM 过程评价量表

评价指标	需努力（0-2 分）	一般（3-4 分）	良好（6-7 分）	优秀（8-10 分）	自评	互评	教师评	加分
工作态度	在小组中总是批评本项目或其他组员的工作;对本任务持负面态度	在小组中有时批评本项目或其他组员的工作;对本任务大部分持正面态度	在小组中极少批评本项目或其他组员的工作;对本任务基本持正面态度	在小组中从不批评本项目或其他组员的工作;对本任务总是持正面态度				
工作质量	所做工作需他人重做来保证质量	所做工作偶尔需要其他人重做来保证质量	所做工作拥有很高的质量	所做工作拥有最高的质量				

(续表)

评价指标	需努力 (0-2分)	一般 (3-4分)	良好 (6-7分)	优秀 (8-10分)	自评	互评	教师评	加分
问题解决	让别人完成工作，未尝试去帮助别人解决问题	未提出解决方法，但尝试其他组员提出的方法	完善其他组员提出的解决方法	积极地探寻和提出解决问题的方法				
任务贡献	在参与小组和班级讨论时极少提供有帮助的想法。拒绝参与	在参与小组和班级讨论时有时提供有帮助的想法。完成所需的工作，是令人愉快的成员	在参与小组和班级讨论时频繁提供有帮助的想法。努力地完成工作，是能力强的成员	在参与小组和班级讨论时总是提供有帮助的想法。是贡献很大的小组领导者				
任务专注度	极少专注于本任务和所需完成的工作。让其他人完成工作	有时能专注于本任务和所需完成的工作。需要其他小组成员敦促和提醒保持工作状态	专注于本任务和所需完成的工作。是值得信赖的组员	稳定地专注于本任务和所需完成的工作。有很强的自我指导能力				

表6-5 STEM成果评价量表

评价指标	起步 (0-2分)	发展 (3-4分)	完成 (6-7分)	典范 (8-10分)	自评	互评	教师评	加分
研究	没有展示出任何研究/调查；没有资料标注引用来源	展示出一部分研究/调查；有一些资料标注了引用来源	展示全部研究/调查；绝大多数资料标注了引用来源	展示出计划中的研究/调查并导向更深入的决定；所有资料均标注了引用来源				
模型	图片没有任何标注和对策略的解释	图片有一些标注和部分对策略的解释	图片具有标注和对于策略的解释	图片具有标注和对于策略的深入解释				
结果	没有对实验结果的任何记录、分析和解释	实验结果的记录、分析和解释不完整	实验结果的记录、分析和解释完整	所有实验结果的记录、分析和解释都很规范且准确				
结论	没有任何目标，没有对实验流程的简述或实验结果的解释	有目标，对对实验流程的简述以及实验结果的解释，但不完整	有完整的目标、对实验流程的简述和实验结果的解释	有完整的目标、对实验流程的简述和实验结果的解释，并展现出高层次的思考				

5. 利用 SCAMPER 法激发创新思维，让学生"善做"

学生在参加 STEM 项目时，设计产品和改进产品都需要通过头脑风暴得到产品设计的策略。儿童和青少年天生就具备丰富的想象力和对新奇事物的好奇心，但是他们天马行空的想象力并不能有效用于解决实际问题。教师引导学生围绕产品进行积极思考、发散思维和发挥想象力是有一定难度的。而利用 SCAMPER 法教学对学生设计活动的积极影响，要远胜于运用基于问题的教学模式。SCAMPER 法是在 1953 年由美国心理学家奥斯本（Alex Osborne）首次提出，用于激发人们推敲出新的构想。它是七个英文单词的缩写，分别是 Substitute（替换）、Combine（结合）、Adapt（加入）、Modify（调整）、Put to other uses（用作其他用途）、Eliminate（去除）、Rearrange（重排）/ Reverse（颠倒）。根据 SCAMPER 思维发散表（见表 6-6）的内容，学生逐项思考该表格中的七个问题，可以在头脑风暴和产品改进的过程中拓宽学生的思路，刺激学生发挥更多想象力，培养学生的创新思维，让学生"善做"STEM 项目。

表 6-6 SCAMPER 思维发散表

替换	把材料替换成_____，这样产品就能_____。
结合	让产品结合上_____，这样产品就能_____。
加入	让产品结合上_____，这样产品就能_____。
调整	调整产品中的_____，这样产品就能_____。
用作其他用途	若把产品用作_____，这样产品就能_____。
去除	去除产品中的_____，这样产品就能_____。
重组	重新组装产品_____，这样产品就能_____。

综上所述，STEM 教学要以学生为中心，每一个教学环节都要采用恰当的教学策略，这样才能让学生在面对 STEM 项目时，从"不做""怕做"转变为"敢做""想做""乐做""会做""善做"，从而有效开展 STEM 课程。

小　结

以学生为中心的教育理念包括理解学生、尊重学生、服务学生、启迪学生、激励学生。在设计以学生为中心的 STEM 课堂教学策略时，应合理设计学案并提供必要协助，让学生"敢做"；项目贴近生活并提供优质条件，让学生"想做"；正面激励评价并提供展示平台，让学生"乐做"；设计评价量表并明确任务要求，让学生"会做"；利用 SCAMPER 法激发创新思维，让学生"善做"。在设计以学生为中心的 STEM 课堂评价方案时，应至少设计过程评价和成果评价两个量表。

活动建议

"纸桥承重"项目涵盖了数学、工程、技术、科学、物理等学科，要求学生借助一些简易的现成材料，发挥自己的想象力、创新和创造力，设计并制作出纸桥，能够根据制作作品的亲身经历并结合原有的知识经验背景获得"重量、压力、长、宽、高"等物理概念并加深理解，探讨出影响纸桥承重的因素有哪些。学生以小组为单位，在规定时间内制作出纸桥，经历多次修改，直到满意或者比赛时间到为止。项目具体实施步骤如下：

（1）独立思考。小组选手先自主思考，根据已有的材料和工具，本小组要制作的纸桥选用什么框架、采用哪些几何图形、纸桥的形状大概要做成什么样、预期承重最低是多少。再集思广益，平衡每个人的方案，讨论出本小组纸桥的总体设计、制作思路，并画出纸桥的草图。

（2）问题钻研。结合学习和生活实际经验，搞清四边形、三角形、圆形、梯形等图形怎样搭配，才能组合成桥梁的架构，该架构要适合沟槽的空间大小。指导老师引导选手深入了解各种形状的耐力性和稳定性，结合生活中各种椅子、桌子的形状，启发选手们进行深入钻研。选手一边进行可行性分析，一边用材料制作桥梁的相关部分，进行验证，以便下一步顺利地进行纸桥制作。

（3）制作纸桥。选手们根据之前的方案，相互协调、分工制作桥梁的各个部分并组合在一起，在最短时间内完成纸桥制作。剩下时间进行纸桥承重检验，同时记录数据，并根据纸桥的承重表现进行适当修改和调整，调整好再进行实验、再记录、再改进，反复进行，以求获得最佳作品模型。

（4）小组演示。在评委和观众的见证下，参赛选手按照比赛要求进行纸桥承重演示：放入操控测重车在纸桥一侧，根据纸桥的承重表现逐步添加重量，在比赛时间截止前测试出最大承重量，并能使遥控车顺利通过纸桥。评委记录测试成绩并进行简单点评，对纸桥模型改进提出建议。

（5）总结反思。小组选手们和指导老师根据比赛成绩和评价进行讨论，分析纸桥制作过程中的不足，反思有待提高之处，吸取教训，思考做得好的地方，继续传承和发扬，为接下来的学习和生活积累更多经验。

通过对本节以学生为中心教育理念和方法的学习，请结合案例分析"纸桥承重"分析该案例是不是以学生为中心、关注主动实践的 STEM 教育，请将你确定结论的依据写下来。

6.4 注重启发思考，促进思维发展

☕ **节前思考**

1. 启发式教学的概念和内涵是什么？
2. STEM 教学中的启发策略有哪些？

孔子云："不愤不启，不悱不发。"教育工作者都知道，启发式教学能够激发学生的学习兴趣，促使学生深度学习，在 STEM 教学实施的过程中应始终贯穿多种多样的启发策略。

6.4.1 启发式教学的目的与内涵

启发式教学指教师在教学过程中，根据教学任务、教学大纲、教学环境以及学生群体的年龄、心理、学习的客观规律等因素，从学生的实际情况出发，采用灵活多变的方式，以启发学生的创新

思维为主导，调动学生的学习主动性和积极性，有效地参加教学活动，促使他们生动活泼地、高效率地进行学习活动的一种教学指导思想。教师通过各种合适的方法引导学生在其原有关键点的基础上，"理解"教学内容中相应关键点的活动。这里的原有关键点，指的是学生原有经验中在逻辑上与教学内容最接近的点。启发式教学具有以下几点主要内涵：

1. 启发式教学的目的

在启发式教学中，师生之间的交流方式多种多样，包括讲授、问答、合作探究等等，但是这些教学活动背后有一个相同的目的，即启发学生的思维。个体在信息加工过程中，总是根据外部输入的信息不断进行提取有关分析、综合、判断、推理、创造等思维操作。启发过程的核心即学生思维发展的实现。

2. 启发的实质与核心

启发式教学就是一个打破学生认知结构平衡，通过教师的引导和点拨平衡学生的认知结构，再次打破学生认知结构平衡的过程。教师打破学生原有的认知结构，激发学生新的需要，使学生不断向前发展。教师要熟悉学生的原有经验点和知识点，设置新的目标，引发学生的认知冲突，调动起学生求知的欲望。

那么，学生这一思维发展的实现通过什么方式表现出来呢？要想激活学生的思维，首先要找到激活的切入点。而这一抽象的思维切入点，外在的体现为关于这一学习内容的原有经验点，即学生的内部点子。"站在学生的思维起点上进行启发"，这是实现启发的基础。接下来，拿什么去激活这一内部点子呢？随便拿某一事物可以吗？如果你想激活学生头脑中关于被除数的信息，用加法运算去激活，能成功吗？不可以。成功激活内部点子，颇有一物降一物的韵味。要拿这一学习内容中的关键点，即外部点子去激活。只有用这一"此刻"外在于学生的关键点去激活原有关键点，才能使两者在不断协商中顺利地建立联系。

3. 师生共同参与启发过程

教学过程的本质是师生间的双边思维活动，而这一双边活动进行的结果如何，是判断是否成功启发的标准。教学包含教与学，所以教学过程中的启发也需要师生共同的思维参与。教学是双主体的特殊活动，教师作为教的主体，学生作为学的主体，由于知识水平与已有世界的不同，都具有各自的发展状态与个性特征，在教学过程中本是截然不同的两者。[1]

在启发的过程中，当教师与学生都准确地提取出了新学习内容中的关键点与学生原有经验中的关键点时，这说明已经达成了契合性中的逻辑契合，也就是有了实现接下来的心理契合的可能性。而这一可能性的存在，并不代表这一实现本身。所以，当师生同时致力于某一特定的教学目标、致力于启发时，就需要两者齐心协力，互相协商。如学生在某个地方卡住而无法继续学习时，教师先停下来，给学生时间，让学生有自己独立的思维空间进行思考，或者帮学生梳理思路拨开迷雾，或

---

[1] 张忠华，张苏."启发性挫败"教学模式的研究与启示[J].河北师范大学学报(教育科学版)，2018，20(02)：98-104.

6.4.2 STEM 教学中的启发策略[1]

1. 条条大路通罗马——多角度启发

在解决问题时，从多角度寻找解决方案。观察、记忆、想象和思维等智力因素，在人们的智力发展中有着非常重要的作用，STEM 启发式教学必须全面发展学生的智力因素。但是，任何教学活动都必须以人的心理活动为基础，学习是学生的认知、情感和意志的一种复杂的综合活动，是在教师的引导下主动建构的过程。学习过程既是认识不断深化的过程，又是丰富多彩的情绪体验过程和意识培养过程，因而 STEM 教学还必须高度重视学生的非智力因素。智力因素和非智力因素是相互联系、制约和促进的，只有使它们处于最佳运动状态和发展状态，人的心理才能获得最充分的发展，教学才能获得最佳的效果，学生才能得到最大的发展进步。

2. 提出有价值的问题——激活思维

启发式提问是作为启发式教学的重要方法，在 STEM 教学中有价值的提问成为教师成功启发互动的关注点。探讨如何让科学问题变得清晰、可调查，以及如何和学生一起共同研究，探索这些问题。什么样的问题适合让学生进行科学的调查研究？老师不妨看看以下问题，选出最适合调查的几个：

浮起一艘船需要多大的浮力？
火山喷发是一个什么样的过程？
盐在温水里溶解更快，还是在冷水里溶解更快？
随着日光的变化，蚂蚁是在长日照中更活跃，还是短日照中更活跃？
为什么太阳系中的行星都是圆形的？
玩具车的自身质量如何影响它的前进距离？
一朵花的各个部分叫什么名字？

不是所有的问题都有相同的教学作用，有的更适于思考，有的更适于引导观察，有的问题更适合科学研究。我们在 STEM 教育中呈献给学生的问题，应该是那些有助于科学研究的问题类型。这些问题促使学生观察、整理、得到数据，并结合不同学科理论来回答一个由他们自己，或者老师提出的原始问题。通常在 STEM 课中会遇到以下三大类问题，如表 6-7 所示。

---

[1] 研究性学习[J].上海教育科研，2002(S1)：19-125+129.

表 6-7 STEM 课程中的问题分类

问题类型	探究过程	假设或预测	问题举例
描述性问题	记录探究过程中产生的描述性数据，比如计数等	无，但学生可在实验前做假设	"苹果核里有几粒种子？""一天中什么时候的影子最长？"
比较性问题	比较两个现象研究中产生的两组数据，通过调整实验中的自变量来研究因变量	无，但学生可在实验前做假设	"个子高的人跑步会不会比个子矮的人快？""木浆和竹浆，哪种材料更吸水？"
实验性问题	通过控制自变量来收集数据，得到关于因变量的数据。这样的研究中最好包含一个控制变量	有，学生应在实验前试写"若……则……"假设。如："若水温越高，则盐的溶解速度越快"	"温度如何影响融化速度？""一颗植物从种子到长成需要多少水分？"

探究性问题是科学研究和科学教育的核心。通过这些问题的引导，我们才能扩大知识面，满足好奇心，在解决问题的过程中发现、创造新知识。希望学生成为科学家，就必须教会他们像科学家一样思考和行动，这是科学教育的基础。如果我们可以训练学生具备这种提出高质量的、可调查问题的能力，并帮助他们通过调查找出答案，那么我们就能让他们感受到作为科学家的实践乐趣，提高他们的科学参与度、科学欣赏力和研究能力。

很多老师可能觉得只有高年级的学生才具备探究问题的能力，而事实是小学生和高中生都具备探究和学习的能力和兴趣（Berson，2012）。好问题的产生来源于"学生已经知道的"和"学生想知道的"中间的信息差，因此问出好问题是学生积极思考的表现，也是获得学习动力的源泉。

培养学生具有批判性思维、能独立思考、解决问题的能力至关重要，教师必须首先自己掌握提出可调查问题的技能，才能更好地进行教学。

在教学生提出可调查的问题之前，老师应该做好以下几步：

（1）明确教学目的：希望学会？从探究中学到什么？
（2）确定最合适的调查类型：是描述型、对比型、还是试验型调查？
（3）确定收集数据的方式。
（4）写下探究的问题。

简单问题：很多时候，学生问的是一些知识性问题，这些问题出现时，老师尽量引导学生自己通过翻书或者上网查找答案，而不要把答案轻易告诉他们，因为获取、评价、运用信息的能力也是至关重要的。在教室里，老师可以在墙上设定一块"提问区"，学生可以自由提问，其他学生可以尝试解释或解决。

复杂问题：有的时候，学生提出的问题无法用一两句话回答清楚，其中可能涉及事务发展的周期等相对复杂的系统和概念，这时候，老师要引导学生把这种问题转变为可探究性问题，动手实践，获得解答。

哲学性问题：有些时候，学生问出一些无法解答的"哲学性问题"，比如"人为什么会存在？"。在这种情况下，老师要明确和学生讲明，并不是所有的问题都能用科学来回答。

3. 引发认知冲突的教学对话——逐步启发

STEM教学中，教师要根据学生的认知发展水平，从学生的认知规律出发，遵循知识之间的内在逻辑关系，进行有梯度有层次的启发。对于学生不甚了解的问题、难度较大的问题，教师的启发引导，应循序渐进，拾级而上。可以将复杂的较长的思路适当地分解为若干个小步骤，步步为营，通过有计划地启发学生实现每一个小目标，从而顺利地逐步逼近问题的最终解决，并达到理想的教学目的。

问题要有明确思路，有一定难度，而且在学生的"最近发展区"内，以学生的原有知识为基础，更重要的是要引导学生揭示矛盾，自己提出问题。但提问不等于启发式，启发的关键是让学生积极地开动脑筋来学习。怎样才算是启发性的问题？问题必须切实揭示学生学习活动中的实际矛盾，而不是教师主观臆造的问题，其次，抓住主要矛盾，在重点和关键上设问，而不是事无巨细，每事必问。再次，提问要精心设计适合学生程度。问题难度过大，则令人可望而不可攀；问题过于简单，则又完全丧失了其实际意义，过难或过易的问题都不易形成具有强烈启发性的问题情景。最后要注意问题的循序渐进，不断的刺激学生学习欲望，逐步引导学习过程。

（1）边讲解边提问

这是启发式教学的手段之一，一个有启发性的问题不过三言五语，便引起满堂活跃，简便而有效，贯彻启发式少不了提问，但提问不等于启发式，怎样才算是启发性的问题？首先问题必须切实揭示学生学习活动中的实际矛盾。而不是教师主观臆造的问题，其次，抓住主要矛盾，在重点关键上设问，而不是事无巨细，每事必问。再次，提问要精心设计适合学生程度。问题难度过大，则令人可望而不可攀；问题过于简单，则又完全丧失了其实际意义，过难或过易的问题都不易形成具有强烈启发性的问题情景。应当是以让学生有满怀信心、兴致盎然、跃跃欲试之意，使学生拾级奋力能上，而后发力一跃恰能摘到"果子"为好。最后，要注意问题的循序渐进，不断地刺激学生学习的欲望，逐步引导学习过程。

例如，在讲《物质的量》时，首先提出问题："18g水到底含有多少水分子？"。同学们茫然，有的回答"不知道"，有的回答"条件不够"，抓住矛盾"假如给你一个氢原子的质量m(H)，一个氧原子的质量m(O)。你能算出来吗？"请同学开始算。同学们花了好几分钟算出来了，又问："容易不容易算呢？"大家显然回答不容易，"好，我们能不能找到一种方法或计量不需要算呢？"问题的情境勃然而发，人人思维活跃，急欲求得问题的解答，下一步无论引导学生自己得出新结论，或由教师讲述，都会得到很好的启发效果。学完这一节后，老师又回过头来问："现在，如果告诉你某物质的质量，你能不能知道其中含有多少微粒？"大家微然而笑。

(2) 注意提问策略的运用

STEM 项目实施过程中，提问是关键。低年级学生在探索的时候，会问很多问题："云从何而来？""为什么冰融化了？""为什么球在那边滚动？"好像没有一个教育家能对他们的问题有全部的答案。但你不需要对每个问题都有答案，来创造令人难忘的 STEM 体验。事实上，有效的 STEM 学习的关键是和孩子们一起提出一些"好的"问题。这些问题不仅能让孩子们保持好奇心与兴趣，而且在这个过程中也锻炼了他们解决问题的思维能力，并且还是牵引活动进行的重要线索。

提出一个好问题的策略就是把重点放在"What"或"How"上，而不是"why"上。当你问"为什么"的问题时，它暗示有一个正确的答案，而且孩子正在被动地接受你的提问，无法从主观的体验和感受中寻找答案。例如，如果提问"磁铁为什么会粘在那种金属上？"这样的问题会让孩子们无从回答，因为他们不可能直接思考原理，但是如果你的问题变为"What"和"How"，就会开始和孩子们进行对话和探索。"What"和"How"的问题集中表现在正在或将要发生什么事情，让孩子更关注现象，"你注意到了什么？""你在做什么？""接下来想做什么尝试？"，这些答案就在你和孩子面前或尝试之后。通过把问题集中在孩子们已经观察到的、注意到的这样的问题上，你不仅可以帮助他们发展有价值的交流和观察技巧，而且通过如专家一般回答你给的问题的这种体验，将帮助他们大大地建立自信。"What 或 How"这类的问题可以是"这儿发生了什么？你做过什么尝试了？你正在从事的事情发生了什么改变？有什么想法是你还没有尝试过的呢?你看到别人在尝试什么？你注意到什么了吗？如果……你认为将会发生什么呢？"

提问：为什么会有这种现象？学生无法直接解释原因。

策略提问：

这儿发生了什么？表示关注现象。

你在做什么？表示注重主观体验和感受。

你注意到了什么?表示引导观察。

接下来想做什么尝试？表示进一步探索。

你正在从事的事情发生了什么改变?表示观察变化。

你看到别人在尝试什么?表示寻求合作。

有什么想法是你还没有尝试过的呢?表示扩展实验方法。

如果改变……你认为将会发生什么呢?表示将问题引申，作进一步的思考。

这些问题将会帮助孩子探究他们正在进行的、却又不知道如何进行的实验，所以启发时就要求观察学生们在做什么，并且要知道为什么他们进行不下去了。

另外，与其告诉孩子们如何解决问题，不如让他们专注于那些能引导他们找到答案的事情。通过把注意力集中在问题的重点上，你不仅可以帮助孩子们学习如何关注细节，而且还能引发他们思考，通过自己的操作或观察回答自己的问题，解决他们自己的问题，这比直接告知答案更有力量。

《有滑轮的建筑》中教师可以向学生提问"我们把这根绳子的一端穿过滑轮的轮子，这个珠子可以防止绳子掉出来。我们把绳子的另一端系在这个小桶上。现在向下拉这个珠子，看看会发生什么"。

《有斜坡的建筑》中教师可以提问"当小车撞击到这些路障的时候，车速发生了什么变化"。

《制作化石》中教师问幼儿"在你的粘土上，我看见这个螺蛳的印迹。你想不想看看把螺蛳的上半部压进粘土里会怎样呢？""如果你转动一下海星，它能正好放进这个模子里吗？"

《动感小车》中在设计能使小车滚动得很远的车型装置时，教师可以这样引导儿童"如果我们把车身变轻、车身变小、底盘变高，同学们们觉得会发生什么呢？"而不是去问"你们觉得为什么这为同学的车跑的远呢？"。

4. 创设体验环境——情境启发

情境创设是启发式教学的一种外在保障。要想做到情境创设的高效，首先教师要明确情景创设的目的。情境创设是为了提高课堂效率，是为课堂服务的，与课堂无关的内容即使再精彩也不需要。再次，教师要本着精简的原则进行情景创设。情景创设不在于量，而在于质。如果教师的一句话就能引发学生的认知冲突，那么这句话在此处就具有举足轻重的地位。最后，教师从学生的需要来进行情景创设。情景创设的主要目的是为了调动学生的积极性，因此教师不可为了情景创设而情景创设，要找到学生的真正需要。当学生身临其中时自然而然受其影响，并且时刻接受一种正能量，激发学习的欲望和兴趣，受到周围环境的启发和鼓舞。

情境启发策略主要包括以下几种：

（1）多媒体情境创设启发

多媒体教学可以为学生提供丰富的学习素材，并且能利用多媒体超感观效果等特点，为学生创造出一个全新的虚拟真实空间。在这个空间里，人们可以接触或了解人类已知的一切，甚至人们想象到的或没有想象到的事物。运用多媒体技术产生的这种虚拟现实，可以使学生身临其境，从中获得真实的感受，如此，多媒体就为教师的启发式教学提供了一个很大的空间。

信息技术环境下的 STEM 启发式教学，在综合运用一般启发手段和方法的基础上，信息技术为教师"启"发学生提供了更加丰富的手段。利用多媒体技术可以创设多种情境以启发引导学生，如创设合作实验情境，主题运动情境，三维空间情境，游戏互动情境等，这些情境的创设不但能够调动学生参与的积极性，为"启"导学生做好准备，而且有助于克服传统教学媒体无法实现的内容。许多过去想到而做不到的教学内容，现在可以利用计算机轻松实现，计算机比传统的教学手段更易于实现实验、数据、图形的即时处理。

（2）生活情境创设启发

生活情境是指与学生日常生活相符合的，能够从中感受到习惯、现象、问题的环境。在这个环境中，教师提出问题，学生感受环境中的变化，从中获得启发，寻找问题原理，探究问题解决方法。

教育和心理学研究表明：当学习的材料与学生已有的知识和生活经验相联系时，学生对学习才会是有兴趣的；当科学知识和学生的现实生活密切结合时，才是活的、富有生命力的，才能激发学生学习和解决科学问题的兴趣。因此，STEM 教学要从学生所熟悉的现实情境，以及已有的知识经验出发，利用生活中的素材为学生创造"熟悉"的问题情境，通过启发和探究的过程，才能帮助学生掌握活生生的、富有生命力的综合知识。

（3）实验过程情境创设启发

实验的过程就是学生动手实践的过程，思维并不是孤立存在的。思维与身体的行为有密切的联系，仅仅是精致的思考有时并不能完成思维的过程，所以实验也是 STEM 教学中的重要环节。

与静止的课本图片不同的是，实验为学生创设了一个生动的"游戏"情境，例如，学生可以通过击球杆后面的球，调整击球方向和力度大小，猜想球可能落入哪个框内，然后选择"击球"或"显示击球路线"按钮，验证自己的猜想。教师可利用学生渴望游戏成功的心理，自然地把他们的注意力引导到游戏背后隐藏的数学事实中，在学生"游戏"实验过程中，逐渐引出相交线、垂线、直角、平角、补角、余角、同角的余角等等数学知识。待学生掌握相关概念之后，再一次利用所学的知识去"玩"游戏，增加学生的成功体验，进一步激发学生学习数学的兴趣。

6.4.3 启发式教学中存在的问题

1. 认为讲授就是灌输

讲授法作为历史最久远、最为传统的教学方法之一，在教学方式方法改革中，总免不了被人"垢病"的命运。在有关启发式教学的论文中，常常能看到研究者们提倡的、众多易于实现启发的教学方法，如提问、讨论、探究、对比等，却极少有讲授的影子。不少人认为讲授法剥夺了学生的主体性，是教师一人的独角戏，所以才会出现类似打倒讲授法、褒扬问答法的口号。其实，不论哪一种教学活动过程，其本质特征都包括师生间的双边思维活动，而不仅仅只是简单可见的表面现象。教师在讲授的过程中，通过讲述、讲解、讲演等手段，激活学生的兴趣和思维，也可以使学生获得知情意的发展。

2. 认为启发就是问答

当问到在课堂中怎样践行启发式教学时，不少人的第一反应就是少讲，多提问。这不仅让我们产生这样的思考：大量的提问就能调动学生的思考吗？如果学生被抛来的、接二连三的、无法解决的或者无意义的问题问得应接不暇、思绪不清时，这是否有益于学生的思维发展？因此，在问答法的运用中，问题设置很关键，"问题"是学习中的最难的问题或者是矛盾冲突，将"问题"这一关键精心设计，巧妙设疑，让学生积极参与其中，主动思考，得出与之相关的观点、看法和结论（而非唯一答案）。引导学生把问题分层深入，古今中外对比，求同寻异，从而全面深刻地领悟问题。简单的是非问答、浅层次的回忆性、事实性问答，甚至徒劳的满堂问，不具有启发意义，不能使学生深入思考和钻研，无助于学生思维的发展、智力与能力的提高。所以说，问答是柄双刃剑，当教师只追求其热闹的形式，而不顾其中问与答的精髓时，必定使之成为灌输的得力助手。

3. 看不到效果的启而不发

启发式教学实践中，总会听到"启发启发，启而不发"或者"启而不发，还不如填鸭"的无奈之言。学生的启而不发是有很多原因的，概括讲包括教师和学生的原因。一种是教师的提问，启发方式有问题，引不起学生思考的欲望。第二种是教师启发得法，可是学生依旧没有积极思考的欲望和动力，学生整堂课下来始终一言不发、死气沉沉。解决"启而不发"的问题在于如何恰当地提出问题，巧妙地引导学生作答，激发学生学习的欲望和动力，最终达到孔子提倡的"循循善诱"的美好境界。

小 结

启发式教学是 STEM 教育中非常重要的教学形式。在启发式教学中，教师围绕确定的主题，寻找对教学内容和目标有用的资源，给予学生一定的情景，启发学生主动联想，自主构建和解决问题的方案。学生在构建解决问题的方案中，要充分体现自主性和能动性，自主地探索答案，提出新的学习方式。启发式策略主要包括：多角度启发、逐步启发和情境启发。不同的环境应用不同的启发范式，也可以多种启发方式结合使用。

活动建议

"抗震建筑的设计与制作"项目要求学生在一定的预算内，利用牙签、橡皮泥、剪刀、木杆、振动器表等材料，融合数学、工程、科学等知识，设计和搭建"抗震建筑"，并由模拟地震台进行震级测试。[1] 具体实施过程如下：

（1）预热阶段

①明确主题。教师发放准备材料和活动手册，要求学生设计和搭造一座能够承受地震的建筑物。其中，地震等级通过模拟地震台来设定、展示，活动手册用来记录学生在项目实施过程中遇到的问题和想法。②呈现知识。学生对项目的主题和目标形成自己的认识，通过教师讲解、浏览网络资源等初步了解抗震预防知识、理解搭建抗震建筑的基本原理，并准备牙签、木杆、剪刀等相关材料和工具。③创设情境。教师通过播放地震相关影像资料和虚拟场景营造的真实情境体验，激发学生参与项目的兴趣和热情。

（2）酝酿阶段

①资料搜集。将全班46名学生分成6个小组（有4组各8人，另2组各7人），各小组分别搜集抗震的相关资料（如防震标准、设防等级、抗震注意事项等）和搭建抗震建筑的专业资料，解决如何选择抗震有利的建筑平面、如何选择技术和经济合理的抗震结构、如何处理主体结构与承重结构构件之间的关系等问题。②自主学习。利用搜集的资料，各小组梳理基础性问题（如抗震建筑采用什么框架结构，墙体、梁柱使用什么材料等），设计抗震建筑三维模型并标记好尺寸，包括抗

---

[1] 王宏，刘丽，马池珠.指向深度学习的 STEM 教育探究[J].现代教育技术，2020，30(03)：108-113.

震建筑将采用什么形状、高度多少、使用交叉支撑还是锥形几何等。③解析任务。将"抗震建筑"这个项目分解为目标单一的子任务，并确定每个子任务的具体内容。

（3）发生阶段

①团队合作。小组成员发挥所长，完成"抗震建筑"项目的子任务，如墙体梁柱等零部件的制作、建筑的主体结构制作、防震的承重结构制作等。之后，将设计的三维模型变成实物作品。②展示产品。学生向教师展示实物作品并进行测试，如将模拟地震台设为里氏震级4，测试制作的抗震建筑会发生什么情况、遇到什么问题等，并分享任务解决方案。③教师指导。针对测试过程中抗震建筑出现的问题，教师给予指导、提出建议，如采用板柱结构等，以更好地防震抗震。教师有意识地引导学生就"如何改进会设计得更好""是否有必要替代或构造全新的结构"等问题进行讨论。④完善产品。学生结合教师和同学的建议，进一步完善抗震建筑作品。

（4）成熟阶段

①多元评价。教师、学生共同根据活动手册的记录内容进行过程性评价；根据抗震产品检测进行作品评价，实现以评促改。②自我反思。学生以学习报告的形式对抗震建筑作品进行反思，如总结抗震建筑的搭建经验，包括框架结构怎样设计、梁柱采用什么材料、柱间支撑和交叉横跨等细节问题应如何处理等，并反思作品的不足之处。③拓展迁移。根据教师针对学习报告提出的反馈性意见，学生思考如何制作出成本更少、抗震效果更佳的建筑，并在实践中尝试。

通过对本节启发式教学知识的学习，请结合案例分析"抗震建筑的设计与制作"活动的教育价值，设计一组启发式教学的应用环节，描述清楚应用的场景和过程。

6.5　实施协作学习，形成共享调节

☕ 节前思考

1. 什么是协作学习中的调节？主要包括哪些层面的调节？
2. 什么是自我调节和共享调节？
3. 如何有效地开展共享调节，以促进协作学习？

在 STEM 教育项目中实施协作学习时，仍存在着诸多实际层面的挑战：在学习过程中，存在学生的参与不均衡、交互缺乏深度、支持协作学习的工具定位存在偏差等现象。究其原因，协作学习是一个复杂的社会性过程，在协作团队中的学生都是单独的个体，具备独特的目标、认知和情感特征，他们并不会自发地开展协作，个体的差异性、多样性以及学习情境的复杂性，导致在协作过程中可能产生认知、情感或动机等方面的阻碍，使之难以在协作过程中，通过高层次的认知对话，来共同处理复杂的概念或问题，以及进行积极交互和共享。

因此，在需要学生在协作学习时，成员共同构建并共享的任务理解、目标和策略，通过共享元

认知、动机、情感和行为的监控来调节学习。也就是说学生在关注知识共同建构的同时，需要关注共享调节的发展与维持过程，才能促进自身在协作学习中共享调节意识、策略及能力的发展。

6.5.1 协作学习中的调节[1]

协作学习中的调节，具有目标导向性、元认知及社会性等特点。首先，协作学习中的调节是以目标为导向的。了解学习者的目标，可以掌握其学习方向、动机等，这是协作学习中提高调节效率的基础。其次，调节是元认知的。计划、监控等过程是调节的核心，当学生意识到个人或集体的当前状态与预期状态的差距时，就能策略性地进行调节，改变思维、观点、行动或情绪等，并对当前学习情境做出适应性的调节以达成目标。最后，调节是社会性的。调节可能会受到社会情境的影响，也可能整合于社会交互中。学生想要了解调节学习，需要了解社会情境以及与其相互作用的因素。基于这些特点，在协作学习中，学习者需要在三个不同层面调节学习过程，分别为自我调节、合作调节和共享调节。

1. 自我调节

自我调节过程受到学习目标及情境特征的影响，调节的目标是促进个人学习者发展、细化学习策略，并做出适应性的调节。自我调节是学习者为完成学习任务，设定学习目标，监控学习过程，调节自我认知、行为、动机的过程。

2. 合作调节

从社会文化理论的角度看，调节学习是一个适应文化规则和习俗的过程。当个人的调节活动受到他人的引导、支持、协助或限制时，学习者之间便存在合作调节。社会文化理论强调主体间性和人际交互，关注学习的社会和文化因素，调节不再是一个学习者意识中的独立过程，而是被赋予了社会特性，然后内化成为一个个体的过程。合作调节从社会的角度理解学习中的调节，认为调节机制是在人际交往中实现的，这种调节是社会环境支持个人共同参与社会和文化活动的过程。

3. 共享调节

情境理论的视角则认为，学习的调节是集体成员之间情境化的互动。调节的过程是不同情境因素的结合，包括环境的物理特征、社会互动、不同文化的教学原则及特征、时间变量、情境中学习活动的发展、在特定时间/特定情境中形成的学习模式，以及在学习中的不同阶段的变化过程。共享调节是指集体成员在协作过程中，共同参与任务理解、制定计划、监控协作过程、评价反思，并且在认知、元认知、情感和动机等不同维度进行集体协调，达成或维持共同认知的过程。当集体成员参与到共享调节时，他们将其调节行为从"我"扩展到"我们"的层面，在集体协商的过程中，监控及调节集体的协作行为；同时，个人调节过程也蕴含在集体中。学生参与共享调节时，需要集体协商对于协作任务的共同理解，共同设置学习目标与计划，建立共享的学习策略，共同监控集体

---

[1] 陈向东,罗淳,张江翔.共享调节：一种新的协作学习研究与实践框架[J].远程教育杂志,2019,37(01):62-71.

的进步，并及时调节优化学习的过程和结果。

在协作学习中，自我调节、合作调节及共享调节以一种动态的、相互依赖的方式发展。个人目标和共享目标是整合的，个体的行为嵌入在集体社会中，两者不可分割。调节过程是集体成员之间的互动，个人目标和集体目标也在互动中实现，共享调节的过程和成果是集体共享的，因此，共享调节过程可以被视为集体作为社会系统发展的过程（见图6-9）。

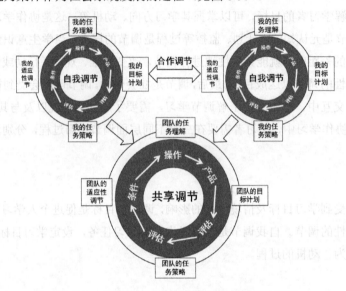

图6-9 个人调节、合作调节与共享调节的关系

6.5.2 协作中的共享调节[1]

共享调节涉及个人及团队在知识（计划、目标、策略、监控、评价等）、社会关系（动机、情感、信念等）以及学习成果等方面的共建、协商、维持与共享的过程。学生在协作学习中，会产生不同方面的共享调节，包括共享元认知、共享动机和情感等不同的维度。

1. 共享元认知

学习者用来控制、协调他们个人以及团队学习过程的调节技能和策略，就是共享元认知调节。学生共享元认知强调的是团队的思考过程与认知对象，涉及学生共享任务理解、共享任务计划、共享任务监控和评估等关键调节技能。其中，共享任务理解指当学生确定协作任务时，分析协作任务的线索，激活先验知识来熟悉任务对象并了解其他人的观点；共享任务计划包括选择并确定解决问题的策略，制定行为计划来执行团队任务；共享任务监控包括协作任务过程的控制，针对学生的观点、进步和协作等过程进行诊断，旨在识别协作团队中的不一致性并优化协作任务的执行；评估则包括学生关于协作学习过程的共同判断，主要是任务成果、任务过程或团队成员协作等方面的评价。

---

[1] 陈向东，罗淳，张江翔.共享调节:一种新的协作学习研究与实践框架[J].远程教育杂志，2019，37(01): 62-71.

2. 共享动机和情感

在学习情境中，情感体验可能与个人的兴趣、学习任务、学习成就或外界环境直接相关。学生学习动机是一种持久的学生特质，反映了个人的学习愿望以及实现愿望的具体行动，它包括目标导向或信念，特定情境中的情感状态，情感的激励和动机的维持。在协作学习中，社会性不是情境的一部分，而是在个人与情境的交互中构建所形成的。从这个角度而言，动机是通过团队成员的交互与共享行为来创建并维持的。在协作学习情境中，学生进行共享动机的调节，需要考虑其他人的目标、动机和情感状况，这有助于团队成员创造并维持共同的团队目标。对于学生而言，需要意识到他们自身在协作任务过程中的情感及动机状态、交互及参与状态，以提高集体意识，调节个人和团队的目标和计划，不断推动更深层次的计划和协商。

6.5.3 共享调节实践框架[1]

从参与对象来看，共享调节课堂的活动可以分为个人调节和共享调节。个人调节活动可以分为个人任务理解构建、个人任务计划、个人过程性评价、个人成果展示和个人总结性评价；共享调节活动包括共享任务理解构建、团队学习计划、团队过程性评价、团队学习成果展示和团队总结性评价。我们以"家居设计与3D打印"STEM课程为例说明共享调节活动的实施。

"家居设计与3D打印"课程的主要内容是让学生通过室内平面建模，布置客厅、厨房、卧室等住房格局，设计完整的家庭装修作品，同时结合3D建模软件，使用3D打印技术，制作出个性化居室。课程涉及建筑学、材料学、美学、心理学、人体工程学等不同学科。为了强化协作，安排学生以团队形式，共同完成家居作品设计的任务，并在案例实施过程中，根据任务的进展，在不同阶段实施共享调节的课堂活动。

（1）任务的准备阶段

学生初次接触家居设计与3D打印。在本阶段中，学生接受家居设计与3D打印的课程训练。学生在掌握相关的家居设计知识与软件操作技能之后，明确团队的家居设计任务，强调设计作品过程中共同目标及协作的重要性，并进行了团队任务的初步交流。

（2）任务的执行阶段

任务的执行过程是将任务理解中的任务策略运用至任务制品，并在任务中进行信息展示的过程。

构建个人任务理解。本案例首先引导学生构建个人任务理解，学生需要从家居设计任务的内容、任务的策略、任务的目标、作品的主题、作品的意义、作品的评价、资源的选择等方面，构建自我任务理解，带着个人对于家居设计任务的理解，参与团队共享任务理解的协商，共同探讨团队家居设计任务的目标。

构建共享任务理解。学生在各自构建个人任务理解之后，使用共享任务理解的支持工具，为学

---

[1] 陈向东，罗淳，张江翔.共享调节：一种新的协作学习研究与实践框架[J].远程教育杂志，2019，37(01)：62-71.

生提供参与家居设计任务的情绪、动机和信念等方面的评估,并以可视化的形式在团队成员之间进行展示。学生可以在团队的共享空间中,查看团队成员任务理解的可视化分析结果,明确团队成员之间的认知、情感动机状态之间的差异。

团队成员需要首先明确团队共同的家居设计任务目标,在家居设计的任务内容、任务主题、任务目标、作品形式、作品意义、作品评价标准等方面达成共识;然后,根据成员各自的知识经验及兴趣动机,分配家居设计任务的角色与分工;最后,团队成员共同分析潜在的任务困难,结合具体的任务情境及可用的资源工具等,共同制定家居设计任务的详细策略。

制定团队共同计划。构建共享任务理解后,团队成员对于家居设计任务有了更清晰的理解。团队成员需要共同制定团队的任务计划,进行时间、资源等方面的规划,并合理解决冲突,明确任务作品的最终形式、提交时间,以及阶段性成果如何形成最终的任务作品等。每个团队按照时间轴填写任务计划,并根据制定的计划,对已完成任务进行回顾性评价和反思。

(3) 任务的监控阶段

任务监控嵌入在任务的执行过程中。学生关注任务的过程、策略以及成果,判断阶段性成果与目标之间的差距,判断任务策略和任务信息的有效性。本阶段所实施的共享调节活动,包括团队的多次过程性反思。

(4) 任务的反思阶段

在任务的反思阶段,学生需要反思他们的任务过程、任务策略、任务作品等,来决定他们是否需要调整任务策略、任务方法或任务作品的不同方面,以达成共同的任务目标。通过总结性反思和评估活动,学生可以更多关注任务的作品,以及达成任务目标最适宜的策略和方式。本阶段所实施的共享调节课堂活动,包括团队作品展示交流、团队的总结性评价。

1. 个人调节活动

(1) 个人任务理解构建

在共享调节过程中,学生需要构建自我的任务理解,从认知、元认知、情感动机等方面,分析任务特征和任务结构,激活关于任务的先验知识,明确任务的目标、资源等,带着个人的任务理解开展团队的共享任务理解协商。因此,大多数共享调节的学习,需要以个人任务理解作为前提和基础。例如,在"家居设计与3D打印"STEM教学案例中,学生需要从家居设计任务的内容、任务的策略、任务的目标、作品的主题、作品的意义、作品的评价、资源的选择等方面,构建自我任务理解,带着个人对于家居设计任务的理解,参与团队共享任务理解的协商,共同探讨团队家居设计任务的目标。

(2) 个人任务计划

学生是积极的认知者,在共享调节中,需要根据对任务理解,来为自己的任务进程制定计划,包括时间的规划,以及每一阶段的成果如何形成最终的任务制品,并为任务监控提供依据,学生的计划能够反映他们对任务的理解程度。

(3) 个人过程性评价

学生在任务的执行阶段，以任务理解中的任务策略和任务的目标为标准，根据任务的进展状况及时进行过程性的评价，判断任务策略的有效性，总结过程性的任务困难，及时调整个人任务理解。

(4) 个人成果展示

学生通过任务成果的展示活动，可以得到来自团队成员的评价，展示学生知识技能的增长，增强团队成员之间的相互了解。

(5) 个人总结性反思

学生反思自我在协作学习中的参与状况，例如任务的知识、技能和情感动机等方面的转变与发展状况。同时，学生可以对团队成员进行评价，以促进团队成员之间的相互了解。

2. 共享调节活动

在共享调节过程中的个人总结性反思活动，可以促进学生关注团队成员的任务参与，帮助学生判断任务制品是否达到了任务理解中的任务目标，并决定是否需要调整任务方法，来完成任务或调整任务产品的不同方面。

(1) 共享任务理解构建

在协作学习的共享调节过程中，构建共享的任务理解具有关键性作用，它提供了基础的元认知知识，帮助团队设定共同的目标，创建共同的计划和标准来监控协作的进程和成果。共享调节的过程需要学生共同协商，并理解任务的结构以及任务的相关参数，相关参数包括任务的定义和评估，理解任务的要求、目标、资源和情境等；同时，需要将任务相关的先验知识，以及对任务复杂度和难度的理解，对情感动机状态的评估等情境知识和元认知，融入共享任务理解的表征中。例如，在"家居设计与 3D 打印"STEM 教学案例中，为学生提供了参与家居设计任务的情绪、动机和信念等方面的评估，并以可视化的形式在团队成员之间进行展示。学生可以在团队的共享空间中，查看团队成员任务理解的可视化分析结果，明确团队成员之间的认知、情感动机状态之间的差异。在查看团队成员任务理解的可视化状况之后，学生就团队的共享任务理解开展协商，消解并融合各自关于任务理解的冲突。团队成员需要首先明确团队共同的家居设计任务目标，在家居设计的任务内容、任务主题、任务目标、作品形式、作品意义、作品评价标准等方面达成共识；然后，根据成员各自的知识经验及兴趣动机，分配家居设计任务的角色与分工；最后，团队成员共同分析潜在的任务困难，结合具体的任务情境及可用的资源工具等，共同制定家居设计任务的详细策略。

(2) 团队学习计划

学生需要共同处理团队任务的各个方面，包括时间和资源的分配等，因此，共享调节过程需要有团队学习计划的活动，让学生共同规划团队的协作学习过程，为团队的任务制定计划，处理时间安排等问题，促使学生更加明确共享任务理解中的团队任务目标和任务策略，为协作任务的监控提供依据。

例如，在"家居设计与 3D 打印"STEM 教学案例中，构建共享任务理解后，团队成员对于家居设计任务有了更清晰的理解。团队成员需要共同制定团队的任务计划，进行时间、资源等方面规划，并合理解决冲突，明确任务作品的最终形式、提交时间，以及阶段性成果如何形成最终的任务作品等。每个团队按照时间轴填写任务计划，并根据制定的计划，对已完成的任务进行回顾性评价和反思。

（3）团队过程性评价

学生在协作学习的不同阶段，对任务进展和共享调节过程进行评估，对不同任务阶段进行监控，使得学生对任务理解、任务策略或任务计划进行及时修正和完善，从而更好地进行共享调节。

（4）团队学习成果展示

分布式的知识或技能是团队成员之间协作和交流的基础，因此，在共享调节过程中，需要通过团队学习成果展示，来促进团队成员之间的知识或技能的分享，从而加速共享调节的深入发展。

（5）团队总结性评价

学生需要评价他们的任务过程，以及任务制品是否达到了目标。通过团队总结性评价，学生可以进一步梳理协作学习中的共享调节的各个环节，重新评估任务理解和任务结构，反思达成任务目标最适宜的策略、方式以及任务执行的过程，完善团队共享调节的过程。

小 结

学生的共享调节是一个连续且复杂的过程，在协作学习中，学生需要在三个不同层面调节学习过程，分别为自我调节，合作调节和共享调节。在 STEM 教育课堂中，应从个人调节和共享调节两类活动进行规划和安排。个人调节活动可以分为个人任务理解构建、个人任务计划、个人过程性评价、个人成果展示和个人总结性评价。共享调节活动包括共享任务理解构建、团队学习计划、团队过程性评价、团队学习成果展示和团队总结性评价。

活动建议

通过对本节"团队合作、共享调节"知识的学习，请结合你的理解对其他 STEM 教育案例进行分析，加深对协作学习中的共享调节的认识。

6.6 形成多元结果，开放互动评价

☕ 节前思考

1. STEM 教学中评价理念是什么？有哪些评价方式？
2. STEM 教学应考虑对学生的哪些方面的能力进行评价？
3. 如何对学生进行多元、开放的评价？

实践能力和创新能力的评价并不能通过纸笔测验直观得出结论，基于跨学科整合的 STEM 项目学习为学生评价提供了新思路，转变学生评价的理念：采用多元化的评价标准，拓宽评价内容和评价方式。在 STEM 项目学习中，强调为学生提供真实情境和模糊的任务，在教师评价的基础上，强调学生进行自评和同伴之间进行互评的重要性，并采用多种评价方式相结合的方法。例如，使用过程性评价与终结性评价相结合、质性评价与定量评价相结合的方法对学生进行评价，评价内容更注重学生的平时表现和情感能力的发展，帮助培养其责任感，培养学生的科学探究能力，更好地促进学生创造性的发展，并以此促进学生形成跨学科整合知识的能力，帮助学生成为全面发展的个体。

6.6.1 STEM 项目学习中的过程性评价

1. 过程性评价价值取向

在过程性评价中，学生是评价者也是被评价者，评价内容包括在学生学习活动中所有具有教育价值的行为。在对学生进行评价的过程中，以质性评价为主的主体评价并不符合实际，质性评价对教师的要求过高，教师不能做到完全客观，评价很难实现。而过程性评价采用的评价方式是定性评价与定量评价相结合，将传统的纸笔测验方式、评价量表这些量化评价和档案袋评价这类质性评价有机结合起来，这一评价取向与坚持量化评价和质性评价并行的过程评价不谋而合，因此，过程性评价是目标与过程并重的价值取向。过程性评价强调既要关注学生的学习结果，还要关注在学生学习过程的发展。过程性评价与传统评价理念的终结性评价不同，评价不是一蹴而就的，过程性评价伴随着学生的整个学习过程，学生们积极主动地参与到评价中去，评价为学生提供评价结果反馈，帮助学生进行自我反思，形成对自身能力情感认知变化的动态认识，促进学生成长为全面发展的个体。

过程性评价强调评价多元化。首先是评价主体的多元化，关注学生学习过程中知识、情感、能力的动态变化，要求学生积极参与到评价过程中去。在过程性评价中，评价的主体不再以教师为主，而是通过多主体结合的方式对学生学习的各个方面进行评价，例如，学生进行自评，同学之间互评，家长评价等。其次是评价内容的多元化。过程性评价不再只关心学生的学习结果，更多地关注学生在学习过程中各方面的动态变化，例如，学生在各个学习阶段的研究成果，学生学习态度的变化，学生能力的发展等方面。最后，过程性评价更注重学生之间的个体差异性。评价不是为了分出学生能力高低，而是为了帮助学生更好地进行学习，提高学习质量，成为全面发展的个体。

综上所述，过程性评价伴随着学生的整个学习过程，既评价学生的最终学习结果，也关注学生学习的过程以及在学习过程中出现的非预期结果。通过量化评价和质性评价相结合的评价方式，评价学生学习的成效、学生学习过程中的学业成就、学生的情感态度等因素，即时的向学生进行评价结果的反馈。

2. STEM 项目学习中的过程性评价

基于项目的 STEM 学习由于其本身的特点，在进行学生评价时整合了不同的评价方法，与传统学生评价中只注重终结性评价不同，理想状态下的 STEM 项目学习，将评价分解在教学过程中较小的单元形式进行，教师在学习过程中通过阶段性评价引导学生进行学习，评价贯穿每个阶段。

　　STEM 项目学习中的过程性评价，强调定量评价与质性评价相结合。有些学习成果通过纸笔测验或者评价量表进行测量，有些不能通过定量测量的因素，而采用记录形式的质性评价方式来对学生学习进行评价。这种评价始终贯穿于教学过程。学生、教师、同伴都是评价的主体，STEM 项目学习伴随着师生间与生生间的信息交流，通过交流，多位评价主体共同对在 STEM 项目学习中的学生表现进行评价。STEM 项目学习是团队合作的学习形式，教师在评价不同小组的学习状况时，可根据实际情况，选择运用程序式评价或随机式评价。STEM 项目学习要求将项目的各个组成部分有机结合，形成一个整体；评价的目的是为了向学生提供信息反馈，激发学生的学习动机，帮助学生改进学习方式，促进学生更好地发展，并将每个学生的学习情况反馈给教师，以帮助教师改进 STEM 项目学习。

　　在 STEM 项目学习中的过程性评价时，基于的学习环境不同，评价的内容、评价的量规也应做相应的改变，例如，针对个人和小组的评价，教师和学生所做的评价。在 STEM 项目学习中，实际运用过程性评价时，首先应该针对不同的评价主体进行评价量规的编制，并结合过程性评价量表、小组互评记录、教师评语等，将学生的主观能动性充分调动起来，帮助学生在自我评价中学会自我反思，培养学生的自我调控能力。同时，发挥教师的主导作用，进而更好地指导研究活动，促进 STEM 项目学习的顺利进行。STEM 项目学习的最后一个步骤是进行研究成果的展示，在学习中，学生通常会根据研究主题制作手工制品，因此项目学习中的过程性评价需要涵盖学习性手工制品的评价，这些手工制品是在教师清晰的指导下组合做成的。过程性评价给学生提供定期的反馈来调节学生的学习过程，教师驱动的方向与 STEM 项目学习所期望的学习结果相一致，手工制品是学生所学知识的总结或者是作为知识产品来勾画出有关学生所学的内容。过程性评价是为了帮助学生应用知识，而不是测试结果，强调对思维方面的进展进行批判性的评价，让学生书写自己所学到的内容，并说明学生自己认为学到了东西的原因。

　　此外，STEM 项目学习的评价既评估学生个人的表现，也评估小组的表现。需要注意的是，因为小组成员可以是随机组合或自由组合的，因此，过程性评价应尽量做到适合每组的特征和学术特质。过程性评价对教师要求较高，教师除去要进行日常教学工作，还要在进行 STEM 项目学习时，反复多次评价多个学生，对于教师而言，这是一项耗费精力的工作，教师由于时间和精力的限制，很难深入到每个学生达到评价的目的，这样很容易造成学生评价的片面化和评价结果流于表面。因此，在进行学生评价时，评价方案是否可行、可操作应始终放在首位。STEM 项目学习为过程性评价带来了新型评价工具，比如在线云平台交互系统，在进行学生评价时，要避免为了使用评价工具而进行学生评价的倾向，以免造成评价的形式化。因此，过程性评价与学习活动和学习环境相匹配很重要。我们在 STEM 项目学习中实际应用过程性评价时，应当注意避免以上这些问题，不要让评价僵化、模式化，而应当根据项目学习过程中的真实情况进行修改并完善，结合多种评价方式，从多个角度出发，筛选多样化的评价指标，以期更好地对学生进行评价。

6.6.2 STEM 项目学习中的真实性评价

1. 真实性评价的真实性

真实性评价是在真实情境或模拟现实的情境中进行的,教师通过为学生创设一系列的真实性任务或解决实际问题的任务,并采用日常观察记录、档案袋记录、表现性评价等多样化的评价方式,结合传统评价和替代性评价,以期更好地对学生的学习情况进行评价。真实性评价的真实性包括几个方面:

(1)学生的学习任务是真实的、贴近现实的。真实性评价旨在为学生提供基于现实生活或模仿真实情景创设的学习任务或活动,并且该活动对学生是具有现实意义和价值的,在教师教学和学生学习过程中进行学生评价,这是一个统一和整合于教学的过程。

(2)评价标准的真实性。学生对将会如何评价自己享有知情权,在真实性评价开始之前,教师要告知学生评价标准的具体内容,并对评价标准进行解读,以便帮助学生更好地理解评价标准,学生在充分理解评价标准的基础上,学会在学习过程中使用评价标准对自己进行评价,并且能接受基于该评价标准的评价结果。

(3)评价环境的真实性。真实性评价通过观察学生在日常学习生活中的真实情况,不给学生施加任何外部强制压力,让学生在学习活动中自然地、充分地展现自己真实的学习状态,从而实现课程教学和学生评价的有机整合。

(4)评价方式的真实性。真实性评价是通过在学习活动中进行日常观察和记录,使用表现性评价和档案袋评价等评价方法进行的,评价关注学生的整个学习活动过程,强调多主体评价,学生和小组间成员间通过评价量表和记录表进行评价,教师通过课堂观察记录表记录学习过程中学生的真实情况,为教育者提供连续的、发展性的评价信息,并给学生提供真实的、有意义的信息反馈,从而更好地帮助学生改进学习。

(5)评价内容的真实性。真实性评价关注不同个体之间的差异性,以及个体通过学习活动在不同阶段发展情况的差异性。学生是全面发展的个体,真实性评价不仅对学生在学习过程中的学业成就进行评价,也对学生的问题解决能力、创造性发展、逻辑思维发展和情感态度等方面进行评价。评价内容的真实性依托于现实世界中学生的终身持续性发展情况,对学生而言,评价内容更贴近自身实际情况,评价结果就更加接近真实。

(6)评价信息的真实性。真实性评价是基于对学生日常学习生活的观察进行的,评价结果真实地反映了学生在学习过程中的学习情况、发展变化和进步,反馈给教师、家长、学生的评价结果是真实可信的,相较于传统纸笔测验中用分数对学生进行评价,真实性评价更客观、更人性化,在一定程度上避免了评价偏见。

2. STEM 项目学习的真实性评价

真实性评价的评价标准简单说来就是两点:学生应该知道什么,学生能做什么。STEM 项目学习开展的初期,教师作为项目活动的引导者,应当主动示范,帮助学生理解真实性评价的评估标准。

在进行 STEM 项目的设计时，真实性评价在现实的课堂教学中存在一定操作上的难度，相较于传统的学生评价，进行真实性评价需要花费很长时间，对评价结果进行分析时，容易受到人的主观意志的影响，造成真实性评价的信度较低。传统评价中的纸笔测验更能客观反映学生该阶段知识的掌握程度。因此，要将两者相结合，在实际 STEM 项目学习中，对学生进行评价时，常采用过程性评价和真实性评价相结合的方式，更多地关注学生学习本身，而不只是评估学习。

相较于传统课堂上进行的学生评价，STEM 项目学习中的学生评价对教师的要求更高，教师的责任更多。真实性评价要求评价结果必须真实，如实地反映学生在项目学习过程中的真实情况。为了即时记录学生的学习情况，STEM 项目学习中的真实性评价可以借助信息技术。在传统教学中，由于人力物力的限制，教师很难对每一位学生进行即时的评价，而通过电子信息技术让教师对学生即时评价成为可能，例如在课堂学习时，采用"即时评价"模式及时对学生进行评价，使用电子设备进行录像或录音，教师通过电子表格将逐条信息用数字的形式记录为评价量规，学生可以立即得到反馈结果，这类评价是教师的即时评价，理想状态下学生同时会得到即时的进步反馈或改进建议。STEM 项目学习是小组合作进行的学习活动，教师在对学生进行评价时，小组成员间也需要进行互评，有关专家设计了基于课堂学习的回应系统和无线答题器，学生们通过打字回应、数字评分和多项选择进行学习信息反馈。小组反馈给教师评价全班学生整体学习状况的信息，可以帮助教师决定之后学习活动的展开，同时，同伴互评也给予学生更多的信息反馈，学生可看到小组其他成员的学习情况，从而知道自己的不足，进而改进。需要注意的是，在 STEM 项目学习中的真实性评价，理想状态下是保持匿名状态的，学生只能看到提供给自己的个性化反馈，评价来源于谁、做出来怎样的评价、他人得到的怎样的评价应当是保密的。STEM 项目学习中的学生评价对教师的要求更高，教师必须对 STEM 项目学习有清晰的认识，在设计评价量规时，需要充分考虑教授的内容、学生是如何进行学习的，如何在教学实践中改进评价方式。真实性评价不是一成不变的，需要根据评价对象、评价内容做出相应改变，但有一点不变的是，所有学生都需要学会合作并发展合作性技能。

6.6.3　STEM 项目的学生能力评价指标[1]

基于 STEM 项目的学习，为学生提供了真实情境中的模糊任务，学生学习过程中自身的能力得到了发展，整个学习过程都伴随着与同伴进行沟通、共同解决问题和自主学习。在学生进行项目学习的过程中，充分调动了言语表达能力和使用科学的能力，而在各个能力下面又可以分为若干个能力指标。在此，可以确定三个评价指标：团队合作能力、项目操作能力、信息表达能力。

1. 团队合作能力

STEM 项目学习是合作型学习形式，合作型学习不仅包括学生通过合作进行学习的方式，学生还应当学习如何合作，如何更好地合作，使结果达到最优化。学生小组的合作为学生提供了必不可少的机会，学生有目的地通过与同伴交流，发展沟通与社交能力，同时在小组合作中互相帮助，学

---

[1] 董陈琦岚.基于STEM项目学习的学生能力评价研究[D].天津师范大学，2017.

会对自己和对他人负责，培养自身的责任感。因此，确定团队合作能力作为评价基于 STEM 项目学习的学生能力指标。需要注意的是，在团队合作中，每个人承担的任务和角色不一样，在评价时应当将学生置于特定的角色定位，从而更好地对学生进行团队合作能力的评价。

团队合作能力主要包括以下三个二级指标：合作意识、合作精神、合作技能。

（1）合作意识

合作意识是合作行为能否产生的重要前提，是指个体形成了参与团体活动和认同团体公约的认知与情感。合作意识是在人与人的交往过程中，通过参与某项活动，共同完成任务培养起来的。STEM 项目学习是团队成员共同完成的集体活动，个体应当具有集体责任感，认同自己作为团队成员的角色定位，形成群体意识，个体认同团体间的规则，主动积极地参与到团队活动中去。学生是否能够积极承担在 STEM 项目学习中分配的任务，并对项目中出现的问题和现象提出自己的建议和想法，这是评价学生合作意识是否强烈的评价标准。

（2）合作精神

合作精神是指建立在团队的基础之上，发挥团队精神，互补互助，以达到团队最大工作效率的能力。合作精神是大局意识的集中体现，个人作为团队的一份子，一切以大局为重，但这并不意味着要求成员牺牲自我，而是为了共同完成某一目标，通力合作，互相协助，形成集体归属感和凝聚力，充分发挥每个人的潜能。在 STEM 项目学习的过程中，不同个体的发展不是完全一样的，具有合作精神的学生经常能在他人需要时提供帮助。学生是否积极听取他人想法，互相帮助以共同解决项目学习中出现的问题，这是评价学生合作精神的评价标准。

（3）合作技能

合作技能是指在团队学习活动中，个体为完成项目学习的任务或解决问题所展现出来的能力。合作技能是通过讨论、争辩、表达、倾听及参与实践等形式展开的，学生在独立思考的同时，与他人进行沟通并采纳他人的意见，积极进行动手实践，进而更好地进行团队合作，促进项目的顺利进行。在 STEM 项目学习中，每个人的角色定位和分工不同，每个人承担的任务也不相同，STEM 项目学习是团体合作和明确分工的统一。学生能否通过以上的各种形式，及时地完成分配的任务且完成较好，这是评价学生合作技能高低的标准。

2. 项目操作能力

STEM 项目学习十分强调并行提升学生的逻辑思维能力和动手实践能力，因此确定项目操作能力作为评价基于 STEM 项目学习的学生能力指标。需要注意的是，在 STEM 项目学习中，评价是动态的、连续的过程，在对学生进行评价时，评价活动应贯穿整个 STEM 项目学习过程，结合整个过程中学生的实际表现情况，从而更好地对学生进行项目操作能力评价。项目操作能力主要包括三个二级指标：项目设计、项目完成度、结果分析。

(1) 项目设计

项目设计是指学生能基于某一特定主题,设计与研究主题相关的研究方案,并且该方案是可行可操作的。在 STEM 项目学习中,学生们确定了研究主题后,收集相应的背景资料,进而形成初期研究假设,围绕这一假设阐述对研究主题背景的理解、研究假设和研究步骤,研究方案通常包括六个部分:标题、引言、实验设计表、假设、实验材料和方法。研究方案的设计是整个项目顺利进行的基石,学生能否设计出基于研究主题的精细的研究方案,是评价学生项目设计能力的评价标准。

(2) 项目完成度

项目完成度是指学生基于设计好的研究方案,进行实践操作后实验任务的完成程度,即任务完成得好不好,有没有达到研究方案的预期。在 STEM 项目学习中,项目活动被分为若干阶段,每一阶段都有其特定的任务,因此,在进行评价时需要结合各个阶段的任务完成情况。需要指出的是,这一评价指标主要评价学生的动手实践能力,评价学生是否能按照研究方案进行研究活动,能否完成研究实验,达到研究方案的预期,而不是评价学生是否得出了正确的结论。学生项目完成达到了预期假设的多少,是评价项目完成度的评价标准。

(3) 结果分析

结果分析是在研究活动结束之后对所得到的数据进行处理分析,检验数据是否支持假设,数据中体现了什么问题,进而得出相应的研究结论。在 STEM 项目学习中,研究活动通常是通过探究实验进行的,针对实验所得出的数据,确定使用什么统计方法,继而对数据进行统计运算,进行假设检验,进而对实验结果做进一步的分析,检验研究假设是否成立。学生能否针对实验数据进行处理分析,验证假设是否成立并得出相应结论,是评价学生结果分析能力的评价标准。

3. 信息表达能力

在 STEM 项目学习过程中,学生通过不同的形式表达自己的想法和意见,在团队合作活动中,与同伴进行沟通,交流彼此的想法和观点,以此促进项目活动的顺利进行。STEM 项目的成果展示环节是在对 STEM 项目学习过程进行总结,并与他人交流和汇报研究结果。学生在这一过程中进行自我反思,发展高阶逻辑思维,并将成果展示出来,这个过程也是学生展现自我的过程。通过向他人传递自己的想法和观点,学生可以进一步巩固在 STEM 项目学习中学到的知识和技能。信息表达能力主要包括三个二级指标:言语表达、文字表达、实践表达。

(1) 言语表达

言语表达是指学生通过口头语言展示 STEM 项目学习成果,主要包括:引言、假设、材料和方法、结果、分析与结论、结尾。在进行口头展示时,整合每一位成员的想法和意见。口头报告可长可短,一般是 2~15 分钟,可借助展板工具展示所有需要被评判的要素,团队中的每一个成员都应当参与发言,表述对研究项目的理解。此外,口头报告的特点是会收到听众的提问,在回答问题时,如实回答自己确定的问题。学生在进行口头报告时,表述是否清晰,语句是否完整,能否运用恰当的科学语言,是评价学生言语表达能力高低的评价标准。

（2）文字表达

文字表达是指学生通过书面研究报告的形式展示 STEM 项目学习成果，即基于项目研究进行研究论文的撰写。一篇完整的 STEM 项目论文主要包括六个部分：引言、研究方法、研究结果、分析与结论、参考文献、附录。团队在进行论文撰写时，应当明确清晰地规定每位成员的任务，分工合作，遵循论文写作的要求，在论文中展现项目的研究成果，研究论文是整个 STEM 项目学习活动的缩影。因此，学生在撰写书面研究报告时，是否能撰写规范的研究报告，语言是否精炼，语句是否通顺，是评价学生文字表达能力的评价标准。

（3）实践表达

实践表达是指学生在基于 STEM 项目学习的研究方案完成实验探究过程后，能借助多媒体信息技术进行研究成果展示。例如，制作幻灯片，使用照片、图形或表格等形式展示实验结果。21 世纪是信息化时代，为适应高速发展的社会，学生应当合理使用数码技术、通信工具和网络来进行信息传递。STEM 项目学习强调真实情境性，为了更好地再现实验研究过程，借助多媒体技术展示研究中的具体内容，有助于更好地向他人传递研究实验的成果。展示内容是否丰富，结构是否清晰，是评价学生实践表达能力的评价标准。

6.6.4 基于 STEM 项目学习的量表形成[1]

在进行学生评价时，评价主体主要由学生、教师和同伴构成。评价方式包括自评、他评和教师评。评价量规可以帮助教师对学生的学习进行高效的评估，也能够在整个自我评价和同伴评价中给学生提供引导。针对不同的评价主体，评价内容所采取的方法也不尽然相同，例如，当教师在对学生进行评价时，重点应该放在对学生整个项目学习的评价上，通过观察量表、项目日志等对 STEM 项目学习、学生表现进行评价。需要注意的是，在使用评价量规时，教师应该帮助学生做好准备，事先教会学生怎样使用评价量规进行评分，从而促进学生进行深层次的 STEM 项目学习，并激发学生的创造性。

评价量规的数值范围有两种表现形式：一是直接通过分数来评分的，然后把分数转换为百分比形式；一是用等级体系，将 100 分为满分的评价量规直接用 A~E 五个不同的等级来表达。本书采用的是后一种表现形式。在设计和改进评价量规时，本书使用针对具体学习结果的知识和技能的描述性词语来代替"知识和技能"或者"内容与概念"，依据编制的 STEM 项目的学习能力评价指标权重，针对不同的评价主体，设计出教师用量表和学生用量表。

1. 教师用量表

教师主要负责对 STEM 项目学习、团队学习、学生能力进行评价，在项目学习开展初期，需要对 STEM 项目本身进行评价，评价项目学习是否符合 STEM 项目设计的要求。此外，对学生进行针对团队学习能力的总体评价和针对个人的学习能力评价，其中，团队总体评分标准是基于几项

---

[1] 董陈琦岚.基于STEM项目学习的学生能力评价研究[D].天津师范大学，2017.

STEM 项目学习的学生能力评价标准的总体概括。教师在进行评价时，可根据学生学习情况调整评价方法，从而更好地对 STEM 项目学习和学生进行信息反馈，改进项目活动，促进学生全面发展。

（1）项目学习评价量表（见表 6-8）

表 6-8 项目学习评价表

请在最能反映你的意见的等级下打勾，分数从 1~6，等级越高，表示程度越深。（1-无证据显示，6-非常好）

项目名称：　　　　　　　　　　　　　　评价人：

教师评语：

评估内容						
项目学习有明确的结果						
项目学习是跨学科的						
项目是团队合作形式						
项目内容是整合性的						
项目具有创造性						

STEM 项目学习是整合性的学习方式，不是不同学科的简单相加，而是学科的互相交融。评价项目内容时，要将四种素养——科学素养、技术素养、工程素养、数学素养整合起来，要融合其他学科的知识，要以团队合作的形式进行。学生评价最重要的目的是为了培养创新人才，项目的创造性是需要评价的内容。此外，除去定量评价之外，也要加入定性评价的教师评语，记录 STEM 项目学习过程中项目进展的真实情况，这样才能更好地对项目学习进行评价。

（2）团队学习能力评价量表（见表 6-9）

表 6-9 团队学习能力评价量表

请在最能反映你的意见的等级下打勾，分数从 1~6，等级越高，表示程度越深。（1-无证据显示，6-非常好）

项目名称：　　　　　　评价人：　　　　　　团队组别：

教师评语：

评估内容						
团队参与程度高						
团队完成项目质量高						
团队积极合作						
团队能表达研究成果						
团队能解决问题						

该量表是对在 STEM 项目学习过程的团队学生学习的总体评价。STEM 项目学习是团队合作的学习方式，形成研究小组后，学生便开始进行探究。STEM 项目学习给予学生更多的自由与同伴

讨论、一起合作测试并创造自己的解决方案。在团队中，团队成员是否积极参与，团队完成项目质量高低，团队能否积极合作解决项目学习中的问题，进而得出研究结果并进行展示，是评价团队学习能力的评价标准。除去定量评价之外，也要加入定性评价的教师评语，要记录 STEM 项目学习过程中团队成员的真实学习情况，这样才能更好地对团队学习能力进行评价。

（3）三项学生能力评价量表

①信息表达能力量表（见表 6-10）

表 6-10　信息表达能力量表

项目名称：　　　　　　　　评价人：　　　　评价对象：

一级指标	二级指标	评价标准	等级			
			A	B	C	D
信息表达能力	言语表达	很好（A）：学生表达很清晰，语句完整，能运用恰当的科学语言。 较好（B）：学生表述较清晰，语句较通顺，能运用一定科学语言。 一般（C）：学生表述不太清晰，时有停顿。 较差（D）：学生无法表达清楚，不能成句				
	文字表达	很好（A）：能撰写规范的研究报告。语言精练，语句通顺。 较好（B）：能撰写较规范的研究报告，语言清晰，语句较通顺。 一般（C）：不能撰写规范的研究报告，语句冗长不清。 较差（D）：不能撰写研究报告				
	实践表达	很好（A）：能运用多媒体技术制作精美幻灯片并进行展示，内容丰富，结构清晰。 较好（B）：能运用多媒体技术制作幻灯片并进行展示，内容较丰富。 一般（C）：能制作幻灯片，内容简单，结构笼统。 较差（D）：不能制作幻灯片				

②团队合作能力量表（见表 6-11）

表 6-11　团队合作能力量表

项目名称：　　　　　　　　评价人：　　　　评价对象：

一级指标	二级指标	评价标准	等级			
			A	B	C	D
团队合作能力	合作意识	很好（A）：学生十分积极参与团队活动，积极提出自己的建议和想法。 较好（B）：学生较积极参与团队活动，能提出自己的建议和想法。 一般（C）：学生参与团队活动，很少提建议和想法。 较差（D）：学生不参与团队活动，不提建议和想法				
	合作技能	很好（A）：学生能及时地完成分配的任务且完成度很高。 较好（B）：能完成分配任务且完成度较高。 一般（C）：能完成分配任务但完成度不高。 较差（D）：不能完成分配任务				

一级指标	二级指标	评价标准	等级			
团队合作能力	合作精神	很好（A）：学生经常能在他人需要时提供帮助，并积极听取他人想法。 较好（B）：学生能在他人需要时提供帮助，能听取他人想法。 一般（C）：偶尔会提供帮助，有时会打断或贬低他人。 较差（D）：不帮助他人，时常会打断或贬低他人				

③项目操作能力量表（见表 6-12）

表 6-12　项目操作能力量表

项目名称：　　　　　　　　　　评价人：　　　　　评价对象：

一级指标	二级指标	评价标准	等级			
			A	B	C	D
项目操作能力	项目设计	很好（A）：学生能设计与研究主题相关的、精细的实验方案。 较好（B）：学生能设计与研究主题相关的、较精细的实验方案。 一般（C）：能设计简单的实验方案。 较差（D）：学生不能设计实验方案				
	项目完成度	很好（A）：学生能完成实验任务且完成度很高。 较好（B）：能完成实验任务且完成度较高。 一般（C）：能完成实验但完成度较低。 较差（D）：不能进行或完成实验。				
	合作精神	很好（A）：学生能对实验得到的结果进行精确分析处理。 较好（B）：能对结果进行较复杂的处理分析。 一般（C）：能对结果进行简单分析。 较差（D）：不能进行结果分析				

以上量表是针对个人的基于 STEM 项目的学生能力评价量表。教师对个体学生进行能力评价时，基于评价目标，不再采用纸笔测验的方式，而是通过观察量表、档案袋记录等方式对学生的学习情况进行评价。不再为了考试或者分数对学生进行评价，而是为了学生的各项能力发展，记录学生进步情况，评价的重点也从知识的掌握转为能力的评价，同时添加质性评价的内容，更好地对学生在 STEM 项目学习过程中的真实情况进行记录，以此促进学生的个性发展和全面发展。需要注意的是，在实际量表应用中，由于时间和精力的限制，教师并不能做到及时对每一位学生进行能力评价，在预期的设想中，可借助计算机信息系统构建云平台评价量表模块，在课堂上或实验过程中及时对学生进行能力评价。

2. 学生用量表

该体系包括学生自评、同伴互评和团体评价几个评价量表。学生在进行评价时，应当学会在自我评价中进行自我反思，并且接受同伴评价时的批判性评语。教师应当帮助学生在充分理解评价指标的基础上进行评价，在评价时，秉持客观的态度，避免主观因素的干扰，从而促进学生自我调控能力的发展，对学生学习起到正向的激励作用。

（1）学生自评合作量表（见表 6-13）

表 6-13 学生自评合作量表

项目名称：　　　　　　　团队名称：　　　　　　评价人：

请在最能反映你的意见的等级下打勾，并记录你的自我反思。

参与小组学习活动的表现	评价等级			
	完全符合	比较符合	比较不符合	完全不符合
我能积极与其他同学合作与交流				
我能认真听取其他同学的意见				
我能表达自己的观点和意见				
我能与其他同学共同制定计划				
我能与其他同学共同完成任务				
我能完成自己的任务				
我能帮助其他同学				
我能协调小组成员				
我能促进小组学习活动				
我能与其他同学分享学习成果				

此外，学生还要进行个人反思。在学生自评量表中，学生要对在 STEM 项目团队学习中自己的表现进行评估，以上十条评价标准用于评价团队合作能力。作为小组成员之一，学生亲身体验 STEM 项目学习过程，学生是否能真正投入到团队学习中去，诸如情感、态度都是不容易通过观察来了解的内容，只有通过自我评价才能获得真实的情况。学生可以依据评价标准随时评价自己，并通过记录真实情况进行自我反思，学会正视自己在团队合作中所出现的一些问题，通过自我的正确评价激励自己，进而改进自己的学习。

(2) 同伴互评量表（见表 6-14）

表 6-14　同伴互评量表

请字下表中填写最能反映组员真实情况的评分，分数从 1~6，分数越高，表现越好。（1-完全不符合，6-完全符合）

团队名称：　　　　　　　　　项目名称：

评价标准	组员 1	组员 2	组员 3	组员 4
在小组会议中是可靠的				
愿意接受分配的任务				
在小组讨论中有所贡献				
及时完成任务				
准确完成任务				
任务平等共享				
与他人合作愉快				
对于小组而言是有价值				

在 STEM 项目学习中，同伴互评也是重要的评价方式。团队是由若干个学生构成的小集体，同伴评价为评价个体的团队合作能力提供了更客观的评价结果。在团队合作中，每位学生承担的角色不同，所承担的责任和任务也不同，同伴评价的目的是为了公平起见，尽职尽责的学生通常得分更高，在现实课堂教学中，因为时间精力的限制，教师很难做到对每组学生评价过程进行及时监控和记录，而同伴之间互评在一定程度上弥补了教师评价的遗漏，提供了相对客观的数据。但是，需要注意的是，同伴之间进行互评时，可能存在为了避免影响人际关系进行虚假评价的情况，教师可以采用匿名制或根据实际情况，采取相应措施避免这种情况的发生。

(3) 团队反思量表（见表 6-15）

表 6-15　团队反思量表

请根据你所在小组的实际情况进行评分，并记录在小组学习中的一些真实情况。

团队名称：　　　　　　项目名称：　　　　　　评价人：

小组活动的描述	评价等级			
	完全符合	比较符合	比较不符合	完全不符合
所有组员都参加				
组员会提供问题的解决方法				
组员会提供积极的反馈				
组员会积极听取其他成员的想法				
组员会打断他人				
组员会贬低他人				
组员之间互不妥协				
组员会提出促进决策的问题				
讨论时会偏离讨论主题				
组员不清楚需要完成的任务是什么				

团队反思量表用于学生对其所在团队进行的评价。进行团队反思的目的是为了改进小组的决策和促进小组的进步，并不会影响个人的成绩。在 STEM 项目学习中，为了更好地完成研究活动，组建高质量的团队是很有必要的；在高质量的团队中，成员之间平等参与，每位成员都应对自己的行为和学习负责，为了团队的更好发展，每位组员应当主动参与团队工作，积极倾听他人的想法，在寻求他人帮助的同时，对别人的需求做出回应，大家彼此交流想法，进行头脑风暴，找出每个想法的优点和缺点，从而选出最合适最可行的想法进行实践。

小　结

在 STEM 项目学习中，在教师评价的基础上，强调学生进行自评和同伴之间进行互评的重要性，评价主体不仅有教师，还有学生自己和合作伙伴。同时，采用过程性评价、真实性评价等多种评价相结合的方式，对学生的团队合作能力、项目操作能力、信息表达能力几个方面进行评价。评价内容更注重学生的平时表现和情感能力的发展，帮助培养其责任感，培养学生的科学探究能力，更好地促进学生创造性的发展，并以此促进学生掌握跨学科整合知识的能力，帮助学生成为全面发展的个体。

活动建议

在"研制水火箭并研究水火箭的运动"实践活动中，为了更好地实施研究，进行项目学习，学生自己动手制作水火箭。由课题组成员自主选择设计方案，挑选器材，选择实验场地，组织人员，分工合作，开展实验，实施研究。在研究的过程中，经过多次试飞，找出问题，反复改进方案。

在项目学习过程中，教师制作了小组合作学习评价表（见表 6-16）以及学生评价表。另外，对小组合作学习的情况，以及每一位学生进行了自评、互评和师评。评价表体现的内容，普遍反映项目学习对学生的动手能力、制作的技术、研究的兴趣都有很大的提高。通过项目学习，亲自动手制作，小组合作研究，学生的学习兴趣，设计制作的能力，提出问题、合作研究、解决问题的能力，利用网络资源学习的能力，以及耐受挫折的能力都得到了显著的提升。

表 6-16　小组合作学习评价表

评价内容	自评	互评	教师评
1.表达自己的观点和意见			
2.认真听取其他同学的意见			
3.与其他同学共同制定计划			
4.能够通过多种渠道收集信息			
5.有较强的动手能力			
6.能利用电脑、网络知识、搜集学习信息			
7.完成自己的人物评价（操作以及记录）			
8.与他人合作解决问题的能力			
9.具有一定的创新能力			
10.与他人交往的能力			

通过对本节教学评价知识的学习，请结合案例分析"研制水火箭并研究水火箭的运动"活动的教育价值，分析"研制水火箭并研究水火箭的运动"活动是不是采用了开放多元的评价。

第 7 章

STEM 教育中的技术

本章导读

STEM 中的技术（Technology）如何能够更好地发挥作用，促进学习，与科学、工程、数学几个学科协同，发挥 1+1 大于 2 的效果，从而通过对学科素养的综合应用解决实际问题，培养综合性的人才。本章将通过理论结合案例的形式对 STEM 中的技术进行解读。

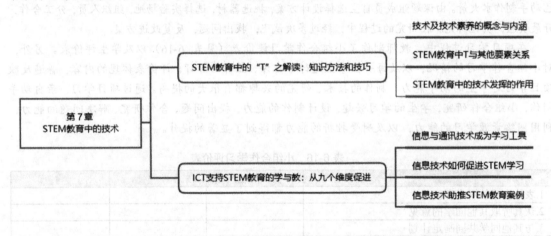

7.1 解读 STEM 教育中的"T"：知识方法和技巧

节前思考

1. STEM 中的 T（技术）的内涵是什么？与其他要素是什么关系？

2. STEM 教育中对 T 有怎样的认识？

7.1.1 技术及技术素养的概念与内涵

STEM 教育领域中，代表技术"T"这个领域经常被老师理解为信息技术或计算机编程技术，例如"设计喷泉"项目，基本上就是利用信息技术查阅资料，利用演示文稿展示作品创意和实施过程报告；"智能小车"项目中，也只是利用编程技术对小车进行智能控制。技术的本质以及 STEM 中的技术内涵还需要我们去正确认识。

1. 关于"技术"的概念

技术通常是指人类经验知识、方法的总结和积累。技术是有技术史的，它存在一个独立的分支，从一开始就客观地存在于人类的生活中。例如，古代时期，人们基本上过着男耕女织的生活，那么男耕女织包含哪些技术元素呢？单就织布这一项来说，从采棉纺线，到上机织布，经轧花、弹花、纺线、打线、浆染、沌线、落线、经线、刷线、作综、闯杼、掏综、吊机子、栓布、织布、了机等，就需要大大小小 72 道工序，这其中，所需要的技术更是不胜枚举。而到了现代社会，技术不仅影响着人类的生活，也推动着社会不断进步。

此外，技术不仅指人在劳动生产方面的经验、知识的集合，还泛指其中操作方面的技巧。《史记·货殖列传》中提到："医方诸食技术之人，焦神极能，为重糈也。"这里的技术指的就是医者的技艺、法术。

在国际上，对技术的认识随着对"技术"一词的理解也在不断地扩展。美国一些标准性文件也有对技术的定义，*National Science Education Standards* 中认为，技术的目标就是对世界的修正以满足人类的需要。*Technically Speaking: Why All Americans Need to Know More About Technology* 中则将技术定义为，人类为了满足自己的需求，对自然进行改造的过程。简短来说，就是如果人类想到并且制造出来的，那就是技术。我们也可以说技术本质上就是一种用来解决问题的创造性活动。[1]

总的来说，技术是解决问题的方法及方法原理，是指人们利用现有事物形成新事物，或是改变现有事物功能、性能的方法。技术应具备明确的使用范围和被其他人认知的形式和载体，如原材料（输入）、产成品（输出）、工艺、工具、设备、设施、标准、规范、指标、计量方法等。与科学相比，技术更强调实用，而科学更强调研究；与艺术相比，技术更强调功能，艺术更强调表达。同时，技术也可以从人们运用科学结论，运用科学所找到的世界规律中产生。此外，技术一定要在生活中实践和应用，而这个实现的过程就是工程，它指的是综合运用各项技术实现为工业产品并最终为人类服务的过程。

2. 技术、技能、技巧、技艺的区别

技术有时泛指知识技能和操作技巧，甚至指的是指文学艺术的创作技巧。所以技术（Technology）、技能（Skill）、技巧（Technique）、技艺（Art）概念之间有共性，但也有细微差别。有学者对技术与技能有着这样的区分。劳动者的手艺，我们习惯称之为"技"。从词源上看，"技"在过去也是一个高端词汇：有"技"而能解决问题，就能称为"技能"；不仅解决问题而且

---

[1] 王洋，柏毅.美国教育中技术素养的内涵分析[J].山西师大学报(社会科学版)，2012，39(S4)：154-156.

又快又好，有巧思存焉，则称为"技巧"；更进一步形成了理论体系，便足以称为"技术"；最后上升到艺术与美的高度，则以"技艺"一词赞之。

比如，在古代，很多人都掌握制作陶瓷的技术、方法，可以制作通用的陶瓷制品。但是把它上升到艺术与美的高度，不断的经过打磨、加工，制作出非常精美的艺术欣赏作品，就是技术和技艺之间的差别。

3. 技术素养

技术素养最早是由美国工艺教育学者 Tower 等人在 1966 年提出，他们认为技术素养就是通过知识和能力在特定的环境中选择和应用合适的技术。Steffen 主张，技术素养包含三部分：知识和对技术的理解以及使用；工具技能和评估技能；对新技术及其应用的态度。目前对技术素养定义的一个广泛引用的版本，是国际技术教育协会 ITEA 在其研究成果 *Standards for Technological Literacy*（《技术素养标准：技术学习的内容》）中所提出的，技术素养就是使用、管理、评价和理解技术的能力。这个定义也被大多数人所认可。这个文件把技术素养界定为包括"管理，评估和理解技术"在内的一些能力。它分为 5 类，20 个标准，这五类分别是：技术的本质，技术和社会，设计，技术世界所需的能力，人为设计的世界。

2002 年，美国国家工程院和国家研究理事会提出了技术素养的三维模型。该模型认为技术素养的三要素——知识，能力，批判思维和决策——是一个连续的统一体。也就是说每个人都具有这些特征的独特组合。

2009 年美国国家教育进展评估（NAEP）也开始开展技术与工程素养的评估工作，并于 2010 年出版了 *Technology and Engineering Literacy Framework for the 2014 National Assessment of Educational Progress*。在这个框架中也对技术与工程素养的定义进行了界定。

- 技术：指对自然状态或设计的世界所进行的任何改变，以满足人类的需求或愿望。
- 工程：指为满足人类需求和愿望，系统且（经常是）反复地设计对象、过程和系统的一种途径。
- 技术与工程素养：指使用、理解和评价技术的能力，以及提出解决方案和实现目标所需要的、理解技术原理和策略的能力。

框架将技术与工程素养评估的领域分为三个部分：技术与社会、设计与系统、信息与通信技术，如图 7-1 所示。以图中三角形的方式予以呈现，其中每一个领域都支持另外两个领域。例如，为了解决一个与"技术与社会"相联系的问题，如清洁水、能源需求或信息研究，一个具有技术和工程素养的人，必须理解技术系统和工程设计过程，并能够使用不同的信息与通信技术，来研究问题并提出可能的解决方案。《素养框架》评估的主要领域及其分领域如表 7-1 所示。

图 7-1 技术与工程素养的主要评估领域和实践

表 7-1 《素养框架》评估的主要领域及其分领域

技术与社会	设计与系统	信息与通信技术（ICT）
• 技术与人类的相互作用 • 技术对自然世界的影响 • 技术对信息和知识世界的影响 • 伦理、公平和责任	• 技术的本质 • 工程设计 • 系统思维 • 维修和故障排除	• 观点和解决方案的构建与交流 • 信息研究 • 问题调研 • 观点与信息的确认 • 数字化工具的选择和使用

"技术与社会的关系"是技术和工程素养中的一个重要方面，从人类文化的早期开始，技术与社会就已经密切相互关联。从石器工具到计算机和互联网，技术帮助人们形成了物质世界和有关世界的知识，来满足他们的需求和愿望，延伸了人们的身体、双手和大脑。技术与社会的这种关系基本上在几乎所有的国家课程标准的文献中都有体现。

- 技术与人类相互作用的一个基本原理，是指社会形成所开发和使用的技术，以及这些技术又反过来形成社会。
- 技术对自然世界的影响，要细微地观察技术和环境变化的关系，认识到技术对于环境所产生的消极影响，以及人们运用技术来修复和保护自然环境。
- 技术对信息和知识世界的影响，涉及信息技术使人们能够更多地获得知识和信息、众多储存和管理信息的强力方法、表达观点和呈现动态现象之能力的提升，以及对分散式团队工作的支持。
- 伦理、公平和责任，涉及技术与工程素养最为重要的方面之一，即一些人做出的技术决定，会对其他人产生重要的影响。
- "设计与系统"领域，植根于被称作工艺学校的课程中，提供了如何使用双手和有效工具的教育，也提供了关于工业过程的指导。
- 理解技术的本质要求一个人要有广阔的视野。简言之，技术满足了人类对于食物和水的基本需求，以及健康、能源、改进的交通、更好的产品以及更好的通信的需求。
- 工程设计（有时也称作技术设计）是一种对广泛的不同问题提出解决方案的、反复且系统的过程，以满足人们的需求和愿望。设计涉及创造力、经验和累计的学科知识。
- 系统思维涉及明确系统的组成部分、目标和过程的能力，涉及对诸如反馈和控制此类的系统原则的理解，以及运用模拟或其他工具来预测系统行为的能力，是一种把相互作用的部分构成一个整体的任意集合体（collection）。
- 维持和故障排除。维持是指将技术装置和系统保持在良好的状态，以便延长它们的使用寿命和减少故障的次数。故障排除则是指一旦故障发生时处理这些故障的系统方法（systematic method），而要进行故障排除，则首先要明确问题的所在。

《素养框架》所使用的 ICT 词语是指较为广泛的技术，包括计算机和软件学习工具、网络系统和协议、手持数字设备、数字照相机和便携式摄像机，以及其他一些用于获取、管理、创造和交流信息的技术。

- 观点和解决方案的构建与交流。包括学生应该能够相互协商在团队中的职责和资源利用，提高团队其他成员的知识和技能，带领团队向目标奋进，为实现目标而持续地反思和精炼团队的进程计划。
- 信息研究。在使用数字化和网络工具收集相关信息时，学生必须首先能够形成指引他们的问题，能从多种资源中整合数据，并能制定出有效的收集策略，及评估信息和数据资源的可靠性。
- 问题调研。重点在于问题解决和批判性思维，而不是信息收集。学生要学会适应数字化工具来研究一些实际问题，如环境问题、政治冲突和经济挑战。
- 观点与信息的确认。尤其关注一个特别重要的伦理问题范畴，即知识产权在数字媒介中的使用。
- 数字化工具的选择和使用。包括能够选择和使用合适的工具，能够用这些工具高效地完成任务，以及能够运用已有的关于技术的知识，来学习如何使用新的可用技术。

《素养框架》中对技术与工程素养的评估形成了评估目标、实践、情境。表 7-2 给出了一些通用例子，帮助说明这三种实践如何用于三种主要评价领域，以进行目标分类。

表 7-2 根据技术与工程素养实践三种主要评价领域中评价目标的分类

	技术与社会	设计与系统	信息与通信技术（ICT）
理解技术的原理	分析现存技术的优缺点；解释投入和收益；比较两种技术中个体的投入；提出解决方案和备选项；预测一种技术的结果；选择解决方案	描述系统或过程的特点；确认系统或过程的例证；解释不同材料的属性，决定在假定的应用或产品中适合的材料；分析需求；分类系统中各要素	描述 ICT 工具的特点和功能；解释各部分如何相互影响；分析并比较相关特点；评论过程或是结果；评价相反观点的有效例证；证明工具在假定目标中有效

(续表)

	技术与社会	设计与系统	信息与通信技术（ICT）
开发解决方案和实现目标	选择合适技术来解决社会具体问题； 开发问题调查计划； 收集和组织数据、信息； 分析和比较解决方案的优缺点； 调查方案的环境和经济影响； 评价方案的得失平衡和作用	使用适当过程和材料设计并建立产品； 进行技术预测； 构造、测试模型或原型； 评价得失平衡； 决定如何选择资源满足需求； 计划的可持续性； 发生问题时的故障排除	选择和使用适当工具达成目标； 寻找媒体和数字资源； 评价可信度和解决方案； 提出并执行策略； 预测结果； 计划研究和展示； 组织数据和信息； 从一种代表性形式转变到另一种； 使用数字和模拟工具管理实验
沟通与合作	提出创新、可持续的解决方案； 描述可选择的分析和解决方案； 展示使用数据和媒体的积极和消极作用； 组成多媒体作品； 产生技术性发展的准确时间线； 进行团队分工； 与虚拟的同行和专家交流数据和信息	使用模型和蓝图展示设计理念； 使用多种媒体和表格交流数据、信息和理念； 展现原型设计； 提出数据图表和模型； 组织、监控和评价设计团队的有效性； 请求虚拟专家和同行投入； 提供和整合反馈	在团队成员中计划任务分工； 从虚拟同行和专家那里获得和整合反馈，并在作品中体现； 评论作品； 在多媒体展示中表达历史问题； 用相反的观点进行争论； 向特定听众解释运行过程； 确认不同的听众； 合成数据及观点

7.1.2 STEM教育中T与其他要素关系

1. 技术（Technology）与科学（Science）

技术与科学有很大区别。早在古希腊时代亚里士多德就明确指出，科学，研究自然实体和类的普遍性质与原因的知识，是为了自身的目的而存在的（for its own sake）。而技术即关于生产的知识，其目的在自身之外（exist For other's）。[1]在亚里士多德那里，科学与技术不但相互区别而且相互分离。似乎井水不犯河水，彼此没有什么联系，这大概对于古代的科学（自然哲学）与技术的关系来说是合适的，它们后来构成了近代科学和技术产生的学术传统与工匠传统。在第二次工业革命时期，工业革命引进了以科学为基础的技术，新的产业普遍建立工业实验室或研究与开发实验室，世界上各种各样的大公司雇用了大批的科学家为技术服务，从此，科学与技术密切结合起来。

什么是科学呢？科学是科学共同体采取经验理性的方法而获得的、有关自然界和社会的、规律性和系统化的知识体系。什么是技术呢？技术也是一种特殊的知识体系，一种由特殊的社会共同体组织进行的特殊的社会活动。不过技术这种知识体系指的是设计、制造、调整、运作和监控各种人

---

[1] 张华夏，张志林.从科学与技术的划界来看技术哲学的研究纲领[J].自然辩证法研究，2001(02)：31-36.

工事物与人工过程的知识、方法与技能的体系。两者存在以下不同：

（1）目的不同

关于科学与技术在目的上不相同这个基本观念，他们认为，科学的目的与价值在于探求真理，弄清自然界或现实世界的事实与规律，求得人类知识的增长。技术则要通过设计与制造各种人工事物，以达到控制自然、改造世界、增长社会财富、提高人类社会福利的目的。

一个非常明显的例子是英国某工厂为要解决人造皮革问题，找来了科学家与工程师，包括物理学家和化学家。他们关心的问题是知识，他们所关心的问题是皮革的结构是怎样的，他们大谈天然皮革的三维空间分子结构是如何复杂的，目前如何不能精确描述，所以合成皮革是没有希望的。他们没有考虑人造皮革的目的，以及人造皮革应具有什么功能。可是工程师和技术家却从不同的角度提出问题：为了达到人们用皮革来做什么的目的，我们应该制造出一种什么样的材料，使其起到替代比较短缺的天然皮革的作用与功能。

总结来说：科学处理的问题是事物是怎样的（how things are），而技术处理的问题是事物应当怎样做（how thing ought to be），即为了达到目的和发挥效力，应当怎样做。

（2）研究对象不同

科学的对象是自然界，是客观的、独立于人类之外的自然系统。包括物理系统、化学系统、生物系统和社会系统。科学要研究这些系统的结构、性能与规律，理解和解释各种自然现象。而技术的对象是人工自然系统，即被人类加工过的、为人类的目的而制造出来的人工物理系统、人工化学系统和人工生物系统以及社会组织系统等。两者在存在的模式、产生与发展的原因以及与人的关系上，有着太大的区别。

科学和技术的核心区别是科学的规律是可以演变的，它可以从 A 推出 B、推出 C、推出 D，是可以定量定性的。而基于经验的技术则不能推演，只能靠不断的领悟和实践。如古代青铜器的制造，这个技术的秘密只能藏在心里，要想造出别的东西，需要这个发明者口传心授，而当这个技术的秘密没有得到传承时，技术也就失传了。因为它不知道事物背后的根本支撑，不知道其背后运作的核心规律，因此无法得到复制或推演。

技术以发明创造、能工巧匠、技艺为核心。1851 年的万国工业博览会上，大家展示的都是运用技术的工业化手工产品。飞机那时还没出现，也不过是有趣的竞飞比赛。之后，1903 年莱特兄弟在经验哲学给予的偶然灵感之下发明了飞机，而不是基于对航空动力学科学基础的了解。

（3）社会规范上的不同

科学共同体的基本规范，主要有普遍主义（世界主义）、知识公有、无私利与有条理的怀疑主义等四项基本原则。科学是无国界的，知识是公有的、共享的，属于全人类。由于技术在发明的时候源于某个人的偶然发现或者经验的积累，属于个人的成果，因此它需要保密。申请发明专利一定是第一个提出想法的人，一是为了保护这位最早提出那个奇思妙想的人。二是因为技术在后期工程实现的过程中会产生经济价值，因此需要对这个人的知识产权和劳动成果进行保护。而科学一定是公开的，因为科学规律只有被不断地验证，需要验证它是适用于其所处的领域的。

所以说，技术是有国界的，未经公司或政府的许可，是不能输出的技术的知识。在一定时期里（即在它的专利限期里）是私有的，属于个人或雇主。科学无专利，保密是不道德的。而技术有专利，有知识产权，泄漏技术秘密、侵犯他人的专利与知识产权是不道德的，甚至是违法的。当然，技术共同体与科学共同体也有共同的规范，例如怀疑精神与创新精神、竞争性的合作精神、为全人类造福的精神，即科学利益、企业利益与社会利益不能协调时，社会利益优先原则应该作为新时代的科学精神和科学规范，及新时代的技术精神和技术规范。

2. 技术（Technology）与工程（Engineering）

工程的定义是"有目的、有组织地改造世界的活动"。按照说辞解义，把工程简单理解为"人工过程"非常贴切。按此理解，汽车工程就是以试制新型号汽车为目的的工程活动；个人随地丢垃圾不是工程，而改善被污染的环境的活动则是工程，即环境工程。古人把野生稻改造为栽培稻也不是工程，因为不是有组织地进行的。

工程活动的内涵可以概括为"一个对象、两种手段和三个阶段"。一个对象指改造对象，如水利工程中的一条河流、矿业工程中的一座矿山、农业工程中的一种野生动植物、机电工程中的钢铁等原材料；或者指改造后得到的成品，如水利工程中的大坝、机电工程中的定型产品和工艺流程、生态工程中生存环境的改善等。两种手段指技术手段和管理手段，后者包括行政手段、经济手段和法律手段等，而且管理中也要用到各种通用技术。三个阶段即：①策划阶段：包括可行性研究、规划、设计、调查、勘测等一系列前期工作；②实施阶段：包括施工、制造等；③使用阶段：包括使用、跟踪监测和维修。工程活动的主体也是第二阶段，即实施。第三阶段也可以看作是生产的范围，例如厂房和铁路完工后交付使用、新型产品及其工艺流程交付批量生产等，但监测、维修等应是工程的延续。

工程的有组织性决定了工程是一种系统，而技术则是构成系统的一种要素。一个工程要运用多项技术，包括通用技术和专用技术。通用技术是独立于工程之外的。因此，这类技术的开发与工程本身无关。工程活动中只是把它们拿来用而已，例如计算技术、GPS技术等。

对于专用技术与工程之间的关系可以分两个方面讨论：

（1）工程是技术的集成

工程是技术的综合应用，从属于实践过程。技术是经验、是方法。工程是指人类所有可见、不可见的，有形的、无形的，可以实现的东西。它的前提是一定要有相应的技术储备，也就是一个工程所具备的所有要素的技术。比如建造一艘船，你能看到的是这艘船有形的实体，它是运用多项技术工程化的结果，即这艘船是工程制品，是可见的、有形的；而技术隐藏在背后，是隐性的。再比如做一件衣服，它可能需要养蚕的技术，需要制线的技术，需要做毛线针的技术。所以说，工程的实现更多奠基于人类文明成果的积累、历史的积淀。

技术在实现为工程产品的时候，其实还多了一个元素——工艺。工艺本身特指技术中具体的一环。比如在做酸菜鱼的时候，厨师都知道片鱼的方法，但是要想把鱼片得很薄，一位厨师采取横向切法，拿刀贴住鱼脊骨上沿推进。另外一位则纵向推进，沿着鱼骨顺着鱼身推进。这种在实现的过程中的某些不同细节就是工艺，就如同片鱼过程中两位厨师采取的细节方法不同，这些体现的是工艺处理上细微的差别。

（2）工程促进技术的发展

工程是技术发展的动力。例如青藏铁路，在高原冻土上修建这样的铁路，世界上还没有过。这一工程的关键技术是冻土路基的保护。因为冻土融解，路基就会坍塌。为此国家投入大量人力、物力进行冻土路基保护技术的攻关，终于取得了突破，保证了青藏铁路工程的顺利实施，对促进我国的技术进步起到了重大的推动作用。很多军事工程和大型科学工程，如探月工程和大陆科学钻探工程，这些工程的实施需要很多不够成熟甚至尚不存在的新技术，因而对推动技术进步具有很大的意义。

工程是技术成熟化道路上的桥梁。一项复杂技术的成熟过程也可分为三个阶段：①技术研发阶段；②中间试验阶段；③继续改进阶段。第一阶段往往在实验室条件下进行，第二阶段把该技术摆到施工或生产条件下进行中间试验，如果存在性能不完善等缺陷，还需要继续改进。中间试验这个工程环节恰恰起到了技术成熟化的桥梁作用。

比如用户提出新需求，手机需要做得更轻薄一些。但是市面上没有这样可批量化生产的、相对成熟的技术，于是他寻找新的半导体制造技术或者材料技术，而这些技术可能属于实验室里不成熟的技术。工程把实验室的技术转化为成熟的技术，加速了技术的成熟，从而满足工程的需要。

（3）技术支撑工程的实施

工程作为改造世界的活动，必须有技术的支撑。工程中的关键技术正是工程的支撑点。例如青藏铁路中的冻土路基保护技术，可以说技术是某一工程能否成立的关键因素。

一些产品的工业化生产过程一定是经历设计建模、成型、组装、再做表面的工艺处理，经过若干个工序才能生产出工程制品，这个实现的过程是利用技术实现我们的想法的过程，而成为工业化制品的过程就是工程。以当下非常热火的 3D 打印机为例，很多人以为它可以制造任何东西，是万能的。但是 3D 打印机仅仅是技术支撑，它属于一个工程制品中的一个过程。3D 打印机所处的环节只是为了加快成型的速度，只处于其中的一环。如果我们不能理解一个产品的实现过程，片面地以为 3D 打印机可以实现任何产品，那我们就只能做一个加工者而不是创造者了。

3. 技术（Technology）与数学（Maths）

数学是 STEM 在应用过程中极其重要的基础工具。虽然数学在 STEM 中属于一个独立的命题，但是它与其他三门学科密不可分，是其他三门学科的重要基础。科学不断地发现那些隐藏在世界中的规律，运用数学去描述所发现的规律。技术则运用数学使得其自身更加精确和完善。在实现工程的过程中，会运用到隐含在科学、技术中的数学，从而制作出工程产品。

以计算机领域为例，在解决计算机实际问题中，我们需要利用数学对计算机问题进行描述，用数学的方法进行推理，再用数学的方式提供证明，最后通过技术工程的方式来实现计算机软件、硬件的展现。

（1）技术里有数学

STEM 中的数学重点在于应用。曾经，一个美国人来到上海，他觉得上海的小笼包特别好吃，于是他从皮的厚薄、汤汁的多少、肉的分量和肉的新鲜度这四个因素对小笼包进行数学建模。他测量了上海几家知名饭店的小笼包，记录相关数据，进行统计分析，最后，对小笼包的"好吃"进行了定量解读，并做了一本连小孩子都能看懂的小笼包手册。可见，技术也可以用数学语言来描述。

STEM 教育中，在技术层面上，数学更关注的是校准。在工程当中，数学其实更多是提出一种指引目标，是一种准绳。所以，数学的可行性基于科学理论，技术的可靠性基于数学计算。

（2）数学里有技术

明代徐光启曾由利玛窦口授译出《几何原本》前六卷，他在比较中国《九章算术》与西方数学之后指出："其法略同，其义全阙。"此书作者解释这两句话说："中国与西方数学的根本差别，即前者只重程序（即所谓'法'），而不讲究直接、详细、明确的证明（即所谓'义'）"。其实我们也可以换一个角度来说，"法"指计算的技术，而"义"则指原理。我们小学所学到的加、减、乘、除等数学，只能叫做算术，相当于数学中的技术，对其要求只求娴熟应用即可，是以算得又快又准为参考依据。而真正的数学是存在数学方法和数学原理的，依靠数学中一系列的逻辑和推理系统来解释世界，或者应用于解决生活的实际问题。数学应用在很多不同的领域上，包括科学、工程、医学和经济学等。数学在这些领域的应用一般称为应用数学，有时也会激起新的数学发现，并促成全新数学学科的发展。

STEM 教育中的数学不仅仅是学习数学知识，熟练计算，更重要的是学习数学的思维方式，养成数学思维习惯。STEM 教育的目的是帮助学生整合知识和课程、自由推理复杂问题、分析不同解决策略，并与他人交流自己的观点和结论。

可以说，数学是 STEM 中的基础性工具，这四门学科有机组合，从量变的积累、达到质变的飞跃，科学革命由此诞生，从而激发新一轮的科学探索，这一螺旋式上升的推进过程，同时也推进着人类文明的进程。

4. 技术与科学、工程三者之间的关系

科学是成果，技术是手段，工程是过程，三者是不同层面的东西，不容混淆。科学、技术、工程三者之间的关系也可以粗略地比作为燃料、电力、机床之间的关系。虽然三者不同，但密切相关，即三者具有同一性。三者是同时交织在一起的，体现在认识世界（科学研究）与改造世界（工程活动）同时进行；工程的策划与实施与技术开发同时进行；技术的应用研究与开发同时进行（研发）等。同时性特别表现在"大科学工程"上，这里三项活动往往同时开展。此外，三者还互相依赖与转化。这一特性意味着一项活动的成功往往以另一项的存在为前提。例如科学研究与工程均依赖于技术，而工程决策的正确性则依赖于科学知识。

如原子弹的爆炸和原子能的开发就是明显的例子。瑞士科学家爱因斯坦，在 1905~1915 年期间创立相对论，提出了"质能方程"。这是一切理论的根源。1936 年，丹麦科学家玻尔提出了复

合原子核理论。原子弹是利用核反应的光热辐射、冲击波和感生放射性造成杀伤和破坏作用,以及造成大面积放射性污染和产生爆炸作用的大杀伤性武器。制造原子弹需要解决很多关键技术问题,例如,链式反应延续技术、核反应堆技术、铀浓缩技术、重核元素分离、设计理念和原理、冲击波形式、临界状态和质量等等。1938 年德国科学家奥托·哈恩、莉泽·迈特纳和弗瑞兹·斯特拉斯曼制成了第一个成功的核裂变实验装置。美国陆军部于 1942 年 6 月开始实施利用核裂变反应来研制原子弹的"曼哈顿计划"。曼哈顿计划的规模巨大,耗资 20 亿美元;参与人员众多,并秘密进行。工作场地的告示牌上写着:"在此的所见、所作、所闻,当你离开时,请留在这里。"1945 年 7 月 16 日在美国新墨西哥州阿拉莫戈多附近的沙漠地区进行核试验并成功;同年 8 月 6 日和 9 日,分别在日本的广岛和长崎投下了原子弹。值得一提的是,曼哈顿计划应用了系统工程的思路和方法;而直到 1948 年,奥地利科学家贝塔朗菲,才正式创立了系统论。

同样,科学知识也是技术发展的前提。另一方面工程的需求也正是技术发展的动力。转化性体现在技术开发中,这一活动把知识转化为技术。三者有时是整体与部分的关系。例如专用技术是工程中不可缺少的组成部分,特别是关键技术往往是工程的核心。近来经常出现以科学、技术和工程三个词组成的复合名词,根据以上的认识可以对这些名词作如下的解释:[1]

science技术＝基于科学知识的技术
　　　　＝科学研究中运用的技术
　　　　＝科学＋技术
工程技术＝工程中运用的技术
　　　　＝通过工程培育成熟的技术
科学工程＝为科学研究需要而进行的工程活动
技术科学＝有应用价值的基础知识体系
工程科学＝工程中应用的知识体系

7.1.3 STEM 教育中技术发挥的作用

(1) 认识技术的工具属性。在 STEM 中,我们一定要认识到技术永远处于工具、实现手段的哪一个环节。我们必须学习新兴技术,但是同时也要注意技术一定是作为工具,需要运用到后面的环节中。

(2) 认识技术的经验性、不能举一反三的特征。技术属于经验积累的范畴,它不能举一反三,不能通过某一规律来推导。因此学生在学习的过程中需要跨学科学习,既要跨科学,又要跨工程。运用规律得来一系列的技术,再在工程化的过程中实现。

(3) 不要盲从技术。技术不能脱离人文环境,它一定与人类文明的发展紧密相关。而且好的技术一定是技术与工艺相结合,能在生活中得到实践与检验的。

---

[1] 沈珠江.论科学、技术与工程之间的关系[J].科学技术与辩证法,2006(03):21-25,109-110.

（4）重视"渔"的方法。STEM 课程中的学习技术指的不单单是学习前人所积累的知识经验、方法、技巧，更重要的是掌握和运用所学到的技术和方法，一定是学习"渔"的方法，从而去创造新的技术。我们所谓的培养发明家，不是单纯地教授学生学习某项技术，比如学习 Arduino、传感器等各项技术，而是教授学生运用所学到的技术去发现新的技术，培养具有创新精神的人。

小　结

技术是解决问题的方法及方法原理，是指人们利用现有事物形成新事物，或是改变现有事物功能、性能的方法。科学与技术的核心区别在于科学的规律是可以演变的，而基于经验的技术则不能推演。工程是技术的综合应用，从属于实践过程。技术是经验、是方法。在 STEM 教育中要认识到技术的工具属性、经验性，善于利用技术，但不能盲从技术。

活动建议

深刻理解技术的本质与内涵，特别是在 STEM 教育中对其他三个领域的作用，请梳理 STEM 教育中对技术的理解，以及与科学、工程、数学之间的关系，画出思维导图。

7.2　ICT 支持 STEM 教育的学与教：从九个维度促进

☕ **节前思考**

1. 信息技术在学习中发挥怎样的作用？
2. 在 STEM 教育中如何有效利用信息技术促进学习？

以计算机技术为代表的网络技术、物联网技术以及人工智能技术纷纷应用于人们的日常生活中，改善了社会生产和生活，提高了人们工作和生活的效率。ICT 是"信息与通信技术"的简称，是一个涵盖性术语，覆盖了所有通信设备或应用软件：比如说，通信设备包括收音机、电视、移动电话、计算机、网络硬件和软件、卫星系统，以及与之相关的各种服务和应用软件，例如视频会议和远程教学。在教育部门颁布的政策文件中，也提倡在教学中使用信息技术辅助教师的教和支持学生的学。对于技术应用于学习有 Learn from IT 与 Learn with IT 两种技术应用观。[1] Learn from IT 为客观主义倾向的技术应用观，Learn with IT 为建构主义倾向的技术应用观。

Learn from IT 的基本假设是：技术在某些方面可以替代教师的教学。知识镶嵌在技术化的课程中，技术能把知识传递给学习者。学习者只是学习技术呈现的知识，就像跟教师学习一样。技术的作用就是给学习者传递知识，就像卡车把食品运送到超市一样（Clark，1983）。

Learn with IT 的基本假设是：技术的真正作用在于充当学习者的学习工具，而不是通过预先设定的程序内容来教学习者学习。在教学习者学习方面，技术并不比教师更有效。但当技术作为学习

---

[1] 钟志贤.信息技术作为学习工具的应用框架研究[J].电化教育研究，2008(05)：5-10.

工具时，学习者使用技术学习或和技术一起学习，学习的本质将发生根本性的变化。学习者不能直接从教师或技术中学习什么，只能从思维中学习，思维的发展需要相应的技术支持，技术应当作为学习者思维发展的参与者和帮助者。

我们认为技术既是目的（作为技术素养或信息素养），又是工具手段（引发和支持教育改革、促进有效学习、创设新型学习环境）。在 STEM 教育中，技术不仅是学科涵盖的知识，也是解决问题的有力工具，更是培养学生技术素养的有效途径。

7.2.1 信息与通信技术成为学习工具

中国教育技术标准（SECT，2006）的五大基本要求中有三大要求提出：运用技术改进学习方法、提高学习效率，运用技术与他人进行合作与交流，运用技术创造性地解决实际问题。信息技术如何成为学习工具，具体体现在如下：

1. 资源加工工具

资源加工工具包括从网络化信息资源中查找和处理所需信息的所有工具，例如搜索引擎、搜索策略技巧等；还包括信息化资源下载、存储、处理等工具，例如网络下载工具、图像加工工具、视频压缩工具、音频下载工具等；还包括重在帮助人们提高工作效率的效能工具，包括文字处理软件、作图工具、数据处理工具、桌面出版系统、计算机辅助设计软件等。

2. 知识建构工具

建构主义认为，学习者对知识的掌握不是由教师传授或灌输的，而是通过同化、顺应，在学习伙伴之间交流、对话、协商、讨论的过程中，运用意义建构的方式获得的。因此知识的建构可以借助于知识建构工具来习得。

知识建构工具是指支持个体在某个特定社区中互相协作、共同参与某种有目的的活动（如完成学习任务、解决问题等），最终形成某种观念、理论或假设等智慧产品的信息技术工具。在数字化环境下，有助于学习者知识建构的工具平台非常多。例如，可以借助文字输入和排版工具，培养学习者的信息组织、意义建构能力；借助"几何画板"、作图工具、作曲工具，培养学习者创作作品的能力；借助信息集成工具，培养学习者的信息组织和表达能力；借助网页开发工具，培养学习者对信息的甄别、获取和组织能力，学习者完成自己的网页制作后，可以在学习伙伴间进行通信和交流，这有助于培养学习者的信息应用能力，提高他们在信息技术环境下的思考、表达和信息交流能力。

典型的知识建构工具包括思维导图工具——Mind Manager、概念图软件——Inspiration、即时信息服务系统——论坛（Forum）、多人协作写作工具系统——维基（Wiki）、在线便笺服务平台——Linoit、开展头脑风暴工具——XMind、页故事墙协作工具——Padlet、虚拟学习社区、NOBOOK 虚拟仿真实验室等等。

3. 协作交流工具

当今的时代要求学习不仅是个人建构的过程，还需要进行团队合作沟通。信息技术在充当协作交流工具时，能够在文档协作、项目协作和企业内即时通信等方面满足团队协作的需求。其中文档协作工具有石墨文档、腾讯文档、Quip 等；项目协作类工具包括 Teambition、Worktile 等；团队内部沟通工具包括钉钉、瀑布 IM、腾讯 TIM 等；文件储存和共享工具包括百度云盘、腾讯网盘、Dropbox 等。在中小学中，网络学习空间也可以满足文件存储、共享和展示的功能。

4. 创作分享工具

创作分享工具是能够帮助学习者完成多媒体作品创作，并帮助其在网上与他人进行分享的信息技术工具。根据修订版的布鲁姆教育目标分类对"创造"类学习目标的描述，创作分享工具要能够支持学习者设计、计划、发明、策划、制作、编程、拍摄、撰写博客等各种创作活动，并支持学习者分享创作结果，包括多媒体创作工具和成果分享工具。其中多媒体创作工具包括基于页面的多媒体创作工具，如 PowerPoint 和 Prezi 等；基于图标的多媒体创作工具，如 Authorware；基于时间轴的多媒体创作工具，如 Flash、Storyline 等。成果分享工具主要为博客、微博、微信公众号、视频媒体发布等网络信息发布平台或工具，帮助学习者把自己的作品和信息资源发布到网上，从而实现信息资源共享。

从事 STEM 教学的教师，面临着一系列从教学方法到教学管理的挑战，他们慢慢地在教学过程中增加了很多技术工具来支持教学。研究者研究了在 STEM 教育中六种类型的工具，即：协作技术工具、在线学习工具、软件（包括应用程序）、数字和自适应内容、设备和硬件，以及更具前景的技术。在 STEM 教育中使用多种 ICT 工具的研究表明，这些工具有效地发展了学生的关键技能，并有利于他们更好地学习。信息和通信技术工具可以在 STEM 教育的许多方面产生重大影响，例如增加教师能力、使学习资源多样化、增加学生和教师的动机。[1]

7.2.2 信息技术如何促进 STEM 学习[2]

有研究表明，技术可以在九个维度促进 STEM 学习，帮助教师在如何使用现在和未来的技术支持 STEM 学习上做出有效的决定。

1. 动态表征

学生通过与数学、科学和工程系统的数字模型、仿真和动态表示进行交互，从而学习或掌握 STEM 概念。例如：一名教师使用交互式模拟来教三年级学生关于天气和气候的知识。学生们使用在线模拟来测量两个不同地方的天气。使用该技术工具，学生可以及时看到温度、湿度、降雨和风向的不同测量值。学生们用平板电脑记录数据，观察模式，并互相分享他们的发现。由于拉斯维加斯的天气变化有限，学生们在学习不同地区的天气时都很投入，也很开心。如果没有数字技术的帮助，这种活动是不可能完成的。

---

[1] Maté Debry and Dr..用于 STEM 教育中教与学的 ICT 工[N].江苏科技报教育周刊，20171003(B3).
[2] 罗纯源.美国技术增强型的 STEM 教学路径——基于 2019 年美国联邦教育部《用技术支持 STEM 学习的九个维度》报告的分析[J].世界教育信息，2020，33(08)：71-79.

2. 协作推理

技术工具支持学生围绕 STEM 概念进行协作推理，使小组成员平等参与，并帮助个人和小组改进他们的想法。例如：学生们通过使用来自下一代科学故事情节的单元来学习声音是如何传播到很远的地方。学生们首先观察一个令人困惑的现象：当一根大头针拖过一张黑胶唱片时，会产生声音。这一观察使学生产生了有关声音的原因和它如何到达耳朵的问题。然后，学生们用笔记本电脑创建数字模型来回答他们最初的问题，从而产生更多的问题。在本单元中，学校教师使用班级共识模型，学生通过在线交流和协作平台，在公告板上分享他们的问题。学生们分组回答问题，并在学习同伴的想法时形成新的想法。老师将每个学生的数字模型投影到全班面前，他们一起讨论这些不同的表现形式与科学模型的异同。通过这种方式，教师能够与学生共同构建推动科学探究的问题。

3. 即时和个性化的反馈

数字工具为学生实践或学习 STEM 的技能或概念提供即时的、个性化的反馈，而不是对与错。例如：学生们在学习数学时经常收到个性化的即时反馈。通过平板电脑，学生们可以观看老师做习题的视频，然后自己做习题。这种技术使老师能够看到每个学生在做什么，这样老师就可以发现那些正在解决特定数学问题的学生。教师可以以提示或实例的形式及时为有困难的学生提供量身定制的支持。能够实时访问每个学生的数据，能够根据每个学生的需求进行个性化的快速干预。该技术还为教师提供了仪表盘，显示每个学生以及整个班级的数据，这样老师就可以看到学生在哪里需要帮助，以及他们在哪些数学标准上遇到了困难。

4. 科学论证技能

学生使用支持科学论证技能的技术，包括提出和评估有关科学或数学主张的证据。例如：四年级学生进行了一项为期一年的、关于湖泊健康的研究，学习使用数据和证据进行科学论证的技能。在"这个湖是健康的吗?"这个问题的引导下，学生们每月去附近的淡水湖，用真正的科学家使用的数字工具收集环境数据。学生们用探针记录水和土壤温度；收集湖水样本；使用浑浊管记录水的净度。学生们还拍摄了湖边的数码照片，以记录和观测一年中不同时间的季节性变化。回到教室后，学生们按要求创建一个网站，让更广泛的学校社区人员根据他们的数据来判断这个湖是否健康。技术允许学生有效地展示他们在学年中收集的证据（包括图表和照片），阐明他们的论点，并根据需要修改他们的论点。这些数据为学生提供了学习的机会和动力，以增强和扩大他们的科学论证和演示的有效性。

5. 工程设计过程

学生使用工程设计流程和适当的技术来计划、修改、实施和测试问题的解决方案。例如：孩子们从幼儿园开始就学习计划、设计、检查和分享的工程设计过程。到了三年级，学生们学习绝缘体和导体，并在设计和制作绝缘体时运用他们的知识，以防止冰块融化。各种技术工具支持学生的工程设计和评估活动。学生们从低年级上过的有关绝缘体和导体的课程中汲取知识，通过画出模型并讨论自己的想法，共同规划自己的冰箱。在设计阶段，学生测试不同材料的温度，如黑色和白色的纸和铝箔，看看哪个温度最低。在向绝缘体中加入冰块后，测量一下初始温度，再将绝缘体置于阳光下 30 分钟。然后，学生们通过使用专业软件对温度进行多次测量来检查他们的设计，这些测量数据随后被绘制成图表并用作数据。回到教室，学生们拿出他们的冰容器，测量液体的毫米数，看看有多少水已经融化了。作为一个班级，学生们分享他们的设计，比对了哪些材料是较好的绝缘体。

6. 计算思维

学生使用技术来制定和分析问题及其解决方案，抽象地推理，并通过算法思维使过程自动化。例如：STEM 教育包括计算思维，从幼儿园开始，一直持续到五年级。例如，在二年级，学生参与一个编码活动来说明蝴蝶的生命周期。年长的学生创造机器人或其他机器，这一活动要求他们在解决设计中的问题时，进行计算和程序思维训练。通过处理他们的编码错误，学生们开始理解计算思维包括不断的尝试和错误，坚持错误或失败是过程中的一个重要部分。教师重视编码活动，因为它与数学和工程设计过程有关，也因为它教会学生如何向他人解释自己的推理和思考。

7. 基于项目的跨学科学习

学生在整合多个 STEM 领域（例如科学和数学）的、基于项目或挑战的真实学习活动中，使用数字技术工具。例如：学校为学生提供跨学科项目，或作为基础学习的挑战，通过一个项目，学生了解防晒霜中的化学物质及其对环境的影响。这项挑战首先要建立一种分子模型，这种分子在防晒霜之类的非处方药中非常常见。通过他们的研究，学生们了解到某些化合物，如氧苯酮对珊瑚礁和皮肤有害。在他们的调查中，学生使用了真实和免费的 PubChem 化学信息数据库和 3D 交互式化学结构模型。为了达到最终效果，学生们制作了一个项目海报和一个防晒手册形式的公共信息。学生们向全班同学展示他们的研究成果，并描述防晒霜中的活性成分如何影响珊瑚礁系统和人类健康。

8. 嵌入的评估

数字评估嵌入到 STEM 教学中，以促使学生对其解释、模型或问题解决方案的质量进行反思。例如：学生们在一堂关于生物对生态系统影响的科学课上完成嵌入式评估。这一课从一个检验问题开始，即如果某些物种从食物链中被移除，会发生什么。这个问题设定了本课的背景，由学生对食物链影响的好奇心所驱动。学生们将他们的想法添加到一个协作文档中，在那里他们可以从同伴那里得到反馈。在技术的帮助下，学生可以反思和综合观点，从而形成对主题产生新的或修正的理解。在本课的第二部分中，学生们关注的是如果加入某些物种，食物链会发生什么变化。学生在线提交答案，老师也可以向个别学生提供实时反馈。一名教师指出，成功使用数字技术的一个重要因素是提出有意义的问题，而不需要回答"是/否"。

9. 以证据为基础的模型

学生使用技术开发基于数据和证据的模型。例如：学校将开发基于证据的模型嵌入到项目学习课程中。教师经常让学生参与真正的设计挑战，比如如何为学校建筑增加额外的空间，这是学校面临的一个真实而紧迫的问题。学生们开始研究学校的空间，使用抽象的测量工具和代数来测量每个房间的尺寸。学生使用测量的数据为现有的学校创建一个模型，然后应用他们的代数技能，为新的学校设计和创建另一个有更多可用的空间的模型。学生们起草平面图，并与平面设计团队分享。两个团队通过来回询问平面图细节的问题来进行协作。在过去做这个项目的时候，学生们用他们的手绘草图作为模型，但是这些模型传达的信息是有限的。当学生们开始使用数字技术来生成模型时，他们的产品变得更加引人注目、更加详细、更加清晰。

7.2.3 案例一：利用"人人通"网络学习空间开展 STEM 项目式学习

新冠肺炎疫情期间，东北育才丁香湖小学积极推动基于人人通学习空间，以多学科融合为基础的项目式学习。以疫情为教材，开展问题研究，拓展线上教学新模式，构建面向未来的学习模式新生态。

1. 借助"项目式"理念，创新学习方式

学校以 PBL-STEAM——融合多学科于一体的、以问题为导向的教学方法开展项目式学习。学生和教师共同围绕当下疫情中的真实问题，借助多种资源、工具和技术，通过调查、观察、探究、交流、展示、分享等方式开展实践活动，解决问题、获得经验。学生作为学习的主体，在实践中探索更多未知的领域，将语文、数学、科学、音乐、美术、互联网技术等多学科完美融合，形成了以STEAM 为依托的 PBL（项目式学习）。

2. 调动"内动力"因素，兴趣引领发展

"兴趣是最好的老师"，学校结合学生的学习能力特点，以调动学生的"内动力"为根基，组织三至六年级学生开展线上项目式学习。首先，广泛征集"兴趣+疫情"的项目研究主题，通过学生共同研讨，确定了 91 个不同研究方向的项目主题。其次，学生根据个人意愿，自愿加入感兴趣的项目，激发学生内在的学习动力，形成了师生"人人有项目，人人在探究，人人是主体"的学习氛围。图 7-2 所示为学校开展的部分研究主题。

图 7-2 部分研究项目主题

3. 着眼"多学科"融合，能力同步提升

各项目着眼于将学科特色与疫情相融合，形成学科内综合和跨学科综合的学习项目，以"分科+综合""融合+实践"为探索模式。学生借助已有的各学科知识和经验，借助人文、科学、生活多维度知识探究问题，学科之间相互交叉和渗透，促进学生科学精神和人文精神的养成，培养学生创新意识和思辨意识，发展学生的学科核心素养和学科能力。比如，《居家隔离，自产蔬菜》项目将科学探究与数学统计相融合，培养学生探究思维和创新意识，如图 7-3 所示；《武汉的殇与美》项目，如图 7-4 所示，让学生立足当下的社会议题，去关心、去了解武汉的过去和当下，深层次地认识武汉的殇与美，锻炼了学生团队协作、交流沟通、归纳提炼、发散思维和探究创新能力，树立学生的家国情怀。

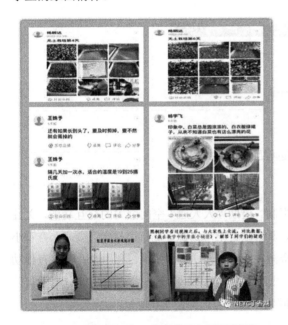

图 7-3　《居家隔离，自产蔬菜》项目开展　　图 7-4　《武汉的殇与美》项目开展

4. 倡导"合作式"学习，远程互动共研

根据学生的认知发展水平，教师对项目进行适当拆解，设计 4~6 人为学习小组负责"大任务"，学习小组内部划分学生个人"小活动"。通过建立线上互动学习组群，分工协作，引导学习以团队的形式，在线上完整地经历规划方案、修订方案、解决问题、形成成果、展示交流、评价改进，经历各阶段的学习过程，实现借助云端的远程互动共研，如图 7-5 所示。

核心素养导向的 STEM 教育

图 7-5 学生远程互动共研

5. 立足"人人通"空间，平台协同应用

多平台协同应用，打破师生、生生间的空间限制。借助"人人通"空间强大的交互功能，关注学生学习过程。指导教师利用教学助手实施分组、发布项目学习资源、发布项目学习要求、查看小组学习情况、评价学生学习成果，学生主动搜集资源、整合资源、上传资源。利用企业微信直播功能、微信群语音、QQ 群语音及视频会议等功能，相互交流学习困惑、解决学习问题、分享学习阶段成果。实现多平台协同应用，多种技术手段共同为学习服务，如图 7-6 所示。

图 7-6 多平台协同应用，打破师生、生生间的空间限制

东北育才丁香湖小学以先进的信息化教学环境和师生信息化素养为基础，在疫情期间化困难为机遇，将线上教学与项目式学习相融合，提升学生多学科融合的学习能力，提升学生理解问题、分

析问题、解决问题的能力，提升云端远程合作能力。通过探索 PBL-STEAM，引领教学模式和学习方式的变革，提升学生学习品质，努力为每个孩子准备好未来！

7.2.4 案例二：利用数学建模工具促进 STEM 教育深度学习

上海虹口教科院柳栋认为：STEM 是一个有机结合的整体，STEM 教育是要引导学生学会面对我们在生活中的需求，根据科学（Science）的概念和原理，借助数学（Mathematics）的方法建模与分析，选择相应的技术手段（Technology），在真实的世界里，通过工程（Engineering）的途径，创造出具有效用和美感（Art）的制成品，以改善我们生活的感受和行为。

STEM 课程具有统整性，其不可预知性会随着核心问题难度的增加而增大，特别是在高阶课程中，STEM 学科可能应用到的各学科知识，甚至要超出课程设计者本身的知识范围，那么，课程设计者如何知道学生的学习过程呢？可以利用 WolframAlpha 等计算引擎，以及 Mathematica、MATLAB 这样具有各种数学运算、数据分析、算法生成等功能的数学建模工具来解决这个问题。在这样的工具支持下，学生们虽然面对的是未知领域，但能够迅速地基于问题进行搜索，找到解决问题需要运用的学科规律性知识，并建立相应的数学模型和算法，从而进一步找到解决问题的路径。

因此，在 STEM 课程的深度学习场景中，搜索技术、计算引擎、数学建模工具等应用系统是不可或缺的工具，而学习如何使用这一类工具，以及教师如何在学生的探究活动中，运用此类工具解决问题，会成为 STEM 教育中某些课程场景的目标。

Mathematica 是沃尔夫勒姆研究公司久负盛名的科学计算产品，从 1988 年发布至今，已经发展成一款科学计算软件，它很好地结合了数值和符号计算引擎、图形系统、编程语言、文本系统，以及与其他应用程序的高级连接。Mathematica 的发布标志着现代科技计算的开始，将对如何在科技和其他领域运用计算机产生深刻的影响。WolframAlpha 是沃尔夫勒姆研究公司开发出来的新一代搜索引擎，是一个能根据问题直接给出答案的网站。作为沃尔夫勒姆研究公司两大旗舰产品，Mathematica 是一个超性能知识库，而 WolframAlpha 作为一个计算引擎，可以随意调用库中的知识数据，为用户建设自己的探究专家系统提供强有力的支持。

这是一个实际探究课程案例，虽然是一个历史课程，却具有非常鲜明的 STEM 特征。对历史和社会领域的研究，能将现实世界的多种数据进行整合，通过对数据的观察和分析，我们能得出政治、经济与地理之间的关系，也能得出对我们未来有参考意义的结论。

Wolfram 语言内置了包括历史、金融、社会、经济、地理等在内的丰富数据资源，学生正是在教师设计的活动中，利用这样的技术工具进行探究学习。将 Wolfram 语言带入课堂，能够培养学生的计算思维能力，而在社会科学领域的课堂中，这种计算思维方式能够帮助学生通过分析现实世界的数据，找到事物之间的联系。在这个案例中，我们将看到教师如何运用 Wolfram 语言帮助学生探究战争与金融市场之间的联系。[1]

"探究越南战争时期的美国经济"这一课程，适用于 9~12 年级的学生。其课程目标是有逻辑

---

[1] 孟延豹，李想.STEAM 教育深度学习的好工具——Mathematica[J].中国信息技术教育，2016(01)：52-55.

地组织和分析数据;通过模型与模拟展现数据;提高解决开放性问题的能力。运用 Wolfram 语言的自由格式输入问题的方式,能让学生较容易地观察到越南战争开始与结束的时间,从而绘制出越南战争的时间轴。

由于本课程的实质是让学生探究越南战争中的主要战役对美国经济的影响,因此教师首先要选定探究哪几场战役。在这个案例中,为了简化操作,教师选择的是让学生们探究北邑战役(1963年1月2日)、德浪河谷战役(1965年10月19日~1965年11月26日)、解放西贡(1975年4月30日)这三个战役的情况。

反映和描述经济状况的方式有很多,教师可以指导学生进行探究,并选择自己喜欢的方式。为了简化操作,教师在这个例子中用道琼斯工业平均指数来反映美国的经济状况。通过自然的语言输入,学生可以得到各个战役期间的道琼斯指数收盘价格。

然后,WolframAlpha 用自然英语语言输入问题,就可以得到战役期间的道琼斯指数了。教师让学生根据历史信息决定要探究的战役时间,并通过软件获得相应的道琼斯指数情况。学生还可以根据具体情况适当延长这个时间周期,最终得出三个战役中道琼斯工业平均指数的变化。Wolfram 语言让学生不仅能快速、轻松地获取金融数据,还能直接编写代码得到可视化图形。当看到所有道琼斯的收盘价格走势图后,学生把所有的图都放在一起进行了对比分析,如图 7-7 所示。

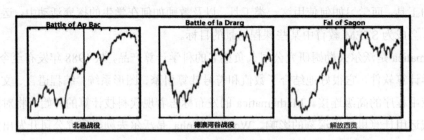

图 7-7 道琼斯收盘价格走势图

接着,利用 Wolfram 语言的内置资源,对历史数据进行分析和探究。要对战争与美国经济之间的联系做出假设,学生肯定会搜集许多不同战争时期的经济数据,并考虑影响经济的其他因素。当搜集和分析了足够多的数据之后,学生可以进一步探究战争对经济的影响,讨论两者之间可能存在的联系。例如,在本课程中,学生对"主动发起战争与美国经济状况之间是否存在联系""道琼斯指数是否能够很好地体现美国经济的状况""越南战争中几场战役对经济的影响,是否与战役发生的时间有关"等问题进行了深入探究。

最后,讨论本课程的一个主题:战争对经济发展是否能起到促进作用?如果根据这里的有限信息进行独立思考,有些学生可能会认为答案是肯定的。但实际上,战争与经济之间的关系非常复杂和微妙,教师可以让学生从更加宏观的角度出发,延长道琼斯指数的观察日期,利用 Wolfram 语言获取更多方面的信息来进行探究,并利用探究得出的数据进行直观的对比分析,从而得出战争和经济之间关系的某些结论。也许学生的探究不是很全面,结论也有可能偏颇,但这样的探究过程确实具有 STEM 教育所需要的、基于问题进行研究的特点。虽然最终结果不是一个完全的"制成品",

但很可能影响学生对未来社会、政治、战争等问题的认知。学生通过这样的认知，也许能产生在未来面对这些问题时的策略性选择，而这些策略性选择的可能，也能看作是学生在探究中生成的一种有意义的"制成品"。

随着技术的发展，这类作为 STEM 教育中深度学习工具的产品会越来越多，不仅包括知识搜索、计算引擎等产品，还应该包含思维导图等思维工具、引导学生思维范式的 WebQuest 工具等产品。毕竟在信息环境下，多场景、多工具、强调思维的学习才是有意义的学习。

7.2.5 案例三：TI 技术在 STEM 教育中的应用

TI 技术是计算器的高端产品，由 TI 图形计算器跟无线导航系统构成一个整体。这样的技术已经可以在高中数学的学习中使用代数运算系统、自动作图系统、动态几何系统、程序编制系统，这样可以让学生使用 TI 图形计算器来处理复杂的图画和一些烦琐的计算，只有这样才可以提高作图效率、运算数据的效果。

1. 上海市洋泾-菊园实验学校助推化学实验[1]

上海市洋泾-菊园实验学校的赵文超老师借助 TI 技术，运用信息化技术实现对中学化学实验的自动化控制，感受化学"开""关"的魅力和应用，同时也打破学科之间的界限，在多学科知识的运用中培养学生的动手能力和科学技术素养，并在实验过程中培养学生的创新意识和实践能力。

（1）喷泉实验控制碘钟实验

喷泉实验和碘钟实验是中学化学中的经典实验。传统的喷泉实验装置不能实时体现体系的压强变化，而基于 TI 技术以喷泉实验的压强变化为触发器，自动"开启"碘钟实验。如图 7-8 所示，当压强分别是 90kpa、80kpa、70kpa 时，分别触发水泵 1、2、3 开启，从而引发碘钟实验。

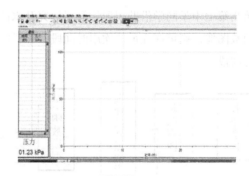

图 7-8　喷泉实验控制碘钟实验

（2）自动配置定值 PH 的溶液

TI 技术能更便捷地配制一定 pH 的酸、碱溶液，尤其是弱酸、弱碱溶液。以配制一定 pH 的醋酸溶液为例，以目标溶液的 pH 为触发器，自动"关闭"滴定管旋钮，停止溶液的配制过程，具体

---

[1] 吴青茂，赵文超.氢气喷泉及化学"灯塔"表演实验的新设计[J].化学教学，2020(08)：67-69.

原理及装置如图 7-9 所示。

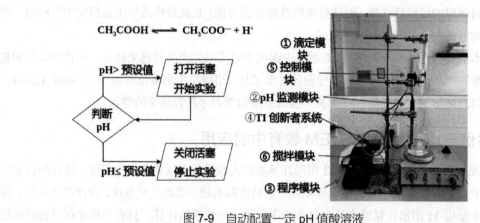

图 7-9 自动配置一定 pH 值酸溶液

这项创意实现实验室和化工企业中自动配置一定 pH 值溶液的方法，不需要反复多次测试溶液的 PH 值，也能适用于污水处理厂对酸性或者碱性溶液的中和处理。

借助数字化实验，不仅能进一步促进学生对传统化学实验原理的理解，还能转变学生的学习方式，提高学生运用信息化手段，对传统化学实验进行新的探索。

运用数字化信息技术对反应体系中压强、pH 等参数变化进行自动化检测、初步实现了简单的化学"开""关"，体现了现代化学从粗放型实验向可控化、自动化实验发展的趋势。在整个实验的设计过程中，无论是监控参数的选择、程序的编制、装置的设计等方面，都对学生的工程思维提出了较高的要求。着眼于学生发展核心素养，为培养复合型、创新型人才服务。

2. 杭州第七中学助推社会调查[1]

杭州第七中学同学借助图形计算器探究开水的最佳饮用时间。建立自变量为时间，因变量为水温的函数图像，则可探究最佳饮用时间段，建模的基本流程如图 7-10 所示，按照此步骤求解最佳饮用时间段。

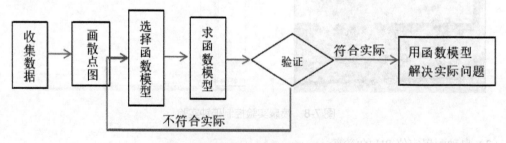

图 7-10 探究开水最佳饮用时间模型

---

[1] 杭州第七中学.借助图形计算器探究开水最佳饮水时间—助 TEM 优秀案例展示[EB/OL].http://www.bjbroadwin.cn/classModule/video/1294974/1220095/5028750/0/0，20130809.

将图形计算器、温度传感器、水杯等实验器材准备就绪，设定采集速率 2 样本/秒，共采集 300 秒，601 个点。准备一杯开水开始测量水温，图形计算器绘制的散点图如图 7-11 所示。

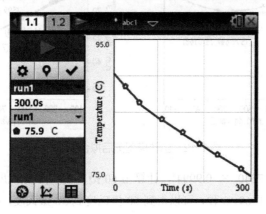

图 7-11 采集散点图

利用一次函数、二次函数、指数函数、对数函数、幂函数，使用这些函数分别对收集的散点进行拟合。如表 7-3 所示，实验发现 r^2 可以衡量拟合准确性，r^2 越接近 1，函数拟合越准确。

表 7-3 拟合数据

拟合函数	函数表达式	r^2 确定系数
一次函数	f(x) =-0.0477x +89.5957	0.9921
二次函数	f(x)= 0.000051411x^2-0.0631 x+ 90.3656	0.9991
指数函数	f(x)=89.7840 × 0.9994^x	0.9955
对数函数	无法拟合（自变量无法取到 0）	无
幂函数	无法拟合（自变量无法取到 0）	无

函数拟合后发现，得到二次函数的确认系数最接近于 1，对函数 f(x)=0.000051411x^2-0.0631 x+ 90.3656 进行验证。再打一次热水，测量 360 秒、600 秒、720 秒后水温分别为 71 摄氏度、60 摄氏度、54 摄氏度，但拟合的二次函数对应的温度约为 74 摄氏度、71 摄氏度、71 摄氏度，不符合实际。故重新选择模型，确定系数指数函数较一次函数更优，故选择拟合的指数函数 f(x)=89.7840×0.9994^x，经计算在 360 秒、600 秒、720 秒对应的温度约为 73 摄氏度、63 摄氏度、59 摄氏度，与实际测量值 74 摄氏度、71 摄氏度、71 摄氏度接近，故选着拟合函数为指数函数，如图 7-12 所示。

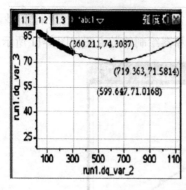 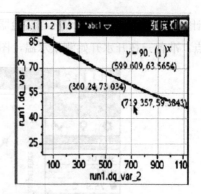

图 7-12　函数模型前后拟合情况

利用指数模型 $f(x)=89.7840 \times 0.9994^x$，计算出 60 摄氏度、38 摄氏度、35 摄氏度对应的时间为 671.57 秒、1432.60 秒、1569.63 秒，可以得到 60 摄氏度到 38 摄氏度，60 摄氏度到 35 摄氏度的时间约为 13~15 分钟，即打水后最佳饮用时间为 13~15 分钟。

以此类推，可以将此模型运用到其他实际问题中。例如：最适宜泡速溶咖啡的温度是 80 摄氏度，利用函数模型可以得到在热水烧开之后约 6 分钟最适合泡咖啡的结论。

通过建立这个函数模型，学生们知道数学模型对于实际生活是有一定作用的。我们要继续学习数学知识，结合生活实际，将数学知识更好地应用于生活中。

7.2.6　案例四：教学系统软件支持 STEM 教学

本小节以八爪鱼星级助教教学软件为例，介绍其课前备课、课堂教学、学情分析、开课准备、课程建设五大功能模块对 STEM 教学的支持。

八爪鱼智慧创客教育研究团队与高校相关专家团队，在进行课程设计及评价等的研究和实践合作过程中研发了八爪鱼星级助教教学软件，以"特色化的 STEAM 课程为载体，强调项目学习和工程设计，重点培育跨学科解决问题能力、团队协作能力和创新能力"为宗旨，打造了集教、学、评、管四大应用于一体的智慧八爪鱼创新教育云平台，逐步设计和开发具有学校特色的、优质的校本 STEAM 课程，建立一套科学的准确的评测体系，推动创客教育常态化和特色化发展。其中的助教软件应用覆盖课前、课中、课后三大教学场景，如图 7-13 所示。

图 7-13　八爪鱼星级助教教学软件

1. 课前备课

课前备课模块用于课程资源管理以及个性化课堂备课。在课堂准备功能中，可以实现课堂个性化备课，教师可以在课程资源库里选择上课所需要的授课资源，在上课前设置授课资源的播放流程，以及选择课程活动学生在线填写的任务卡。播放流程可以对课件和视频的播放进行控制。教师可以在该功能模块中预览、上传、下载课程中的教学资源及课程学习资源，资源种类包括：教案、教学流程图、课件、学习资源、任务卡。如图 7-14 和图 7-15 所示。

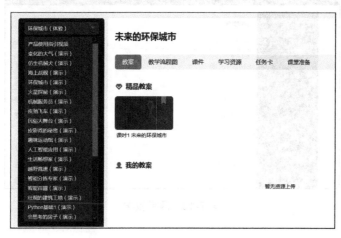

图 7-14 课前备课

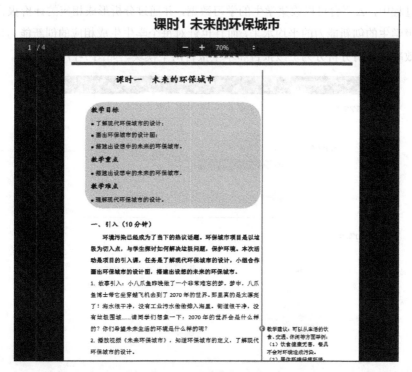

图 7-15 课前备课资源

2. 课堂教学

课堂教学模块用于帮助教师开展课堂教学，以及学生能力评价。该模块应用于课中教学环节，老师可以通过课程公告功能提前发布开课公告，提醒学生预习及课前准备。在课上老师通过课堂教学功能进行授课，包括播放课件、布置任务等。在课程完成后，课堂评价功能可以根据任务报告分析学生的学情，并最终生成学生活动报告和学生课程报告。如图 7-16 所示。

图 7-16　课堂教学

3. 学情分析

在教学过程中，云平台可以收集学生的学习数据，并通过分析形成相应的评价报告。不仅可以了解整个班级学生的创新能力的平均水平，而且也针对每个学生生成相应的创新能力报告，帮助教师提升教学效率。学情分析分为班级报告和学生报告两个模块。如图 7-17 所示。

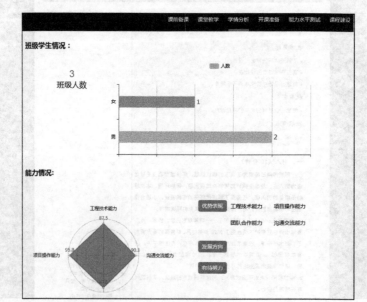

图 7-17　学情分析

4. 开课准备

开课准备模块是用于进行课程教学安排以及对班级、小组、学生的管理。

5. 课程建设

基于学校建设校本课程的需求，平台支持教师进行自建课。教师可以直接通过"课程建设"功能模块进行校本课程的开发。课程建设内容包括：课程介绍、教学资源、学习资源以及题库。如图7-18所示。

图 7-18　课程建设

6. 应用案例

2018年，在八爪鱼教育的帮助下，华南师范大学附属中学（简称华师附中）落成了一间STEAM空间，引进了多门八爪鱼体系化课程，第一个学期开展的主题为《机器人移动策略》。面对新鲜的教学内容和教学形式，学校采取了稳步推进的策略，决定先期利用社团活动时间以选修课形式开展STEAM课程，每周开展一次。为了更全面地体验八爪鱼STEAM课程的开课效果，学校在初中部、高中部同步进行招生。经过学生报名、老师筛选最终组成了STEAM班级。

在一个学期开课之后，越来越多持观望态度的老师开始踊跃加入创客教师团队中。最终打造出《我们的节日小车》这门校本课程，并在2019年开课实施中受到了同学们的热烈欢迎。如图7-19所示。

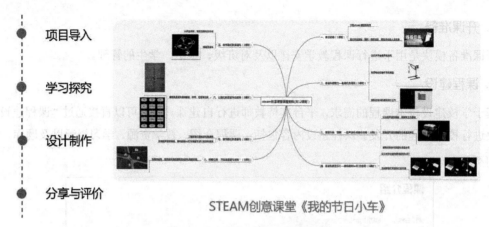

图 7-19　华师附中校本课程开发

为了能让更多孩子享受到 STEAM 教育，2019 年下半年，华师附中继续引进了八爪鱼教育的六门基础课程以及《火星探秘》《智能苗圃》两门主题课程。在初中部新设置了一个专用教室，将 STEAM 课程规划进课表，每班每周一次课，初一年级 12 个班全部实现了常态化开课，完成了社团活动向 STEAM 常态化教学的转变。

同时为了让扩大后的创客教师团队能够快速掌握 STEAM 教学能力，学校在初中部采取聘用八爪鱼课程顾问实际上课、学校老师观摩学习的模式。通过共同参与教学实践，培养了老师们的 STEAM 教学能力，加速了学校创客师资力量的形成。

经过两个学期的教学实践，华师附中在 STEAM 创客教育领域实现了质的突破。师资方面，从一位种子教师发展到一个包含数学、生物、计算机等多学科的教师团队，不仅为学校培养出了区域 STEAM 名师，还激发了全校教师投身 STEAM 教育的热情；课程方面，从照搬八爪鱼的课程开课，发展到开发出具有学校特色的校本课程，形成了特色教研成果；应用方式上，从一个班的选修课发展到全年级规模的选修课+常态化开课双轨并行，满足了师生对于参与方式的不同需求。正是由于这些成绩，越来越多的学校前往华师附中交流学习，华师附中已经成为了名副其实的创客教育示范校。

小　结

在学习中，信息技术可以作为资源加工工具、知识建构工具、协作交流工具、创作分享工具促进学习。在 STEM 学习中，信息技术可以从动态表征、协作推理、即时和个性化的反馈、科学论证技能、工程设计过程、计算思维、基于项目的跨学科学习、以证据为基础的模型等九个维度促进学习。

活动建议

尝试发挥信息与通信技术的优势，设计一个 STEM 项目，描述一下技术体现之处及作用的发挥点。

第 8 章

STEM 教育的管理学

本章导读

STEM 教育作为一种学习方式存在，已经证明其融合多学科进行综合学习的合理性。核心素养导向下的 STEM 教育也被称为"面向 21 世纪核心素养的教育实践"，跨学科、项目式、探索式的学习方式有利于学生发展出更综合的软实力，也是对人文和社会科学素养培育的完善，更有利于优化学生对知识的建构理解和运用。那么在 STEM 教学过程中如何管理教学过程？对学生的学习状态如何监督？出现问题又是如何解决的呢？这些问题我们将在本章探讨。

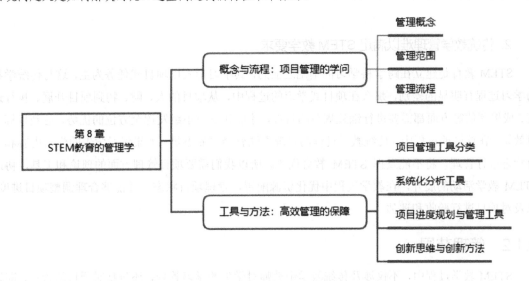

8.1 概念与流程：项目管理的学问

节前思考

1. STEM 教育中的管理是对哪些事务的管理？
2. 哪些项目管理工具可以应用于 STEM 教育？

3. 管理的流程是怎样的？

8.1.1 管理概念

STEM 教育中的管理是指对教学过程中的人员、资源、计划、进度、成果等所有与项目相关的事务的统筹管理。教师在进行 STEM 教学过程中，为了达到目标教学效果，让资源达到优化配置，需要做大量的管理工作。不同于传统的教学管理，这里我们要讲述的是要把工程管理、系统管理的一些工具和方法应用于 STEM 教育管理中。为什么要引用工程管理经验呢？这是由 STEM 教育自身特点所决定的。

1. STEM 项目式教学需要系统的管理

STEM 教育的教学形式与教学内容有关，既然是多学科的融合，每次课程或每个主题项目的形式都存在差别，如果统一要求课程模式，则会限制了课程形式的灵活性，所以针对不同的学习内容，教师的管理模式也不同。在 STEM 教育中，项目式教学是常用的教学形式，通过项目任务来发现问题、解决问题，在这个过程中进行知识的学习、技术的实践，体会工程思想的应用。每个项目都包含着综合任务，又能分解为若干个小任务，分配小组成员完成，这其中涉及任务管理、人员管理以及资源管理，需要对项目进行分析和规划，也需要对项目执行过程进行跟踪监督，还有对解决方案的设计、选择和评估等一系列管理工作，这就需要有系统、科学的管理工具辅助 STEM 教学过程。

2. 传统教学管理难以满足 STEM 教学要求

STEM 教育是建立在跨学科学习的基础之上的，其学习形式以项目式任务为主，这与传统学科的学习过程有明显的差别，那么在项目式学习的过程中，从项目的人、财、物到项目开展、执行进度、成果评估等方面都需要进行细致规范的管理，才能让学习小组发挥全方位的优势，达到目标学习效果。在这样的过程中，传统教学过程的管理方法就会略显不足，如果仅对学生的学习内容和学习状态进行管理，将不能发挥 STEM 教育优势。所以我们需要项目管理方面的理论和工具，协助 STEM 教学活动的展开，在教学过程中优化资源配置，管理项目状态，并能够合理调整项目进度，以及对项目进行验收和评估。

8.1.2 管理范围

STEM 教学过程中，不仅涉及传统教学中教师对学生的学习管理，还包括对项目的管理，即以项目管理的方式管理学生的学习过程，其中不仅包括了项目所需的人、财、物等资源方面的管理，也包括计划、协调、沟通、执行等行为方面的管理，还包括对项目的监督、验收、评估等方面的过程化的管理。从 STEM 教学的实际需求出发，我们认为对于项目的管理主要包括以下几方面：

1. 项目人员管理

在 STEM 教学中，与项目相关的人员包括教师、学生以及项目相关的其他人员，例如专业技术人员、家长等，不同的项目规模涉及的人员数量也不同。项目大部分是以小组活动的形式展开的，在一个小组中成员的能力、特点及喜好各不相同。项目人员管理就是对项目目标、规划、任务、进展以及各种因素进行合理、有序的分析、规划和统筹，对项目过程中的所有人员，包括教师、组长、成员以及与项目相关的校外人员进行有效的协调、控制和管理，使他们能够与项目小组紧密配合，尽可能的适合项目发展的需要，最大程度的挖掘潜力，最终实现项目目标。

2. 项目时间管理

项目时间管理包括使项目按时完成所必需的管理过程。在考虑进度安排时，要把人员的工作量与需要的时间联系起来，合理分配任务量，利用进度安排的有效分析方法来监控管理项目的进展情况，以使项目的进度不被拖延。项目时间管理的过程包括以下几个方面。

（1）活动定义：明确定义与项目成员及项目任务有关的、具体可交付的、必须完成的任务及活动。

（2）活动排序：确定活动之间的关系或依赖关系，即活动之间是否存在前后的关系，某个活动的开始是否依赖于前一项活动的成果，了解了这些关系，才能分辨出活动的执行顺序。

（3）活动的历时估算：对完成各项活动所花费的时间进行估算。

（4）制定进度计划：涉及分析活动顺序、活动历时估算和资源要求，以此制定项目进度计划。为了确定项目开始与完成日期，在进度计划制定过程中，需要使用来自所有其他时间管理过程的结果。例如，甘特图是常用的显示进度计划的工具。

（5）进度计划控制：涉及控制和管理项目进度计划的变更。有效进度控制的关键是监控项目的实际进度，及时、定期地将它与计划进度进行比较，并立即采取必要的纠正措施。

进度控制的步骤包括：

① 分析进度，找出哪些地方需要采取纠正措施。
② 确定应采取哪种具体纠正措施。
③ 修改计划，将纠正措施列入计划。
④ 重新计算进度，估计计划采取纠正措施的效果。

3. 项目质量管理

项目质量管理是一个为确保项目能够满足所要实现的需求的过程，包括质量管理职能的所有活动。质量管理是项目管理的重要方面之一。成功的项目管理是在约定的时间和范围、现有资源以及要求的质量下，达到项目预期目的。能否成功地管理一个项目，质量好坏也非常重要。

质量管理包括以下过程：

（1）目标计划，确定适合于项目的目标标准，并决定如何满足这些标准。
（2）质量保证，用于有计划、系统的质量活动，确保项目中的所有过程必须满足项目的条件。
（3）质量控制，监控具体项目结果以确定其是否符合相关质量标准，制定有效方案，消除产生问题的原因。

4. 项目沟通管理

沟通就是人们分享信息、思想和情感的过程。需要确定项目沟通的各项任务，根据项目沟通的时间和频率要求，安排项目沟通的任务，以保障项目的顺利进行。项目的沟通需求是项目中所有信息需求的总和，通常可以通过综合所需的信息内容、形式和类型以及信息价值的分析，来确定项目交流计划的内容。

例如，阶段性成果的展示，每个成员在近期的任务进展情况，以及团队中矛盾冲突的解决，这些都需要沟通交流来完成。

5. 项目资源管理

资源是项目完成的保障，项目资源管理包括对项目资源的计划、配置、控制和处置，所以需要对所有资源进行规划，从不同的阶段或资源对项目的重要性等方面进行分析处理。对项目资源的清晰管理也可以从创新的角度分析现有资源、扩展资源的综合利用情况，从而找到对问题的创新解决方案。系统资源包含的范围很大，从不同的角度可以对系统资源进行细分，如图 8-1 所示。

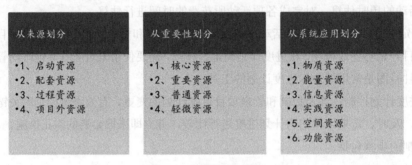

图 8-1　系统资源分类

6. 项目经费管理

项目经费管理包括项目所需经费的预算、控制等方面的管理。项目成本预算是进行项目成本控制的基础，它将项目的成本估算分配到项目的各项具体活动上，以确定项目各项任务和活动的成本，制定项目成本的控制标准，规定项目以外成本的划分与使用规则。

7. 项目综合管理

项目综合管理包括项目执行过程中的其他各项活动的协调和工作。

8.1.3　管理流程

一个完整的项目管理可以分为五个环节，分别为：项目启动、项目计划、项目实施、项目控制和项目收尾。无论项目的大小、复杂程度如何，我们都可以把项目分为这五个步骤进行管理。做好项目管理，需要调控好这五个阶段，每一个阶段都必须关注。在每个阶段合理的使用工具，会使我们的工作事半功倍，这些工具将在下一节内容中详细描述。

1. 项目启动

在项目启动阶段，首先我们需要明确项目的目标和项目的关键负责人等基础内容。确定项目目标要注意，必须是可评估的、具体的目标，并要与教学目标相结合，将教学目标落实在项目中。当然只有目标还不够，围绕项目目标还需要规划项目的范围、里程碑的具体描述、相关的时间节点、项目的配置以及资源。

项目启动阶段包括对项目的分析，主要工作包括：

- 描述项目任务，确定项目目标。
- 组建项目小组，明确人员分工。
- 项目资源分析，有效利用资源。
- 形成项目可行性报告。

项目启动阶段常用工具：SWOT 分析、SMART 原则、九屏幕分析、因果分析、设计思维等。

2. 项目计划

当项目确定好了目标，就进入到了项目计划的阶段，在这个阶段，需要完成的是组建团队、任务分派、设置进度等工作内容。组建好团队之后，作为项目的管理者，需要把任务分派到每个人身上，确保每一个成员所负责的任务是他们可以完成的、适合的部分，而且这些任务的分派一定要是可测量的，能够实时监控任务的完成情况。

（1）根据目标分解任务

分解任务的核心是为了更好地达成目标，把大任务分解成更容易完成的小任务，明确必须完成的任务、所需时间和成本。在拆分任务的过程中，要根据实际情况来衡量任务大小，太大容易不明确，太小容易浪费时间。

项目管理中通常使用工作分解结构方法（Work Breakdown Structure，简称 WBS），是指可交付的成果为向导对项目要素进行分组，归纳和定义了项目整个工作范围每下降一层代表对项目工作更详细的定义。具体应用方法在本章后续介绍。

（2）项目规划工作

任务分解完之后，需要检查任务之间的关系，然后拟定一个项目的规划。如果是小的项目，这个过程更多是和任务分解一起完成的，因为都是逻辑性工作。最终形成按什么顺序，在什么时间内，完成哪些任务，什么样的任务流程。此阶段可以使用甘特图来绘制项目具体任务和活动的安排，要详细到每个任务的开始时间、结束时间以及负责人。

（3）填写项目进度计划表

项目的管理需要明确项目中包含的任务以及执行时间，并要落实到具体的执行者，这就是项目进度计划表需要填写的内容。从项目进度表中可以清楚地看到每个任务的开始时间、截止时间，用于在项目执行时判断当前任务所处的状态。

项目计划常用工具：6W2H 法、思维导图、任务分解法（WBS）。例如，图 8-2 所示为 STEM 学习案例《移动智能公交阅览室》项目进度表。

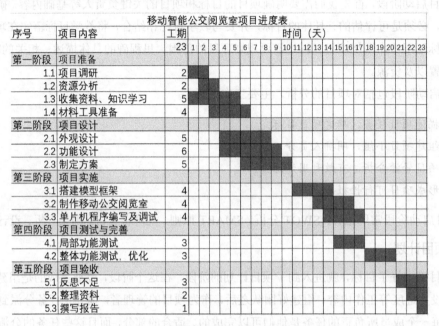

图 8-2 　《移动智能公交阅览室》项目进度表

3. 项目执行

这个阶段需要鼓励每个人按照项目计划完成自己的任务。项目执行阶段涉及下面的工作：

（1）是否按照计划时间开始和完成任务。

（2）填写项目执行表。

（3）定期组织沟通，及时传播信息，分享阶段性成果。

在项目执行中，沟通的效率决定了团队协作效率，所以我们要尽可能地创造更有意义和高效的沟通，各类讨论以及面对面的交流等都是传播信息、分享想法的有效途径，需要善于利用这些途径来保持项目的正常运作。

执行的过程也是决策的过程，虽然项目规划的过程已经详细到每个任务，但是实施的时候也要思考如何完成任务更有效，通常当学生面对多个方法的时候会不知如何抉择，教师需要帮助他们进行决策。在进行决策的时候，需要有意识的考虑多个方面，一是避免主观偏见，二是发掘自己对于事情的认知程度，三是要从创新的角度思考问题，适当使用创新方法，打破思维局限。

项目执行过程常用工具：甘特图、故事板、PDCA 循环法则、重要紧急四象限法则、头脑风暴、TRIZ 方法等。

4. 项目监控

在项目执行的同时，教师必须进行监督和控制，随时解决项目中产生的各种问题，对执行的过程进行纠偏，并且需要根据实际情况对之前的计划进行调整。STEM 项目管理的过程不同于工程项目管理，因为是教学过程，学生通过完成项目的过程学习相关的知识，探究问题的解决方法，所以在这个过程中对于项目的执行计划会有一些调整，特别是解决问题的方案，可能需要根据遇到的问题和困难进行及时调整，此时需要教师在管理的过程中事先给出风险防范措施，及时帮助学生纠正错误。项目监督主要是监督项目过程中进度、质量、风险等方面，涉及以下工作：

（1）监督项目进度。
（2）调整项目进度。
（3）调整、更新项目资源。
（4）风险监控。
（5）资源监控。

里程碑是项目关键任务的完成标记，所以教师要关注项目里程碑，严格来讲，规划中的每一项任务都代表一个里程碑，但是有轻重之分。更重要的里程碑会对项目的成功完成起到决定性的作用，对于团队成员产生更大的心理影响，让大家对项目的完成增加更多的信心。

项目监控常用方法：甘特图、故事板、PDCA 循环规则等。

5. 项目收尾

项目的收尾阶段就是对项目成果的验收，以及项目复盘。什么时候可以确定验收项目了呢？一般当项目任务完成，即项目目标实现时，或者到了项目截止时间，就开始对项目进行验收。项目验收要对项目成果进行检验，包括以下工作：

（1）填写项目成果文档。
（2）项目复盘。

复盘，原本是一个围棋术语，也称"复局"，指对局完毕后，复演该盘棋的记录，以检查对局中招法的优劣与得失。通过复盘，棋手可以有效地加深对这盘对弈的印象，是提高自身水平的好方法。

STEM 教学中的项目复盘其实就是回顾已经完成的项目，并对一些关键活动进行分析，从项目的经历中总结经验教训，提炼出规律和方法，明确项目的价值和意义，为后续的学习提供有价值的参考。

进行项目复盘时，针对具体的事件可采用 5Whys 的方法。通过不断问为什么从而找到问题的真实原因。复盘的方法有多种，其中最简单方便的是四步复盘法，也叫 GRAI 复盘法，即 Goal（回顾目标）、Result（评估结果）、Analysis（分析原因）、Insight（总结规律），如图 8-3 所示。

图 8-3 项目复盘步骤

四步复盘法要做四件事情：第一个回顾整个项目的目标是什么？第二个公布项目最终的结果是什么？第三个分析目标和结果之间的差距，以及整个项目在执行过程中出现的问题。第四个要做总结，收获了哪些知识、方法、技能，产生了什么样的学习成果。

（3）项目归档。

团队需要回顾项目的起因是什么？要达成的目标和里程碑是什么？客观地把这些信息再拿出来看一遍，可以检验当初设定的目标是否存在问题。当然，也可以试着让团队成员来回顾，以检视每个人是否都对项目目标足够清晰。

① 回顾目标

团队需要回顾项目的起因是什么？要达成的目标和里程碑是什么？客观地把这些信息再拿出来回顾一遍，可以检验当初设定的目标是否存在问题。当然，也可以试着让团队成员来回顾，以检视每个人是否都对项目目标足够清晰。

- 当初项目的意图是什么？
- 项目想要达到的目标是什么？
- 预先制定的计划是什么？有哪些关键点？
- 事先设想要发生的事情是什么？

② 评估结果

公布项目最终的结果是什么？将实际完成情况与原定目标进行比对时，可以按照项目的关键成功因素（KSF）或关键绩效指标（KPI），逐个了解项目是否实现预期目标，是否形成了预期效果。

在该环节，负责人可以和团队成员一起，将项目实际进度与项目计划进度进行对比，确定各个阶段的核心任务、关键步骤和决策点是否合适。通过这种方法，我们可以发现项目的哪些部分延迟了，哪些提前了，哪些完成效率很高。此处，特别要强调的是，评估结果的目的不是为了批评和指责，而是为了发现问题。

- 实际发生了什么事？
- 在什么情况下，是怎么发生的？
- 与目标相比，哪些地方做得好？哪些未达预期？

③ 分析原因

分析原因是复盘最重要的环节，也是制定、改进措施的关键所在。但要注意的是，无论是失败还是成功，都有主客观原因，不能一味都推给客观原因。分析原因可以根据各关键节点的得失，思考并设计不同的优化方法，比如用因果分析法寻找问题根源。在复盘过程中，所有的参与者必须多问几次为什么，这样才能刨根问底，找到问题的根源。

- 实际情况与预期有无差异？
- 如果实际情况与预期有差异，那么，为什么会出现这些差异？是由哪些因素造成？根本原因是什么？
- 如果实际情况与预期无差异，那么，成功的关键因素是什么？

④ 总结规律

总结规律首先是从知识体系上整理和总结从项目中学习到的知识、方法、技能等。然后是总结经验和教训，反思项目中的问题，提出对后续项目的建议，最终形成项目总结报告。

- 我们从过程中学到了什么新东西？
- 如果有人进行同样的任务，我们会给他什么建议？
- 接下来我们该做什么？

复盘之后要对项目所有文档、资料以及成果进行归档，整理剩余材料，做好收尾工作。这个阶段也是对项目进行考核的阶段，利用考核标准对项目过程和成果进行量化，给项目成员打分，并进行奖励。

小　结

项目式教学需要系统的管理，传统的教学管理难以满足项目管理的需求，所以引入了工程管理的相关概念，用来指导 STEM 教学过程中的项目管理。项目管理的流程包括：

- 项目启动：分析项目，确定目标和资源。
- 项目计划：制定计划，任务分派。
- 项目执行：执行任务，按时完成计划。
- 项目监控：监督和控制，随时解决项目中产生的各种问题。
- 项目收尾：成果验收，项目复盘。

活动建议

自选一个 STEM 项目，按照项目管理流程的要求对其进行管理，可以使用表 8-1 进行设计。

表 8-1　项目管理过程表

阶段	任务
项目启动	项目任务 项目目标 人员分工 项目资源 项目周期 项目调研
项目计划	项目任务划分 项目时间规划
项目执行	项目执行要点 项目执行记录
项目监控	项目监控记录
项目收尾	项目成果 项目评价 总结与反思

8.2　工具与方法：高效管理的保障

节前思考

1. 常用的项目管理工具有哪些？
2. 这些工具的应用场景是怎样的？
3. STEM 教育中有哪些创新方法？

8.2.1　项目管理工具分类

项目管理工具可以帮助我们高效地管理项目过程。在 STEM 教育中，这些工具也可以用来分管理项目，在项目执行过程中发挥重要的作用，我们从应用的阶段和范围将这些工具分为以下三类：

1. 系统分析工具

是指对项目或任务进行分析、规划时，从目标、资源、人员以及项目自身特点等多方面进行分析，明确项目和任务的可行性并规划执行方式等使用的工具。这些工具并不局限于对项目整体的分析，也可以用于项目执行过程中的细节分析，或在多种计划方案选择时进行对比以筛选最优方案。

2. 项目进度规划与管理工具

指在项目活动中运用专门的知识、技能、工具和方法，使项目能够在有限资源的限定条件下，实现或超过设定的需求和期望的过程。通过科学的流程管理，有计划、有步骤、有结果地完成项目，在这个过程中，如何安排项目进度、分配项目任务，以及评估项目成果，这些是高质量完成项目的重要因素。

3. 创新思维与创新方法

创新思维是 STEM 教育的培养目标之一，从创新的角度考虑问题，找到新的解决方案，这是教学过程中培养创新思维的过程。运用并掌握一整套科学的创新思维方法，可以指导我们的学习和工作，不断创新、努力探索和寻找最佳的方法，不断提高学习效率。

8.2.2 系统化分析工具

在 STEM 教学过程中，我们可以借用项目管理工具进行教学中的项目管理。项目管理有很多工具可以使用，这些工具适用的范围和阶段并不相同，在项目进行的过程中，可以考虑项目特征和需求选用适合的工具，达到事半功倍的效果。下面介绍几种分析工具及其应用案例，每项工具的应用范围都可以扩展，可以根据自己的项目需求来使用。

1. SWOT 分析

所谓 SWOT 分析，即基于内外部竞争环境和竞争条件下的态势分析，就是将与研究对象密切相关的各种主要内部优势、劣势和外部的机会和威胁等，通过调查列举出来，并依照矩阵形式排列，然后用系统分析的思想，把各种因素相互匹配起来加以分析，从中得出一系列相应的结论。SWOT 由以下四部分组成：Strengths（优势）、Weaknesses（劣势）、Opportunities（机会）、Threats（威胁）。

（1）SWOT 分析有什么作用？

SWOT 分析可以对项目竞争能力进行分析，帮助我们清晰地把握全局，分析项目在资源方面的优势与劣势，从环境中寻找机会和路径，也可以防范可能存在的风险与威胁，对项目的成功完成有非常重要的意义。SWOT 方法可以帮助团队缩小项目的目标，它还能用于确定哪些内部和外部因素可以帮助或阻碍完成这些目标。

（2）何时使用 SWOT？

SWOT 分析有许多用途，可以对项目进行整体分析，也可以进行资源分析或方案分析。既可以用在大范围的分析中，也可以用于细节分析。SWOT 分析可以用在以下情形中：

① 不确定项目的可行性，希望分析项目的整体情况，判断项目的可行性。
② 现有多种解决方案，希望评估或探索现有问题的独特解决方案。
③ 项目进展遇到瓶颈，希望分析项目的障碍，找到如何最好地克服它们的方法。
④ 当下一步行动不确定时，SWOT 分析可以为其做出决定提供框架。
⑤ 如果项目的进展停滞不前，那么评估优势、劣势、机遇和威胁可以让团队成员看到新的可

能性，以及阻碍项目进展的因素。

⑥ 当需要在新环境中实施项目时，现有计划可能不会完全有效。在这种情况下，SWOT 分析，如图 8-4 所示，可以指导项目计划的任何变更，使其适应形势。

图 8-4　SWOT 分析法

（3）如何使用 SWOT 分析法

构造 SWOT 矩阵，将调查得出的各种因素根据轻重缓急或影响程度等因素进行排序，构造 SWOT 矩阵，即在表格中填写相应的内容，如表 8-2 所示。在此过程中，将那些对项目或方案有直接的、重要的、大量的、迫切的、久远的影响因素优先排列出来，而将那些间接的、次要的、少许的、不急的、短暂的影响因素排列在后面。

表 8-2　SWOT 分析矩阵

优势	劣势
1.	1.
2.	2.
3.	3.
机会	威胁
1.	1.
2.	2.
3.	3.

SWOT 分析通过利用问答方法来收集信息。由此，团队可以确定他们有哪些优势能让他们的项目具有竞争力。优势指的是项目的内在品质，这将使其在竞争或实施中具有优势。缺点恰恰相反，会使其处于劣势。将优势劣势罗列清楚，可以在项目实施过程中扬长避短，充分利用资源，实现项目的最大价值。

2. PDCA 循环规则

（1）PDCA 循环程序

PDCA 是英语单词 Plan（计划）、Do（执行）、Check（检查）和 Act（处理）的第一个字母，PDCA 循环就是按照这样的顺序进行质量管理，并且循环不止地进行下去的科学程序。

① P(Plan)计划，包括方针和目标的确定，以及活动规划的制定。

② D(Do)执行，根据已知的信息，设计具体的方法、方案和计划布局；再根据设计和布局，进行具体运作，实现计划中的内容。

③ C(Check)检查，总结执行计划的结果，分清哪些对了，哪些错了，明确效果，找出问题。

④ A(Act)处理，对总结检查的结果进行处理，对成功的经验加以肯定，并予以标准化；对于失败的教训也要总结，引起重视。对于没有解决的问题，应提交给下一个 PDCA 循环中去解决。

PDCA 循环的四个过程不是运行一次就完结，而是周而复始地进行。一个循环结束了，解决了一部分问题，可能还有问题没有解决，或者又出现了新的问题，再进行下一个 PDCA 循环，依此类推，这样阶梯式上升的，如图 8-5 所示。

图 8-5　PDCA 循环

（2）如何在使用 PDCA 循环

某些项目小组接到一个项目任务，为了尽快完成，马上动手去做，做了一半或者做完后才发现一开始便理解错了项目任务，反而导致不能在截止时间前完成任务，这种情况在小组学习过程中经常出现。如果事先进行分析和沟通，明确任务，细分一下任务再去实施，就能避免出现此类问题。

① 将工作任务或计划细分再去执行

PDCA 循环是全面质量管理所应遵循的科学程序。全面质量管理活动的全部过程，就是质量计划的制订和组织实现的过程，这个过程就是按照 PDCA 循环，不停顿地、周而复始地运转。通过 PDCA 循环，每一件事情在实施前先做计划，在实施的过程中要进行检查，检查以后，再根据检查的结果进行改进，团队将会变得越来越有执行力，个人也在不断地进步。

② 执行中反复验证

在执行计划的过程中，需要自发定期反复地对其进行验证。哪个步骤由哪些人执行，需要做好什么准备，在什么时间点做什么事，这些都要不断地检查并确认。

③ 验证后进行调整

当我们发现项目执行的过程与预想的进度有差距，可以对计划进行调整。计划调整归纳起来有以下四大种类：

- 对总体目标进行调整。
- 对计划内容进行调整。
- 对解决方案进行改进。
- 只需进行细节调整或无须调整。

④ 检查、执行，把没有解决或新出现的问题转入下一个 PDCA 循环中去解决

当项目小组使用 PDCA 循环时，可以定时召开小组会议，比如每天举行一次例会，每一位团

队成员分别就每周的工作计划做结果汇报,这样大家可以及时在会议上一起发现问题、解决问题,减小沟通误差;甚至还可以将成功的地方标准化;如果发现需要改进的地方,则放入下一个 PDCA 循环去解决,这样整个团队以及团队成员的收获都会很大。

3. 6W2H 法

我国著名教育改革家陶行知先生曾经写过这样一首小诗:"我有几位好朋友,曾把万事指导我。你若想问真姓名,名字不同都姓何:何事、何故、何人、何如、何时、何地、何量。还有一个西洋名,姓名颠倒叫几何。若向八贤常请教,虽是笨人不会错。"这首小诗,是陶行知先生以拟人的手法,概括出的八种提问题的模式,我们将这八种提问模式称为教人聪明的八位贤人和朋友。6W2H 就是这八个问题的英文首字母,如表 8-3 所示。

表 8-3 6W2H 含义

What	任务的内容和达成的目标
Why	做这项任务的原因
Who	参加这项任务的具体人员,以及负责人
When	在什么时间、什么时间段执行任务
Where	任务发生的地点
Which	哪一种方法或途径
How	怎样做
How much	需要多少成本

6W2H 简单清晰,为我们提供了科学的决策和工作分析方法,常常被运用到决策和制定计划以及对项目的规划与分析,并能提高效率。由于 6W2H 通用决策思维模式和决策方法具有通用性和标准性,因此我们可以用它来管理 STEM 教学中的项目,或者对项目解决方案进行规划和评估。如果分析问题时采用 6W2H 法来思考,会有助于我们思路的条理化,杜绝盲目性。

6W2H 的决策过程是一个以价值为导向的标准化思维流程,人们在追求理想和目标的过程中,都要经过选择目标(which)→选择原因(why)→功能如何(what)→什么场地(where)→什么时间(when)→什么组织(who)→如何提高效率(how to do)→性价比如何(how much)八个方面,提出问题并从中选择性价比最高的方法和路径来实现预定目标。

从这八个方面的问题中选择和确定创新问题,并将其作为创造活动的对象。如果从这八个方面的问题中已经找不出需要解决的创新问题,可以认为该对象暂时没有改进的必要。否则,选定的创新问题通过创造活动加以解决,必将取得新的技术成果。

6W2H 方法的意义:做任何工作都应该从 6W2H 来思考,这有助于我们思路的条理化,杜绝盲目性。我们的汇报也应该应用 6W2H,能节约写报告及看报告的时间。

4. 时间管理四象限法

时间管理四象限法是常用的时间管理方法,此方法把任务按照重要和紧急两个不同的程度进行划分,基本上可以分为四个象限:既紧急又重要、重要但不紧急、紧急但不重要、既不紧急也不重要，如图 8-6 所示。

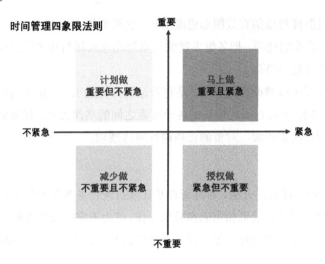

图 8-6 重要紧急四象限法则

将任务划分后，我们就可以选择处理顺序，如表 8-4 所示。一般是这样：先是既紧急又重要的，接着是重要但不紧急的，再到紧急但不重要的，最后才是既不紧急也不重要的。四象限法的关键在于第二和第三类的顺序问题，必须非常小心区分。另外，也要注意划分好第一和第三类事情，都是紧急的，分别就在于前者能带来价值，实现某种重要的目标，而后者不能。

表 8-4 重要紧急四象限法则处理顺序

A、重要且紧急	紧急状况 迫切的问题 限期完成的任务 不完成则无法做后面的任务
B、重要不紧急	准备工作 预防措施 增进团队凝聚力 提升个人的能力
C、紧急不重要	造成干扰的事 许多迫在眉睫的急事 符合别人期望的事
D、不重要不紧急	忙碌琐碎的事 与项目不相关的事 等待时间

四象限法的意义：优先顺序=重要性×紧迫性，在进行时间安排时，应权衡各种事情的优先顺序，对管理事项要有前瞻能力，防患于未然。如果总是在忙于救火，那将使项目的执行永远处于被动之中。

5. 思维导图

思维导图是表达发散性思维的有效图形思维工具，它简单却又很有效，是一种实用性的思维工具。思维导图运用图文并重的技巧，把各级主题的关系用相互隶属与相关的层级图表现出来，把主题关键词与图像、颜色等建立链接。

我们都知道思维导图可以帮助训练思维，是有效记忆内容的工具，由于其自身特点，它在管理中的应用也是深受欢迎的。它可以表达项目的各个要素之间的层级关系、任务的分解关系、活动要点等，也可以罗列出项目所需资源，对资源管理进行整体规划。

6. SMART 原则

SMART 原则是一种目标管理方法，目标管理是让项目或任务变被动为主动的一个很好的手段，实施目标管理不但有利于团队成员更加明确高效地工作，更为未来的成果考核制定了目标和考核标准，使项目成果更加科学化、规范化，更能保证考核的公开、公平与公正。SMART 含义如下：

- Specific——具体的。
- Measurable——可测量的。
- Attainable——可达到的。
- Relevant——相关的。
- Time based——时间的。

SMART 原则的意义：人们在制定工作目标或者任务目标时，考虑一下目标与计划是不是 SMART 化的。只有具备 SMART 化的计划，才具备良好的可实施性，才能保证计划顺利实现。

对于 STEM 教学中的应用，我们可以这样解释 SMART 原则：

- S 代表具体（Specific），指项目或任务考核要清楚地说明达成的行为标准，不能笼统。明确的目标才能让团队在执行项目的时候方向一致，很多任务不成功的重要原因之一就目标定得模棱两可，或没有将目标有效地传达给小组成员。
- M 代表可度量（Measurable），指绩效指标是数量化或者行为化的，验证这些绩效指标的数据或者信息是可以获得的。
- A 代表可实现的（Attainable），指绩效指标在付出努力的情况下可以实现，避免设立过高或过低的目标。
- R 代表真实的（Realistic），指绩效指标是实实在在的，可以证明和观察到；
- T 代表有时限的（Time bound），注重完成绩效指标的特定期限。

8.2.3 项目进度管理工具

1. 甘特图

甘特图以图示的方式显示出项目的活动顺序、项目进度和持续时间，它直观地表明任务计划在什么时候进行，以及实际进展与计划要求的对比。甘特图广泛应用于项目管理。它可以帮助项目经理预测时间、成本、数量及质量上的结果，还可以帮助管理人员、日期等部分，可以非常直观地看到任务的进展情况等。

甘特图通过条状图来显示项目进度（即进展情况），如图 8-7 所示。其中，横轴表示时间，纵轴表示活动。线条表示在整个期间上计划和实际的活动完成情况。甘特图可以直观地表明任务计划在什么时候进行，及实际进展与计划要求的对比。管理者由此可以非常方便地弄清每一项任务或活动还剩下哪些工作要做，并可评估工作是提前、滞后或是正常进行。此外，甘特图还有简单、醒目和便于编制等特点。所以，甘特图对于项目管理来说是一种理想的控制工具。

序号	项目内容	工期	时间（天）
		23	1 2 3 4 5 6 7 8 9 10 11 12 13 14 15 16 17 18 19 20 21 22 23
1	任务1	2	
2	任务2	3	
3	任务3	2	
4	任务4	9	
5	任务5	2	
6	任务6	3	
7	任务7	13	
8	任务8	11	
9	任务9	5	
10	任务10	3	

图 8-7　甘特图示例

甘特图的绘制步骤：

（1）明确项目的各项活动。包括项目名称、开始时间、工期，任务类型和依赖于哪一项任务。

（2）将所有的项目按照开始时间、工期标注到甘特图上。

（3）确定项目活动依赖关系。按照项目的类型将项目联系起来，并安排项目进度。

（4）计算单项活动任务的工时量。

（5）确定活动任务的执行人员及适时按需调整工时。

（6）计算整个项目时间。

甘特图可以采用手绘的方式，在日历中标记任务时间进度，也可以应用软件工具绘制，例如，在 Excel 中制作，或者使用专业的项目管理软件制作。

2. 故事板（Story Board）

当我们将项目拆分成若干任务以后，每个任务要落实到团队成员，规定完成时间。从团队成员的角度来看，每个阶段做什么任务也需要有明确的标记。如图 8-8 所示，故事板原指影视制作的分镜描述，在实际拍摄或绘制之前，以图表的方式来说明影像的构成。在项目管理中，我们以这种形式规划每个人需要完成的任务以及任务的状态，利用动态管理的方式展示当前工作的完成程度。

图 8-8 故事板

将故事板划分为三个区域:"待执行""执行中"和"已完成",表示任务和活动的三种状态,每项任务以小纸条的形式粘贴在各个区域中。故事板需要结合任务前的讨论和任务后的总结使用。管理流程如下:

- 任务前讨论:
  ① 需要完成的任务有哪些?
  ② 谁来完成哪些任务?
- 制作任务板:
  ① 每个人制作自己的小纸条,可以用不同颜色来区分,小纸条上写清楚任务和姓名。
  ② 将所有任务粘贴到"待执行"中。
  ③ 开始执行任务,在这个过程中,每开始一项任务,则将小纸条转移到"执行中"。
  ④ 每完成一项任务,则将小纸条转移到"已完成"。
  ⑤ 直到所有小纸条都转移到"已完成",则总体任务完成。
- 总结讨论:
  ① 是否所有任务都已经完成?
  ② 是否所有任务都达到预期要求?
  ③ 过程中遇到了哪些问题?如何解决?交流经验和教训。

故事板需要将任务划分得足够细致,有时可能就是一件很小的、需要独立完成的工作,也可以制作一个小纸条。故事板不关心各项任务之间的执行顺序,而是由执行人自主掌控,所以故事板更适合小项目的管理。使用故事板可以明确成员的具体任务,也能够随时观察项目进行的状态,有多少任务在进行中,多少已经完成,从故事板上一目了然。同时,这个方式也会让团队成员对自己的任务有清晰的认识,调动学生学习积极性,从而更主动地完成任务。故事板的模块可以根据项目情况进行更改或扩充。

3. 任务分解法（WBS）

任务分解法（WBS）即 Work Breakdown Structure，它将主体目标逐步细化分解，以可交付成果为导向对项目要素进行的分组，它归纳和定义了项目的整个工作范围，如图 8-9 所示，任务每下降一层代表对项目工作的更详细定义。最底层的任务活动可以直接分派到个人去完成；每个任务原则上要求分解到不能再细分为止。WBS 将项目的整个范围组织在一起并加以明确，任务分解的过程如图 8-10 所示。

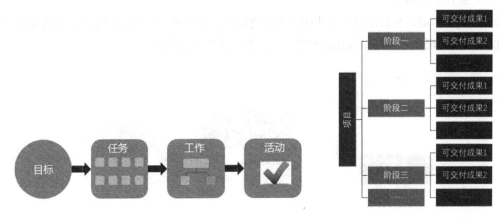

图 8-9　任务分解法思路　　　　图 8-10　WBS 任务分解

WBS 分解也要讲究一定的原则，具体来说有两点：

（1）将主体目标逐步细化分解，最底层的任务活动可直接分配到个人去完成。例如，项目中需要做一些实验，每个实验需要几个团队成员的配合，但是，使用 WBS 对任务进行分解时，就应该把这些任务再进行划分，分配好每个人的具体工作。

（2）每个任务原则上要求分解到不能再细分为止，这样才有利于我们从简单的地方入手，一步一步去完成工作任务。

检验 WBS 是否定义完全、项目的所有任务是否都被完全分解的标准如下：

- 每个任务的状态和完成情况是可以量化的。
- 明确定义了每个任务的开始和结束时间。
- 每个任务都有一个可交付成果。
- 项目完成时间易于估算且在可接受期限内。
- 容易估算成本。
- 各项任务是独立的。

4. Teambition 办公软件

Teambition 是阿里巴巴旗下办公套件，可以用于线上协作项目管理，其功能包含项目空间、网盘、文档、待办、日历等应用，帮助我们把工作、学习和生活中的一切想法变成现实，让创造的过程充满乐趣。Teambition 面向个人用户永久免费，而且不限制协作人数，可以在电脑、手机和平板设备上自由使用。

- 个人使用：有序管理日常生活、学习和工作。
- 团队协作：同步工作进展，协同编辑文档。
- 企业使用：安全、高效的数字化协同办公。

（1）协作管理项目

如图 8-11 所示，项目空间可以让团队协作更简单、更高效。在项目空间中，可以管理整个计划，以终为始，理顺思路，结构化地整理工作，非常适合团队协作。

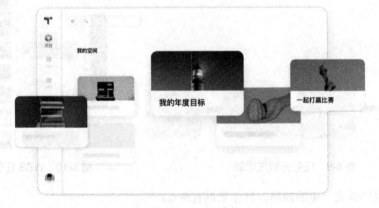

图 8-11　项目空间

（2）看板——集中管理任务

如图 8-12 所示，可以在一处管理所有任务，界面更集中，要做的事由谁做、何时做、做什么，不必反复问，直观看到工作进展和详情。每个任务支持单独与成员展开讨论，可以帮助用户发现过期任务，以颜色线条代表任务的优先级。

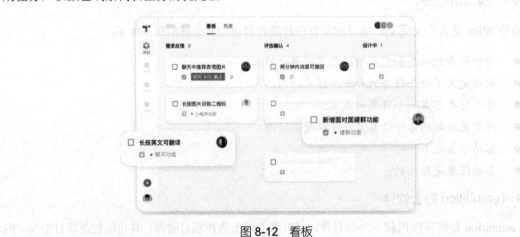

图 8-12　看板

（3）文件共享管理

如图 8-13 所示，团队要共享的资料可以使用文件共享功能，所有资料都统一管理，每个人都可以快速找对版本。由于团队中的任何人都可能修改共享文件，为了能够不丢失数据资料，保留了所有的历史版本，可以随时查找任意一个修改过的版本。

图 8-13　文件共享库

如图 8-14 所示，方案改进讨论区可以更灵活地留言，例如在留言中选择一句话进行标注，并可以展开讨论，便于团队进行交流和沟通。

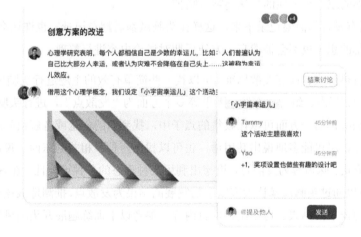

图 8-14　方案改进讨论区

8.2.4　创新思维与创新方法

1. 头脑风暴

当团队围绕一个特定的兴趣领域产生新观点的时候，这种情境就叫作头脑风暴，头脑风暴是一种创造能力的集体训练法，需要做到"打破常规，积极思考，畅所欲言，充分发表看法"。在需要新点子、新方法的时候,这种方式特别简单有效。头脑风暴的目标是获得尽可能多的设想,追求数量是它的首要任务,在这个过程中每个人都要抓紧时间多思考,多提设想。而对于提出设想的质量问题,则不过多考虑,只要满足基本条件即可。在某种意义上,设想的质量和数量密切相关,产生的设想越多,其中的创造性设想就可能越多。

头脑风暴的作用:

- 项目初期对方案的提议。
- 快速的收集设想。
- 训练创新思维。
- 增加团队凝聚力。
- 活跃讨论气氛。

在 STEM 教学中,经常需要训练学生创新思维的课堂活动,在做头脑风暴时,要注意以下几点事项:

(1) 头脑风暴每一轮的时间不宜过长,一般控制在 10 分钟以内。目的就是在短时间内激发团队成员的思维火花,快速联想到与主题相关的内容。

(2) 主题要明确,不可内容太宽泛,否则会得不到集中的、有意义的讨论成果。

(3) 头脑风暴时要畅所欲言,想到什么就说什么,不要怕说的不对或是不敢表达想法,也不要互相批评内容的正确与否,因为头脑风暴的时候并没有什么真正的对错,值得关注的是那些有意义的想法,而错误的或不想关注的想法会被忽略掉。

(4) 要将所有发言都简要记录下来,这样在头脑风暴后翻看记录,也许还会产生其他新的想法,同时头脑风暴的想法也不会被遗忘,方便后期对讨论内容进行整理。

如果需要项目热身或者训练发散思维,可以找一些简单有效的主题进行头脑风暴训练,可以以材料、功能、结构、形态、组合、方法、因果等多个方面为"发散点",进行头脑风暴,一方面可以进行发散思维训练,另一方面可以在收集的点子中,找到新的创意或者解决问题的方法。例如,选择生活中的物品,尽可能多地说出其用途,也可以找出两种不相关的东西,说出它们的共同点,还可以以颜色、形状、味道等为发散点,设想出利用某种形态的各种可能性。在解决问题的方法遇到瓶颈的时候,可以通过头脑风暴让大家以事物发展的结果为发散点,推测造成该结果的各种原因,或从起因推测尽可能多的结果。可以结合项目内容,参考以下训练题展开头脑风暴:

- 尽可能多地说出铅笔(回形针、易拉罐、报纸……)的用途(50 种以上)。
- 尽可能多地说出兔子和袜子的共同点。
- 尽可能多地说出能够照明的方法。
- 尽可能多地画出"∩"形状的东西。
- 尽可能多地说出黑色具有哪些作用。
- 尽可能多地说出随便扔一块石头可能发生的结果。

- 尽可能多地说出火与人类的生活有哪些关系。

头脑风暴一般的形式比较灵活，对环境和配套设备的要求较低，但是如果讨论内容比较重要，结果对于项目实施有着重要的作用，则需要有组织、有准备地进行头脑风暴。不同的环境和需求，头脑风暴的组织形式也不同。

因为头脑风暴的过程是让思维充分的发散，天马行空、无拘无束地发言，甚至不用理会是否正确。所以，为了能够有效利用头脑风暴的结果，在头脑风暴之后，会对发言进行分析和评价，这个过程相当于思维的收敛过程。对设想进行评价和选择是很重要的事情，因为要找到最佳解决办法才是最终目的，同时也是头脑风暴在实践中起作用的时候。

2. TRIZ方法

TRIZ 是"发明问题解决理论"的俄语缩写，它是由前苏联发明家 G.S.Altshuller 在 1946 年创立的，人们常用"萃智"或"萃思"来称呼它，有萃取智慧和萃取思维的意思。TRIZ 是从大量发明的专利中总结出来的思考方法，通过对于专利的总结分析，得出一套能够帮助我们突破思维障碍，打破定势，以新的角度分析问题，进行逻辑性和非逻辑性的系统思维，而且还能根据技术进化规律，预测解决问题的逻辑的未来发展趋势，较比于传统的试错法，大幅度地提升了问题解决能力。如图 8-15 所示。

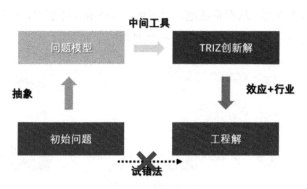

图 8-15　TRIZ 方法

TRIZ 包括创新方法、技术系统进化法则、矛盾矩阵、40 个发明原理以及 TRIZ 发明问题解决算法，如图 8-16 所示。TRIZ 的强大之处在于，它是人们发明问题和解决问题的一套体系完整的系统理论和方法工具，避免了传统的试错法，从问题进行分析，建立模型，并根据已有的原理找到解决方案。TRIZ 理论认为：无论是一个简单产品还是复杂的技术系统，其核心技术的发展都是遵循客观规律而发展演变的，即具有客观的进化规律和模式；各种技术难题、冲突和矛盾的不断解决是推动这种进化过程的动力；技术系统发展的理想状态是用尽量少的资源实现尽量多的功能。

TRIZ 方法可以应用于 STEM 教学中，但由于其体系庞大，我们选取其中的一些创新思维工具和系统分析工具进行介绍，每种工具的应用范围都不是固定的，也不局限于项目进行的某个阶段，所以需要结合项目执行情况来应用这些工具。

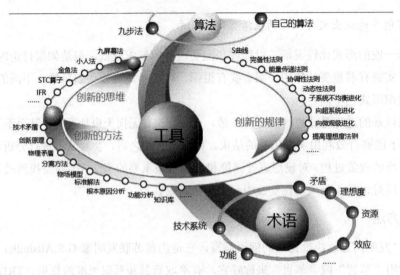

图 8-16　TRIZ 方法列举

（1）九屏幕法

如图 8-17 所示，使用九屏幕法就是以系统思维来思考问题，即对要解决的问题或要完成的任务进行系统思考，不仅考虑当前的状态，还要考虑其过去和未来的状态；不仅考虑本系统，还要考虑相关的其他系统和系统内部，从而系统地、动态地、联系地看待事物，系统地思考问题的产生与发展。在绘制九屏幕之前，我们需要了解以下三个概念：

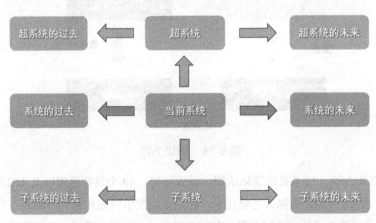

图 8-17　九屏幕法

① 系统：在 TRIZ 中，我们把一个实体看作是一个技术系统，例如，一个产品或者一个物体，简称为系统。随着 TRIZ 方法的广泛应用，系统不再局限于客观存在的实体，也可以定义为问题、方案、模式等。

② 子系统：系统由子系统构成，所以子系统就是系统的一部分。可以是零件、部件或者构成元素。

③ 超系统：系统是处于超系统之中的，所以超系统就是系统所在的环境，在系统基本元素之

外的相关的事物，都可以看成是超系统。

例如，我们把自行车作为一个系统时，那么车轮胎、车把、车架都是自行车的一部分，它们都是子系统，而自行车需要有人控制，还需要在路面上运动，人、道路这些都可以作为超系统。系统的定义及划分是与需要解决的问题相关的，没有绝对的定义，而是根据问题的重点去划分哪些属于子系统，哪些属于超系统。

九屏幕的绘制方法：

- Step1：画出三横三纵的表格，如表8-5所示，将要研究的技术系统填入格1。
- Step2：考虑技术系统的子系统和超系统，分别填入格2和3。
- Step3：考虑技术系统的过去和未来，分别填入格4和5。
- Step4：考虑超系统和子系统的过去和未来，填入剩下的格中。
- Step5：针对每个格子，考虑可用的各种类型资源。
- Step6：利用资源规律，选择解决技术问题。

表8-5 九屏幕的绘制

	过去	现在	未来
超系统		3	
系统	4	1	5
子系统		2	

九屏幕法的作用：

- 帮助我们多角度地看待问题、分析当前系统，突破原有思维局限。
- 多个层次和方面寻找可利用的资源，更好地解决问题，形成资源方案。
- 从历史的、发展的视角帮助我们分析问题，寻找解决问题必不可少的资源。

（2）小人法

小人法是一种拟人的方法，假设存在一些小人来完成需要的任务，从小人的任务模拟过程总结解决方法。当系统内的某些组件不能完成其必要的功能，并表现出相互矛盾的作用，我们就可以用一组小人来代表这些不能完成特定功能的部件，通过能动的小人，实现预期的功能。然后，根据小人模型对结构进行重新设计。

小人法的目的是，克服由于思维惯性导致的思维障碍，提供解决矛盾问题的思路。当我们陷入系统部件功能矛盾的时候，就可以把完成这些功能的任务交给很多小人来做，设想小人是如何完成这些任务的，从小人模拟任务的过程中寻找灵感，从而提出改进方案。

小人法的步骤：

- Step1：对象中各个部分想象成一群一群的小人。

- Step2：把小人分成按问题的条件而行动的小组，绘制小人功能图。
- Step3：研究得到的问题模型并对其进行改造，以便解决矛盾。
- Step4：过渡到技术解决方案。

使用小人法的时候会有一些误区，比如只画了一个或几个小人，这样将不能模拟系统部件的功能，受到小人的功能限制，无法得到理想的方案。

通过使用小人表示系统，打破原有对技术系统的思维定式，更形象地描述技术系统中出现的问题，更容易解决问题，获得理想的解决方案。能动小人的引入，突破了思维定式，思考的过程由一个人的思考变为两人或多人的思考，解题思路得到进一步的扩展。

例如，设计自动分类垃圾桶时，想象垃圾桶中有很多工作的小人，他们有的负责识别，有的负责看守，有的负责运送，小人的数量足够多，从而得到一个设计方案，显然，在这个系统中需要有识别模块、拦截模块和传送模块。

（3）最终理想结果

最终理想结果IFR（Ideal Final Result）的含义是：系统在最小程度改变的情况下，能够实现最大程度的自服务（自我实现、自我传递、自我控制等）。在问题解决之初，先抛开各种限制条件，对问题情境设立各种理想模型，即最优的模型结构来分析问题，并以取得最终理想结果作为终极追求目标。

最理想的技术系统可能是不存在的，是理想化的，比如物理实体并不存在，但却能够实现所有必要的功能。如果这样的理想状态是不可能实现的，那我们为什么要定义这个状态呢？在定义理想状态的过程中，也就是对系统进行分析的过程，我们需要回答以下这些问题：

- 什么是系统的最终目标？
- 什么是理想化的最终结果？
- 达到IFR的障碍是什么？
- 出现这种障碍的结果是什么？
- 不出现这种障碍的条件是什么？
- 系统中有什么资源可以利用？
- 超系统、环境中有什么资源可以利用？

所以IFR的作用是能够帮助我们跳出已有的技术系统，在更高的系统层级上，思考解决问题的方案。能够明确解题方向，实现双向的思维，从问题到结果，再从结果反向思考问题。

（4）因果分析方法

如图8-18所示，因果分析方法是一种诊断性技术，用来识别和说明因果关系链，恰当地定义问题，不断提问为什么前一个事件会发生，直到回答"没有好的理由"时。从因果分析过程中，可以得到问题解决的关键点在哪里，问题产生的根本原因是什么，也可以从总体上把握影响问题的因素。因果分析包括两个方面：分析原因和分析结果。

因果分析步骤：
- Step1：写出问题描述。
- Step2：向原因轴分析，找出导致这个问题发生的原因，并对每个原因继续分析原因，直到无法再找到更深的原因为止，此时原因链构成原因轴。
- Step3：向结果轴分析，推测问题可能导致的结果，并对每个结果继续推测，直到无法推测更远的结果为止，此时结果链构成结果轴。

原因轴可以发现问题产生的根本原因，找到问题产生和发展链中的"薄弱点"，帮助我们寻找解决问题的入手点。结果轴可以帮助了解可能造成的影响，寻找可以控制原因发生和蔓延的时机与手段。原因轴和结果轴并不一定同时使用，可以根据问题的特点和需求只使用原因分析或只使用结果分析。

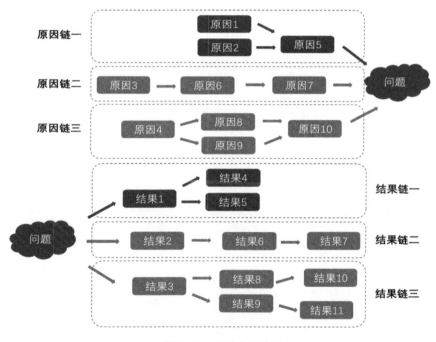

图 8-18　因果分析方法

小　结

为了能够高效地管理项目，可以引用项目管理工具和思维分析工具，思维分析工具包括能够帮助进行项目资源分析、任务分析的工具，如 SWOT 分析、SMART 原则等；项目管理工具包括甘特图、故事板等。而在创新思维训练方面，也可以利用头脑风暴、TRIZ 方法、设计思维等进行思维训练和创意激发。这些工具都可以应用于 STEM 教学过程中，其应用方式可以根据学习内容或项目形式而做相应的调整。

核心素养导向的 STEM 教育

活动建议

准备一个项目，先利用 SWOT 分析项目的特征，然后找到项目中的关键问题，利用 6W2H 分析问题的主要因素。做出项目进度规划表，画出甘特图。在项目执行过程中，试着利用故事板管理一次课程的任务执行过程。

第四篇

案例篇

第四篇

案內篇

第 9 章

国内 STEM 教育的优秀案例

本章导读

STEM 教育源于国外,但目前国内也开始了适合中国国情的 STEM 教育研究与实践,本章主要以优秀项目案例及在教学中的实践案例为主,呈现国内 STEM 教育实践的现状与成果。

9.1 国内 STEM 学习的优秀案例

9.1.1 案例一:移动智能公交阅览室模型

1. 项目简介

项目名称:移动智能公交阅览室模型

学校:辽宁省实验学校

指导教师:杜海涛、姜钟华

团队姓名:吴雅萱(八年五班)、李羽贤(八年五班)、沈熙腾(六年三班)、宋知夏(六年四班)。

所涉及学科:信息技术、美术、科学、工程、数学。

涉及的软件:3D 建模:SketchUp 2018、CAD 平面建模:CAD2018、App 设计:App Inventor2.0、电子元件编程:mind+。

本案例曾获得辽宁省 2019 年信息与通信技术环境下教育教学创新展示评选活动学生 STEAM 学习案例中学组一等奖。

2. 问题的提出

习总书记说:"读书可以让人保持思想活力,让人得到智慧启发,让人滋养浩然之气。""让读书成为习惯"是建设学习型社会的时代要求,创建书香校园,是素质教育的基础工程,也是校园文化建设的主要组成部分。

学校是一所九年一贯制学校,占地 24000 平方米,建筑面积 18087 平方米,现有 1~9 年级学生 2800 多人。随着学生人数的逐年增长,生均活动面积严重不足。目前学校仅有的两间开放阅览室不能满足学生的读书需求,如果继续扩建阅览室和图书室,则面临用地不足、资金不足的现实问题。

3. 研究目标

为了让同学们有更加广阔的阅读空间，丰富学生的课余生活，创建书香育人环境，我们项目团队结合学校存在的实际问题，提出了将废旧公交车改造成"移动智能公交阅览室"的创意设想。

4. 研究价值和意义

（1）解决我们学校阅览室和图书室用地不足、资金不足的现实问题；

（2）利用废旧公交车，实现旧物利用，养成节能低碳的环保意识；

（3）阅览室方便、智能，可实现随时、健康的阅读方式，培养学生养成良好的阅读习惯；

（4）放学没有办法及时接送的孩子，可以充分利用移动阅览室进行读书，既能使孩子多读书，又能解决很多家长不能及时接送的问题。

5. 研究过程

团队共有 4 名学生，对三维建模、搭建、单片机、电子创意、App 编程等有一定的了解，且有一定的自学能力，为 STEM 学习奠定了基础。团队成员将电脑建模、科学探究、通信技术、手工制作等拓展性学习和研究性学习进行有机整合，项目指导教师能够对学生存在困惑的地方进行有效的沟通和指导，能解决现实问题。

研究过程大致经历网上学习、头脑风暴、设计制作、反思交流等过程，具体如图 9-1 所示。

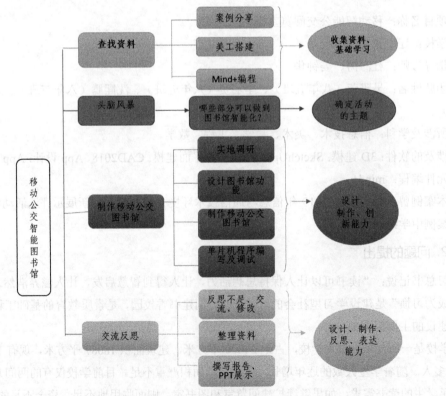

图 9-1　研究过程流程图

(1) 查找资料

网上查找相关的学习资料，学习"低碳知识"、公交车内部构造，交流各自的想法。

(2) 头脑风暴

① 头脑风暴

对实现的创意进行头脑风暴，在低碳环保的基础上增加智能部分，选取大家想做且有一定意义的活动。最终确定以下三个拟解决的重点问题：

- 如何在书吧内实现相互不影响的多种读书区域？
- 怎样给学生带来智能阅览室的功能？如何调节室内温度、光线、声音等？
- 怎样通过通信技术实现学生阅读后有很好的效果？

② 开展实地调研

事前，我们通过问卷对学生和家长就智能阅览室功能进行了采访，其中102个学生填写了学生问卷，21个家长填写了家长问卷，对于建立智能公交阅览室100%赞同。对于智能项目的设计，学生和家长的数据如图9-2所示。

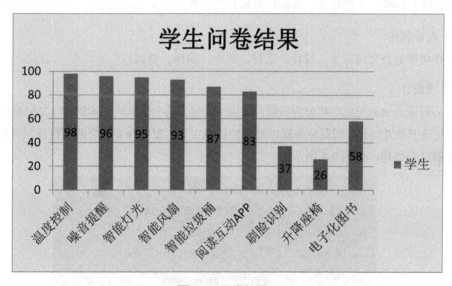

图 9-2　问卷结果

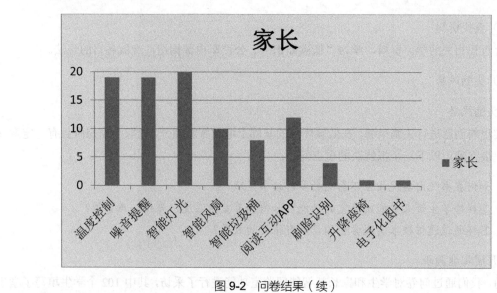

图 9-2 问卷结果（续）

我们还采访了一些学生和家长，最后经过统计，了解到大家的需求，把智能设计功能重点在于温度控制、噪音提醒、智能灯光、智能垃圾桶和阅读互动 App 的开发上。

（3）设计制作

制作移动智能公交阅览室：设计、选材、制作、编程、调试。

① 外观设计

"移动智能公交阅览室"共分为三层，底层（一层）是个性纸质阅读制作，二层是电子阅读制作，三层是读书沙龙制作。阅览室外观以鲜艳的红色主调，配有青春气息的书籍及名言标识，能够引发学生的读书兴趣，如图 9-3 所示。

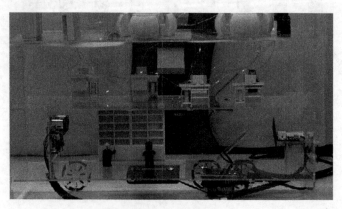

图 9-3 外观结构

- 一层：个性阅读区域

设计：绿色森林的主题，整齐的借阅书架，干净的座椅，为学生营造一个健康、舒适、富有个性的纸质阅读空间。

温度调控：在一层的顶部安装了温度传感器，可以检测调控室内温度。当书吧的室内温度高于25摄氏度时，自动开启顶部的风扇。

光线调控：利用光线传感器调控，检测室内光线值，根据室内光线的明暗程度，调整灯带的亮灯数量。

声音调控：利用墙壁上安装的声音传感器，检测室内声音分贝值，提示学生保持安静读书。当学生喧哗声音大于一定分贝值时，会出现禁语标志，达到警示作用。

智能垃圾桶：为了保持阅览室干净整洁的环境，我们制作了智能垃圾桶，利用红外传感器检测是否有人经过，当有人经过时，垃圾桶的桶盖会自动打开，并延迟3秒后自动关闭。

● 二层：电子阅读区域

我们打破传统的读书模式，摆放电脑、平板、电子阅读器、耳机等信息化设备，不同年龄段的孩子可以根据自己的兴趣选择阅读方式。

在这个区域，学生除了可以进行纸质或电子书籍的阅读，还可以利用电子设备进行移动互动问答。我们设计了掌上App，不仅可以学习资料，还可以进行互动练习和模拟考试。

● 三层：读书沙龙区域

在原有公交车顶部加一个带有窗户的玻璃房，草坪式的地面上摆放小圆桌和圆凳，为学生提供一个安全、温馨、休闲的读书交流环境。读书沙龙区域不仅便于学生小组分享读书收获，开展读书沙龙等活动，还可以利用这部分空间进行休闲娱乐。

② 动手制作

按照设计图纸进行制作，整个制作过程以学生为主体，老师作为指导者。制作流程如图9-4所示。

图9-4　制作流程

（4）单片机编程调试

编写移动智能公交阅览室的程序，主要把侧重点放在程序设计与动手实践上。通过情景引出要解决的问题,进行任务分析,并把实际问题转化成数学模型,教师帮助学生明确单片机的设计要求,然后通过流程图分析单片机解决问题的过程,最后引导学生动手实践解决问题。

我们采用的是 DFRobotUNO 的电子元件套件,使用了 SEN0171 运动传感器、DFR0026 光线传感器、DFR0034 声音传感器、DFR0023 温度传感器 LM35、DFR0439 灯带模块、DFR0486-OLED-2864 显示屏、DFR0332 风扇模块、SER0039 金属 9g 舵机、RGB 灯等多种电子元件。在老师的指导下,编写了智能温湿度显示、声音控制及提示、智能风扇、智能垃圾桶、智能光线调整等代码,实现智能功能。

① 智能温湿度提示

在阅览室的墙面上,提供了智能温湿度提示器,可以智能识别室内的温度和湿度,对学生给予提醒,如图 9-5 所示。

图 9-5　温度提示器

② 智能亮度调整

阅览室的灯光会根据室外光线的亮度进行智能调节明暗,为学生提供最舒适的亮度,保护学生的眼睛,如图 9-6 所示。

图 9-6　智能光线调节

③ 智能噪音提醒

阅览室需要安静环境,如果同学们在阅览室中不经意地大声说话,智能面板上会提醒当前室内声音值,显示屏上会出现文字提醒,如图 9-7 所示。

图 9-7　智能噪音提醒

④ 智能风扇

如果阅览室人多较热，温度超过 28 摄氏度时，智能风扇自动开启，为读书的同学带来清凉，给学生提供最舒适的阅读环境，如图 9-8 所示。

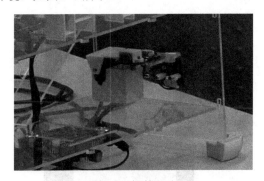

图 9-8　智能风扇

⑤ 智能垃圾桶功能

为了方便学生学习，我们还设计了智能垃圾桶功能，利用红外传感器对人体进行检测，即当垃圾桶前有人停留时，垃圾桶会自动打开 3 秒，3 秒后自动闭合，如图 9-9 所示。

图 9-9　智能垃圾桶

⑥ 五彩灯带提示

为了增加美观度，我们还设计了五彩灯带功能。当学生下课或放学，阅览室向学生开放时，灯带自动亮起，向学生传递"阅览室可以使用"的信号，吸引学生到阅览室读书，如图 9-10 所示。

图 9-10　五彩灯带

（5）App 编制

App 采用 App inventor 编制，可以通过 App 在阅读后进行电子互动，检测阅读效果，提高同学们的阅读兴趣，如图 9-11 所示。

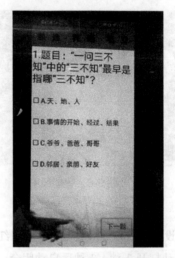

图 9-11　App 检测阅读

（6）3D 打印

如图 9-12 所示，模型中，桌椅、书架、电脑桌、PAD、楼梯等都是用 3D 打印而成，可以随时修改设计重新定制，体现工业 4.0 的特点。

图 9-12　3D 打印的桌椅模型

编程采用 mind+，完成以上所有功能。代码片段如图 9-13、图 9-14 所示。由于程序代码篇幅过长，这里只节选了部分程序代码。

编程采用 mind+，完成以上所有功能。代码片段如图 9-13、图 9-14 所示。由于程序代码篇幅过长，这里只节选了部分程序代码。

图 9-13　主程序代码

图 9-14　智能风扇代码

（7）功能调试

单片机零件与制作好的阅览室进行结合。评价和反思移动智能公交阅览室实现的各个功能是否实用、智能，并进一步优化程序。根据移动智能公交阅览室的背景以及未来的发展方向，体会单片机在生产和生活中的实际应用和将要发挥的作用，从而进一步体会信息技术的应用给人们生活带来的巨大变化。

（8）反思交流

在交流的基础上，撰写移动智能公交阅览室项目案例报告，定稿，制作 PPT，整理资料。

6. 研究结果及其分析

通过在现实生活中发现问题，思考问题，提出问题的解决方案，再到动手解决问题的过程，我们得出以下研究结果：

(1) 移动智能公交阅览室建立的必要性较为合理，可以解决学校乃至社会中的一些问题，为学生、教师甚至广大市民提高读书素养有很强的参考价值。

(2) 移动智能公交阅览室中不仅能够提供给学生舒适的读书环境，培养热爱阅读的习惯，还可以通过智能功能带来阅读便利，提升整体环境舒适度、智能化，为学生读书创造良好氛围。同时，电子互动答题检测方式对学生的读书有一定的引导、检测作用，可以提高学生的阅读效果。

(3) 移动智能公交阅览室造价小、成本低，不需要太大空间及设施，并且方便环保，随时移动。因此除了在学校应用外，还可以走向市民生活，具有一定的推广价值。

7. 反思

在交流反思中，我们团队在调研的基础上进行了合理的规划设计，利用三维建模软件、平面设计软件、电子创意套件编程、手机 App 编程等，实现了移动智能公交阅览室的模型搭建。在模型搭建和研究的过程中，我们还发现和总结了一些问题，作为进一步研究的素材：

(1) 如何处理公交模型与实体公交车的关系

问题：在公交车的规划布局上，我们在一开始就着手制作模型，没有按步骤制作，心中还没有设计规划好，就开始做自己喜欢的部件，这就导致在做了一部分后发现这里没有做好，那里也不如意，而又进行了二次返工，使整体进度受到影响。

改进：在老师的提醒下，我们先观察公交车，记录好公交车的尺寸及里面的设施布局。模型的制作者必须清楚制作的模型的大小、比例、修改的地方等，然后做研究分析，画出草图，按比例进行建模设计，最后我们选用 20:1 的比例进行设计。公交阅览室内部设计的具体构造，可以参照学校的阅览室来设计和寻找灵感。

(2) 还可以增加其他智能功能

问题：在调研中，有的学生提出为学生配备智慧卡，书吧进出采用刷卡，借书还书采用人脸识别。这个建议非常好，但由于设备限制的原因没能实现。我们还构想到可以结合智慧校园的创建，便于学生自主进入阅读和借书还书。当学生出现拥堵或者移动速度过快时，会有警示音提醒学生放慢速度。

改进：我们将进一步购买器材，增加相关功能。

(3) 移动智能公交阅览室还可以发挥更大的作用

问题：在调研的过程中，家长们对我们的项目也非常感兴趣，提出了是否可以把这种模式的读书方式对家长们开放。针对这个问题，还需要对成人的阅读模式、阅读书目和相关需求做进一步的调研，我们也希望这个移动智能阅览室不仅可以为学生服务，还可以走向成人、走向社会，这也成为我们后续的研究选题。

8. 效果及影响

(1) 拓宽了我们的知识面。STEM 教育作为跨多学科知识的综合教育平台，可以让我们在项目实施过程中，学习到美术、物理、计算机、数学等多学科知识。例如通过对公交车的资料查找，我们了解到公交车的发展历史、功能变迁；通过动手建模、搭建公交车学到美工方面知识，通过连接 Arduino UNO 板、组装电子元件学习到物理知识，通过 App 编程和电子元件编程培养学生的编写程序能力。

（2）提高了我们的动手能力、创新能力、团队协作精神。在 STEM 学习过程中，我们团队的几个小伙伴的友谊不断加深，在几次的头脑风暴中，每个人都贡献自己的想法，在具体实施过程中每个人都奉献自己的力量。我们觉得自己的动手能力、创新能力和团队协作不断增强。例如：通过对学生和家长的调查访谈，增加了我们的胆量和社交能力；通过我们动手搭建、编程，不断提出想法不断改进，将我们的奇思妙想变为现实，激发我们对未知领域的探究欲；从团队的分工到合作，我们不断地磨合，默契逐渐提升，也懂得了合作的道理，老师的不断引导也使我们意识到善于协作是非常宝贵的精神和能力。

（3）通过 STEM 学习，增强了实践能力。STEM 学习是一个实践活动，是将我们在生活中发现的问题，通过我们的创意，把想法变为现实的过程。我们不仅要将学习到的知识活学活用，还需要动手操作实践、更需要到人群中去交流、沟通，所以我们觉得自己的学习能力、实践能力在不断地提高。

9. 结论

研究解决的问题：

（1）移动智能公交阅览室在我校建立有一定的必要性，可以解决我校存在的一些客观问题。

（2）移动智能公交阅览室按功能分层设计，美观合理，整体空间架构和智能模块可以为学生读书创造良好的氛围，电子互动学习和检测方式对学生阅读效果有一定的帮助。

（3）移动智能公交阅览室造价小，成本低，方便环保，功能性强，具有一定的推广价值。

10. 参考文献

（1）公交车百度百科及历史

https://baike.baidu.com/item/%E5%85%AC%E4%BA%A4%E8%BD%A6/955113

（2）智能公交

http://www.tranbbs.com/special/Industry_BRT/

（3）对公交车内部设施的分析与研究

https://wenku.baidu.com/view/024c7c0af08583d049649b6648d7c1c708a10bc7.html

（4）新能源网

http://www.china-nengyuan.com/zhuanti/ditan.php

（5）智慧图书馆

https://baike.baidu.com/item/%E6%99%BA%E6%85%A7%E5%9B%BE%E4%B9%A6%E9%A6%

86/18547685?fr=aladdin

（6）RFID 智能图书馆管理系统

https://www.codesoft.hk/archives/7497

（7）阅览室智能排号系统最新版 App

https://www.cr173.com/soft/637371.html

（8）智能化阅览室解决方案

https://wenku.baidu.com/view/12ba5be5760bf78a6529647d27284b73f24236ed.html

（9）"智能阅读"时代来临：http://news.gdzjdaily.com.cn/zjxw/content/2018-01/05/content_2262323.shtml

（10）DFRobot Product Wiki

http://wiki.dfrobot.com.cn/index.php?title=%E9%A6%96%E9%A1%B5

（11）mind+教程

http://mindplus.dfrobot.com.cn/

（12）App Inventor 编程实例

http://app.gzjkw.net/login/https://web.17coding.net/

（13）SketchUp 学习网站

https://www.sketchupbar.com/

（14）《创客玩智能硬件创意制作》作者：DFRobot，出版社：人民邮电出版社

（15）《创客玩智能控制电子制作》作者：DFRobot，出版社：人民邮电出版社

（16）《中小学智能创客教育丛书·电子玩具设计与制作》作者：中小学智能创客教育丛书，出版社：广东教育出版社

9.1.2　案例二：仰卧起坐训练器

1. 项目简介

项目名称：仰卧起坐训练器

学校：辽宁省实验学校本溪市平山区桥头镇中心校

指导教师：徐杨、张晓丹

团队介绍："龙腾小组"是一支充满活力、智慧、创新精神的团队，由 2 名老师和 8 名五年级学生组成。本次戴尔"互联创未来"是本团队第一次接触的创客教育活动。能接触到戴尔"互联创未来"项目，团队的孩子们都非常兴奋。在学习的过程中体验到了动手、动脑的快乐，也提高了同学们相互沟通、合作的能力和创新意识，同时更是在这个过程中尽情施展了才华，放飞了自己的创

客梦想。

所涉及学科：信息技术、体育、科学、综合实践、数学、美术。

本案例曾经荣获 2019 年中国教育发展基金会-戴尔"互联创未来"创客教育实践案例遴选示范案例。

2. 项目概述

随着新的政策实施，中考体育加试成绩从最初的 30 分到 50 分，再到现在的 70 分，全国有的城市已经增加到 100 分，可见国家对学生身体素质的重视。仰卧起坐作为中考体育加试的重要内容，却成为孩子和家长最头疼的一项，殊不知这也是小学体育课上老师训练的难题。长久以来小学体育课仰卧起坐是学生最不爱做的活动，一些学生总是在做仰卧起坐的时候偷懒、耍滑，不按标准完成，还有的学生中途没有意志力不能坚持完成，而一个老师却很难监督所有学生。因此，我们就想设计出一款能解决以上问题的仰卧起坐训练的仪器。

3. 项目计划

（1）学情分析：我们学校地处一个城乡分界处。教育赶不上城市，再加上大部分家长都在外地打工。教育孩子都是爷爷奶奶、姥爷姥姥，思想比较老套。孩子接触的新事物较少，视野也不够开阔。本次戴尔"互联创未来"项目是孩子们第一次接触到 STEM 教育，对于设计复杂的智能装置，完成编程任务没有概念。根据这种情况，教师启发学生多观察，从身边事物去寻找创作灵感并加以设计。孩子在体育课仰卧起坐训练时发现了问题，由此确定了本次创客项目。

（2）涉及学科：信息技术、体育、科学、综合实践、数学、美术。

（3）学习目标：

① 将教育与创客文化结合，着重培养学生融合各学科综合能力的素质，同时提升学生的想象力、创造力、逻辑思维能力。

② 通过对简单机构零部件器材的拼插与多种结构的结合，完成不同功能结构的各类作品，直至完成最终设计，由此提升学生的体验度与成就感。

③ 让学生组建自己的小队，通过对学生逐步引导，鼓励创作，来完成戴尔"互联创未来"项目内容，提升团队协作能力，同时让学生养成日常整理与思考的良好行为习惯。

（4）活动过程设计（可将过程用时间里程表、概念图、表格等形式表达）：

① 准备阶段：（3 月 27 日~4 月 19 日）

学校确定开展戴尔"互联创未来"项目活动的实施方案。

确定活动时间：每天中午 12.10~13.00。

确定活动人员：从 5 年级选出 10 名孩子为本次戴尔"互联创未来"项目的参与者，同时由信息技术教师徐杨、班主任张晓丹负责设备的讲解、编程及案例的创作。

确定本次戴尔"互联创未来"项目的活动主题：仰卧起坐训练器。

② 实施阶段（4月24日~5月31日）

学生进行《造物粒子入门教程》学习，在学习的过程中，学生将完成一个个小任务，每个任务都包含了认知、学习、实践、改造和反思的教学流程。通过这些任务的实践，帮助学生学会能够真正解决问题的创造思维与创造方法。

学生合作、动手操作完成任务的主体搭建、实现任务的功能。利用耗材包里的材料展开积极合作，在反复搭建、编程过程中检测他们设计的作品。通过学习，学生对于人工智能的认识进一步加深。

在此期间完成网站上的线上活动，做好相关视频、图片、文字材料的收集和积累。

③ 成果阶段（6月3日~6月7日）

修改、完善直至提交完整的创客教育实践案例。

（5）作品评价设计。

4. 实施过程

（1）项目确定

① 因为我们学校地处在城乡交界，而且学生第一次接触到创客教育，所以学生在选题方面不知所措。于是教师对学生进行引导，让学生不要想象，而是要从日常相关的事物选取创作，要从简单的作品开始。同学们发现上体育课仰卧起坐时候，有的同学做不到位，还有的偷懒。想到我们戴尔项目的材料可以改善以上情况，于是，在经过教师和小组成员的讨论后，确定项目主题。

② 活动主题确定后，进入编程学习阶段，为了不影响学生的正常上课秩序，我们把学习时间定在了中午12:10~13:00。学习方式采用学生在家预习与课上教授相结合的模式。由于条件有限，我们把Mind+程序安装在计算机教室，但是出现的问题就是学生机配置不够，运行格外缓慢，严重影响了我们的学习效率。于是只能用学校为戴尔"互联创未来"项目新买的笔记本进行教学，有条件的学生把设备带回家去练习。

③ 确定案例的图纸，学生在制作前对体育教师进行调研，并把调研的结果进行汇总，之后进行图纸的绘制。一开始学生的图纸过于简单，考虑不够全面，经过几次修改，最终完成图纸设计。

④ 仰卧起坐训练器装置的确定，目的是想通过主控板、造物粒子扩展板、运动传感器等，根据仰卧起坐中腹肌把身体向上拉起20厘米后，头部接触到运动传感器传感范围时主控板显示（√）并伴随扩展板声音出现，否则显示（×）没有声音。方便体育教师监督和学生更好地学习仰卧起坐。这个主题我们还正处于起步阶段，只是我们的一个设想，在实践中还需要探索、完善或改进。

首先，先把一个micro: bit主控板、一块micro: bit扩展板、一个运动传感器模块、一个小音箱、一个micro USB连接线进行连接，连接到外部电源或者电池。

这样不仅仅能给学生一个很好的提示，让学生继续努力坚持下去，也能方便体育教师监督。

如图9-15所示。

(2) 我们的经验

① 如何制定计划：首先我们针对全体体育教师，调研仰卧起坐课堂中出现的问题，并把调研的结果进行总结，如图 9-16 所示。

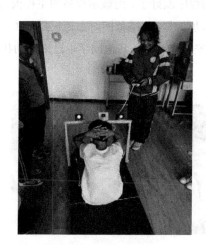

图 9-15　最后成品

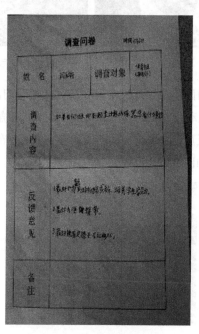

图 9-16　调研过程及结果

还多次讨论并设计图纸，确定图纸，如图 9-17 所示。

开始时，我们要通过戴尔设备中的主控板来显示 1、2、3、4、5、6……音乐设备来计数，但是没能实现，还没有考虑到作品的携带性和安全性，经过指导教师的建议和讨论后，我们最终确定图纸，如图 9-18 所示。

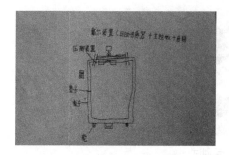

图 9-17　头脑风暴及初步图纸

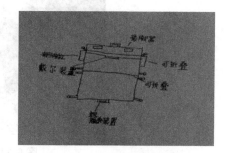

图 9-18　最终确定图纸

② 如何实施并调试改进解决问题。

开始实施时，我们按照自己的爱好和特长进行了分组，一组学习戴尔编程，一组制作作品模型，如图 9-19 所示。在制作作品模型的时候，由于我们第一次进行创客活动，做得比较粗糙，所以请指导教师来帮忙。

图 9-19　同学们的研制过程

编程的同学通过几天学习和研究就把我们需要的程序编好了。用戴尔设备的主控板、造物粒子扩展板、运动传感器、音箱，来实现在头部接触到运动传感器传感范围时主控板显示（√）并伴随播放扩展板声音，否则显示（×）没有声音。在我们安装作品时，其他同学也过来帮助我们一起完成作品，如图 9-20 所示。

图 9-20　编程及组装

作品完成了，我们进行试验，如图 9-21 所示。

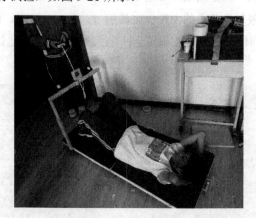

图 9-21　最后测试

5. 主要的环境与资源

本项目运行中所用到的学习环境有微机室、综合实践室、独立的创作室。工具有一些废旧的物品，如胶合板、泡沫板、铁管、木方等。还有戴尔创客的部件，如主控板、扩展板、运动传感器、音箱等。资料信息大部分在百度中查找，如仰卧起坐的正确姿势、海绵垫子优缺点等。

6. 亮点与特色

（1）学生制作出来的作品能真正运用到学生的学习当中去，加大体育教师对仰卧起坐课程的把握。增强学生对仰卧起坐动作标准的掌握，可以应用在学校的体育课中。

（2）学生第一次接触到创客，能应用已有的材料制造项目物品，体验到创作的快乐。这对初次接触到创客的我校学生来说也是一个很大的亮点。

（3）大量应用废旧的物品进行再创造，也是本作品的一大亮点。如胶合板+泡沫板做的仰卧起坐垫子等。

7. 效果与影响

本作品可以使孩子做仰卧起坐的动作更标准，还能督促体育课上做仰卧起坐练习时爱偷懒的孩子，并且通过游戏的方式，提高他们的兴趣，增强他们的意志品质，通过有效训练，让参加中考体育加试中仰卧起坐项目的学生在加试时不吃力、不扣分；加大体育教师的监督力，减轻教师负担。

本次戴尔"互联创未来"项目，使本校学生对创客教育有了初步了解，知道了什么是创客教育；使学生学到新知识的同时，也培养了学生动手实践、创造思维、逻辑推理等能力；本次项目活动也受到了本地区家长的肯定，开始重视课本之外的东西。

8. 总结与反思

（1）STEM 教育是一种新型教育模式，能够将书本知识运用到实际操作中，让孩子在"做中学""学中玩"，同时能将各门学科知识融合，提高孩子的综合能力。在小学各学科教学中融合创客教育，是对新型教学模式的尝试。

本次戴尔"互联创未来"项目活动作品总体评价非常好。学生能在第一次创客中学会发现问题并能解决问题，在制作中能团结合作，虚心听取他人建议，表现得非常好。相信在下一次的项目活动中，学生能自主思考，能独立发现问题，并勇于表达，对材料的搜集与整理也会更有条理。

（2）反思与改进：因为首次接触到创客教育，学生对学习软件兴趣很浓，但是在动手操作及发现问题、解决问题时缺少胆量，不敢发挥。虽然本次项目活动的目标基本达成，但也存在不足：例如在设计思路过程中仰卧起坐有计数的功能，但因为戴尔工具所限不能实现此功能；另外，原预想用戴尔音乐录制加油鼓励的声音，但因为对戴尔套件还处于初步了解阶段，所以没有达到预期的效果，只能用简短的音乐加以代替，这些都是我们后续要改进的地方。

9.1.3 案例三：疫情期间做好食物保鲜，减少出门

在新冠病毒疫情期间，辽宁省东北育才丁香湖小学积极推动基于人人通学习空间的"项目式学习"，通过教师、学生、家长三方协力，为信息化教学新模式贡献了力量。以下是该校郭廷宫和徐敏老师指导的成功案例。

1. 项目的设计理念

因为 2020 年初的疫情，全国上下开展"停课不停学"活动，进行线上教学。在这个特殊的时期通过哪些方式可以培养学生平时在学校中欠缺的能力和生活常识呢？针对这个问题我校展开了基于互联网的项目式学习。在项目开展前郭老师和徐老师在学校领导的指导下，深入的对项目式学习、STEAM 教育和国家培养学生的核心素养的理念进行了研究，发现三者有很多共通的地方。项目式学习和 STEAM 教育都是在贴近生活实践中的多学科融合，而这两者培养提升学生的能力又与国家培养学生的核心素养不谋而合。

2. 选定项目学习的主题

"你知道淀粉类的食物不宜放在冰箱里吗？你知道鸡蛋存放时不可以清洗吗？你知道为什么不同的果蔬要分开存放吗？"

2020 年初的重大疫情影响了大部分人的出行，为了防治疫情人们都选择在家隔离，买菜成为了隔离病毒的一个阻碍。这个情形下，如果多了解一些平时不容易注意的保鲜小知识，制作一些食物保鲜的器具，食物的存放时间得以延长，这样就能减少出门的次数。在学习了三年级食物与营养的相关课程知识之后，同学们提出了一些有趣的想法，哪些因素会影响食物的变质呢？怎样可以延长食物的保存期限呢？在生活中，食物在什么样的条件下储存时间更长呢？特殊时期，切身所感，由此食物保鲜就成为同学们感兴趣的话题和项目。同学们渴望用科学知识寻求答案，这种乐于去解决问题的积极性触动了指导老师，于是经过郭老师和徐老师多次探讨，将学科知识与实际生活联系起来，"做好食物保鲜，减少出门"这个项目就产生了。

3. 探索食物保鲜的影响因素

在项目开展前，我们通过人人通空间和微信群向孩子们发布了调查食物保鲜的影响因素、古代和现代食物保鲜方法的任务。通过前期两天的资料收集，同学们利用互联网查阅了大量资料，找到许多影响食物保鲜的因素，项目小组通过线上研讨，对比各因素对食物保鲜影响的重要性，最终我们一同确定了对温度、湿度、光照、食物种类、是否使用保鲜膜、保鲜膜的厚度、保鲜膜的种类等影响因素，小组分别进行专项实验研究，如图 9-22 所示。

4. 准备项目学习材料

在孩子们正式开展项目前，我们根据他们前期的调查结果制作了实验表格、项目说明，搜集了古代、现代部分保鲜设备图及有关食物保鲜的文章等，并将相关资料发布到人人通空间上该项目的学习资料中，为孩子们的项目开展做好铺垫。

同学们在实验前也准备好了保温箱或冰箱、各种食材、保鲜膜、保险盒、塑料袋、盐、温度计、湿度计等不同的实验材料（不同的实验项目所需材料各异）。

第 9 章　国内 STEM 教育的优秀案例

图 9-22　师生共同确定主题

5. 探究食物保鲜的秘密

同学们在阅读过我们预先准备的相关学习资料后，就开始进行为期一周的观察实验。在实验实施前，孩子们先确定了做实验的食物、设置了对比实验、明确了自变量（需要改变的量）与无关变量（需要保持不变的量）。根据不同的自变量与无关变量的选择，同学们相应地准备了不同的实验材料。当前期准备就绪后，孩子们终于可以着手进行激动人心的实验来验证自己的想法啦！

孩子们开始了正式的实验，首先要拍摄自己的实验构思，讲解视频，捋清实验思路。在实验过程中，同学们每天早晚各拍摄一张实验食物的照片，记录所观察到食物的状态以及发生的神奇变化，并将相关内容上传到人人通学生的个人空间，如图 9-23 所示。

图 9-23　学生在家开始实验思路的拟定

对于孩子们在实验过程中产生的困惑，我们和孩子们通过微信群、企业微信群等应用进行沟通和交流，我们也在企业微信中多次进行直播答疑和指导，为孩子们即时答疑解惑，如图 9-24 所示。

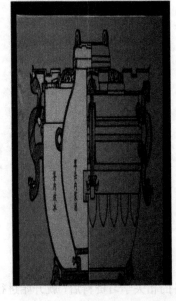

图 9-24　学习任务单及教师的辅助

在实验结束之后，孩子们分析与总结了实验资料，并通过线上的交流和讨论分享了各项目小组的实验数据以及结果，同学们发现不同的食物对保鲜的条件需求各不相同，香蕉需要常温下保存不宜放进冰箱，坚果、谷物需要干燥的环境，而蔬菜类食物则需要一定的湿度。同时，还发现保鲜膜的厚度对食物保鲜也有较大的影响，水果和蔬菜比较适合普通的保鲜膜，而馒头、点心则适合较厚的保鲜袋。

6. 设计理想的保鲜设备

那么，究竟什么样的设备更具保鲜功能呢？同学们基于对实验结果的分析，并结合食物的特性，发现将食物与空气隔绝，控制好温度、湿度，将食物分类存放等，都可以很好地起到食物保鲜的效果。根据这些发现，孩子们设计出了自己心中理想的保鲜设备。我们希望低年级学生也要提倡再创造的创造力培养，即在原有的实物基础上进行创造。但是，就三年级学生的认知及知识储备来讲，对保鲜设备实物的创造是具有一定难度的。所以，项目结果的体现形式以学生画出设计图并拍摄设计理念的讲解视频为主，最终孩子们开动脑筋，积极思考，发挥奇思妙想，设计出了自己心中理想的保鲜设备。

比如，马子懿同学的"草莓专属保鲜盒"。像草莓这类出现破损就特别容易变质的食物，她设计了内部有多个格子的保鲜盒。每个格子和底部都是由柔软材质做成的，增加了草莓的存放时间，保证了草莓的口感。

赵梓涵同学在设计说明中提到，她认为食物腐败的根本原因是细菌、霉菌等微生物接触到食物大量繁殖而造成的。在此期间会产生很多的生长代谢产物，使食物变质。而这些微生物存活的条件就是氧气和水，所以控制空气中的湿度可以很好地控制微生物的滋生。根据这一原理，她设计了"会吸水的保鲜盒"。在保鲜盒中设置一个带孔的夹层，里面放入常见的小食品包装中的干燥剂。她还推荐了保存月饼时常用的既可以吸收水也可以吸收氧气的铁粉，她认为使用铁粉保鲜效果会更好！学生的创意如图 9-25 所示。

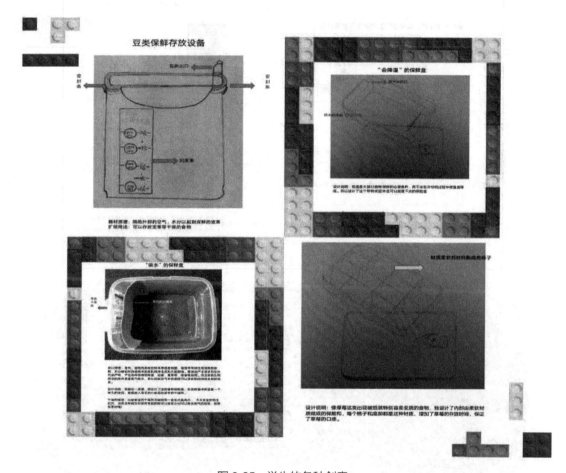

图 9-25 学生的各种创意

孩子们积极地将他们的作品上传到了人人通平台上进行分享，也许孩子们的设计有很多不足和需要改进的地方，但这也为防治疫情扩散、减少出门贡献出了他们的智慧。

7. 评价反思促进学生成长

波斯纳曾说过，教师的成长等于经验加反思。这句话对孩子们也同样适用。基于这次项目的完成情况，在老师指导下，孩子们也对自己在学习过程中的表现进行了评价，并填写了《项目学习自我评价表》，如图 9-26 所示。项目小组间也结合《项目成果评价标准》对各组的项目成果进行了评价,并上传到人人通中。我们也对孩子们作品的各个方面进行了评价,并填写了教师评价表。在项目过程中,我们不断鼓励孩子们在学习过程中将思考与实践结合。项目结束后,孩子们既在实践中获得了经验,又在反思中得到了成长,在整个过程中还提升了他们发现问题、提出问题、解决问题、积极思考的能力。

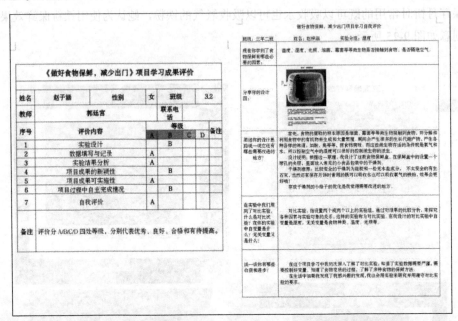

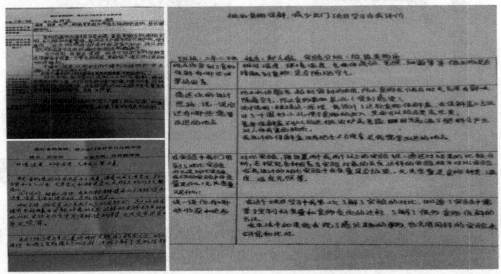

图 9-26 评价与反思

8. 写在最后的话

为期近一个月的项目学习到此就结束了,虽然疫情延迟了同学们的校园学习生活,但是同学们能够在居家隔离的过程中发现生活中的问题，在问题的研究中体会生活的乐趣，懂得关心身边事、身边人，提升了学生的综合素养。我们也发现，项目式学习对于教师的教学方式和知识储备有了更高的要求。

病毒虽然阻碍了社交但阻挡不住孩子们的思想，在静下来的时间里，孩子们有了更多的时间去思考，去学习，去体会。而我们作为教师，也有了更多的时间和机会去探讨、去寻求更加科学的方法来引导孩子，来传道、授业、解惑。通过开展多种多样的项目学习，参与到学生们的成长中，共同获得提升。我们欣喜地看到孩子们对如何获取知识，如何计划项目以及控制项目的实施，如何加强小组沟通和合作等问题开始感兴趣了。项目式学习过程赋予学习者应对未来挑战的能力，他们开始对科学产生日益浓厚的兴趣，对大自然的敬畏，对规则的理解，对信仰及世界观的树立，都有了更深入多元的思考。

开展线上项目学习的经历，也引发了我们更多的思考。作为老师，我们开始接受甚至喜欢上了网络教学，开始对信息化教学有了更深的认识。同时学生和家长也发现了网络教学的好处。

这种教学模式让我们看到教育信息化建设的重要作用，让信息技术赋能教育。通过这样的学习，更多的人认清了教育方式的变革，互联网+教育，这也是我们学校一直在努力践行的教育理念。

教育信息化为当前疫情下的教育，提供了全新的思路，为我们师生真正实现"停课不停学"提供了平台和资源。学生只要在家，拥有电脑网络终端，就可以自主查阅相关网络资料，师生、生生可以通过各种信息平台，如教育资源公共服务平台、人人通空间、QQ、微信、企业微信等，实现即时的学习内容的发布与查收，学习过程的分享与指导，学习进程的讨论与交流，学习成果的提交与评价等一系列教与学的活动，克服了疫情下不能线下教学的弊端，拉近了教与学的距离。

相信在疫情过后，以线上线下相融合的混合式教学范式将会成为主流，信息化融入教育的浪潮已经势不可挡，未来的教学模式会发生大变样，我们已经做好充分的准备，来适应和促进教育信息化的不断变革和发展。

9. 项目总结

东北育才丁香湖小学以疫情为"教材"，立足于人人通学习空间，指导学生上好这一人生大课。教师将学科特色与疫情融合来设计项目，利用教学助手发布项目学习资源，带领学生们完成简报、规划、资源梳理、实践执行、成果分享、项目讲评等一系列流程。结合线上家校互动、家庭亲子协作、项目小组生生合作，启发培养学生的探究创新、自主思考、团队协作、资源整合、解决问题、评价反思等多种能力，同时充分锻炼了学生的执行力和评估技能。

在项目式学习中，教师转化为指导型角色，以学生为主体，引导学生主动搜集、整合资源，在实践创造中解决生活中的问题。学生跳出课本，充分了解各个领域的信息，培养学生综合素质和对社会的感知能力、探索意识。通过协作和点评，培养学生的集体精神、合作意识及思辨能力。教师们还巧妙地将德育融入项目，让学生从自己亲身经历的社会情境出发，学会关注疫情下的那些数字、那些人物、那些事件、那些精神，培养学生的家国情怀和责任担当。

9.2 STEM 理念下的学科教学案例

9.2.1 案例一：地理学科——《太阳高度角》[1]

核心素养与 STEM 教育是当今国内外教育领域的两个热门议题。落实核心素养培养目标与推进 STEM 教育本土化，已成为学校进一步深化教育教学改革的重要内容。教育部对地理核心素养的权威界定，包含人地协调观、综合思维、区域认知、地理实践力四个要素，很好地凝练了地理学科的育人价值。如何在学科教学中渗透 STEM 教育理念、发展学科核心素养是推广 STEM 教育与落实核心素养的适切途径。

在中学地理教学中，渗透 STEM 教育理念、发展地理核心素养已有了不少理论与实践的探索，但在高等教育阶段还缺乏相关研究。如作为培养小学科学教师储备人才基地的科学教育专业，地理课程是其核心专业课程之一，从学生专业发展和职业需求来讲，地理核心素养的养成对促进其核心素养与专业素养的提升具有重要意义。本文以科学教育专业学生为授课对象，结合学生专业特色与岗位需求，尝试在《太阳高度角》一课的教学中融入 STEM 教育理念，结合项目式教学模式，探索和落实学生 STEM 素养与地理核心素养培养目标的有效途径。

1. 融入 STEM 理念的《太阳高度角》教学设计

（1）创设情境，问题导入

当前社会，楼房与住宅之间因光照侵权问题引起的矛盾纠纷日益增多。建筑物的高度与楼间距都不应影响邻地建筑物的日照标准和采光标准。结合"正午太阳高度角知识"在建筑物楼间距问题上的应用，创设真实情境，通过系列问题的启发，循序渐进引出本课的探究主题——"如何确定合理的楼间距"。以来源于生活实际的地理问题作为学习的开端，激发学生的学习兴趣与动机。

（2）讨论分析，提取核心概念

引导学生进一步讨论分析，如何利用太阳高度角的知识来解决今天的任务呢？我们先来厘清解决问题的思路与步骤，提取核心概念，明确核心任务，如图 9-27 所示。

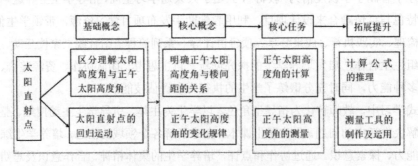

图 9-27 提取核心概念和任务

---

[1] 李娟,陈典.指向地理核心素养的 STEM 教学设计探析——以《太阳高度角》一课为例[J].中国现代教育装备, 2019(22)：25-27.

通过关联科学、技术、工程、数学等多学科知识，促使学生形成相关概念的逻辑体系，引导学生运用跨学科的思维思考解决问题的路径，训练自主探究科学问题的方法，驱动学生的项目式学习。

（3）探究核心概念，获取科学认知

按照上述思路，以小组为单位，组织学生开展学习探究活动。运用丰富的地图、视频等素材进行教学，并注重结合学生的生活经验，引导学生科学认知核心概念，掌握正午太阳高度角的变化规律，为解决楼间距的问题铺垫好知识基础。同时，引导学生找到解决实际问题的关键：要保证位于本市的各楼层有充足的采光，关键在于确保一楼的房间在冬至日这一天也有阳光进入房间，则全年都会有良好的采光。即需要获知本地冬至日这一天的正午太阳高度角大小，以计算出合理的楼间距。

（4）引入工程项目，解决实际问题

根据上述分析，基于 STEM 教育理念，引入小组合作探究的工程任务，促使学生解决实际问题。

① 结合科技史，引出工程任务

首先，结合学生的专业特点，对接小学科学教材中关于日晷、光和影等相关内容，在教学中融入了我国古人发明日晷的科技史。其次，在借助多媒体资料展示介绍其发明及其应用后，引导小组探讨日晷的原理并引入工程：动手制作一个太阳高度角测量器，测量本地的正午太阳高度角。

② 数学辅助和技术支持

制作简易太阳高度角测量器。首先，让学生结合日晷的原理，根据教师准备的制作材料包，小组合作，先画出简易太阳高度角测量器的设计草图；其次，引导各小组讨论制作太阳高度角测量器的步骤、制作成功的关键技术问题、需要注意的事项；最后，各小组根据设计图与准备好的材料包，安装制作太阳高度角测量器，如图 9-28 所示，并阐述其操作方法。

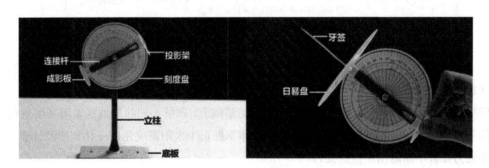

图 9-28　材料包

③ 基于真实情境进行创设，解决实际问题

首先，模拟测量太阳高度角。结合简易太阳高度角测量器的使用原理，让学生掌握太阳高度角的读取方法后，利用手电筒模仿太阳光，小组先观测正午 12 点时对应的正午太阳高度角。其次，模拟测量冬至日本地的正午太阳高度角，并探究本地不同季节正午太阳高度角的变化。最后，结合案例，引导学生借助数学思维和地理原理，理解正午太阳高度角的数学计算方法，运用 3D 地球软件的定位功能确定本地地理位置后，计算出本地冬至日的太阳高度角，并对比分析测量结果与计算结果。

（5）展示交流，拓展提升

各小组代表上台展示制作的太阳高度角测量器，汇报结论，并交流探究过程中遇到的问题及解决办法。通过对比可发现，模拟测量结果与数学计算结果存在一定的误差，需要引导学生明确误差存在的原因。通过展示交流，进一步实现思维的碰撞、表达的提升、情意的升华。此外，为进一步拓展提升该专业学生的科学研究能力与综合素养，在地理核心素养上实现进阶，指导学生将探究延伸到课后，并撰写小组研究报告。

2. STEM 素养与地理核心素养的对接分析

STEM 教育是培养核心素养的良好载体。STEM 教育在融入学科教学时，也需要关注学科核心素养。在上述地理 STEM 教学设计中，以地理核心素养为导向，注重综合发展学生的 STEM 素养，同时渗透地理核心素养，如图 9-29 所示。

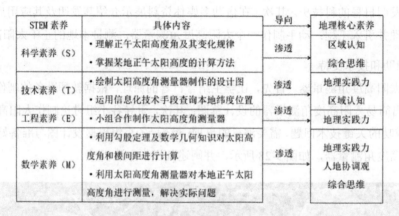

图 9-29　教学案例中 STEM 素养与地理核心素养培养目标的对接

（1）STEM 素养中渗透区域认知

学生结合地图分析，在太阳直射点的回归运动基础上，理解不同纬度地区太阳高度角及太阳辐射能的差异，并进一步根据全球区域尺度，分析和掌握正午太阳高度角的变化规律及计算方法，区域认知能力在被不断运用中得到提升。

（2）STEM 素养中渗透地理实践能力

学生在项目合作探究中，通过绘制设计图并制作简易太阳高度角测量器，运用信息化技术手段查询本地纬度位置等活动，既能提升学生的技术与工程素养，也能培养学生动手操作和运用地理原理解决实际问题的实践能力，是地理核心素养中地理实践力的综合体现。

（3）STEM 素养中渗透综合思维

学生需要融合地理、物理、数学的相关知识，进行跨学科知识的迁移与运用；发挥空间想象力，借助读图、画图、分析图进行综合分析与理解；同时通过引入工程，运用技术手段，解决实际问题，在做中学、学中思，亲身经历思考、操作、交流评价等环节。通过整合的学习内容与探究式的学习形式，促进学生综合思维的发展。

（4）STEM 素养中渗透人地协调观

以居民住宅区楼间距的实际问题引入学习项目，帮助学生在联系生活实际、分析解决问题的过程中，意识到人类生产生活需要遵循和利用自然规律、达到人地和谐统一的发展，从而有效渗透了人地协调观的地理核心素养。通过《太阳高度角》的 STEM 项目的探究学习，学生可获得多元化的学习环境与学习体验，促进深度学习的发生，兼顾了 STEM 素养与地理核心素养的培养目标，最终指向了核心素养的发展。

9.2.2 案例二：科学学科——《热空气的特点》[1]

随着社会的发展，技术的飞速进步，我们开始思考，下一代孩子们需要具备什么样的能力才能紧跟时代的步伐，不被淹没在瞬息万变的时代背景中。中国传统文化孕育了中华民族的精神品格，培育了中国人民崇高的价值追求，自强不息、厚德载物的思想，支撑着中华民族生生不息、薪火相传。因此，把 STEM 教育所具有的跨学科、艺术性、情境性、体验性、协作性与设计性等，与中国优秀传统文化的内在力量相结合，将对小学生核心素养的培养和未来核心竞争力的增强大有益处。本案例中 STEM 教育理念与优秀传统文化的融合，主要体现在以走马灯为载体展开项目学习，围绕走马灯的历史起源，融合"热空气上升""空气流动形成风"等科学现象，以科学的探究方法探究其转动原理，并展开走马灯的产品设计，按照走马灯的转动原理及其设计制作展开项目的实施，走马灯制成后进行检测与迭代优化。

1. 案例学情分析

走马灯是一种历史悠久、流行极广、具有独特观赏效果的传统彩灯。其转动原理是利用冷热空气对流产生动力带动灯罩转动。它是中国古代劳动人民智慧与审美的体现。从原理上看，它也是现代燃气涡轮机的萌芽。因此，本文将通过 STEM 与走马灯这一传统工艺品的相关文化、制动原理相融合，如图 9-30 所示，本案例融合科学、技术、工程、数学与走马灯制作所涉及的原理与技术，以培养中国学生发展核心素养为目标，帮助学生更好地理解课程中的重点与难点，开创学生个性化的学习环境。

---

[1] 杨海军，芦焰.STEM 教育理念与优秀传统文化融合的实践案例探究——以人教版科学六年级上册第三章第 3 课《热空气的特点》内容为例[J].现代教育，2019(10)：34-36.

图 9-30　案例中走马灯转动原理与 STEM 教育融合

基于我校提出的 STEM 与传统文化融合的基本框架，如图 9-31 所示。STEM 与地方传统文化融合，在教学中既要有对传统文化（科技）的人文教育，还要在学习过程中贯穿工程思维的培养，所有内容的 STEM 教学都具有同一个必备的要素，那就是围绕问题（或项目）来组织学习过程，问题（或项目）是 STEM 学习的起点。本案例以项目为导向，以人教版科学六年级上册第三章第 3 课《热空气的特点》为例，围绕其物化作品"走马灯"（后文用"走马观花"代替）中冷热空气流动的科学现象，探究叶轮转动原理。

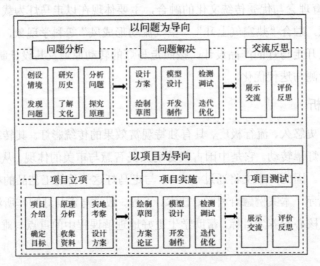

图 9-31　STEM 教育理念与传统文化融合的基本框架

为了让优秀传统文化和核心素养进行对接，我校提出了"基于地方传统文化 STEM 课程"的目标对标核心素养，如图 9-32 所示。确定《走马观花》一课的教学目标为：一是了解走马灯的基本结构，认识叶轮的功能；二是了解走马灯相关的起源与用途，感受中国传统文化的魅力；三是能够规范设计工程草图，能对自己的探究过程、方法、结果进行反思、评价与调整；四是让学生在学习中获得自我认同感。

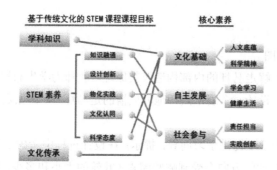

图 9-32　基于地方传统文化 STEM 课程的目标对标核心素养

2. 案例实施过程

（1）项目立项

第一，项目介绍，确定目标。上课之前，老师组织一次花灯展，吸引学生的注意力。告知学生本节课程的学习任务为完成一个走马灯制作的项目。第二，研究历史，了解文化。学生要制作一个走马灯，就要从研究其历史来源展开。因此，每个学生要事先展开对走马灯的历史渊源的研习，对其按照历史起源、制作工艺两个方面展开调查，并完成研习报告。第三，拆解原件，探究原理。教师带领学生发现走马灯的转动原因，拆解走马灯，探究其由几部分构成，每个部分都起到了什么作用。学生通过拆分得出：走马灯是由灯体框架、蜡烛、叶片以及与叶片连接的轮轴构成。根据拆分之后的走马灯，探究其内部结构及其作用，并得出结论：蜡烛能够产生热气流，提供动力；灯体框架用来支撑和加固灯笼的整体结构；叶轮将向上运动的气流转化为机械的旋转运动；轮轴为叶轮的转动提供支撑。叶轮装置与走马灯能够转动之间的关联：蜡烛燃烧产生热空气，热空气向上流动，推动叶轮像风车一样旋转，带动轮轴上的图像转动。这也是现代燃气涡轮工作原理的原始应用。最后完成《走马观花》的学习任务单，如图 9-33 所示。

《走马观花》学习任务单

提出问题	走马灯内部有什么装置使它可以不停的转动？	
我的猜测	走马灯内部有叶轮	
分解图	零部件名称	功能/作用
	叶轮	转动机械
	火焰笼	外观造型
	支架	支撑
	蜡烛	提供热量

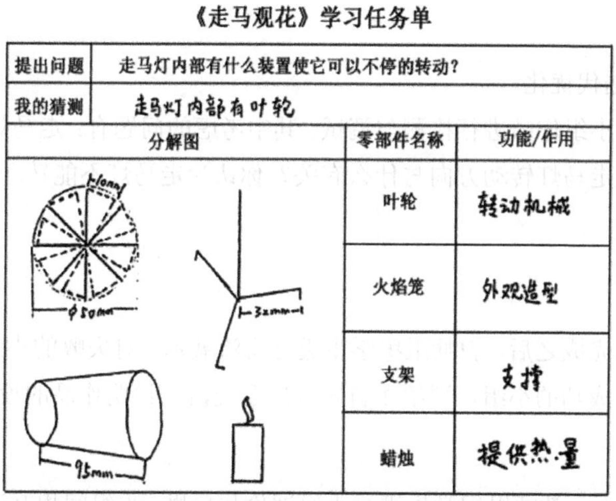

图 9-33　《走马观花》学习任务单

(2) 项目实施

① 设计方案,绘制草图

经过拆分任务,学生了解走马灯的内部构造及其原理。教师为学生布置项目任务:"今天,各位同学都是民间艺术家,请设计一个展示陕西地域风情的走马灯",比如走马灯上描绘古城墙、秦俑等。

任务开始之后,教师为学生提供学习向导,提示:在设计过程中考虑走马灯转动的快慢会受到哪些因素的影响?走马灯转动的方向会受到哪些因素(叶轮的大小和多少,轮轴的材质及长短,叶片的角度等因素)的影响?如何对这些因素进行规范的工程测量?(提示:使用刻度尺、量角器,准确测量后,要及时记录工程参数)。用到的材料有蜡烛、纸杯、剪刀、美工刀、水彩笔、铁丝、细线、牙签、子母扣、木筷。四人为一组设计走马灯制作方案,其中包括小组分工、走马灯的外形设计与内部结构设计。如图 9-34 所示,走马灯的草图设计。

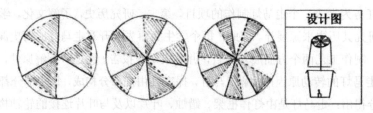

图 9-34 走马灯的草图设计

② 模型设计,制作走马灯

教师巡回,学生以小组为单位制作走马灯模型。在制作过程中,教师及时回答学生的问题。这里需要提示学生:叶轮是走马灯的重要部件,其材质、尺寸、叶片的数量及制造精度对其性能有很大影响。叶片数量过少,灯体的稳定性差;叶片数量过多,能量转化效率就越低,走马灯转动速度就越慢。

③ 检测调试,迭代优化

教师引导学生对小组作品进行检测与调试。其中考虑的问题有:走马灯能转动起来吗?转动的方向是什么?你认为走马灯转动方向与什么有关?你认为走马灯不能转动的原因是什么?

(3) 项目测试

① 展示交流

每个小组的作品完成之后,教师组织学生进行交流展示。对失败的小组,要鼓励他们继续发现问题,修正作品。对成功的小组,要给予肯定并展示交流,说明作品的设计理念与过程。

② 成效与反思

作品展示交流之后,教师组织学生进行小组评价与反思。小组间相互评价作品的设计理念与作品,反思在制作走马灯的过程中,遇到了哪些问题?如何解决的?在小组间交流讨论的过程中,受到了什么启发？教师带领学生回顾学习的内容：项目学习中涉及的走马灯转动的原理，鼓励学生课后要多多反思，总结自己为什么成功，为什么失败，制作走马灯的关键是什么，并继续优化走马灯，让它成为一件精致的艺术品。

在走马灯项目实施过程中，学生通过对走马灯的拆解以及参数测量、实验数据的统计，都在潜移默化地培养学生的科学素养，加深学生对科学概念"热空气向上流动"的理解，加强学生解决问题的能力。在制作走马灯模型的工程中，设计图纸是非常重要的环节，要考虑到材质、尺寸、叶片的数量及制造精度等内容。在活动过程中，学生不单是走马灯的制作者，更是作品的设计者。每当检测调试后发现问题，就应当思考如何对设计图中存在的问题进行必要的优化，并在作品优化过程中体现出设计思维。在反复迭代的过程中，学生亲身经历了科学探究的"复杂"过程，对中国传统工艺品走马灯的相关文化与制作工艺有更多的了解，思维和技术能力也得到了提升。

本案例以走马灯这一传统工艺品所涉及的历史价值、科学原理、制作过程为教学内容，运用了项目式学习，进行科学探究活动，并延伸到走马灯的制作来锻炼学生的工程思维，体现 STEM 教育理念与传统文化的传承与创新，带领学生感受中国传统文化的魅力与古代劳动人民的智慧，培养学生的科学素养与实践能力。

9.2.3　案例三：科学学科——《气动纸火箭》

1. 案例简介

名称：气动纸火箭

学校：山西省长治市潞州区华夏斯坦福学校

执教教师：王鹏

2. 教学过程

（1）项目简介

纸火箭是流行于校园的一款有趣的科技制作项目，深受同学们喜欢，也是能在户外展示且比较能吸引人驻足观看的好项目。

所谓气动，是指发射火箭的动力来源是压缩空气，最简易的方式就是双脚跳起来，迅速落下后将空矿泉水瓶子踩瘪，产生的压缩空气经过管子传导，将纸火箭冲顶出去。

制作纸火箭的工具与材料主要是剪刀、直尺、透明胶带、双面胶、纸以及与发射架管子直径一致的 PVC 管（作为卷纸筒的模具）。制作的大致流程如图 9-35 所示，主要分为卷圆柱形纸筒（箭身）、卷锥形（箭头）、折与剪三角形或梯形（尾翼）三个结构，然后进行粘连。这样一个制作过程涉及到了至少三种数学几何形状。

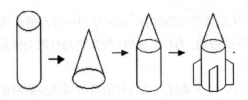

图 9-35 制作示意图

（2）具体的方法

① 卷圆柱直筒。将纸沿 PVC 管卷成形后，先不抽出 PVC 管，在最后部位粘上一条双面胶，再一卷即粘住。如果不放心，可在外层再贴透明胶带。卷圆柱直筒时不能太松，否则筒身会薄，易破。也不能太紧，否则发射时可能塞不进发射管。如果感觉略紧，可以在 PVC 管上来回搓动几下。

② 卷圆锥箭头。可以借助圆规画出圆后，沿半径剪开后缩成圆锥。当然最简单直接的方法就是徒手卷圆锥，再用剪刀修剪一下即可。成型后用透明胶带从尖头开始缠，保证不散开和漏气。

③ 制作尾翼。折出比例适当的三角形或梯形，沿长边剪开小口后上下翻折，再粘上双面胶后，尽量对称地粘于直筒上（见图 9-36）。

图 9-36 常规制作的火箭

④ 箭身与箭头的连接方法。一种方法是在直筒上端贴一圈双面胶，但要高出直筒一些，这样能与箭头内部相粘连。另一种方法是把箭头下部修剪得比直筒略大，套上去后用胶带缠住。

在开始制作火箭前，可以展示一下有尾翼与无尾翼的火箭，通过扔出操作会发现：无尾翼的火箭会偏离方向，而有尾翼火箭基本走直线，这样就能结合古代的弓箭和流体力学上的伯努利原理向学生讲解一下尾翼在穿行于空气中的平衡作用，如图 9-37 所示。这里要注意安全问题，强调学生决不可以在教室里模仿老师扔纸火箭，特别是冲着同学。另外，为防止学生用 PVC 管吹火箭，可以将一头封堵（用热熔胶枪把矿泉水瓶盖粘上去），他们完成卷直筒后就尽快收走。

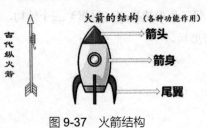

图 9-37 火箭结构

制作环节要注意引导学生进行小组分工。如小组分工建议：组长和发言人制作箭体，材料员制作箭头，纪律部长制作尾翼等。对于小学生，基本上是需要每步进行一定的引导。如果想加快进度，也可以上网找到一些成品照片让他们参考，如图 9-38 所示。

图 9-38　火箭制作参考作品

接下来，是发射角度的问题。提前和数学老师借上大号量角器，向学生讲明圆心、半径的知识后，问他们：在瓶子大小、踩的力气基本相同的情况下，你们觉得以多大的角度发射能把火箭发射得最远？学生一般会说是 45 度，原因是 90 度直上直下，光有高度没有远度；接近零度在空中的停留的时间太短，很快着地；而 45 度居中一些，可能会比较好。这其实有点中庸的思想，同时学生在头脑中勾画出了抛体运动的轨迹，意识到了发射火箭后运动的两个效果：上升可以获得时间，向前可以获得距离，但二者要合适才能取得最大距离。我告诉他们，到底是多大的发射角度合适，要通过实践检测，影响因素较多，比如火箭的制作是否精致合理，尾翼的对称性效果等（让学生联想抗战电影里的迫击炮）。另外，发射角度、火箭的良好制作、瓶子的大小以及踩瓶子的力度，这些我们称为可控因素，只要我们努力就能改善。但工程实践中还有一些是不可控因素，比如天气的影响，特别是风向的不确定性。这就是科学实践与数学分析的区别。因此，提示学生在下次课试飞的时候一定要多加注意权衡。

此教学项目一般进行四次课。第一次课向学生介绍和说明气动纸火箭，进行第一次制作。第二次课带领学生试飞，让他们感受到不同角度对火箭飞行距离的影响。第三次课再次进行制作（先进行一定的经验总结会更容易指导学生进行理性分析）。有了之前的制作经验，有的小组能完成两到三个火箭，此时适当的创新就会产生，比如尾翼顺一个方向弯曲，在发射时会旋转前进；箭头与箭身的连接方式更能减少空气阻力影响；整体重心会前移一些以便增大穿透空气的动量（老师提示学生参考古代火箭，它们的箭头是金属，重心偏前）；各组的尾翼数量开始出现不同；也有小组开始在瓶子上下功夫想办法了……第四次课为正式比赛：先是让每个组进行试飞，选出本组最优的火箭（要提醒他们利用控制变量法选火箭，即固定发射角度等基本不变，看哪个火箭飞行效果更好）。然后，按小组进行参赛，每个组连续发射三次，用标志物标出火箭最远位置。结束之后，做一个班级经验分享交流，并为第一名的小组颁奖，如图 9-39 所示。

在发射环节,也要进行分工,如图 9-40 所示。如建议组内分工:踩瓶员、固定员、调角度员、装弹员、捡弹员(可由装弹员兼任)。需要注意的安全事项主要有:①听从老师指挥,按小组列队。点到的小组才可以去调试;②发射区域禁止站人,以免误伤;③所有火箭发射统一放置,轮到发射才能取火箭。发射完毕,要交回老师处统一管理。④老师重点关注的是气瓶的安装,不允许学生随便碰。指导流程是先调角度,然后安装气瓶软管,接着安装火箭,最后在老师倒数口令指挥下,踩瓶员启动发射。

图 9-39 纸火箭比准与比远

图 9-40 发射分工

3. 讨论与反思

从 STEM 方面讲,在这个教学活动中,让学生利用普通的废旧纸张来完成一个有趣的纸火箭,既是对古代弓箭原理的借鉴,也有对近代迫击炮的模仿,可算是完成了一个小工程目标。前期学生进行了图纸的粗略设计(包括实践中的改进),实施过程中熟练使用了工具,灵活利用了材料的特性,这些是技术的核心(设计与操作)。重心(质量)、碰撞、能量转换(压缩空气)、速度、空气阻力、结构稳定性(尾翼的作用)等,这些是科学概念(尽管学生尚处于经验层面,但他们能理解这些术语的含义)。底面积、半径、发射角度、抛物线、三角形或梯形(尾翼的折法)等,都是数学工具性的体现。而在指导学生使用剪刀、直尺等加工工具时考虑如何美观、整体结构的对称等,一定程度上也涉及到了艺术的美感培养。在项目实施过程中,我们并没有刻意去做出这样的划分,但其实这些内容在真实任务完成(或问题解决)情境中已经自然融合进去了。

因为授课对象是小学生,我们在教学活动中并没有过分强调知识的记忆与理解。但肯定他们会应用已有的经验来创作,如压缩空气会有弹力(三年级科学知识)的应用,数学课上学习过的三角形、梯形、圆柱、角度等;分析问题的难度与突破的办法,如发射角度对火箭在空中的置留时间及对距离远近的影响，踩瓶子的力度对发射初速度的影响等；在分享与总结环节可以看到他们是如何评价自己作品以及参考对手作品来改进的；有些小组增加瞄准装置、有些设计出了角度控制以及不断总结出自己的操作妙招，有些则在比赛过程中学会主动更改策略……这些都体现了学生的创造性。因此，问题解决始终牵引着学生发挥主动性，让思维处于高层次，不断进行着实践创新。

从结果上看，这项小工程带给这些小制作者们快乐，让他们学会了合作、专注，体验了从设计到作品的完整流程。因此，学生的切身体验是充分的，在时间和空间上以及教师的管理上都得到了保证。

4. 结语

最后，尽管小学生的作品大多不美观，但就像爱因斯坦的小板凳，我们不可小觑其中所蕴藏的潜力。麦克斯韦曾说，实验的教育价值与仪器的复杂性成反比。融合式的 STEM 课程能带给学生制作这些"小板凳"的机会，更真实地促进学生的智力发展。

因此，我们更应当关注的是这些作品背后的课程价值，教与学的过程让学生领悟了什么。当然，在本项目的教学中，很多方面还很不到位，比如原本想增设学生反思与相互评价的环节，但发觉学生的兴致已过，而且项目开展的时间过长，也就只能简单完结，期待在下次活动设计中能穿插进行创作与反思，使教学环节更紧凑与合理。如何具体设计，就需要我们在课程设计与教学实施中多去思考、提炼和实践创新！

9.2.4 案例四：通用技术——《汽车与人的需要》

1. 案例简介

名称：汽车与人的需要

学校：大连市普通高中创新实践学校

执教人：刘美辰

年级：高二

地点：网络拓展教室

简介：本节课是苏教版《汽车驾驶与保养》教材中第一章第一节的内容，同时与校本课程相结合。随着消费者对于汽车产品的需求日趋多样性与个性化，车身外形设计作为汽车设计的重要环节，可以逐步实现数字化与智能化。

特点：利用了多媒体、交互式白板、微课、Flash 动画、电脑、手机、码书、3D 打印机等多种信息化资源和手段，提升了学生自主探究、小组合作、设计创新设计能力。

本案例曾获得辽宁省 2018 年信息与通信技术环境下教育教学展示评选活动教师创新课堂一等奖。

2. 教学设计

教材分析	苏教版《汽车驾驶与保养》中第一章第一节的《汽车与人的需要》共2课时,本节课选取的是第2课时,重点讲解《汽车的发展与人的需要》。通过第一节课的学习,学生认识到汽车的发明和产生与人的需要的关系,在此基础上,本节课进一步讲解汽车的发展与人们需要的关系,掌握汽车发展的简要历史进程,树立科学设计车身的意识,并在此基础之上设计符合现在需要和未来发展的汽车	
学情分析	教学对象为高中二年级的学生,通过历史课的学习,具备一定的汽车发展史基础,对汽车的帅气流畅的外形有着浓厚的兴趣,通过之前课程的学习拥有了一定三维软件的建模能力,具有较好的自主探究、小组合作、设计创新能力	
教学目标	知识与技能	1. 了解汽车车身发展的历程; 2. 理性分析车身外形变化与人的需要的关系; 3. 树立科学设计车身的意识,拥有设计汽车外形的能力
	过程与方法	1. 情景导入:提供多款汽车,学生选取喜欢的汽车并分析选择的原因,引出本课教学目标汽车外形与人类需要的关系; 2. 知识讲授:通过课件的讲解、排排看等活动,使学生了解汽车的发展历程; 3. 实验探究:扫描码书,观看微课,填写任务单,探究汽车车身外形与空气阻力的关系; 4. 设计比拼:分组设计车身外形,看哪种组设计的车身跑得最快
	情感与态度	1. 理性认识汽车外形的发展变化; 2. 理解科学设计车身的重要意义; 3. 拥有清晰的设计思维和创新能力
重点	汽车车身外形发展历程; 汽车车身外形设计流程	
难点	设计汽车车身外形	
教学方法	讲授法、实验法、任务驱动法	
教学准备	课件、自制微课、自制Flash动画、多媒体、交互式电子白板、电脑、任务单、扫描仪、3D打印机、汽车电动底盘、3D建模软件、手机、实物展台	
教学流程	织教学 ⇨ 识讲授 ⇨ 验探究 ⇨ 设计比拼 ⇨ 结升华	

教学环节	教师活动	学生活动	设计意图
组织教学 (1分钟)	向学生问好	向老师问好	调整进入学习状态
情景导入 (2分钟)	情景导入——展示图片,提出问题: 问题:图中多款汽车,你们最喜欢哪台?为什么?	思考交流、回答问题。	通过直观情景设置,激发学习兴趣,诱发学生的探究精神,明确学习的目标。

知识新授 (9 分钟)	一、汽车车身发展历程 （一）观看《汽车发展历程》Flash 动画 （二）汽车年代排排看 学生分组，根据 Flash 动画提示，对桌面上的模型进行排序，利用电子白板的拍摄储存功能纪录六组的排序结果。请排序正确的小组分析排序原因，总结车型变化	学生观看动画，分组讨论，排序，总结	观看 Flash 动画，快速了解汽车发展历程。 通过汽车年代排排看活动，让学生了解不同年代的车型变化，总结车型变化的特点，分析变化的原因，激发学生实验探究的兴趣，为实验探究做好铺垫
实验探究 (8 分钟)	二．探究汽车车身外形与空气阻力的关系 （一）扫描码书，观看微课。 （二）填写任务单，了解学习任务： 任务一：视频中的小实验模仿的是哪个物理实验？ 任务二：车身外形经历了哪些发展变化？ 任务三： 1. 实验中水溶颜色代表了什么？ 2. 哪款车身的水溶颜色堆积在了车头？ 3. 科学的车身设计与空气阻力系数有怎样的关系？ 任务四：哪种车身设计有利于减小空气阻力？	学生扫码观看微课 将学生分为五组，填写任务单、完成各组任务，总结出最科学的车身设计	微课快捷、恰到好处地演示和探究汽车车身外形与空气阻力的实验。便于学生自主学习 通过实验探究很好地突破本节课的重难点，科学地认识到汽车车身外形与空气阻力的关系，即培养学生的自主学习能力、提高团队合作精神
设计比拼 (16 分钟)	三、汽车车身设计流程 绘制草图→二维设计→三维建模→油泥模型→3D 打印	聆听、思考、记忆	了解设计流程，明确设计主旨

	四、车身设计大比拼 学生分为五组，根据提供的汽车底盘尺寸参数，设计汽车车身。 尺寸：长185mm，宽75mm，高30mm 轴距：11cm 底盘离地高度：5mm 重量：110g 马达：130 学生展示手绘图，扫描分发学生手绘图； 利用电脑软件进行三维建模； 利用3D打印机打印车模型，安装在汽车底盘上，进行速度比拼	利用电脑进行汽车外形建模，设计好后，快速讲解设计理念，进行3D打印，将打印好的模型装在底盘上，进行速度比拼	培养学生设计能力和创新精神
作品展示 小组自评 (6分钟)	**五、作品展示与自评**：各个小组设计师上台进行展示，介绍本组小车设计的理念和经验，继续汽车外形大比拼 		一组	二组	三组	四组	五组
---	---	---	---	---	---
合作参与					
设计要求					
创新亮点					
欢迎程度					
总分							各小组主设计师上台介绍本组小车的设计过程和理念，并结合设计情况进行自评打分	小组之间分享设计经验，查找亮点，发现不足，互相借鉴，取长补短，便于提升与改进
组间投票 (2分钟)	**六、互评**：互相帮助，提出建议，进行改进，选出小组最喜爱的汽车模型，在最受欢迎栏中打分	选出本组最喜欢的小车，将分数填入最受欢迎栏中	提升分析能力，有利于合作和竞争
总结升华 (1分钟)	**七、总结升华** 汽车的发展不仅是车身外形的发展，也是未来新能源的发展，下节课让我们为汽车更换新的动力装置，看哪一组更加高效、节能、环保		
板书设计	**汽车与人的需要** 一、汽车车身的发展历程 二、探究汽车车身外形与空气阻力的关系 三、汽车车身设计流程 四、车身设计大比拼		

3. 教学反思

《汽车与人的需要》一课运用了多种信息化教学资源，设计了四个活动环节，以老师讲授为辅，学生自主学习为主。通过汽车年代排排看、实验探究、设计建模、速度比拼等活动实现课程目标，主旨是为了提升学生设计能力和创新精神。

（1）创新亮点：首先，课程设计在了解汽车发展的基础上，加入了自主设计创新的环节，学生自己设计符合需求的汽车，并通过 3D 打印实现，培养了学生的设计能力和创新思维。其次，微课选用的实验工具简单让风洞实验生活化，生动形象，学生能自己操作，易于接受。

（2）信息化技术应用：利用了多种信息化资源，如汽车年代排排看 Flash 动画，在活动中了解汽车的发展演变；微课生动形象地演示了汽车车身外形与空气阻力的关系，实验道具生活化，学生课下也可以自己探究；3D 打印机的出现帮助学生更好的将电脑三维设计变为现实，提升了学生的设计能力和创新思维。交互式电子白板和实物展台使用，增添了授课的灵活程度，师生之间，生生之间互动良好。码书和手机的运用方便学生自主学习。

（3）提升改进：本节课选取的三维设计软件专业型强，应用范围广，难度大，学生可以在课后继续深入挖掘使用方法，或者可以学习其他三维建模软件。

4. 教学效果评价

《汽车与人的需要》一课运用了多种信息化教学资源，以老师讲授为辅，学生自主学习为主。通过汽车年代排排看、实验探究、设计建模、速度比拼等活动实现课程目标，取得了良好的教学效果。

首先，知识新授环节设置了汽车年代排排看的趣味活动，学生观看 Flash 动画，小组分析讨论车身外形变化，完成任务单排序。在课堂中会看到，通过这样的活动，学生可以快速了解不同年代的车型变化特点，同时激发了实验探究的兴趣。

其次，实验探究环节利用了微课和码书，快捷、恰到好处地演示汽车车身外形与空气阻力的探究实验。学生们自主学习分析，将手机和码书利用得恰到好处，课堂效果灵活多变，探究能力和团队合作精神明显提升。

再次，设计建模环节，学生结合本节课所学，将之前学习的二维和三维软件运用起来。实际教学中会发现学生的思维和学习能力超乎想象，软件掌握得非常棒，而且有非常好的构思和科学的分析力。科学创新和电脑技术相结合，每组都设计出了具有创意的车身外形，设计创新能力得到了很大的提升。

最后，车身比拼环节，3D 打印机的使用，突破了传统电脑设计的难题，让设计变为了现实。学生拿到打印出了车身模型特别开心，将其安装在电动小底盘上进行速度比拼，课堂气氛十分活跃，学生在乐中学，学中做，真正地做到了创新实践。

第 10 章

国外 STEM 教育的优秀项目

本章导读

STEM 教育模型、设计方法和实施路径都能体现其跨学科、真实问题、项目式等特点，能够培养学生的高阶思维能力和问题解决能力，但是究竟如何实施 STEM 教育，仍然存在诸多难点。目前，国外有很多地区已经成功地实施 STEM 教育，本章将介绍国外的若干 STEM 教育优秀项目。

10.1 新加坡 STEM 应用学习计划[1]

新加坡高度重视培养综合性理科人才，通过多种手段积极投入 STEM 教育。在新加坡，家长和学生都会积极了解 STEM 职业，教育系统着力培养学生对数学和科学的兴趣，同时新加坡政府也致力于创造 STEM 环境。2014 年，新加坡教育部提出"每所学校都是好学校（Every school is a good school）"项目计划，大力发展 STEM 教育。在此，将以新加坡 STEM 应用学习计划（STEM Applied Learning Programme，简称 STEM ALP）为例概述其课程。

1. STEM 应用学习计划简介

新加坡教育部提出的"每所学校都是好学校"项目计划，要求每所学校都要发展两个具有校本特色的项目，即应用学习计划（Applied Learning Programme）和终身学习计划（Learning for Life Programme）。其中应用学习计划就是基于科学、技术、工程和数学（即 STEM）的理念，鼓励学生把知识运用在解决现实问题上，为学生提供更具实践意义的学习活动，提高学生在当今世界的竞争力。

2014 年，受教育部资助，新加坡科学中心成立了 STEM 公司（STEM Inc.），开发并实施了科学、技术、工程和数学应用学习计划（STEM ALP）。该计划致力于激发学生对 STEM 学习的热情，

---

[1] 王晓宇，王俊民，林长春.新加坡STEM课程概述——以STEM应用学习计划为例[J].基础教育参考，2019(14)：41-44.

旨在培养未来具有 STEM 素养的科学家、技术专家、工程师和数学家。STEM 公司拥有丰富的硬件设备以及专业的 STEM 教师，因此，很多学校与其合作，共同促进 STEMALP 的实施。目前新加坡共有 66 所中学与 STEM 公司合作，由公司在校内提供 STEM 应用学习课程。2016 年，STEM 公司获得了亚太科技中心网络（Asia Pacific Network of Science& Technology Centres）颁发的创意科学传播奖。

工业伙伴计划（简称 IPP）是 STEM 公司一项为期两年的可再生计划，鼓励每个行业合作伙伴与两所选定的学校合作。该计划由两部分组成，即协作项目（Collaborative Projects）和特殊项目（Special Projects）。其中协作项目是指行业合作伙伴与学校共同开展真实性项目，特殊项目是指由行业合作伙伴支持的学校竞赛、研讨会、交流计划和相关活动，包括赞助项目和合作项目两类。学生不仅可以到高校的实验室向教授学习，还能向真正的企业家、工程师学习。

2. STEM ALP 课程内容

新加坡的 STEM ALP 课程注重解决现实问题，将学科教学融入高度整合的学习范式中，帮助学生以一种整合的方式进行学习；教师设法以有趣的方式授课，以激发学生对 STEM 课程的热情。STEM ALP 课程共有 12 个主题（见表 10-1），学校可选择一或两个主题开展应用学习。STEM 公司为每个主题的课程都制定了详细的课程大纲供学校参考，包括具体的课时、每节课的主题等。以下，将以第五个主题"可替代能源"和第六个主题"城市设计与创新"为例，介绍具体的课程内容。

表 10-1　STEM ALP 课程的 12 个主题

主题	内容简介
嵌入式电子产品	在前期的基础课程中，学习计算机编程的相关内容，利用编程知识进行电脑软件的开发，并制作简单的电子产品；在后期的课程中，学习如何使用平板电脑或手机等无线设备控制嵌入式系统
工程设计与建模	设计一个"F1 赛车"，像工程师一样思考，融合各学科知识，解决实际问题
机器人	包括海洋机器人和陆地机器人两部分。其中海洋机器人的学习内容主要是水下遥控车辆的建造；在陆地机器人主题项目中，学习基本的机器人工程，并初步接触电子机器人运动控制系统的概念
食品科学与技术	涉及食品科学、食品化学、食品微生物学、感官科学、食品分析、食品保存和食品加工等方面的知识介绍；学生要设计并制作温度或盐度传感器、数字计时器和烟雾探测器
可替代能源	学生通过实践活动了解节能、能源转换以及替代能源或可再生能源的来源，并通过实验研究太阳能路径，以了解现实生活中能源生产和消费的相关应用。此外，学生还要深入了解可再生能源对环境的各种影响
城市设计与创新	透视现实生活中的问题，激发学生的创新意识，通过设计解决方案来修复受损的环境；包括城市农业和废物管理两个方向；学生不仅要学习必备知识，更重要的是通过学习能够更加真切地体会到保护环境的重要性，提高社会责任感

(续表)

主题	内容简介
电子水传感器和水技术	现实世界中的环境问题十分紧迫。学生要通过学习解决一些环境问题，例如水质问题。学生要学习各种水质参数，例如水温、ph 值水平、氧气水平以及浊度水平，同时还将学习如何使用电子设备构建简单的水传感器
材料科学	材料科学包括物理学、化学、生物学和工程学等广泛学科。学生会探索不同材料的结构、性质、加工和性能之间基本关系，这些知识可以帮助学生合成新材料，并且改善材料制造过程。学生会利用所学知识，设计合适的材料用于制造一些小发明。该课程主要培养学生的批判思维和分析能力
电子卫生保健传感器	这个主题主要是向学生介绍基础生物学和人体生理学。这是为了帮助他们了解社会当前和未来所面临的健康挑战。这些挑战包括心脏病、肾衰竭和老年人保健等。通过对这些组件的学习，学生可以设计出有效应对医疗保健挑战的方案
应用健康科学	包括三个分主题，即法医学、体育科学和牙科学。在学习法医学时，学生不再局限于观看犯罪现场，而是要参与车祸或谋杀案例研究；在体育科学中，学生不仅要学习测量身体脂肪、肺容量和运动时最大耗氧量，还将学习在剧烈运动后需要补充盐和水的原因，了解运动时肌肉和重心的运作方式；在牙科学领域，学生要学习四个主题，即生物膜和牙菌斑、唾液、牙刷设计和法医牙科
飞行与航空航天	主要以实践活动的方式展开。其中一项实践活动是让学生观察瓢虫的动作是如何通过不同组成部分的相互作用实现的。在学生获得一些系统思想之后，接下来的课程是关于机翼如何使用伯努利原理改变气压以提升飞机的一些讨论。为了加强学习，学生会使用计算机应用程序创建一个机翼形状，输入一些参数来模拟其与压力的相互作用。课程的最后，学生要尝试制作模型飞机
游戏设计与模拟	学生可以设计游戏，教师指导学生完成设计过程和基本编程。通过这个过程，学生将体会游戏设计的乐趣，并接收数据收集与分析方面的培训

（1）主题案例：可替代能源

在该主题的课程中，学生先通过实践活动了解节能、能源转换以及替代能源或可再生能源的来源；使用生物柴油、燃料电池等进行实验，并研究太阳能，以了解现实生活中与能源生产和消费相关的应用。同时，学生还要学习可再生能源对环境造成的影响，以提高社会责任感。

在这个主题中，学生将使用循环水瓶制造风力涡轮机，同时将发电机和风力涡轮机结合起来，制造风力发电机；还要使用再生材料制造太阳能汽车，并探索太阳能电池板产生的电力；通过一系列的实验以及一些简单的计算，确定最佳汽车性能所需条件。具体课程内容见表 10-2 所示。

表 10-2 "可替代能源"主题的课程内容

序 号	主 题
第一单元　化学动力汽车	
1	STEM、ALP 和科学思维简介
2	研究模型汽车底盘的材料
3	研究反应物和生成物之间的关系,以及实验技能和实验方法的关系
4	研究醋和小苏打的理想比例
5	研究模型汽车的空气动力学形状
6	化学动力汽车
7	巩固;试验并重新设计化学动力车
8	试验和重新设计化学动力汽车;调查
9	准备演示内容
10	小组展示;比赛
第二单元　清洁能源	
1	新加坡能源网络的探索
2	蒸汽机简介
3	发电机简介
4	隔热瓶简介
5	使用 Peltier 将热量转换为电能
6	灯泡还是热球风速仪?
7	调查学校能源
8	太阳可以提供电吗?
9	瓦特
10	寻找正确合理的角度
11	测量风
12	刀片设计比赛
13	可再生能源适合我们吗?
14	氢燃料电池
15	后院的生物燃料
第三单元　太阳能汽车	
1	STEM 和 ALP 简介;系统思考
2	太阳能汽车的材料和底盘
3	基本电子产品
4	气动形状的研究
5	了解太阳能(第 1 部分)
6	了解太阳能(第 2 部分)
7	传输
8	研究摩擦
9	设计评估
10	比赛日

(2)主题案例：城市设计与创新

该主题的课程旨在透视现实城市生活中的问题，激发学生的创新意识，尝试通过设计问题解决方案，来修复受损的生存环境。城市农业和废物管理是该主题下的两个主要方向。

在城市农业课程中，学生将学习垂直农业的概念。通过在城市建设中考虑农业因素，学生可提高自身的工程能力。例如，当植物被周围的建筑物阻挡，如何才能让植物获得充分的阳光。在废物管理课程中，学生要探究并学习废物分类，以及废物管理过程中所用到的现代技术，体会废物得到充分处理的重要性。在整个学习过程中，学生都要面临设计电子废物分类器的挑战。具体课程内容见表10-3。

表10-3 "城市设计与创新"主题的课程内容

第一单元 垂直农业	
序号	主题
1	简介：系统思考垂直农业
2	能量转换和水轮（A部分）
3	能量转换和水轮（B部分）
4	驱动机简介：齿轮
5	驱动机简介：链轮和链条
6	城市农业系统简介
7	闪烁 LED：Arduino I
8	自动灯：Arduino II
9	水分感应：Arduino III
10	项目 I
11	项目 II
12	项目 III
第二单元 智能废物分类器	
1	ALP 简介
2	让我们一起管理抵制浪费
3	焚烧
4	垃圾填埋场简介
5	回收的升级
6	嵌入式系统简介
7	电机和传感器
8	迷你项目

3. 新加坡 STEM 课程的特点

(1)课程内容与现代科技接轨

从分析新加坡科学中心12个STEM主题的课程大纲可以发现，每个主题的课程内容都包含现代科技的成果，使学生通过 STEM 课程可以接触到最新的现代科学技术，而非只是通过课本学习知识，有助于学生紧跟时代发展的步伐，走在科技应用与发展的最前沿。

(2) 课程内容高度整合，注重培养学生的高阶思维和综合能力

STEM ALP 的课程内容十分注重科学与技术、技术与工程、科学与工程等学科在实际生活应用中的融合。即课程内容十分注重不同领域的有机结合，使学生在学习过程中可以深切感受到整合的理念。同时，课程内容的选择也格外注重培养学生的高阶思维和综合能力，例如设计思维、计算思维、批判性思维、系统思考的能力、分析问题和解决问题的能力等。

(3) 让学生接触真实情境中的 STEM 职业

面对 STEM 行业人才紧缺的现状，新加坡采取了一系列措施。在 STEM 课程每个单元的第一节课，教师都会向学生介绍相关的 STEM 职业，帮助学生了解现实生活中的 STEM 职业，消除学生对 STEM 职业的偏见。同时，STEM 公司还会邀请从事 STEM 职业的专业人员和学生交流，提高学生对 STEM 职业的兴趣和认同。

(4) 评价方式灵活

教师会采用小组比赛、游戏等方式检验学生的学习效果，而不是采用纸笔考试的方式，这使学生能够以一种放松的状态学习 STEM 课程，以便学生更好地在实践中学习。

(5) 与科学中心合作，为学生提供更充分的资源

新加坡教育部鼓励学校与科学中心合作，最大的受益者是学生。由于学校硬件资源有限，STEM 教师资源也比较缺乏，难以为学生提供充分且专业的 STEM 教育。新加坡科学中心拥有最大最齐全的科学教育资源，拥有更专业的 STEM 教育团队，可以给学生提供更科学的 STEM 教育，在一定程度上减轻了学校的负担。

10.2 英国"STEM 大使"项目[1]

越来越多的国家意识到培养 STEM 劳动力的重要性和紧迫性，从而采取各种措施来促进本国 STEM 教育的发展。在英国，为储备充足的 STEM 人才，确保国家在科学研究和创新领域处于领先地位，STEM 教育被提升至国家战略层面，并建立了国家 STEM 学习中心和网络（National STEM Learning Centre and Network，STEM Learning）。STEM Learning 是英国最大的 STEM 教育和职业支持组织，与英国各地中小学校、职业教育机构开展合作，受政府、基金组织和雇主等的支持，致力于提供世界领先的 STEM 教育，提高青少年学生在 STEM 领域的参与度和成就。

学校是学生接受 STEM 教育的主要场所，然而很多学校提供 STEM 教育的能力和资源有限，因此吸引社会力量开展 STEM 教育具有重要的现实意义。为了更好地吸引社会力量参与 STEM 教育，STEM Learning 推出了"STEM 大使"（STEM Ambassadors）项目，吸引了大量志愿者参与到 STEM 教育中来。这些志愿者一部分来自学术机构、科研院所、企业等各类组织，另一部分作为独立个体参与。社会力量可为学校教育提供良好的补充和拓展，弥补教师在知识、技能、视野、资源

---

[1] 樊文强，张海燕.如何吸引社会力量开展STEM教育——英国"STEM大使"项目解析[J].现代教育技术，2019，29(06): 5-11.

等方面的不足，帮助学生了解与社会联系紧密的科技和职业，从知识、技能和态度各个方面提升学生的 STEM 素养。本研究对 STEM 大使项目进行解析，对其运作机制、理念和效果等进行分析，以期为我国如何借助广泛的社会力量推进 STEM 教育发展提供借鉴。

1. STEM 大使项目概况

STEM Learning 希望通过 STEM 大使项目吸引更多的社会力量，参与到 STEM 教育中来，助其实现提供世界一流 STEM 教育的愿景，为英国培养具有丰富 STEM 知识和全面 STEM 技能的未来人才。STEM 大使项目广泛招募社会志愿者，期望借助志愿者的力量，促进学生 STEM 素养的提升，增加在 16 岁以后进入 STEM 学科和职业的学生人数，并鼓励女性、少数族群等进入 STEM 职业中。据统计，英国现有志愿者超过 3 万名，年龄在 17~70 岁之间。STEM 大使志愿者在课堂内外为学生提供丰富多样的 STEM 教育活动，通过自己的热情、知识、经验、经历等来激励学生学习 STEM 学科，向学生展示 STEM 在生活和工作中的价值。

要想成为一名 STEM 大使，一般需要经历如下流程：①在线注册，需提供个人基本信息，如教育经历、专业领域和拥有的技能、相关教学经验、偏好的志愿活动形式、偏好的服务群体、可服务的地理范围等，同时在线上传身份证照片。②等待回应，申请者一般会在数日内收到 STEM Learning 的邮件答复，如果符合要求会向申请者提供一个联系人，使申请者与当地大使中心（Ambassador Hubs）建立起联系。③大使中心对新申请者进行身份审查，即协助申请者进行 DBS（Disclosure and Barring Service）或 PVG（Protecting Vulnerable Groups）审查。DBS 和 PVG 审查由政府部门提供，主要包括个人犯罪记录、被禁止从事的活动等。④通过身份审查后，申请者需要完成职前培训，培训内容主要包括：如何成为经过认证的 STEM 大使、STEM 大使项目的目的和价值、如何成为一名活跃的 STEM 大使、如何完成志愿活动记录、活动的计划和评价、健康和安全问题、相关资源和支持等。⑥大使中心给申请者颁发一张认证卡，使其成为一名经批准的 STEM 大使，获得开展志愿服务的资格。

2. STEM 大使中心的桥接作用

分布在英国各地的 STEM 大使中心是 STEM 大使项目能够顺利运作的重要保障。STEM 大使中心将当地致力于促进青少年学生 STEM 教育的相关者连接到了一起，为志愿者、学校教师、科技教育组织人员、企业、社团、学生及其家长等提供服务、指导和支持，发挥了重要的桥接作用。目前，全英国共设置了 19 个 STEM 大使中心，协调了 3 万多名 STEM 大使的志愿服务。STEM Learning 通过与各类组织合作来建设当地 STEM 大使中心，包括高校、科技场所、社会组织或企业等。比如，北苏格兰地区的大使中心依托当地的科学中心，西苏格兰地区的大使中心依托当地的格拉斯哥大学，西英格兰地区的大使中心依托当地一家 STEM 教育公司。大使中心面向的服务对象主要包括志愿者、教师、雇主和社团组织四类。

（1）志愿者

大使中心对志愿者进行身份核实与各项管理，为志愿者提供各类培训和丰富的 STEM 教育资源支持，帮助志愿者与教师、家长、社团等其他相关者建立联系，提高他们之间的沟通效率。志愿者主要面向学生提供服务，同时也可为相关教师、管理人员等提供培训和咨询。志愿者既可以在校内开展志愿服务，也可以在校外俱乐部、企业或社团开展服务，其活动形式多种多样，包括实践工作坊（Practical Workshops）、参观接待（Host a Visit）、俱乐部活动、职业介绍与咨询（Career Talks）、展览活动（Exhibitions）、讲授或演讲、项目辅导（Mentoring）、担任裁判、科学嘉年华（Science Festivals & Fairs）、社团服务、求职技能培训、资源和活动开发等。

（2）教师

教师也是大使中心服务的重要对象。教师希望借助志愿者的资源和才能，来弥补自己的校内教学的不足，为学生提供更加丰富的 STEM 教育经历；而志愿者面向学生开展 STEM 教育活动也离不开教师的支持。大使中心在教师和志愿者之间架起了一座沟通的桥梁，帮助志愿者找到服务对象和场所，帮助教师找到可以满足其需求的志愿者服务，使志愿者的才能和教师需求相匹配。此外，大使中心也会面向教师提供 STEM 教育相关培训。

（3）雇主

STEM 大使项目还会加强与雇主（即用人单位）的联系，为他们参与 STEM 教育提供引导和支持。雇主的参与为 STEM 大使项目带来了丰富的人力资源和教育资源。雇主可以有计划地鼓励自己的员工参与到 STEM 大使项目中，为项目输入大量的志愿者；并且，志愿者因受所在单位的支持，开展志愿服务时可以更好地利用单位资源，如组织更多的参观与接待活动。

（4）社团组织

与青少年学生有关的社团组织也是大使中心服务和支持的对象，如童子军（Scouts）、王子基金会（Prince's Trust）——一个帮助脆弱青少年的慈善组织等。大使中心为这些社团组织联系到丰富的志愿者资源，实现志愿者和社团组织的对接，为特定群体获得优质的 STEM 教育提供保障。除了社团，非正式教育场所、公益教育机构等都可以邀请志愿者开展 STEM 教育活动。

3. 面向 STEM 大使的培训和支持

STEM 大使项目的目的是，充分发掘分散于社会各处的志愿者力量，为他们参与 STEM 教育提供渠道支持。虽然在注册时会对志愿者进行调查，了解其参与 STEM 教育相关活动的经历，但志愿者并不用担心因缺乏经验而不能成为志愿者。除了职前培训，STEM 大使项目还提供了其他丰富的培训服务及学习资源，帮助志愿者提升 STEM 教育活动开展能力。

STEM Learning 致力于提供世界一流的 STEM 教师专业发展培训和资源，这些培训和资源也可用于志愿者能力的提升。STEM Learning 还专门针对志愿者开发了一系列慕课（MOOC），帮助志愿者更好地设计和实施教育活动。这些慕课通过 Future Learning 平台向公众开放，聚焦于指导志愿者如何利用好相关资源、如何设计自己的教育活动、如何有效地与学生进行交流、如何利用各种反馈提升自己的活动等。志愿者在进行在线学习的过程中，可向相关专家请教，可与数千名其他志愿者共同探讨和反思，不断发展和完善自己的志愿活动。

志愿者还可在当地的大使中心接受面对面培训。除职前培训，大使中心还提供了多种培训项目。比如，志愿者可参加为期一天的"指导（Mentoring）"能力培训，提升为学生提供指导的能力、与服务对象进行沟通的能力等。一些大使中心还开发了面向特定志愿者群体的培训项目，如西英格兰大使中心提供专门针对科研人员、化学类博士生的培训项目，帮助他们更好地结合专业特长提供志愿服务。此外，还可根据志愿者的需求，大使中心提供定制化的培训。

除了在线培训和面对面培训之外，大使项目还提供了大量可供参考的电子资源。这些资源大体分为两类：①案例类资源，志愿者可以找到某学科或主题相关的活动案例，以这些案例为基础开展活动，或者从这些案例中寻找灵感，创建新的活动方案；志愿者也可以将自己的活动方案分享出去，供其他志愿者借鉴。②教学技能类资源，志愿者通过学习这些资料来提升教学技能、沟通技能等，以更好地设计、实施和评价 STEM 教育活动。比如，资源"诀窍（Top Tips）"为志愿者梳理了可用于 STEM 教育资源创建和活动实施的重要技巧，包括如何考虑健康和安全因素、如何开展活动、如何应对讲解时的紧张、如何扩展人际网络等。

STEM 大使项目还为志愿者提供交流平台，包括在线社区和线下面对面的交流。分布于各地的志愿者通过这些平台分享经验和专业知识，发起合作、交流思想、相互鼓励，使志愿者产生强烈的使命感、成就感和归属感。每次完成志愿服务后，志愿者可以将活动登记在统一的信息系统中。为了激发志愿者的积极性，根据完成志愿服务的次数，STEM 大使项目对志愿者进行相应的认证。此外，STEM 大使项目还设置多种奖项，以表彰志愿者在激励青少年学习 STEM 方面所做的贡献。

4. STEM 大使项目的教育理念

STEM 大使项目为志愿者提供了丰富的培训活动和学习资源，也通过这些培训和资源，将一些教育理念和思想传播给志愿者，希望 STEM 大使在开展志愿活动中能够融入这些教育理念。

（1）提倡全纳教育

全纳教育强调在教育中容纳所有学生，反对排斥或歧视某些个体或群体。STEM 大使项目希望志愿者在开展服务前，向学校教师或相关人员充分了解服务对象，询问是否存在特殊教育需求的学生，并探讨相应的解决方案。STEM 大使项目还十分注重面向女生开展 STEM 教育，尽管女生在 STEM 课程上的学习成绩不比男生差，甚至优于男生，但在 STEM 领域继续学习和工作的女生很少，这导致一些 STEM 领域存在严重的性别不平衡问题。大使项目建议志愿者尽量使用性别中立的例子、解释或类比，提供一些女性榜样，向女生展示女性科学家和工程师的成功和乐趣，培养女生追求 STEM 职业的自信和积极态度。

（2）注重交互实践

STEM 大使项目希望志愿者在教育服务中融入更多的互动和动手环节，以增强实践性。相较于讲解，开展包含动手和交互的实践活动比较有难度，但动手和交互能很好地激发学生的参与和学习热情，提升活动效果。STEM 大使项目开发了"强大的实践（Powerful Practicals）"培训课程，帮助提升志愿者开展包含实践环节的教育活动的能力。

(3) 强调培养可雇佣技能

STEM 大使项目强调在教育活动中培养学生的可雇佣技能（Employability Skills），提升他们未来的就业能力。可雇佣技能是建立在专业知识、技术能力和态度基础之上，是雇主十分看重的一项技能。大使项目归纳出十大可雇佣技能，包括自主性和自我驱动力、规划和组织能力、应对压力按时完工的能力、学习和适应能力、沟通和人际交流能力、团队合作能力、协商谈判能力、尊重多样性和不同、问题解决能力、数据和 IT 能力等，专门提供了如何培养可雇佣技能的指南，帮助志愿者将这些可雇佣技能融入教育目标，并将其整合在相应的活动之中。

(4) 关注科学资本构建

科学资本（Science Capital）这一概念由英国学者 Archer Ker 等根据社会学家 Bourdieu 的资本概念发展而来，用来反映个体的科学知识（知道什么）、科学态度（如何看待）、科学活动经历（参与过什么）和身边从事科学的人（认识哪些人），包含个体在生活中获得的所有与科学相关的知识、态度、经验、行为、实践和资源等。研究表明，大多数学生（不论男女）都会觉得科学很有趣，然而在 16 岁之后继续学习 STEM 课程、进而在以后从事 STEM 职业的人越来越少，且在性别、种族、社会经济条件等方面表现出差异；而一个青少年拥有的科学资本越多，就越有可能在 16 岁后继续学习科学学科，进入科学相关职业。STEM 大使项目十分关注学生科学资本的构建，激励他们以后继续在 STEM 领域学习或工作。科学资本的来源很多，包括学校、非正式学习场所、家庭等。志愿者分享他们在 STEM 领域的职业知识和体验，成为学生科学资本构建的重要资源。STEM 大使项目鼓励志愿者采用有助于科学资本构建的教学法，实现学科知识、就业技能和职业引导三者之间的平衡，帮助学生发展科学资本。

5. STEM 大使项目效益分析

本研究从学生、教育者、志愿者和雇主等方面，对 STEM 大使项目的效益进行分析。

(1) 学生的收益

通过参与 STEM 大使项目，学生有如下收益：①学生 STEM 学习的兴趣和投入得到了提升。②学生了解了 STEM 在生活中的应用、STEM 的发展前沿，学习到更多 STEM 知识，对 STEM 有更好的理解，在就业能力和实践技能方面也得到提升。③学生接触并了解了真实的 STEM 从业人员和 STEM 职业，激励更多学生继续学习 STEM、从事 STEM 相关工作。通过与志愿者的交流，学生了解到进入 STEM 行业的发展路径，改变了他们对 STEM 学科和职业的看法。④志愿者用热情感染学生，增强了学生学习 STEM 的信心。志愿者通常为学生提供有力的、积极的榜样形象，特别是女性志愿者的形象对女学生产生了积极影响。针对一些学生担心自己在 STEM 方面的能力不足，志愿者也根据自身经历来增强这些学生的信心。

(2) 教育者的收益

通过参与 STEM 大使项目，教育者也有很多收益，从而激励他们更好地教学，给学生带来更多益处：①丰富了教师的 STEM 知识。教师了解到最新的 STEM 概念，观察到前沿发展和创新，甚至接触到专业设备，这些都有助于促进教师的校内教学。②教师对 STEM 行业与职业的认识得到提升。教师增强了对 STEM 职业的理解，从而能够更好地引导学生。教师还会增加对 STEM 行业的了解，以及与当地 STEM 行业的联系。通过与志愿者的接触、对企业和科研机构的参观，使教师能够更好地为学生提供 STEM 相关的职业引导，并在课程中强调相关技能的培养。③增进了教师的职业热情和胜任感，提升了其工作积极性。此外，教师的 STEM 教学技能也得到提升，他们会学习、借鉴志愿者采用的一些有效的教学方法和资源。

6. 志愿者的收益

志愿者本人也从 STEM 大使项目获得很多收益：①志愿者工作能力得到提升。通过培训学习和实践练习，志愿者设计、实施和评价 STEM 教育活动的技能得到很大提升。而很多技能可以迁移到自己的工作情景中，如时间规划和组织能力、沟通与人际交流技能、团队合作能力、领导能力等。②促进了志愿者的职业发展。志愿者的专业精神和工作热情得到激发，工作满足感得到提升。志愿者在活动中还扩展了职业和人际关系网络，技能的提升也给志愿者带来了更好的职业发展机会。③增加了志愿者的成就感。志愿者通过无私奉献激励青少年学生成为下一代 STEM 人才，是对教育和社区的回馈，给志愿者带来了成就感。此外，一些志愿者的自信心也会得到增强，比如能够更加自信地在众人面前进行展示和讲解。

7. 雇主的收益

雇主为 STEM 大使项目提供了很多资源和支持，同时雇主也可以从中获得益处：①员工通过参加志愿服务可以提升工作技能、工作热情和工作满意度，这对雇主来说很有价值，有利于自己单位的发展。②提升了公众形象。通过参与 STEM 大使项目，更多的学生和民众了解了自己的企业，感知到企业承担社会责任的行为，提升了公众美誉度。此外，员工通过志愿服务向学生宣传就业机会和职业发展途径，有助于未来人才储备，使企业招聘到当地更加优秀的员工。

10.3 澳大利亚 ELSA 项目[1]

1. 澳大利亚 ELSA 项目概述

澳大利亚政府于 2018 年正式启动了"澳大利亚早期学习 STEM"（Early Learning STEM Australia，ELSA）项目试点工作。该项目由堪培拉大学负责，主要为学龄前 3~5 岁的儿童设计、开发以及运行四种基于游戏模式和平板电脑设备的应用程序，并在其中融入科学、技术、工程和数学等丰富的数字化学习体验，让学前班的儿童通过学习软件学习 STEM 概念和操作，鼓励孩子提出问题、进行推理、做实验并总结从中学到的经验，从而帮助孩子们培养解决问题的思路和方法。该计划的提出是基于澳大利亚政府 2015 年推出的先导计划"早期语言学习课程"（Early Learning Languages Australia，ELLA）应用程序所取得的积极成果。基于 ELLA 计划的成功以及分析该计划对儿童的

---

[1] 王玉婷.澳大利亚早期STEM教育的实施途径及启示——以ELSA项目计划为例[J].当代教育实践与教学研究，2020(06)：243-244.

积极影响之后，澳大利亚政府推出了以兴趣为驱动的 ELSA 项目，希望 ELSA 应用程序同 ELLA 项目一样有效，达到从小培养儿童 STEM 的相关素养和兴趣的目标。

2. ELSA 项目计划的具体实施

从 2018 年新学期开始，试点的 100 所幼儿园中的儿童将会率先进行图片游戏、地点探索以及问题解决等项目体验。除了儿童应用程序外，还需要教师和家长的参与，因此针对教师和家长的两项应用程序也将同步开发，从而促使他们更好地引导并协助儿童进行学习。

（1）教学过程——遵循详细的计划和次序

项目虽然宗旨很宏大，但在实际的教学过程有详细的规划，并且有精细的计划和次序。例如，当儿童在进行"模式和关系"的学习主题时，孩子们首先从"顺序"入手，将一组物品按颜色分类，然后按大小来排列，比如长、宽、高和重量。当孩子掌握了大小的概念后，就开始学习用其他的标准排序，比如体积有几面、质地、颜色深浅等。以颜色深浅为例，孩子们排列出同类颜色的物体后，老师会引导他们再进行细分，如从颜色最深到最浅。孩子们由此会把注意力集中在颜色上，并努力分辨颜色深浅度。通过这些练习，孩子们能逐渐开发出解决问题的思维和方法。这个能力在他们日后处理数学问题时至关重要，让他们能有效地分辨、描述和搭建思维模式，从而进行计算、数字结构、几何运算等。通过对模式的理解，还能总结出以往模式的特点和结论，然后做出合理的推论和预测。

（2）具体步骤——从体验、表达到实践

孩子们将体验 STEM 是什么样的。教师将帮助孩子在玩耍时，了解 STEM 概念。同时，教师还为孩子准备和引导介绍 STEM 概念的有趣体验。在实践过后，孩子将在 ELSA 应用程序上表达他们的想法。该应用程序的教育游戏将鼓励他们做一些事情，如创建彩色图案，或者按照他们选择的形状、大小或其他属性对健康食品进行分类。应用程序上的活动旨在让孩子们一起玩耍，交流并与周围的世界互动。孩子可以运用从应用程序中学到的知识，进行更多的实践活动。他们可能会找到表达想法的新方法，并受此启发运用已经发现的新想法做不同的事情。

（3）教学资源——儿童 STEM 教育应用程序

ELSA 项目主要通过一系列用于平板电脑或其他移动智能终端的应用程序来实施，这些应用程序鼓励儿童积极游戏，促使孩子们探索并提出问题，做出预测，亲自动手试验并反思事情发生的原因。儿童 STEM 教育不仅仅只依托数字化应用程序，澳大利亚还在多所学校成立研究院，以期基于技术开发更多符合标准的应用程序服务学生，如 3D 打印机、画刷、AR 体验设备等。这些应用程序可以非常直观、形象地呈现教育资源，是获取 STEM 知识最直接有效的渠道。应用程序不仅包含多元化的教育主题，而且提高了 STEM 教育的学科整合性，将科学、技术、工程和数学的相关体验融入软件之中，增加了儿童的感受力。

(4) 教师保障——多方力量的联合支持

澳大利亚在教师 STEM 专业发展途径上，以资源供给为主，突出优秀教学案例和资源的引领作用。如由教育培训部资助、科学教师协会主办的"澳大利亚教师和技术人员的学校科学信息支持项目"，就是一个国家级的在线咨询与服务平台，教师可以免费获取所有资源或向专家进行相关咨询。另外，还有针对教师和儿童教育工作者的非营利性专业发展计划"小科学家"（Little scientists）项目，该项目基于发展心理学和早期教育教学方面的研究，邀请经验丰富的教育工作者和技术团队为教师提供丰富的相关资料进行 STEM 专题探讨，从而制定较为全面的教师专业发展计划。面对 STEM 教师专业不对口、质量不高、规模较小等问题，全国性的学术组织与州一级的分学会一起规划和分配 STEM 教育资源；大学、企业和基金会也与各级协会展开合作，主动承办活动，保证 STEM 教育发展的正确方向。

参考文献

[1] 乔鹤,徐晓丽.国际组织全球教育治理的路径比较研究——基于核心素养框架的分析[J].比较教育研究,2019,41(08):52-58.

[2] 张娜.DeSeCo项目关于核心素养的研究及启示[J].教育科学研究,2013(10):39-45.

[3] 张娜.联合国教科文组织的核心素养研究及其启示[J].教育导刊,2015(07):93-96.

[4] 贺阳.PISA核心素养的价值逻辑研究[D].广州大学,2019.

[5] 王蕾.能力考查:PISA命题对高考命题的启示[J].清华大学教育研究,2005(11).

[6] PISA如何测试阅读素养?内含2018年最新公开测试题 https://card.weibo.com/article/m/show/id/2309404384924470748470

[7] 董连春,吴立宝,王立东.PISA2021数学素养测评框架评介[J].数学教育学报,2019,28(04):6-11+60.

[8] 綦春霞,周慧.基于PISA2012数学素养测试分析框架的例题分析与思考[J].教育科学研究,2015(10):46-51.

[9] 文静.基于PISA2015科学框架的中考科学试题分析研究[D].宁波大学,2015.

[10] 许世红,徐勇.从PISA2015科学素养测评看数学素养的重要性[J].中国考试,2016(03):38-43.

[11] 常飒飒.基于核心素养发展的欧盟创业教育研究[D].东北师范大学,2019.

[12] 王俊民.核心素养视域下国际大规模科学学业评估框架与试题研究[D].西南大学,2018.

[13] 辛涛,姜宇.全球视域下学生核心素养模型的构建[J].人民教育,2015(9):54-58.

[14] 许营营.澳大利亚"核心素养"的发展历程及培育路径[D].华东师范大学,2020.

[15] 李阳,韩芳.指向核心素养培育的新加坡ALP——以群立中学为例[J].中小学教师培训,2020(02):73-78

[16] 刘玥,沈晓敏.21世纪型能力:日本核心素养建构新动向[J].比较教育学报,2020(01):23-34.

[17] 黄四林,左璜,莫雷,刘霞,辛涛,林崇德.学生发展核心素养研究的国际分析[J].中国教育学刊,2016(06):8-14.

[18] 林崇德.构建中国化的学生发展核心素养[J].北京师范大学学报(社会科学版),2017(01):66-73.

[19] 石中英.关于中国学生发展核心素养的哲学思考[J].课程.教材.教法,2018,38(09):36-41.

[20] 林崇德,刘霞,郝文武,胡金木.努力提升学生发展核心素养——访林崇德先生[J].当代教师教育,2017,10(02):10-13+23.

[21] 李艺,钟柏昌.谈"核心素养"[J]教育研究,2015,36(09):17-23,63.

[22] 柳夕浪.走向整体的人:核心素养的整合意义[J].中小学管理,2019(04):25-28.

[23] 曹培英.从学科核心素养与学科育人价值看数学基本思想[J].课程·教材·教法,2015(9):40-43.

[24] 刘新阳.教育目标系统变革视角下的核心素养[J].全球教育展望,2017,46(10):49-63.

[25] 钟启泉.学科教学的发展及其课题:把握"学科素养"的一个视角[J].全球教育展望,2017(1):11-23.

[26] 史宁中.学科核心素养的培养与教学——以数学学科核心素养的培养为例[J].中小学管理,2017(01):35-37.

[27] 郑长龙.2017年版普通高中化学课程标准的重大变化及解析[J].化学教育(中英文),2018,39(09):41-47.

[28] 邵朝友,周文叶,崔允漷.基于核心素养的课程标准研制:国外经验与启[J].全球教育展望,2015(8):10-24.

[29] 余文森.论学科核心素养的课程论意义[J].教育研究,2018,39(03):129-135.

[30] 钟启泉.基于核心素养的课程发展:挑战与课题[J].全球教育展望,2016(12):3-25.

[31] 郭晓明.从核心素养到课程的模式探讨——基于整体支配与部分渗透模式的比较[J].中国教育学刊,2016(11):44-47.

[32] 中华人民共和国教育部.普通高中物理课程标准(2017年版)[M].北京:人民教育出版社,2018.4-5.

[33] 刘晓彤.基于物理核心素养的高中物理教学设计研究[D].辽宁师范大学,2018.

[34] 于国文,曹一鸣.跨学科教学研究:以芬兰现象教学为例[J].外国中小学教育,2017(07):57-63.

[35] 高嵩,刘明.主题式课程整合的价值、困境与改进[J].教学与管理,2016(34):1-4.

[36] 杜惠洁,舒尔茨.德国跨学科教学理念与教学设计分析[J].全球教育展望,2005,34(08):28-32.

[37] 郑学旋,王笑君.基于STEM教育理念的高中物理教学设计——以"自感现象"为例[J].物理通报,2020(09):39-43+47.

[38] 余胜泉,胡翔.STEM教育理念与跨学科整合模式[J].开放教育研究,2015,21(04):13-22.

[39] Alan Zollman. Learning for STEM Literacy: STEM Literacy for Learning[J]. School Science and Mathematics. 2012, 112(1): 12-19.

[40] 宋怡.STEM素养视域下的科学教学:审思与重构[J].现代教育科学,2018(08):96-100.

[41] 董连春,吴立宝,王立东.PISA2021数学素养测评框架评介[J].数学教育学报,2019,28(04):6-11+60.

[42] YAKMAN G. Introducing teaching STEAM as an educational framework in Korea[EB/OL]. [2019-08-12]. https：//www.researchgate.net/publication/327449065.

[43] 杨彦军,张佳慧,吴丹.STEM素养的内涵及结构框架模型研究[J].电化教育研究,2021,42(01):42-49.

[44] 袁利平,张欣鑫.论STEAM教育与核心素养的对接[J].陕西师范大学学报(哲学社会科学版),2017,46(05):164-169.

[45] 崔鸿,朱家华,张秀红.基于项目的STEAM学习探析:核心素养的视角[J].华东师范大学学报(教育科学版),2017,35(04):54-61+135-136.

[46] 向世清.STEM教育及其关联的教育范畴[J].中国科技教育,2018(10):70-71.

[47] 秦瑾若,傅钢善.STEM教育:基于真实问题情景的跨学科式教育[J].中国电化教育,2017(04):67-74.

[48] 刘永贵,徐雯,陈健.基于工程设计的小学整合型STEM课程设计开发[J].开放学习研究,2020,25(02):27-33.

[49] 赵中建.美国中小学工程教育及技术与工程素养评估[J].全球教育展望,2016,45(12):3-24.

[50] 创趣天地.2018年科创教育发展趋势及各国的STEM教育现状[EB/OL].https://www.jianshu.com/p/a6cbf0b581ba,20180309.

[51] 杜文彬.美国STEM教育发展研究[D].华东师范大学,2020.

[52] 朱丽娜.STEM教育发展研究与课程实践[D].东南大学,2016.

[53] 费龙,马元丽.英国基础教育信息化发展研究[J].中国电化教育,2008(08):24-29.

[54] 朱婕.MINT教育:德国经济发展的内驱动[J].开封教育学院学报,2019,39(03):152-154.

[55] 王卓玉,袁磊,张文超.基于KH Coder文本数据挖掘的中日STEM教育研究模式对比[J].现代远程教育研究,2020,32(02):56-63.

[56] 刘春岳.加拿大经济发展与STEM教育研究——以"番茄圈"项目为例[J].现代商贸工业,2020,41(36):35-36.

[57] 徐玲玲.韩国CJ-UNESCO教育营推进女童STEM教育[J].世界教育信息,2018,31(19):76-77.

[58] 李科震,李维.《STEM教育—北极星计划》的经验与启示[J].教学研究,2019,42(05):1-7.

[59] 陈鹏,田阳,刘文龙.北极星计划:以STEM教育为核心的全球创新人才培养——《制定成功路线:美国STEM教育战略》(2019-2023)解析[J].远程教育杂志,2019,37(02):3-14.

[60] 金慧,胡盈滢.以STEM教育创新引领教育未来——美国《STEM 2026:STEM教育创新愿景》报告的解读.

[61] 人民日报社.中国STEM教育2029行动计划在京启动[N].人民日报,2018-05-15(10)

[62] 王素.《2017年中国STEM教育白皮书》解读[J].现代教育,2017(07):4-7.

[63] 中国教育装备采购网.教科院专家详解中国STEM教育2029行动计划[EB/OL].(2018-08-14).https://www.caigou.com.cn/news/2018081464.shtml.

[64] 温·哈伦.科学教育的原则和大概念[M].韦钰译.北京:科学普及出版社,2011.7.21.

[65] 格兰特·威金斯,杰伊·麦克泰勒.追求理解的教学设计(第二版)[M].闫寒冰,宋雪莲,赖平译.上海:华东师范大学出版社,2017.75.

[66] 阎元红,郭文华.科学教育中的大概念:内涵、价值及实现[J].教育理论与实践,2019,39(29):22-25.

[67] 黄璐,赵楠,戴歆紫.STEM课程校本开发的国际经验与启示[J].现代远距离教育,2020(01):91-96.

[68] 陈博.基于STEAM教育理念的探究科学校本课程开发与实践研究[D].江西师范大学,2020.

[69] 基于STEM教育理念的跨学科学习模式区域实践探索 https://edu.gmw.cn/2019-11/29/content_33360685.htm.

[70] 周东岱,樊雅琴,于颖,于伟,杨君辉.基于STEAM教育理念的小学课程体系重构研究[J].电化教育研究,2017,38(08):105-110,128.

[71] 邓小泉,杜成宪.教育生态学研究二十年[J].教育理论与实践,2009,29(13):12-16.

[72] 范国睿.美英教育生态学研究述评[J].华东师范大学学报(教育科学版),1995(02):83-89.

[73] 邓小泉.中国教育生态系统的四个发展阶段[J].南通大学学报(社会科学版),2013,(2):100-106.

[74] 范国睿.教育生态系统发展的哲学思考[J].教育评论,1997(06):21-23.

[75] 王素.构建STEM教育新生态[J].中小学数字化教学,2018(09):4-7.

[76] 蒋家傅,张嘉敏,孔晶.我国STEM教育生态系统与发展路径研究——基于美国开展STEM教育经验的启示[J].现代教育技术,2017,27(12):31-37.

[77] 黄明燕,赵建华.项目学习研究综述——基于与学科教学融合的视角[J].远程教育杂志,2014,32(02):90-98.

[78] 张建伟.基于问题式学习[J].教育研究与实验,2000(03):55-60+73.

[79] 吴刚.基于问题式学习模式(PBL)的述评[J].陕西教育(高教版),2012(04):3-7.

[80] 刘儒德.问题式学习:一条集中体现建构主义思想的教学改革思路[J].教育理论与实践,2001(05):53-56.

[81] 胡小勇，朱龙.面向创造力培养的设计思维模型与案例[J].现代远程教育研究，2018(03)：75-82.

[82] 宿庆.STEM 理念下国家课程项目式学习案例的设计与撰写[Z].甘肃省教科院中小学STEM 教育项目组：兰州市第五十一中学，2019.

[83] Anne Jolly.How You Can Write Perfect STEM Lessons[EB/OL].https://www.middleweb.com/9611/perfect-stem-lessons/,20130809.

[84] 李春密，赵芸赫.STEM 相关学科课程整合模式国际比较研究[J].比较教育研究，2017，39(05)：11-18.

[85] 杨玉琴，倪娟.工程设计：STEM 课程整合的有效途径[J].上海教育科研，2017(10)：45-49.

[86] 孙越，史艺.以工程设计为导向的项目式 STEM 学习探索与实践——以"伞的设计"为例[J].中国信息技术教育，2020(19)：64-66.

[87] 齐宇歆.基于 PISA 的学习素养评价系统设计[D].华东师范大学，2013.

[88] 陈卫东.教育技术学视野下的未来课堂研究[D].华东师范大学，2012.

[89] 孙延洲.基于创新思维培养的中学数学教育研究[D].华中师范大学，2012.

[90] 赵燕.面向创客培养的 STEM 课程问题情境设计[D].华东师范大学，2016.

[91] 王萍萍.基于任务设计的发展初中生数学创造性思维的课例研究[D].华东师范大学，2018.

[92] 赵燕.面向创客培养的 STEM 课程问题情境设计[D].华东师范大学，2016.

[93] 蒋雄超.向真而行：面向 STEM 教育的情境问题设计与实践[J].中小学数字化教学,2020(04)：69-72.

[94] 李嘉曾."以学生为中心"教育理念的理论意义与实践启示[J].中国大学教学，2008(04)：54-56.

[95] 李佳，张飞雄.例析以学生为中心的 STEM 课堂教学策略[J].中小学教师培训，2017(10)：66-69.

[96] 张忠华，张苏."启发性挫败"教学模式的研究与启示[J].河北师范大学学报(教育科学版)，2018，20(02)：98-104.

[97] 研究性学习[J].上海教育科研，2002(S1)：19-125+129.

[98] 王宏，刘丽，马池珠.指向深度学习的 STEM 教育探究[J].现代教育技术，2020，30(03)：108-113.

[99] 陈向东，罗淳，张江翔.共享调节：一种新的协作学习研究与实践框架[J].远程教育杂志，2019，37(01)：62-71.

[100] 董陈琦岚.基于 STEM 项目学习的学生能力评价研究[D].天津师范大学，2017.

[101] 张华夏，张志林.从科学与技术的划界来看技术哲学的研究纲领[J].自然辩证法研究，2001(02)：31-36.

[102] 沈珠江.论科学、技术与工程之间的关系[J].科学技术与辩证法，2006(03)：21-25，109-110.

[103] 钟志贤.信息技术作为学习工具的应用框架研究[J].电化教育研究，2008(05)：5-10.

[104] Maté Debry and Dr..用于 STEM 教育中教与学的 ICT 工[N].江苏科技报教育周刊，20171003(B3).

[105] 罗纯源.美国技术增强型的 STEM 教学路径——基于 2019 年美国联邦教育部《用技术支持 STEM 学习的九个维度》报告的分析[J].世界教育信息，2020，33(08)：71-79.

[106] 孟延豹,李想.STEAM 教育深度学习的好工具——Mathematica[J].中国信息技术教育，2016(01)：52-55.

[107] 吴青茂,赵文超.氨气喷泉及化学"灯塔"表演实验的新设计[J].化学教学，2020(08)：67-69.

[108] 杭州第七中学.借助图形计算器探究开水最佳饮水时间——STEM 优秀案例展示[EB/OL].http://www.bjbroadwin.cn/classModule/video/1294974/1220095/5028750/0/0，20130809.

[109] 李娟,陈典.指向地理核心素养的 STEM 教学设计探析——以《太阳高度角》一课为例[J].中国现代教育装备，2019(22)：25-27.

[110] 杨海军,芦焰.STEM 教育理念与优秀传统文化融合的实践案例探究——以人教版科学六年级上册第三章第 3 课《热空气的特点》内容为例[J].现代教育，2019(10)：34-36.

[111] 王晓宇,王俊民,林长春.新加坡 STEM 课程概述——以 STEM 应用学习计划为例[J].基础教育参考，2019(14)：41-44.

[112] 樊文强,张海燕.如何吸引社会力量开展 STEM 教育——英国"STEM 大使"项目解析[J].现代教育技术，2019，29(06)：5-11.

[113] 王玉婷.澳大利亚早期 STEM 教育的实施途径及启示—以 ELSA 项目计划为例[J].当代教育实践与教学研究，2020(06)：243-244.